L'EUROPE

PENDANT

LE CONSULAT ET L'EMPIRE

DE NAPOLÉON.

PARIS. — IMPRIMERIE D'AMÉDÉE GRATIOT ET Cⁱᵉ,
11, rue de la Monnaie.

L'EUROPE

PENDANT LE CONSULAT ET L'EMPIRE

DE

NAPOLÉON

PAR

M. CAPEFIGUE.

Tome sixième.

PARIS

PITOIS-LEVRAULT ET Ce, RUE DE LA HARPE, 81,

A l'Étranger

DULAU et Cie, à Londres.	ZEELT, à Amsterdam.
ROHRMANN et SCHWEIGERD, à Vienne.	BELLIZARD et Cie, à Saint-Pétersbourg.
AL. DUNCKER, à Berlin.	JUGEL, à Francfort-sur-le-Mein.
BOCCA, à Turin.	BROCKHAUS, à Leipzig.
DUMOLARD et fils, à Milan.	ARTARIA et FONTAINE, à Mannheim.

1840.

L'EUROPE

PENDANT

LE CONSULAT ET L'EMPIRE

DE NAPOLÉON.

CHAPITRE I.

MARCHE DE L'ESPRIT HUMAIN.

La grande littérature. — M. de Châteaubriand. — Départ pour Jérusalem. — Madame de Staël. — Voyage à Rome. — Idée de *Corinne*. — M. de Fontanes. — M. de Bonald. — *Le Divorce au* XVIIIe *siècle*. — M. Portalis. — *Éloge du président Séguier*. — M. Molé. — *Essais de morale et de politique*. — Delille. — *L'Imagination*. — Chénier. — *Épître à Voltaire*. — M. Raynouard. — *Les Templiers*. — M. Daunou. — M. Ginguené. — M. Tissot. — Les moralistes. — M. de Sénancourt. — M. Droz. — Les Romanciers. — Madame de Genlis. — Madame Cottin. — Les Vaudevillistes. — M. Picard. — M. Duval. — M. Étienne. — Les Acteurs. — Talma. — Lafont. — Mesdemoiselles Georges, Duchesnois, Mars et Bourgoing.

1805 - 1806.

Les prodiges de la conquête passent comme un météore brillant ; les œuvres du génie demeurent debout à travers les générations. Lorsque les âges auront brisé les trophées de notre époque, que restera-t-il de l'Empire de Napoléon? Un souvenir confus; le nom du conquérant se mêlera dans le mystère des âges à ceux d'Alexandre, de César et de Charlemagne; quelques ruines, la poussière des arcs de triomphe, les débris de bronze de la colonne triomphale, couchés sur l'herbe, attesteront seuls la grandeur de cet Empire et la puissance de son chef; comme les ruines de Palmyre, les pyramides du désert et les cirques de Rome rappellent que là vécurent des générations dont les sphinx d'Égypte n'ont pas deviné encore la grande énigme. Les lauriers seront en poudre, et les traditions romanesques parleront des exploits des barons et des preux de l'époque de Napoléon. Au milieu de ces ruines mélancoliques, les générations nouvelles garderont-elles le souvenir de quelques magnifiques intelligences? Quelles sont les œuvres de l'esprit et la littérature de l'époque impériale? Ce siècle laissera-t-il quelque empreinte, comme celui d'Auguste et de Louis XIV?

La publication du *Génie du Christianisme* avait placé M. de Châteaubriand dans une place si éminente que tous les yeux s'étaient portés sur l'avenir de ce noble talent. La critique avait peu ménagé son œuvre, elle l'avait secouée dans toutes ses parties; interrogeant cette vie si forte, ce talent hors ligne, elle n'avait rien épargné, ni l'homme ni l'ouvrage [1]. Napoléon, si juste appréciateur des grandes choses, avait attaché M. de Châteaubriand au cardinal Fesch, en le désignant comme secrétaire d'ambassade à Rome : quelle place pouvait mieux convenir au génie rêveur qui avait vécu dans les ruines? La religion avait été si poétiquement célébrée par M. de Châteaubriand! Il en avait décrit les

---

[1] Toute l'école philosophique se leva contre M. de Châteaubriand. Voyez les critiques de Chénier et de l'abbé Morellet, tome 3, chap. 5, de cet ouvrage.

pompes, les fêtes et les mystères. L'Empereur l'envoyait dans la ville éternelle, la capitale du monde catholique [1], au milieu du cirque où les martyrs étaient tombés, en face de la basilique de Saint-Jean-de-Latran et de Saint-Pierre, monuments de l'Église persécutée et de l'Église triomphante. Rome fut pour M. de Châteaubriand un séjour d'extase et de muettes contemplations ; frappé de stupeur à la vue de ces débris, ce fut peut-être l'époque de sa vie où il éprouva les belles sensations qui se révèlent dans ses œuvres [2]. De Rome M. de Châteaubriand fut nommé envoyé à Sion, auprès des glaces des Alpes ; sa vie était si remplie ! ses yeux avaient contemplé trois sublimes spectacles : les forêts vierges du Nouveau-Monde, Rome historique et en ruines, et les Alpes dans leur majesté.

Ce fut à Sion qu'il apprit la mort du duc d'Enghien : enthousiasmé d'abord pour Bonaparte, auquel il avait dédié le *Génie du Christianisme*, il s'indigna contre cet affreux attentat, et ne voulant plus servir l'homme qui avait frappé au cœur le dernier des Condé, M. de Châteaubriand envoya sa démission. Le poëte ne calcula pas les conséquences d'une telle démarche en face de Napoléon ; ce qu'il sentait au cœur, il le dit : il laissait aux politiques les ménagements ; lui, jetait sa démission à la tête d'un pouvoir, sans demander compte à l'avenir des funestes résultats d'une telle résolution. Les ménagements lui étaient inconnus, il brisait sa

---

[1] Voici ce qu'écrivait M. Cacault sur l'arrivée de M. de Châteaubriand à Rome (le poëte était peu compris par l'homme d'affaires) :

« Le secrétaire de légation de Châteaubriand est arrivé à Rome, citoyen ministre. L'arrêté par lequel il a été nommé est dans les mêmes termes que celui en vertu duquel M. Artaud est secrétaire de la même légation. Je les ai logés ensemble dans ma maison ; ils y vivent en frères, sans qu'il y ait ni premier ni second. »

[2] M. Artaud se posa comme le spirituel cicerone de M. de Châteaubriand à Rome.

carrière, qu'importe? Le devoir est impératif dans les vives imaginations; elles éclatent et ne raisonnent pas.

Depuis ce moment M. de Châteaubriand était devenu tout littéraire; écrivain assidu du *Mercure de France*, il y faisait des articles simples, mesurés, avec plus d'élégance et de pureté que de fougue et de hardiesse; il voulait répondre à ces pauvres critiques qui l'accusaient de ne point savoir sa langue. Quand les merveilles de la campagne d'Austerlitz venaient remuer le monde, M. de Châteaubriand résolut un voyage à Jérusalem, itinéraire qui se liait à la pensée religieuse du *Génie du Christianisme*; il n'allait point fouiller les sables du désert pour se créer un piédestal de renommée, mobile comme la poussière que soulève le chameau des caravanes; il n'allait point y chercher le principe ou la forme d'une religion nouvelle; M. de Châteaubriand, comme un pieux pèlerin du moyen âge, allait adorer le tombeau de Jésus-Christ. Le *Mercure* annonçait son départ dans les termes les plus simples et les plus touchants; il publiait ses *Lettres sur l'Italie et la Sicile*, monument de style si coloré; il disait comment M. de Châteaubriand, curieux de tous les spectacles, était descendu dans le cratère du Vésuve à peine éteint; Pline était venu là en naturaliste pour juger le matérialisme du volcan, M. de Châteaubriand y venait toucher les mystères de Dieu.

Une autre intelligence saluait Rome dans toute la majesté de la poésie : ce n'était plus un pauvre pèlerin qui, un bâton blanc à la main, remuait les ruines du christianisme pour prier. Madame de Staël, élève de l'école philosophique, hautaine et fière, se plaçait sur les grands débris de la ville éternelle, une lyre à la main, et, Corinne aux bandelettes d'or, elle faisait passer devant son imagination ce peuple-roi qui a laissé les monuments impérissables de sa destinée. Madame de Staël avait dominé les salons de Paris sous le Directoire; femme transcendante, elle s'était noblement entourée de toutes les intelligences; sa pensée, robuste et politique, avait salué le Consulat comme un résultat d'ordre, et la figure antique du général Bonaparte l'avait d'abord séduite. Les courtisans disaient que le premier Consul l'avait dédaignée, et que de là était venue sa colère d'auteur : ce fut un défaut dans le caractère de Napoléon[1] que ce mépris de tous les esprits supérieurs qui restaient indépendants sous sa main; il voulait que tout ployât devant lui, et d'ailleurs il n'aimait point les femmes qui sortaient de la sphère monotone du ménage domestique; il nous reportait à la barbarie; il avait conservé, sous ce point de vue, les mœurs d'Orient; la femme, pour Napoléon, c'était l'esclave au service des volontés et du caprice de l'homme. Madame de Staël était trop fière de sa nature intellectuelle pour le céder à Bonaparte, et de là cette haine instinctive qu'ils se portèrent tous deux.

Madame de Staël lui jeta des mots cruels, des épithètes passionnées. Bonaparte se vengea par la persécution et l'exil; une femme en lutte avec l'Empereur tout puissant! A Rome, madame de Staël traça les premières pages de sa *Corinne*. Comme partout elle avait sa cour, le corps diplomatique l'entourait; elle y disait des mots d'oracle, elle entraînait à sa suite une société choisie et brillante : le jeune Benjamin Constant, expulsé du Tribunat, rêveur aux cheveux blonds et pendants comme un étudiant de Leipsick; M. de Schlegel, l'enthousiaste historien de

---

[1] Madame de Staël avait éprouvé bien des vicissitudes. Dès 1804 le commandant de la gendarmerie de Versailles vint lui signifier, au nom du chef de l'État, l'ordre de s'éloigner de Paris de quarante lieues et de partir dans les vingt-quatre heures. Le général Junot et Joseph Bonaparte sollicitèrent vainement sa grâce. Elle ne voulut plus elle-même de celle qui lui permettait de rester en France, et elle se décida pour

l'école germanique; le noble Matthieu de Montmorency, qui portait son nom avec la modestie d'un religieux repentant; M. de Sabran, le gentilhomme littéraire de Provence; M. de Sismondi, l'historien des républiques d'Italie. La réception de madame de Staël, à l'académie de la Crusca, lui donna l'idée de *Corinne au Capitole*. Cette femme, comme tous les écrivains aux pensées bien vives, exprima dans son œuvre ses propres sensations, ses douleurs, ses joies, sa fierté; elle peignait ses amis, ses proches, se reflétant ainsi tout entière dans son œuvre : qui ne reconnaissait *Corinne?* qui ne voyait et ne touchait lord Oswald, si noble de formes, si poétique d'imagination? *Corinne*, conçue à Rome, s'acheva plus tard dans cette retraite de Coppet, aux larges marroniers qui pendent sur le lac de Genève. Voltaire, Rousseau, Gibbon, madame de Staël, esprits sceptiques, avaient pourtant tous choisi leurs palais au pied de ces lacs qui murmurent, à la face de ces glaciers dont la teinte rosée par le soleil du soir, parle si doucement aux mélancoliques et vigoureuses pensées. C'était le scepticisme à la face des grandeurs de la création.

M. de Fontanes, le chef de l'école académique, s'était complétement rattaché à la fortune de Napoléon; esprit littéraire par excellence, il n'avait pas de ces vastes conceptions qui grandissent les idées ou changent les destinées de l'art. M. de Fontanes était poëte froid, prosateur également froid; mais il exprimait des sentiments nobles dans un noble langage; sa phrase ne pouvait pas être vulgaire; il y avait quelque chose d'aristocratique et de fini qui parlait vivement à la partie élevée de la société.

l'Allemagne, afin, dit-elle, d'opposer l'accueil bienveillant des anciennes dynasties à l'impertinence de celle qui se préparait à subjuguer la France. « Madame de Staël se rendit à Weimar, si justement surnommée alors *l'Athènes germanique*. Elle y apprit la langue du pays et elle en étudia la littérature avec Goethe, Wieland et Schiller. Peu de temps après (1804) elle fit un voyage à Berlin, où elle fut accueillie avec

Napoléon aimait à être loué par lui (et c'est si dur d'être mal loué!); M. de Fontanes le faisait avec un ton si digne, une parole si noble, qu'elle ressemblait à l'encens pur qui s'élève par l'hymne et la prière; si bien qu'il ne restera de lui, dans la postérité, que ses belles harangues adressées à l'homme si haut dans l'histoire. M. de Bonald, son ami, était penseur profond, l'esprit peut-être le plus remarquable par la puissance de l'idée; son livre de la *Législation primitive* avait vivement frappé l'attention de Bonaparte; un génie de l'ordre supérieur devait comprendre la portée mystique de cette œuvre de philosophie, qui était comme une critique habilement faite de tous les codes éphémères que la Révolution avait improvisés; car l'auteur parlait de la famille et de la terre comme base de tout ordre.

M. de Bonald venait de publier un livre d'une portée plus sérieuse encore : il traitait le divorce au XVIIIe siècle; attaquant de front toute la législation du Code civil, il faisait voir les liens indissolubles de l'union sainte de deux êtres que la création avait formés. Ce que M. de Châteaubriand avait fait pour le catholicisme, M. de Bonald le faisait pour la famille pure et morale, et l'autorité paternelle. Le foyer domestique, voilà ce que M. de Bonald voulait reconstruire; l'autorité du père, le respect du fils, les droits du mari, la chasteté de l'éducation, la religion des pénates, la foi dans le clocher et la paroisse. Ces idées devaient plaire à Bonaparte; en lui il y avait deux hommes : l'esprit impressionnable qui recevait une forte empreinte des accidents

---

une bonté particulière par le roi et la reine. Sa conversation était extrêmement recherchée par le jeune prince Louis de Prusse, tué si malheureusement dès le début de la campagne d'Iéna. La mort presque subite de Necker rappela en Suisse sa fille, inconsolable de n'avoir pu recevoir ses derniers soupirs. Elle essaya de charmer sa douleur en mettant en ordre les manuscrits qu'il avait laissés; mais sa santé, altérée par tant

de sa situation; quand il demandait le divorce, c'était l'époux de Joséphine envisageant, dans son ambition, l'instant où ce divorce pourrait le rendre à la liberté; puis la tête du gouvernement avec ses idées permanentes, conservatrices, et alors M. de Bonald était tout entier dans ses sentiments; élevé au milieu des usages de l'Italie, sous l'empire du droit romain, Napoléon voulait reconstruire la famille comme elle l'était, avec ses puissantes racines, sous le père commun, dans les montagnes corses.

Cette pensée de puissante législation se trouvait au plus haut degré dans M. Portalis, ministre des cultes, qui venait de lire à l'académie l'*Eloge du président Séguier*[1]; travail accompli, où l'esprit de l'avocat se trouve peut-être encore, mais où il y a une véritable supériorité de talent et de vue législative. A l'occasion de l'éloge d'un homme modeste, d'un simple avocat-général, M. Portalis faisait toute la revue du xviiie siècle, ces époques de remaniements et d'agitations; les causes dans lesquelles l'avocat-général avait porté la parole se liaient à tous les événements de l'époque qui venait de finir, et M. Portalis ne manquait pas de pénétrer dans la pensée intime des philosophes qui avaient bouleversé l'état social. M. Séguier, membre austère du parquet, avait multiplié les réquisitoires contre tous les mauvais livres qui brisaient la croyance : il était du petit nombre de ces hommes qui avaient lutté contre les encyclopédistes. M. Portalis trouvait donc là, dans son discours, texte

---

de secousses, exigeait qu'elle allât respirer l'air du midi. Elle entreprit un voyage d'Italie. La vue de Rome et de Naples, en réveillant chez elle les souvenirs de l'antiquité, lui fit retrouver la force de penser et d'écrire. Elle revint d'Italie dans l'été de 1805, et passa une année, soit à Coppet, soit à Genève. C'est pendant ce temps qu'elle commença à écrire sa *Corinne*.

[1] Cet éloge fut lu à l'Académie par M. de Fontanes dans la séance publique du 2 janvier 1806.

à examiner le bien et le mal de cette école. Chaque temps a sa coterie absorbante ; en dehors d'elle il n'y a plus rien : elle se pose comme un dogme. Le xviiie siècle était déjà jugé par M. Portalis dans un ouvrage écrit avec un sens droit et une pureté de style remarquable durant son émigration, et qui portait pour titre : *De l'Usage et de l'Abus de l'esprit philosophique*[1]. On remontait lentement au bien, mais on y marchait droit et ferme. Napoléon avait donné l'impulsion, et on la suivait avec persévérance ; le xixe siècle voulait avoir sa doctrine.

Dans cette école littéraire de M. de Châteaubriand, de M. de Fontanes et de M. de Bonald, se montrait un jeune homme de vingt-cinq ans à peine[2] ; il avait perdu son père sur l'échafaud ; la plupart de ses biens, débris d'une immense fortune, étaient sous le séquestre ou soumis à la confiscation. Élevé à la campagne dans une sorte d'éducation rustique, seul, mélancolique, il s'était mis à écrire un livre concis de pensées, avec une certaine force d'expression. Le nom de ce jeune homme était beau dans la magistrature, car il était Molé, et portait comme alliances les Lamoignon, les Malesherbes, et tout cet illustre cortége qui avait laissé des souvenirs dans la famille parlementaire. Le livre qu'il publia était remarquable surtout par sa double conception : il mettait l'homme en rapport intime avec lui-même, puis en rapport avec les gouvernements qui ont mission de le conduire et le diriger ; ce n'était pas l'éloge du despotisme, mais l'apologie raisonnée d'une monarchie moralement pondérée sous un pouvoir fort, en opposition avec l'école anglaise de Montesquieu. M. Molé croyait

---

[1] Il ne fut imprimé que plus tard, en 1820, avec une préface de son fils, le comte Portalis.
[2] M. le comte Molé est né en 1780.

la monarchie nécessaire dans un sens large et éclairé ; dégoûté du spectacle que les assemblées avaient donné à la France, il pouvait désirer, dans une époque de reconstruction, le développement d'un principe unique dominant toutes les puissances, toutes les forces de la société sous la main de Napoléon.

Cet ouvrage fut protégé à son origine par le noble patronage de M. de Fontanes et de M. de Châteaubriand ; l'un en rendit compte dans le *Journal des Débats* par un éloge raisonné ; et comme il fallait vivement frapper l'attention de l'Empereur, M. de Fontanes rappela : « que son auteur appartenait à une vieille origine de magistrature ; les *Essais de morale et de politique* étaient ainsi une belle œuvre dans un beau nom [1]. » M. de Châteaubriand donnait des louanges [2] non moins précieuses pour un jeune auteur qui avait l'active ambition de renoncer à l'oisiveté causeuse des salons de madame d'Houdetot. Là se groupaient encore, autour d'une vieille et spirituelle femme absorbée dans son fauteuil à la Voltaire, quelques débris du XVIIIe siècle ; on y parlait de Rousseau, de l'ermitage de Montmo-

---

[1] M. de Fontanes disait :

« C'est le sentiment du beau et de l'honnête qui devait surtout dominer dans un ouvrage tel que celui-ci, et ce sentiment respire à chaque page. L'auteur, en donnant à l'âme de l'homme les plus nobles penchants, semble ne lui attribuer que ce qu'il trouve dans la sienne. Il a suivi le précepte de Pythagore et de Platon, qui disaient à leurs disciples : *Ne chantez que sur la lyre*, c'est-à-dire ne traitez que des sujets grands et sérieux. Mais le plus grave des législateurs avait placé l'image *du ris* jusque dans les lieux destinés aux importantes délibérations. Je ne serais pas fâché de la trouver à la porte de la retraite où s'enferme le sage ; ses méditations n'en auront que plus de charme. Celui qui consacre ses premiers efforts au soutien des vrais principes, et qui les défend avec tant de courage et de talent, ne peut obtenir trop d'éloges. On croit sentir, en le lisant, qu'il a mis dans un parfait accord et sa conduite et ses principes. L'autorité de ses mœurs fortifie celle de ses opinions. C'est alors que l'envie et la haine elle-même sont contraintes d'accorder à l'écrivain toute l'estime qu'elles s'efforcent jusqu'au dernier moment de refuser à son ouvrage. » (Extrait du *Journal des Débats*, 8 janvier 1805.)

[2] M. de Châteaubriand disait :

« Par une modestie peu commune, l'auteur ne s'est point nommé à la tête de son

rency, et de l'hospitalité de madame de Girardin au beau parc d'Ermenonville [1]. Napoléon voyait tout avec la majesté de son génie; il lut le livre de M. Molé dans son voyage, au retour d'Austerlitz; il fut frappé de la fermeté, de l'audace de ces théories dans un jeune homme; il en parla plusieurs fois à l'archi-chancelier Cambacérès, il désira voir l'auteur des *Essais*, et à vingt-cinq ans M. Molé se trouva face à face dans une conversation du soir, pendant deux heures, avec l'homme extraordinaire qui venait de vaincre à Austerlitz, créer des rois et signer le traité de Presbourg. Là fut l'origine de la fortune politique de M. Molé; il plut à l'Empereur par une certaine fermeté d'expression respectueuse, mais austère; le portrait de Matthieu Molé réprimant l'émeute semblait rayonner derrière son petit-fils et le protéger. M. Molé continua ce langage d'une liberté inhérente à la vieille magistrature; il admira l'Empereur à la manière de M. de Fontanes, avec dignité et convenance. Les *Essais de morale et de politique* eurent un beau succès de lecture à une époque si distraite; Napoléon ne les oublia pas; ils furent les premiers gages donnés par M. Molé à l'établissement d'une monarchie forte et intelligente.

Temps merveilleux, où la poésie trouvait aussi sa place active dans la fermentation d'une société qui se reconstruisait tout entière. L'abbé Delille publiait son poëme de l'*Imagination;* c'était toujours de beaux vers,

---

ouvrage; mais on assure que c'est le dernier descendant d'une de ces nobles familles de magistrats qui ont si longtemps illustré la France. Dans ce cas, nous serions moins étonné de l'amour du beau, de l'ordre et de la vertu qui règne dans les *Essais;* nous ne ferions plus un mérite à l'auteur de posséder un avantage héréditaire; nous ne louerions que son talent. » (Extrait du *Mercure* du samedi 21 décembre 1805.)

[1] M. Molé s'était étroitement lié avec M. d'Houdetot; tous deux entrèrent en même temps dans la carrière des affaires.

cette brillante mesure qui avait si bien modulé les *Géorgiques ;* mais M. Delille n'avait pas cette imagination dont il célébrait les prodiges ; admirable traducteur, il pouvait versifier d'éloquents épisodes, traduire de poétiques émotions, parler des malheurs d'une royale famille dans *la Pitié,* célébrer l'homme des champs ; mais l'imagination, la brillante déesse aux ailes d'azur, aux paillettes scintillantes, qui voltige comme la flamme bleue du punch dans les contes d'Hoffmann, ou bien comme la fée à la baguette d'or des théâtres de Schiller et de Schakspeare ; l'imagination éblouissante de diamants et de saphirs, n'était qu'une froide déesse pour l'abbé Delille. Comment peindre cet être fantastique ? Comment régler sous des principes fixes, les mille bluets qui voltigent devant vous ? Dès qu'on faisait de la didactique sur l'imagination, c'est qu'on n'en avait pas. L'abbé Delille était en dehors de son talent, et son poëme n'eut pas le succès de ses imitations de Virgile ; le pays des rêves, les palais de cristaux du Tasse et de l'Arioste, lui furent interdits.

Chénier, le poëte philosophe, l'admirateur passionné de Voltaire, publiait une épître à l'homme extraordinaire du xviiie siècle ; Chénier, remarquable penseur et grand artiste, perdait toute son importance politique, toute la faveur du gouvernement impérial. Napoléon ne pardonnait rien ; il avait souvenir de l'esprit républicain et des haines que lui portait cette école, comme au destructeur de la liberté publique ; l'Empereur n'aimait les Romains que sur le théâtre ou dans l'histoire. Chénier s'était renfermé dans ses fonctions de l'université, on ne l'y laissa même pas paisible ; sous prétexte qu'il pouvait inculquer de mauvais principes à la génération, il fut frappé dans sa position littéraire, qu'il exerçait pourtant avec supériorité ; l'Empereur faisait la guerre à toutes les doctrines hardies et libérales ; nul ne savait mieux que Chénier donner une mâle couleur à ses œuvres antiques, et tout se ressentait dans ses vers de l'époque grecque et romaine. Son épître à Voltaire était un résumé des bienfaits produits par le xviiie siècle et la philosophie; Chénier attaquait vigoureusement l'école dévote, qui se réveillait sous la main de l'Empereur; comme les vieux philosophes des écoles d'Alexandrie, il élevait la voix contre le christianisme et l'église renaissante ; Chénier, pour être passionné, n'en était pas moins éminent, et ses leçons sur les troubadours, à l'Athénée, attiraient vivement l'attention de tous; les écoles accouraient pour l'entendre.

Les beaux vers de l'Épître à Voltaire furent contemporains d'une œuvre [1] non moins empreinte du vieil esprit de la République et de la philosophie. J'entends parler des *Templiers* de M. Raynouard, un des prodigieux succès de cette période littéraire. On se pressait en foule aux Français, on venait y entendre les graves accents du grand maître, le chant d'enthousiasme de Marigny, et ces vers retentissants où se peignaient toutes les oppressions que fait subir la tyrannie ; les âmes ardentes se soulageaient. Il y avait du talent dans cette tragédie [2] ; M. Raynouard avait la verve méridionale, ce ton mâle

---

[1] Le *Journal des Débats* attaqua Chénier avec autant d'aigreur que Chénier en avait mis lui-même à attaquer M. de Châteaubriand

[2] L'Empereur dit à M. de Fontanes au sujet *des Templiers* :

« Cette pièce, en général, m'a paru très froide, parce que rien ne vient du cœur et n'y va. L'auteur, oubliant que le véritable objet d'une tragédie était d'émouvoir et de toucher, s'est trop occupé d'avoir une opinion sur un fait qui sera toujours enveloppé de ténèbres, parce qu'il est impossible d'y apporter aucune lumière. Comment serait-il possible, à cinq cents ans de distance, de prononcer que les Templiers étaient innocents ou coupables, lorsque les auteurs contemporains sont eux-mêmes partagés, ou plutôt sont en contradiction formelle les uns avec les autres? Tout ce que l'on peut dire, c'est que ce fut une affaire monstrueuse et inexplicable; l'entière inno-

et austère qui convient à une tragédie sans amour, à un drame qui se résume dans la catastrophe de toute une secte. Mais ce qui fit le prodigieux succès des *Templiers*, ce qui souleva les flots du peuple aux portes du théâtre, ce fut l'esprit d'opposition des derniers républicains qui semblaient reconnaître là une protestation contre la tyrannie; on y trouvait deux exemples : celui d'un roi qui se montrait avide, oppressif, en livrant au bûcher les chevaliers à la parole libre et indépendante; puis un pontife inhumain, ambitieux, qui de Rome foudroyait un ordre vigoureusement constitué, et qui avait survécu, disait-on, à toutes les tempêtes des âges comme une secte mystérieuse (depuis ce temps le mot de templier devint énigmatique, il s'éleva aux idées de conspiration et de délivrance). Napoléon, qui comprenait la portée de toutes les œuvres de l'esprit, ne se trompa point sur le sens du succès des *Templiers;* dans sa conversation il en fit la critique la plus sévère, la plus réfléchie; il comprit le dernier mot de la tragédie de M. Raynouard et des applaudissements qui la saluaient; il vit à quelle opinion s'adressait l'ardent Méridional. Geoffroy, le critique éminent, analysa et dépeça la tragédie de M. Raynouard, la présentant comme un ramassis de lieux communs retentissants, souvenirs confus du dernier siècle; Napoléon fit flétrir les *Templiers*, parce qu'il reconnut la tendance de

cence des Templiers ou leur entière perversité sont également incroyables : serait-il donc si pénible de rester dans le doute, lorsqu'il est bien évident que toutes les recherches ne pourraient arranger un résultat satisfaisant?

« Je crois, moi, que si l'auteur, puisqu'il voulait traiter un pareil sujet, avait bien voulu s'en tenir aux vérités historiques également convenues entre tous les partis, il aurait pu donner à sa tragédie une force et une couleur dramatiques qui lui manquent entièrement.

« Le caractère de Philippe-le-Bel, prince violent, impétueux, emporté dans toutes ses passions, absolu dans toutes ses volontés, implacable dans ses ressentiments, et jaloux jusqu'à l'excès de son autorité, pouvait être théâtral, et ce caractère eût été conforme à l'histoire. Au lieu de cela, M. Raynouard, auteur d'ailleurs fort estimable et d'un grand talent, nous le repré-

ce drame; il se plaça au point de vue de Philippe-le-Bel, déclarant qu'un souverain avait le pouvoir de briser un corps dans l'État. L'Empereur parlait ainsi moins en poëte qu'en politique; s'il n'osa pas heurter de front un succès aussi constaté que celui des *Templiers,* il jugea comme l'ont décidé d'ailleurs l'histoire et la postérité.

Ainsi, l'école républicaine s'exaltait dans les œuvres de l'esprit : quand la liberté est perdue, on se réfugie dans l'étude pour ne point souffrir un pouvoir qui blesse et opprime; lorsque la société échappe à vos idées, on adore le désert. Si Chénier, Raynouard, choisissaient le théâtre et la poésie, MM. Daunou, Ginguené, se jetaient dans l'érudition et la littérature sérieuse; M. Daunou développait ses travaux à l'académie des inscriptions : sorte de bénédictin copiste, sans cette foi naïve des ordres qui donnait de la chaleur aux vastes travaux de Saint-Benoît, M. Daunou, par une aberration de son époque et de sa position personnelle, jetait l'esprit philosophique dans les études du moyen âge, temps de poésie et de légendes; il voulait bien avoir quelque indulgence pour l'Église, se posant fort ennemi des papes, excepté des papes qui n'avaient pas secondé les croisades et les moines : les croisades, ce mouvement populaire du xie siècle; et les ordres monastiques, ces principes d'ordre et de règle sociale. L'érudition qui

---

sente comme un homme froid, impassible, ami de la justice, qui n'a aucune raison d'aimer ou de haïr les Templiers; qui tremble devant un inquisiteur, et qui ne semble demander que pour la forme aux Templiers un acte de respect et de soumission. L'auteur paraît surtout avoir oublié une maxime classique, établie sur une véritable connaissance du cœur humain, c'est que le héros d'une tragédie, pour intéresser, ne doit être ni tout à fait coupable, ni tout à fait innocent. Il aurait pu, sans s'écarter des vérités historiques, faire une heureuse application de ces principes au grand-maître des Templiers; mais il a voulu le représenter comme un modèle de perfection idéale, et cette perfection idéale, sur le théâtre, est toujours froide et sans intérêt. Il n'avait, au lieu de cela, qu'à dire, ce qui est très vrai, que le grand-maître avait eu la faiblesse de faire des aveux, soit par crainte, soit par espérance de sau-

s'applique aux xii⁰ et xiii⁰ siècles doit être essentiellement croyante ; la philosophie n'a rien à démêler avec un temps qui ne la connaissait pas, la froide déesse ; M. Daunou est un peu le bénédictin devenu homme politique, le moine qui dédaigne son réfectoire, sa cloche, ses matines ; c'est le moyen âge empruntant à l'école sceptique ses couleurs et sa puissance de doute et de dissertations ; c'est le religieux qui se fait esprit fort et devient encyclopédiste. Ce serait comme si dans quelques siècles un historien voulait peindre la croyance révolutionnaire de 1793 avec les sentiments d'une génération peut-être en pleine voie de despotisme industriel, avec le servage affreux des masses appliquées aux travaux publics pour vivre.

Les études de Ginguené, marquées du même caractère, sont néanmoins supérieures à celles de M. Daunou ; elles se colorent par le souvenir d'un long séjour en Italie et l'analyse de la poésie. M. Daunou est l'homme qui n'a jamais vu dans les faits que la partie didactique et monotone ; Ginguené a plus d'âme, il a cherché le dernier mot de la poésie italienne ; il développe et traduit ce que Tiraboschi avait vu avant lui, et ses dissertations sur les romans de chevalerie sont pleines de sens, de couleur, d'études, et quelquefois d'imagination ; il emprunte beaucoup, mais il sait beaucoup et rend bien ce qu'il sait.

---

ver son ordre, et nous le représenter ensuite rendu au sentiment de l'honneur, par un retour heureux de courage et de vertu, et rétractant ses premiers aveux à l'aspect même du bûcher qui l'attend. Toutes les faiblesses, toutes les contradictions sont malheureusement dans le cœur des hommes, et peuvent offrir des couleurs éminemment tragiques. Le nombre de ceux qui ont le feu sacré est très petit dans tous les siècles, je le sais, mais qu'en eût-il coûté, entre nous, à l'auteur de représenter de jeunes Templiers, religieux, raffermis et courageux dans l'excès de leur malheur, adorant la main sévère de la Providence qui les punissait d'avoir dégénéré des vertus de leurs anciens, par l'abus de leur puissance et de leur richesse ? Tous ces faits sont admis dans l'histoire par les accusateurs et par les défenseurs des Templiers.

« Pourquoi l'auteur a-t-il négligé d'ex-

Une fraction de cette école républicaine, soumise aux institutions impériales, faisait de la poésie légère; les jacobins n'avaient jamais cessé d'être pastoraux et érotiques. Cette école s'adonnait aux Muses, se consolant avec elles; il y avait toujours, je le répète, dans les vieux débris du jacobinisme, une tendance à l'églogue, une expression douce, et plus d'un membre de la Commune ou du Comité de salut public aimait à moduler des vers sur les pipeaux rustiques. Si le spirituel Andrieux, dans son *Meunier de Sans-Souci*, laissait exhaler quelques soupirs pour la république perdue, M. Tissot, qui avait parcouru l'époque la plus mâle de la révolution, l'ami de Ceracchi et de Topino-Lebrun, essayait de traduire en vers harmonieux *les Baisers et Elégies de Jean Second*, admirable tableau de l'amour dans toutes ses ardeurs; on perdait la république, cette idée de jeunesse et de force: et comme les hommes qui portent au cœur le désespoir, la déception d'une idée ou d'une illusion détruite, on cherchait à se distraire par l'ivresse du sensualisme. Les Athéniens, couronnés de fleurs, buvaient le vin de Chio dans les bras des courtisanes au cheveux noirs, lorsque Philippe eut brisé leur liberté.

A côté de l'école philosophique altière et sincère avec les grandes formes de Chénier et de Volney, se produisait une secte mixte, qui n'osait ni se dire pieusement chré-

---

citer la sensibilité par le spectacle de ces grandes vicissitudes de la fortune, qui renversent tout à coup les grandeurs les plus solidement établies en apparence, et vouent au malheur des hommes distingués par d'éclatants services et par une naissance illustre? Toutes ces réflexions, quand elles sortent naturellement et qu'elles ne sont point amenées avec affectation ou d'une manière trop commune, parlent toujours à l'âme du spectateur.

« L'amour du jeune Marigny est entièrement insignifiant et ne peut intéresser; car on n'en connaît pas l'objet. Cet amour n'a pas le moindre rapport à l'action de la pièce, et le rôle pourrait rester tel qu'il est sans que ce personnage prît la peine d'apprendre au public qu'il est ou a été amoureux.

« L'histoire offrait également à l'auteur des couleurs assez tranchées, pour donner une physionomie forte et prononcée à deux

tienne, ni se proclamer dans toute la franchise du doute et de l'examen. Elle avait pour mère la philanthropie de Bernardin de Saint-Pierre, sorte de culte à la manière de Laréveillère-Lépeaux, avec ses corbeilles de fleurs, ses hymnes à la nourrice aux généreuses mamelles, et ses accents à l'humanité. C'étaient les théoristes de l'amour ou du bonheur, tels que M. de Sénancourt, M. Droz, qui cherchaient à créer une croyance, un ordre moral, en dehors des sentiments religieux et de l'Église catholique. Les uns trouvaient dans le ravissement des sens les causes du bonheur, les autres pénétraient l'amour dans une nuageuse théorie, inexplicable mystère que la philosophie ne peut définir, pas plus qu'on n'analyse l'extase ; ces ennuyeuses productions passaient inaperçues dans un temps où tout cherchait une croyance, où le monde s'agitait pour trouver l'autorité et le pouvoir; il n'avait pas foi en tous ces faiseurs de sociabilité en dehors de la vieille religion de nos pères. Le philosophe du XVIIIe siècle était rationnel, parce qu'il rejetait, du haut de son scepticisme, toutes sortes de croyances et de dogmes; mais il était puéril, en combattant ce que les âges avaient consacré, de se proclamer pontife d'un autre culte, et grand-maître d'une église sentimentale, sans rien qui remuât le mystère intime de notre nature.

Quand madame de Staël, femme aux opinions fortes et mâles, se livrait aux considérations politiques, une

ministres tels que Nogaret et Engherrand ; mais il a mieux aimé en faire deux membres subalternes des comités.

« Quant à la reine, et par quelques vers qu'il lui a donnés, ce rôle peut conduire à des allusions.

« Du reste, cette tragédie est naturellement écrite, il y a de beaux vers et des pensées heureusement exprimées. Cependant je persiste à penser qu'il doit en être de cette pièce comme du procès des Templiers, et qu'elle n'est ni aussi bonne ni aussi faible qu'on l'a prétendu, comme les Templiers n'étaient probablement ni aussi innocents ni aussi coupables qu'on l'a raconté... Il est même probable que si Geoffroy n'en eût pas dit tant de mal, on n'en aurait pas dit tant de bien. »

autre femme aux mœurs plus douces, madame Cottin, l'auteur de *Malvina*, écrivait le joli roman de *Mathilde ou les Croisades*, doublement empreint de l'esprit religieux et chevaleresque. Madame Cottin devait être une douce et angélique créature, car il respire partout dans ses œuvres un sentiment du beau, un entraînement pour la chasteté et la pureté du cœur, qu'on ne joue pas dans les livres; le drame de *Malek-Adhel* et de *Mathilde* défigurait l'époque des croisades en méconnaissant les mœurs d'Orient; si ces créations imaginaires de Malek-Adhel et de la sœur de Richard n'avaient rien de la chronique simple et naïve du moyen âge [1], il y avait, dans cette lutte de la femme chaste et du caractère ardent et chevaleresque du Sarrazin, une piété qui se ressentait de l'école de M. de Châteaubriand. Combien de pareils livres devaient plaire aux jeunes filles qui aiment! ce Malek-Adhel si noble, ce Richard si fier, ce vieux archevêque de Tyr, tous ces personnages admirablement groupés excitaient au plus haut point l'intérêt de toutes les classes, au milieu de ce temps de l'Empire où d'autres croisades étaient entreprises contre l'Europe armée.

Madame de Genlis publiait aussi son roman de *Madame de Maintenon*, après son succès de *Mademoiselle de la Vallière*, simple peinture d'une séduction que l'amour seul entraîna. La cour de Louis XIV pouvait servir de modèle à celle de Napoléon, et voilà pourquoi ces livres plaisaient avec tant d'entraînement : madame de Maintenon est un caractère qui va mieux à madame de Genlis : elle y trouve un type de son esprit, de sa situation peut-être; la veuve de Scarron comme la marquise de Genlis avaient eu beaucoup de fautes dans leur

---

[1] La préface de *Mathilde*, œuvre de M. Michaud, fut l'occasion et le principe de l'*Histoire des Croisades*.

jeunesse, des distractions et des amours ; elle ne l'oublie pas : madame de Genlis n'avait-elle pas rêvé la conquête du duc d'Orléans, comme madame de Maintenon avait absorbé celle de Louis XIV? Magiciennes toutes deux, elles avaient cherché à exploiter les grandeurs et les faiblesses ; le roman de *Madame de Maintenon* n'a pas la valeur de celui de *Mademoiselle de la Vallière*; il est long, diffus; et puis il règne ce mélange insupportable d'aventures romanesques et de citations historiques, cet amalgame de fictions et de réalités, de personnages que l'imagination invente ou que l'histoire rappelle; et pour jeter plus de confusion encore, madame de Genlis a soin de placer le mot *historique* au bas des pages pour détourner l'attention de son drame. Le roman, pour être complet, a besoin de peindre un temps ou des mœurs, en restant dans le domaine des fictions pour les faits; autrement il n'a ni le caractère sérieux de l'histoire, ni l'attrait de l'invention qui séduit [1].

Les théâtres étaient la passion du monde : jamais à aucune époque une pièce ou un auteur n'occupa plus l'attention publique. On célébrait alors des œuvres d'une certaine importance : presque toutes ont disparu de la scène ou se montrent à peine au répertoire ; un peu trop empreintes de l'esprit et du goût de l'époque, elles sont tombées avec les mœurs de l'Empire. Que sont devenues les pièces spirituelles de Picard, le fécond artiste ? Son théâtre ne cessait pas de jeter au public des comédies écrites avec verve, telles que la *Petite Ville,* bavardage provincial qui semblait destiné à peindre les ridicules de ces cantons qui envoyaient leurs présidents au sacre. Paris commençait sa guerre contre la province ; *M. des Cha-*

---

[1] Ce fut alors que le poëte Lebrun lança ses violentes épigrammes contre madame de Genlis.

lumeaux ne fut autre chose que cette critique contre les mœurs des provinciaux ; M. de Villars qu'on plaçait là était l'image des grands seigneurs du nouveau régime couvrant de mystifications les paisibles propriétaires de cantons, qui payaient pourtant largement leur part aux besoins de l'État.

Picard avait pour émule M. Duval, qui sortait du théâtre comme lui ; il avait donné aux Français deux ouvrages remarquables, *le Tyran domestique*, pièce d'observation, peinture de ménage bien étudiée ; et *la Jeunesse de Henri V*, bouffonnerie spirituelle où se peignent plus les mœurs de Charles II que celles de Henri V, les tavernes de Londres plus encore que les palais des rois. Puis venait un homme jeune alors, M. Étienne, qui avait débuté heureusement dans la carrière théâtrale par la charmante pièce d'*Une Heure de mariage*, parfaitement dialoguée, avec les plus jolies factures de couplets qu'on puisse trouver encore. Le théâtre était une carrière ; une pièce réveillait l'attention, attirait sur son auteur toutes les faveurs du public et de Napoléon lui-même ; on donnait au théâtre des comédies, et le gouvernement vous répondait par une position administrative; une place aux droits-réunis était la récompense des moindres petits vers. M. Roger écrivait aussi quelques scènes bien intriguées et d'un spirituel dialogue. M. Collin-d'Harleville quoique vieilli était encore en scène [1]. M. Baour-Lormian

---

[1] C'est à l'occasion d'une pièce de M. Collin-d'Harleville que fut jouée, par la police, une espèce de comédie au moins aussi gaie sur la liberté de la presse.

« On lit dans le *Journal de l'Empire* du jeudi 9 janvier, qu'à la suite d'une comédie nouvelle que M. Collin-d'Harleville a comprise dans la collection de ses œuvres, on a imprimé ces mots : « Vu et permis l'impression et la mise en vente, d'après décision de S. E. le sénateur ministre de la police générale de l'Empire, en date du 9 de ce mois de prairial an xv. Par ordre de son excellence : le chef de la division de la liberté de la presse. »

Signé, P. Lagarde.

« S. M. a été surprise d'apprendre par cet article qu'un auteur aussi estimable que

empruntait à l'Écriture sainte le Joseph et le Pharaon d'Égypte; et la poésie sceptique commençait à voir que dans la Bible était la source des solennelles images.

Le vaudeville était plus que jamais à la mode; on en multipliait les scènes, pour chanter les épisodes gais ou langoureux de l'amour; on s'y battait en duel à ravir; on y faisait le mauvais sujet à la manière d'Elleviou. MM. Piis, Radet, Gouffé, Dieu-la-Foi, enrichissaient le théâtre de ces petits ouvrages, feuilles légères que le vent emporte, papillons d'un jour qui vivent quelques soirées sous le lustre. C'était le temps de la grosse gaîté; on aimait à boire, à rire, à chanter les folies et les amours. Dans les jeunes sociétés, la mélancolie ne vient point troubler les refrains retentissants, comme dans ces peintures d'Holbein, où la mort apparaît au milieu des festins ou des danses vagabondes. Si quelques âmes d'élite s'affectaient tristement à l'aspect des doctrines perdues et de la liberté exilée, les masses se laissaient conduire joyeuses sous la main de leur Empereur; pour célébrer la victoire, chaque soir sur les théâtres on lisait quelques bulletins glorieux; la scène était devenue comme un lieu de publicité pour jeter des lauriers aux pieds de la statue de Napoléon; on revenait aux jours de Rome où les affaires publiques se faisaient au cirque.

La grande époque du mélodrame n'était point finie; on le trouvait sur les théâtres du boulevard plus retentissant que jamais. MM. Cuvellier, Pixérécourt, com-

---

M. Collin-d'Harleville avait eu besoin d'approbation pour imprimer un ouvrage qui porte son nom. Il n'existe point de censure en France. Tout citoyen français peut publier tel livre qu'il juge convenable, sauf à en répondre. Aucun ouvrage ne doit être supprimé, aucun auteur ne peut être poursuivi que par les tribunaux, ou d'après un décret de S. M., dans le cas où l'écrit attenterait aux premiers droits de la souveraineté et de l'intérêt public. Nous retomberions dans une étrange situation, si un simple commis s'arrogeait le droit d'empêcher l'impression d'un livre, ou de forcer un auteur à en retrancher ou à y ajouter quelque chose.

mençaient leur carrière si consolante pour la vertu récompensée, si formidable au crime; ils devaient semer sur la scène des situations fières et hautaines ; on se battait sur les planches, on faisait des siéges; les brigands croisaient le fer; les châtelaines éperdues fuyaient la tour isolée, le tyran paraissait le front assombri; puis venait le troubadour chantant la croisade, et le sacrifice se consommait à la fin du cinquième acte, lorsque la vertu n'était pas triomphante. Il y avait aussi des succès de larmes; on joua sur le théâtre la fille séduite et trompée, situation capable de fendre les pierres et d'apitoyer les tigres. Apparais ici, malheureux de *Fitz-Henri!* ta fille est enlevée, elle est mère ; toi, son vieux père, douloureusement affecté, tu tombes dans une folie mélancolique; insensé, tu penses à ta fille ; elle est morte pour toi et tu arroses paisiblement les fleurs de ton jardin et sa tombe : voici ta fille agenouillée ; elle te présente un gros enfant; douleur, désespoir; entends sa douce parole, entends le repentir du séducteur, te voilà parfaitement rétabli et le mariage se fait à la satisfaction de tous les auditeurs. Alors quel attendrissement! que de sanglots! *Fitz-Henri* attira la bonne et la mauvaise compagnie pendant six mois au boulevard; ce fut un succès de l'époque.

Tous couraient au théâtre; on s'occupait des *Français*, de ses acteurs, de ses artistes, comme d'une véritable af-

---

« La liberté de la pensée est la première conquête du siècle. L'Empereur veut qu'elle soit conservée : il faut seulement que l'usage de cette liberté ne préjudicie ni aux mœurs, ni aux droits de l'autorité suprême; et ce n'est sans doute qu'un écrivain dépravé qui peut vouloir y porter atteinte; ce ne serait aussi qu'un prince faible qui pourrait tolérer une licence destructive des fondements de l'ordre social et de la tranquillité des citoyens. La liberté et la civilisation n'existent qu'entre les extrêmes, c'est aussi entre les extrêmes que l'administration et la législation doivent se maintenir. »
(Journal officiel.)

C'était annoncer une commission de censure régulière, et elle fut nommée.

faire; les comédiens en réputation étaient traités avec une considération indicible; on s'occupait d'eux, on les invitait à la cour dans une certaine familiarité. Talma, l'acteur républicain, le tragique chéri du Comité de salut public, s'était fait courtisan à ce point de ne plus paraître devant l'Empereur qu'en habit habillé, avec l'épée de marquis qu'il portait parfaitement; l'amitié que l'Empereur avait pour Talma avait rejailli sur tous ses camarades [1]. Un homme protégé par Napoléon grandissait; et pourtant Talma, vivement critiqué par Geoffroy, travaillait profondément son art; il commençait à se corriger des défauts de sa première manière, un peu criarde, tel qu'on l'avait vu dans les *Fureurs d'Oreste*. L'époque de ses fortes études fut surtout le rôle de *Manlius*; sa manière change alors: il étudie ses inflexions de voix, son costume, ses gestes; il ne déclame plus, il parle. Il fut également remarquable dans les *Templiers*, pièce si admirablement montée, où l'on voyait tous les premiers sujets rivaliser de zèle et de talent. A côté de Talma s'élevait Lafont, acteur moins remarquable et nourri de moins fortes études de l'art; Talma, érudit dans ses rôles, s'était nourri de Tacite, des récits et des souvenirs de Rome, du Panthéon et du Colisée; avait-il besoin d'un costume, il l'étudiait dans les musées; il savait comment se plaçait la couronne de laurier des Césars, la robe prétexte et le laticlave; il se posait comme la statue de Cicéron dans le

---

[1] Souvent Napoléon reprenait Talma dans les plus petites nuances de son jeu.
Après une représentation de *Britannicus*, Napoléon dit à Talma que, fidèle au caractère que l'histoire a donné à Néron, il montrait trop dès son arrivée en scène le despote; que d'après l'intention de Racine, dans le commencement de la pièce, Néron ne doit pas paraître cruel; que c'était seulement lorsque son amour est contrarié et qu'il devient jaloux (scène VIII du IIIe acte), que son caractère violent se développait tout entier; que l'acteur devait donc garder pour les derniers actes toute la force de l'expression. « Je voudrais aussi, ajouta-t-il, reconnaître davantage dans votre jeu le combat d'une mauvaise nature avec une bonne éducation. Je désirerais que vous

Forum antique. Talma était parfaitement secondé par les Baptiste, les Monvel, vieux noms du Théâtre-Français. A ce moment débutait un jeune homme qui devait laisser trace dans les annales de la comédie ; son nom était Michelot : il fut accueilli avec bienveillance, on suivait ses représentations ; il avait dix-huit ans à peine, c'était bien jeune pour paraître aux Français ; il réussit pourtant, parce qu'il étudiait.

La scène tragique était toujours occupée par mesdemoiselles Georges et Duchesnois : toutes deux n'en étaient plus à leurs débuts, elles avaient trois ans de scène déjà. Mademoiselle Georges était belle ; on parlait plus encore de ce qu'avait de magnifique sa personne que de son jeu puissant comme attitude, un peu trop monotone pour produire une grande impression ; sa voix était tragique [1], elle la tirait de sa poitrine avec énergie. Un succès qui faisait plus d'honneur au talent était celui de mademoiselle Duchesnois ; dépourvue de tout charme, de toute grâce, de toute taille, mademoiselle Duchesnois avait conquis un attrait extraordinaire sur le public ; sa voix, comme celle du *tam-tam*, déchirait les entrailles et faisait frissonner ; on oubliait sa laideur pour ne plus penser qu'au rôle et s'identifier avec l'artiste.

La comédie restait toujours aux mains de mademoiselle Mars, accueillie avec une faveur croissante, et dont le

---

fissiez moins de gestes ; ces natures-là ne se répandent pas en dehors ; elles sont plus concentrées. D'ailleurs, je ne puis trop louer les formes simples et naturelles auxquelles vous avez ramené la tragédie ; en effet, lorsque les personnes constituées en dignité, soit qu'elles doivent leur élévation à la naissance ou au talent, sont agitées par les passions ou livrées à des pensées graves, elles parlent sans doute plus haut, mais leur langage ne doit être ni moins vrai ni moins naturel. »

[1] Je ne sache rien encore de plus remarquable et de plus intéressant que les feuilletons de Geoffroy sur cette époque ; ils peuvent très bien se relire sans avoir vieilli.

jeu se rectifiait tous les jours par l'étude ; mademoiselle Mars, avec toutes les bonnes traditions, faisait renaître la haute comédie, seul et dernier débris de la vieille société ; quand nul ne portait plus l'habit de marquis avec dignité et liberté, quand nulle femme ne tenait élégamment l'éventail de cour, il fallait chercher des modèles à la Comédie-Française ; là vivaient les traditions de la haute compagnie ; c'était comme un magasin ambulant de tous les costumes et de toutes les formes de l'ancien régime, même avec ce caractère de vie insouciante du xviiie siècle. Qui ne connaissait les mots de mademoiselle Bourgoing? on les répétait dans le monde militaire, on en riait dans une époque toute sensualiste ; c'était triste et hideux à voir dans la bouche d'une jolie femme, que des expressions sales et éhontées, des grossièretés débauchées à travers des lèvres de rose, comme la bave du basilic dans la corolle d'une fleur. Mademoiselle Bourgoing avait peu de talent, et elle cherchait à racheter son obscurité par les gracieux traits de sa figure et la liberté de ses propos ; cela pouvait plaire à une société vieillie et s'excusait par la passion ; être froidement licencieuse, c'est affreux pour une femme, alors même qu'elle se pose sur un théâtre et qu'elle se proclame dans toute l'insouciance des artistes.

Ainsi étaient la grande et petite littérature : les conceptions du génie, les productions de l'esprit et les talents du théâtre ; les hommes qui écrivaient les scènes, les artistes qui les représentaient. La littérature alors n'avait point ce sens libre et spontané qui marque les époques d'indépendance ; tous se plaçaient sous la direction unique du gouvernement et de l'Empereur : c'était lui qui distribuait les couronnes et donnait l'impulsion et la vie aux œuvres de l'art. Pour réussir il fallait chanter sa gloire et seconder son système; il parlait bien de la république des lettres, vain mot dans la bouche d'un pouvoir qui voulait être obéi; la politique était interdite, on ne pouvait attaquer ni les personnes ni les choses du gouvernement; l'obéissance était le premier devoir, le principe de toute conception de l'esprit.

Pourtant, en dehors de l'Empereur il était une lutte sociale que la censure ne pouvait comprimer, et qui était bien plus puissante que la politique : il s'agissait du rude combat entre l'examen et la croyance, la philosophie et le catholicisme. En général, ce ne sont pas les petites questions du gouvernement qui ébranlent les générations, celles-là passent; mais il y a une lutte entre toutes les idées qui dominent; combat de géants que le pouvoir ne peut empêcher ; la censure est trop étroite pour arrêter le développement de ce duel d'idées qui s'agite au sein des masses : vous effacez une phrase matérielle, et la pensée reste debout, puissante et vigoureuse. Les siècles marchent et refoulent les siècles!

CHAPITRE II.

LES SCIENCES ET LES BEAUX-ARTS.

Application de la vapeur. — Théorie de la lumière. — Le gaz. — Le magnétisme. — Galvanisme. — La pile de Volta. — La chimie appliquée aux arts. — Les sucres. — La teinture. — Les sciences mathématiques. — Botanique. — Sciences historiques. — L'érudition. — La numismatique. — Histoire. — La chronique. — Publication des monuments. — Les beaux-arts. — Le musée Napoléon. — Transport des objets d'art de Rome. — Dépouillement de la villa Borghèse. — La peinture. — La statuaire. — Les écoles. — David. — Gros. — Girodet. — Gérard. — Les salons. — La musique. — Les grands maîtres. — L'Opéra. — L'art de la danse. — Les modes.

1805-1806.

L'universalité formait le caractère de Napoléon ; c'était là son type, et j'oserai dire son affectation. Sous la tente, lorsque les plus hautes conceptions de guerre viennent occuper et inquiéter sa pensée, l'Empereur met un grand prix à se montrer au monde comme un esprit occupé d'arts futiles, de science, et d'administration publique. Quelquefois un décret minutieux sur un détail inconnu est daté du champ de bataille la veille d'une victoire [1] ; il semble que ces détails l'intéressent au milieu des plus glorieuses distractions; rien ne peut échapper à son œil d'aigle, comme pour dire aux derniers de ses fonction-

---

[1] En 1812 le grand décret sur les théâtres fut daté de Moskou.

naires que l'Empereur suit leurs actes, qu'il récompensera le bien et punira le mal. Lorsque tant de préoccupations politiques l'agitent, il suit encore avec sollicitude les progrès de la littérature et des arts. Plein des idées romaines du siècle d'Auguste, Napoléon voudrait avoir le sien; les médailles rappelleraient son règne, les monuments en attesteraient la grandeur; la peinture reproduirait ses traits antiques, et la statuaire les léguerait aux âges reculés avec le manteau impérial, à côté des Césars et des Auguste.

Les sciences méritaient alors l'attention sérieuse de la génération par des progrès utiles et féconds et des découvertes destinées à changer la face du monde. La théorie de la vapeur n'était pas une nouveauté dans son idée primitive; depuis le xvie siècle on savait la force de la compression éclatant comme la foudre; il n'était pas un écolier de physique qui ne fît l'expérience de l'impétuosité avec laquelle s'agite l'eau bouillonnante dans une chaudière. L'application de cette théorie avait été faite déjà à des machines, et sous le vieux nom de *pompes à feu* on avait employé ce levier puissant. Dès le commencement de ce siècle, il apparut tout à coup une théorie d'application plus vaste sur l'usage matériel de la vapeur; si les machines s'agitaient par la puissance de cet immense mobile, les barques et les vaisseaux pouvaient recevoir de cet agent une impulsion régulière. Avant même que les Anglais et les Américains, et que Watt eût apporté en Amérique sa découverte, quelques Français avaient essayé l'emploi de la vapeur sur de simples barques au canal de l'Ourcq [1], elles avaient complétement réussi; l'action s'était produite avec une force et une précision remarquables.

En 1802. Mais l'époque était trop distraite,

Le gouvernement ne prêta qu'une faible attention à une découverte qu'il traita de folie et de charlatanisme. Le défaut de l'Empereur était malheureusement de ne pas comprendre les idées qui n'étaient pas siennes. Ce génie, trop habitué à se replier sur lui-même et à méditer ses propres conceptions, ne croyait pas à la grandeur des pensées en dehors de lui. Cette puissance motrice de la vapeur, qu'il dédaigna, aurait pu l'aider à accomplir son système d'agression contre l'Angleterre; si les petites barques de Boulogne s'étaient mues par la mécanique de Watt, l'armée de débarquement aurait opéré sans obstacle sur le littoral de la Grande-Bretagne; il n'y aurait plus eu de mer entre les deux côtes; la science aurait jeté ce pont gigantesque, que l'imagination de l'Empereur avait rêvé plus d'une fois, comme le pont de l'Enfer du Dante. Dans l'histoire de Napoléon, c'est une fâcheuse circonstance que ce dédain pour la plus puissante création des temps modernes; lorsque les générations futures, par le double développement de la vapeur et des chemins de fer, verront s'accomplir les destinées illimitées, lorsque le monde changera de face avec ses villes merveilleuses, ses vaisseaux sillonnant les mers, ses mille lieues franchies en quelques jours; il sera triste et fatal que le nom de Napoléon ne se mêle en rien à cette civilisation nouvelle, et qu'il ne paraisse aux générations futures que dans cette famille de conquérants qui ont fait marcher les siècles par leur épée.

L'école physique fut plus heureuse pour sa théorie de la lumière et ses études pour déterminer la réflexion des corps. On eut des instruments pour préciser l'action chimique de la lumière et de la chaleur dans les rayons solaires; on fixa l'effet des surfaces sur le rayonnement; par-dessus tout on parvint à mesurer la capacité de la chaleur par le calorimètre. La chimie également s'efforça de détacher les gaz avec une précision remarquable; on fit l'essai de ce magnifique éclairage, imparfait encore, et qui devait se purifier par l'usage. Il se faisait alors un avenir merveilleux pour les générations : la physique tendait à faire revivre les splendeurs des villes et des empires de Syrie et de Babylone. Viendrait un jour où les vastes cités resplendissantes de mille jets de lumière se déploieraient à travers les larges rues à colonnes, les places à portiques, les monuments, les temples, les jardins suspendus; quand viendrait ce temps, les villes seraient réunies les unes aux autres par des chemins de fer transportant les populations entières ; la vapeur jetterait comme un pont sur les vastes mers entre les continents éloignés; temps fabuleux, que les générations nouvelles verront, comme un héritage de nos peines, jusqu'à ce qu'il arrive quelques-unes de ces catastrophes qui brisent les cités et ne laissent plus debout que quelques tronçons de colonnes ou quelques fragments de temples, comme on en trouve au désert parmi les ruines de Palmyre.

Si Napoléon avait dédaigné l'application de la vapeur et du gaz, il s'était épris comme d'une passion enfantine pour les effets du galvanisme et de la pile de Volta; tout ce qui paraissait étrange, fantastique, était adopté par son imagination, avec cet entraînant mysticisme qui le dominait; l'homme qui croyait à la destinée s'était jeté en enthousiaste sur les théories du magnétisme et de la pile de Volta qui semblait rendre un instant la vie aux corps inanimés; elle paraissait comme une certaine manière de résoudre le grand problème de la mort, et de pénétrer dans cette nuit sombre du tombeau. L'Empereur établit un prix énorme pour la réalisation des doctrines du galvanisme[1]; quelles causes donnent la vie? quelles causes en privent l'être créé? Étrange problème qui brise le cerveau toutes les fois que l'imagination s'y arrête pour en soulever le voile mystérieux. Napoléon ne vit dans les inventions physiques que des résultats fantastiques, extraordinaires : l'aérostat, le galvanisme[2], marcher à travers les nuages, remuer la tombe ; tandis que les trois grands éléments de la civilisation future, la vapeur, le gaz et les chemins de fer, lui restaient encore inconnus dans les ténèbres de l'avenir, pour dominer une société qui ne serait plus à lui.

La véritable gloire scientifique de l'époque, parce qu'elle contribua puissamment à grandir les ressources du peuple, ce fut la chimie appliquée aux arts. Ici, des progrès réels furent accomplis ; M. Chaptal[3] opéra des prodiges ; il parvint surtout à perfectionner la confection des sucres dans l'analyse de toutes les plantes. Il fallait remplacer le produit de la canne des Antilles ; on chercha dans le raisin, dans la figue, la substance sucrée, et on parvint à la cristalliser avec quelque bonheur ; il fallait épurer la betterave, pénétrer dans les produits qui contiennent le plus de sirop, et ce fut là la gloire de M. Chaptal ; ses théories utiles au peuple grandirent ses moyens d'existence ; on eut du sucre de betterave, de l'eau-de-vie de pommes de terre, des substances nutritives pour les masses. De la vie de l'homme, M. Chaptal passa aux vêtements ; les produits de la teinture manquaient à la France : elle n'avait plus la cochenille, ce beau vermillon, et cet admirable bleu que donne l'indigo ; il fallait sup-

---

[1] Un prix de 10,000 fr. fut d'abord proposé.

[2] Voyez *Histoire du galvanisme*, par M. Sue, Paris, 4 volumes in-8°.

[3] Voyez l'ouvrage de M. Chaptal, *la Chimie appliquée aux arts*, traduit dans toutes les langues de l'Europe, 4 volumes, Paris, 1806.

pléer à tout par la chimie. On essaya d'abord la culture des plantes du tropique, l'essai échoua; la chaleur douce des Antilles manquait à cette famille si fragile que le moindre froid brise et tue, comme le corps frêle d'une jeune fille poitrinaire sous le dur climat du Nord. La chimie appliquée aux arts fit des merveilles : elle permit les belles teintures, et remplaça ces colonies que la rivalité maritime nous avait enlevées ; prodiges des temps exceptionnels de la guerre, ces produits devinrent un embarras pour le temps de paix; les industries qui suppléaient à la soude d'Espagne et de Sicile, au sucre des colonies, à la cochenille et à l'indigo, durent être frappées d'impuissance le jour où les mers furent ouvertes; il fallut alors les protéger par des prohibitions, aux dépens des consommateurs [1].

La physique s'occupa de l'analyse des acides et de la décomposition du sel marin, travaux considérables qui tuent l'homme; on eut la théorie des poudres fulminantes; on perfectionna le crayon et l'acier, les sulfures et les combinaisons gazeuses; dans les recherches sur les carbures, on voulut même découvrir le diamant par l'analyse. M. de Morveau en fit l'expérience et n'obtint, en le brûlant, que de l'acide carbonique. Ce fut une vive dispute de science entre MM. Berthollet, Biot et de Morveau que cette analyse du diamant; M. Berthollet soutint que l'hydrogène dominait dans sa substance; M. Biot appuya cette doctrine en la modifiant; tandis que M. de Morveau voulut y trouver l'acide carbonique seul, et M. Clouet l'acier pur. Il y eut des analyses profondes sur les fermentations, sur les vins, sur les éthers. On me-

---

[1] Tous les exposés de la situation de l'Empire par les ministres disent cependant que ces moyens réussirent presque entièrement; cela était inexact.

sura l'atmosphère. L'histoire des minéraux s'agrandit, car les savants pénétrèrent jusque dans les entrailles de la terre pour découvrir ces palais de cristal, ces veines de porphyre, ces volcans qui jettent le feu, les sels, les charbons, les terrains primitifs; et c'est ce qui grandit les études géologiques. Cuvier se posa le premier à la tête d'une grande école qui sépara les terrains primitifs et les terrains secondaires; on disserta sur les volcans, sur les fossiles. Vinrent aussi les théories et les hypothèses sur la création; l'esprit philosophique avait jeté mille préjugés sur la géologie de la Genèse, et ces préjugés existaient encore trop puissants pour que la théorie entière pût naître et se développer. Il y eut des études imparfaites jusqu'à ce que Cuvier osât donner à l'histoire de la création cette démonstration religieuse et scientifique qui ouvrit une voie féconde et nouvelle.

De la formation de la terre on passa aux sciences naturelles, aux études de l'être animé. Peu de découvertes avaient été faites depuis les résumés de Buffon; cependant on put décrire quelques nouvelles espèces de gibier de l'Australie, qu'on avait répandues dans les bois d'Europe; l'expérience avait réussi. Des études spéciales venaient de s'accomplir sur diverses familles d'animaux; l'abeille avait été étudiée par un modeste naturaliste [1]; un savant italien découvrait un instinct merveilleux dans la chauve-souris: privés du sens de la vue, ces animaux se dirigeaient le jour par le sens du toucher répandu sur leurs oreilles et leurs ailes. On venait également de définir la faculté qu'avaient les polypes à bras de reproduire leurs parties coupées; cette faculté s'étendait aux écrevisses, aux salamandres et à la li-

---

[1] Mémoires de l'Institut. Classe des Sciences (1805-1806).

mace. De plus larges études avaient expliqué la léthargie profonde de certains animaux, téls que les marmottes, les loirs, passant la saison froide dans les montagnes sous la neige [1], léthargie qui suspendait la respiration, la sensibilité et même la digestion. L'Académie des sciences venait d'étudier et de définir la faculté qu'avaient les vipères et les serpents à sonnettes d'étourdir et d'attirer les petits animaux dont ils font leur proie. M. de Humboldt et M. Geoffroy Saint-Hilaire avaient mesuré l'électricité de certains poissons qui engourdissent [2]. M. Geoffroy commençait alors ses théories sur les monstres; il dissertait sur les animaux de la Nouvelle-Zélande, sur ce kanguroo découvert par le capitaine Cook, haut de six pieds, si disgracieux et si attentif pour ses petits.

M. de Humboldt avait parcouru le continent américain, et il donnait aux musées de Paris et de Berlin le résultat de ses longs et pénibles voyages; tandis que MM. de Jussieu, Jaume Saint-Hilaire [3], de Candolle, étendaient la botanique au-delà des limites fixées par Linné. Jamais les sciences naturelles n'avaient présenté de plus belles collections de sujets dans toutes les classes de la science : la botanique aidait l'agriculture; on introduisait de nouvelles plantes, la patate douce de Malaga, le topinambour, le navet de Suède; la culture de la pomme de terre prenait une immense extension et préservait désormais le peuple de la famine; utile et belle découverte, due aux expériences de M. Parmentier. On essayait la culture du coton, l'acacia déployait ses fleurs blanches et odorantes;

---

[1] Voyez *Essais d'observations pour servir à l'histoire des mammifères sujets à une léthargie périodique*, en italien, par M. Mangili.

[2] *Bulletin des sciences*, an XI; Annales du muséum d'histoire naturelle.

[3] M. Jaume Saint-Hilaire venait de publier: *Exposition des familles naturelles et de la germination des plantes*, 4 volumes in-8.

on plantait le pin maritime sur les dunes pour les fixer et les rendre productives. L'Empereur favorisait toutes ces cultures nouvelles, source de richesse pour le peuple; Napoléon aimait à récompenser les savants, autant pour sa gloire que pour l'utilité pratique de la science : il savait que cette protection serait un fleuron de plus à sa noble couronne.

Si les sciences naturelles étaient profondément étudiées, la chronique morale des hommes l'était également par les travaux historiques. On a vu que le premier Consul avait supprimé, dans sa réorganisation de l'Institut, la classe des sciences morales et politiques; elle lui paraissait une institution vide de sens, un mot sans application, une collection de rêveurs, imitation des théophilantropes, héritiers du bavardage scientifique. Cette classe avait été fondue dans l'Académie des inscriptions, qui jetait quelque éclat sur l'érudition et l'histoire ; elle était chargée d'abord de l'étude des écrivains grecs et latins, recherches trop oubliées pendant les temps orageux de la Révolution française; qu'étaient devenus alors les commentaires des Étienne, des Scaliger, des Casaubon? Le présent était trop immense pour qu'on s'inquiétât du passé ; l'histoire se faisait au jour le jour. Comme philologie, on distinguait la traduction d'*Hérodote* de M. Larcher : Hérodote, le grand chroniqueur des temps antiques. M. de Sainte-Croix venait de publier l'examen des historiens d'Alexandre; on traduisait *Strabon*; M. de Visconti expliquait la sculpture par les passages des auteurs grecs et latins. M. Gail, plus actif qu'érudit, donnait un *Xénophon*, et M. Clavier, le même magistrat que nous avons vu siéger dans le procès de Moreau, publiait un *Apollodore* remarquable par son exactitude. La philologie grecque comptait aussi deux fervents adeptes, M. Hase et M. Boissonade, qui commençaient leur carrière d'hellénistes. Les corps scientifiques, comme toujours, s'étaient faits courtisans, et un des membres de l'Académie des érudits, M. Petit-Radel, publiait en inscriptions latines les fastes de Napoléon[1], pour attirer sur lui un rayon d'or de la puissance souveraine.

L'étude de l'art chez les anciens, si admirablement décrite par Winckelmann, trouvait un élégant interprète dans M. Quatremère de Quincy, le théoricien le plus fort, l'imagination la plus vive, l'ami de Canova, si capable d'apprécier les arts et les causes qui les font si grands. M. de Visconti donnait la main à M. Quatremère de Quincy dans l'étude de l'art appliqué à l'érudition ; à l'aide de M. Millin, si remarquable dans la science des médailles, et de M. Denon, aussi bon érudit qu'artiste distingué, qui avait suivi le général Bonaparte sous les pyramides et au désert [2], on se familiarisait avec les antiquités; l'Orient avait été visité par Napoléon, et l'on s'efforçait à l'envi d'expliquer ses mystères. Les langues orientales recevaient une vive impulsion sous un homme éminent, M. Silvestre de Sacy. Les caractères typographiques de l'Asie sortaient de l'imprimerie royale, sous M. Marcel, qui avait visité le Nil comme M. Denon. On publiait les livres des Sabéens, ou chrétiens de Saint-Jean ; la littérature syriaque trouvait quelque développement; l'arabe vulgaire était éclairci par la chrestomathie de M. de Sacy. Un grand travail sur les Druzes était ainsi achevé par le savant orientaliste; on publiait *Aboulfeda* et des travaux remarquables sur la numismatique arabe [3]. Les antiquités persanes de-

---

[1] Ils portent le titre de *Fasti Neapoleoni magni.* Paris, 1806.
[2] Le cabinet de M. Denon offrait une des collections les plus précieuses.
[3] Voyez les mémoires de la troisième classe de l'Institut.

vaient beaucoup à Anquetil-Duperron; les ruines gigantesques de Persépolis, ces colonnes brisées, les énigmes des temps qui ne sont plus, ces débris sur lesquelles les siècles ont passé, étaient aussi interrogés par M. Silvestre de Sacy avec une profonde persévérance. L'Orient plaisait trop vivement à l'imagination de l'Empereur, pour que la science ne s'occupât pas des antiquités bibliques; l'esprit de critique du xviiie siècle dominait ces recherches, et les *Ruines* de Volney, son *Voyage en Égypte*, servaient de modèle et de type à toutes les productions de cette époque.

La géographie d'érudition trouvait de savants interprètes dans MM. Walkenaër et Malte-Brun; on publiait des travaux inédits sur la topographie du moyen âge, époque alors presque défigurée par une sorte de dédain superbe professé dans l'école philosophique. On connaissait tout, excepté la France; il n'y avait pas alors de travaux historiques sérieux et élevés; l'histoire était absorbée par la supériorité de trois ouvrages publiés à la fin du xviiie siècle : Hume, Gibbon et Robertson; l'école critique écossaise dominait, et avec elle les esprits sceptiques, qui examinent froidement les faits, les jugent, sans descendre jusqu'à la couleur du temps, sans l'empreinte de l'époque que l'on veut décrire; et il se trouva même que cette érudition si remarquable dans les historiens anglais, et particulièrement dans Gibbon, fut dédaignée par les écrivains en France, de sorte qu'il ne resta plus que des travaux froids et didactiques, dépouillés de tous les feux d'imagination. Rien de plus vulgaire que les histoires écrites à cette époque; qui se rappelle encore les lourds volumes de Gaillard? travaux tout remplis de réflexions froides et sentimentales, philantropie ennuyeuse sur de poétiques époques. Charlemagne, le moyen âge, comme François Ier, tout était également jeté dans un même moule : aucune différence ne distingue les deux temps, aucun caractère ne les sépare. Et le vieux Anquetil, qui fait de la philosophie et de la politique avec une conception terre-à-terre : il s'imagine qu'il a pénétré dans l'esprit de toutes choses, dans la Ligue comme dans le mouvement diplomatique de Henri IV. Une histoire de France pourtant lui fut demandée par les ordres de Napoléon [1] ; M. Anquetil se hâta d'obéir au souverain ; il fit un travail dans les proportions d'un abrégé, pâle, décoloré, où tous les temps sont jetés dans un même cadre ; la chronique n'y est pas, la philosophie de l'histoire moins encore. M. Anquetil imprima à son œuvre un caractère mixte ; il avait pris à la science de seconde main les faits sans couleur, et au XVIIIe siècle les jugements vulgaires et superbes des encyclopédistes sur les temps qui sont loin de nous.

L'Empereur avait conservé un souvenir profond des études monastiques : élève des Minimes à l'école de Brienne, il adopta avec empressement tout ce qui pouvait favoriser les travaux des Bénédictins, le corps véritablement érudit du XVIIIe siècle. Napoléon ordonna de continuer la riche collection des historiens des Gaules, où se trouvent réunies les chroniques du moyen âge [2]. L'ancienne œuvre des Bénédictins en était restée à Louis-le-Gros, l'Empereur fit les frais d'une continuation sous dom Brial [3], débris de Sainte-Geneviève. On dut

---

[1] L'Empereur confia ce travail à M. Anquetil, septuagénaire.

[2] La belle et grande collection de dom Bouquet.

[3] J'ai beaucoup connu dans sa plus extrême vieillesse ce dernier débris de l'école bénédictine ; il me tendit la main, à moi jeune élève de l'école des chartes.

Dom Michel-Jean-Joseph Brial était né à Perpignan le 26 mai 1743. A dix-huit ans, il embrassa la règle de Saint-Benoît, et prononça ses vœux en 1764, dans l'abbaye de la Daurade à Toulouse. Sur l'invitation de ses supérieurs, il vint, en 1771, à Paris, seconder dom Clément, resté seul chargé de continuer le *Recueil des his-*

achever les *Ordonnances des rois de France*, recueil précieux pour la législation et le développement des idées historiques; il fut confié à M. de Pastoret. Puis, l'Académie des inscriptions continua l'*Histoire littéraire*, où se trouve l'analyse froide mais exacte de tous les monuments contemporains, et on en donna la direction à M. Daunou. Enfin, les chartes et diplômes, réunis d'abord par M. de Bréquigny, et qui devaient comprendre jusqu'à l'époque de Louis XI, durent s'achever sous la direction de l'Institut. Napoléon, avide de toute gloire, saisissait avec empressement ce qui ressemblait à la protection que la vieille monarchie donnait à l'histoire du pays. Comme les préjugés s'opposaient à la reconstitution des ordres religieux, l'Empereur voulait au moins que les générations pussent profiter des travaux commencés à travers les âges par ces savantes fondations.

Dans cette vue d'unir les sciences aux arts, Napoléon conçut le projet d'un vaste musée antique où toutes les collections seraient réunies. Il venait de faire transporter en France les admirables monuments de la villa Borghèse, riche collection dont on voit encore les débris à Rome : ces autels, ces tombeaux élevés, ces cypes, ces bronzes des empereurs, la *Vénus divine*, le *Jupiter Olympien*, les statues d'or et d'ivoire, les camées et les médailles, tout ce qui enrichit la villa Borghèse, qui se déploie sur les hauteurs de la place du Peuple à Rome. Les arts recevaient un développement non

---

toriens de France, et il eût part à la publication du douzième et du treizième volume qui parurent en 1786. La suppression des ordres religieux interrompit tous les travaux littéraires entrepris par les Bénédictins. Lorsqu'il fut question de les reprendre, D. Brial, qui n'avait cessé de se livrer à l'étude de nos anciens monuments, se chargea seul de poursuivre la publication du précieux recueil de nos historiens, et il mit au jour le quatorzième volume en 1806; il coopéra aussi à la continuation de l'*Histoire littéraire*, commencée par dom Rivet, ainsi qu'aux *Notices et extraits des manuscrits de la Bibliothèque du roi*.

moins somptueux que les sciences ; l'école de David, si grave, si romaine, se modifiait elle-même ; depuis le tableau du *Sacre*, David n'avait composé que le portrait du Saint-Père, avec sa figure vénérable et son regard d'ineffable candeur; ce portrait fut un chef-d'œuvre bien au-dessus du tableau du *Sacre*, et le grand maître se surpassa ; spectacle curieux sans doute que de voir le Pape, la création la plus douce, la plus angélique, à la face de David, le régicide exalté, l'admirateur de Marat et de Robespierre ! Le saint-père ne dissimula pas qu'il sentit un certain frisson en présence de David; il eut peur [1] ; et David, à son tour, bien qu'élevé dans l'idée sceptique, ne put s'empêcher d'un sentiment d'admiration en reproduisant les traits de cette figure si belle de résignation. La séance de ce portrait du pape ne fut pas un des miracles de fusion les moins curieux opérés par l'Empereur; David préparait alors son tableau des *Sabines*, où de fortes études académiques se mêlent à une imagination plus vive et un coloris plus pompeux que dans le tableau des *Horaces*. C'est une belle étude du nu, où la manière du grand maître se révèle dans ses plus larges proportions.

Girodet accomplissait cette année la scène du *Déluge*: non point qu'il tentât de reproduire l'épouvantable cataclysme que Martine seul a su peindre dans des proportions gigantesques, avec les monstres antédiluviens qui, les yeux fixes et la physionomie inquiète, regardent ce bouleversement du monde; Girodet peignit, dans le déluge, une scène isolée d'inondation, et cette scène est magnifique : le vieillard la bourse à la main, cet homme aux forces athlétiques qui soutient son père, sa femme

---

[1] Le saint-père le dit plusieurs fois à Canova.

et son enfant, lui-même comme suspendu sous l'abime; tout cela conserve une pureté de contour, souvenir de la grande école. Gros se posait l'émule de Girodet dans son tableau de la *Bataille d'Aboukir*, mêlée où les caractères de peuple se distinguent comme en relief, sous les feux étincelants du soleil du Nil. Le cimeterre brille, les Turcs se dressent sur leurs chevaux arabes aux naseaux de feu; de loin en loin se montrent les étendards au croissant d'or et les queues ondoyantes des paschas. Ici les vieilles demi-brigades, les dromadaires, troupe improvisée par le génie de Bonaparte; ces hussards qui chargent sur le sable brûlant; ces physionomies noires aux yeux étincelants; ces costumes de soldats qui se ressentent de la vieille armée de Sambre-et-Meuse sont remarquables de couleur; les groupes sont parfaitement jetés, et le maître se révèle dans toutes les formes.

Gérard préparait son tableau des *Trois Ages*, inférieur à sa gracieuse *Psyché*, palpitante sous les baisers de l'Amour. Sa renommée devait grandir par sa *Bataille d'Austerlitz*, et la gloire de l'Empereur devait laisser un rayon d'or sur la toile de Gérard. Certes, l'événement était assez magnifique pour que plusieurs renommées pussent en garder l'empreinte. Cette école jeune remplaçait les vieillards; Vien était mort pour l'art [1], avec le titre de restaurateur de la bonne école; et Greuze, peintre aux sentiments mélancoliques, terminait sa carrière plus qu'octogénaire [2]; comme Vien, il avait rempli la fin du xviiie siècle de ses tableaux aux couleurs vives :

---

[1] Vien avait alors quatre-vingt-dix ans. Le premier Consul l'avait appelé au Sénat conservateur; puis Empereur, il lui conféra les titres de comte et de commandant de la Légion d'honneur.

[2] Greuze mourut le 21 mars 1805, dans sa quatre-vingtième année.

la *Malédiction du père*, et la *Jeune fille qui a commis une faute*; et cet intérieur paternel, et ces enfants qui ressemblent à des boutons de rose éclos au pied des Alpes ou des Vosges. Greuze et Vien étaient l'école qui finissait; ils avaient inspiré David, qui lui-même avait produit Gérard, Girodet et Gros, alors au milieu de la vie. A cette époque, on commençait à parler de M. Ingres, dont la manière supérieure était vivement critiquée. Pour se faire remarquer, il fallait écrire de grandes pages de batailles; le général Lejeune reproduisait en traits rapides les gloires de l'Empire. M. de Forbin s'essayait aux genoux de la princesse Pauline dans son talent gracieux de paysage et de décors [1]. MM. Debret et Thévenin retraçaient souvent, comme dans des bulletins vulgaires, la marche de la grande armée; peintres de circonstance, ils faisaient des estampes pour être ensuite exposées sur les quais et les places publiques; plus tard ils eurent les honneurs de Versailles : telles étaient la *Reddition d'Ulm*, la *Présentation des généraux autrichiens*, la *Prise de Vienne*, le *Passage du Danube*. Sorte d'imitation du genre de Lebrun, moins la hauteur de talent et le génie d'invention des remarquables victoires d'Alexandre. Que sont devenus tous ces artistes? que reste-t-il de leurs œuvres? Le génie seul de David, de Girodet, de Gérard et de Gros a survécu à travers ce pêle-mêle de maîtres qui brillèrent alors aux écoles. Le temps est la puissance qui sait faire la part à chacun.

---

[1] Les peintres qui exposèrent au salon de 1806 avec quelque succès furent MM. Isabey, Hennequin, Thevenin, Lejeune, Vernet, Granet, de Forbin, Crepin, Valenciennes, Bertin, Ingres, Debret, Aparicio, Berthon, Rochn, Richard, Vanloo, Bergeret, Menjaud, Fabre, Monsiau, Taunay, Demarne, Huet, Duperreux, Bidault aîné, Bidault jeune, Robert Lefèvre, Barbier, Desnoyers, Saint; mesdemoiselles Lorimier et Gérard; madame Mongez.

Les sculpteurs furent bien rares ; Canova restait à Rome dans son atelier, le plus beau palais pour lui. On ne comptait parmi les sculpteurs remarquables que M. Chinard et M. Oudon, qui ne produisaient que des bustes et quelques statues sans importance. Cependant on remarquait une œuvre dans les galeries du Louvre : c'était un athlète qui, de ses mains nerveuses, étranglait un lion en lui écartant les mâchoires ; l'auteur ne s'était point nommé, et son marbre fit une vive impression. On ne voyait alors dans les arts que la gloire de Napoléon ; tous se disputèrent à l'envi pour dessiner des monuments triomphateurs et l'on copia la colonne Trajane, ce beau tronçon que l'on voit à Rome, dominant la ville éternelle, non loin de la colonne Antonine. Le Sénat conservateur avait décerné une colonne votive qui devait rappeler Austerlitz, comme le monument de Trajan rappelait le vainqueur des Germains et des Daces, sur d'admirables bas-reliefs.

Les tableaux des artistes, la sculpture des maîtres, occupaient moins cette génération distraite que les théâtres, la musique et la danse. Le goût si prononcé de l'Empereur pour la musique italienne avait donné une certaine célébrité aux Bouffes, qui jouaient alors sur le théâtre de l'Impératrice. La musique italienne était vivement appréciée, quoique les maîtres ne fussent pas d'une grande renommée. La vogue de Cimarosa et de Pazzielo était affaiblie, on l'avait usée sous le Consulat. On chantait alors les *Cantatrice Villane* de Fioravanti, la *Prova di un opera seria* de Gnecco. On conservait de Pazzielo le joli opéra de *la Frascatena*, où se peignent les mœurs et les chants de Frascati et de la campagne de Rome sous les sources murmurantes de Tivoli. Cimarosa venait d'achever son *Matrimonio segreto*, qui rendit la vogue à la musique gracieuse, mélancolique et profonde du maître qui brilla si souvent à San Carlo de Naples, et à la Scala de Milan.

La grave Académie impériale de Musique ne descendait pas de sa majesté monotone : tantôt c'était *Hécube* qui pleurait sur les malheurs de sa race; *Iphigénie en Aulide* arrachait des larmes aux grandes douairières de l'Empire; puis *Castor et Pollux*, *Nephtalie*, et, par exception, comme pour distraire la gravité du lieu, on exécutait la *Caravane du Caire*, avec ses pompes du désert, ses chants de victoire, large symphonie de Grétry; puis le *Figaro* de Mozart, musique toujours brillante et toujours jeune. A l'Opéra-Comique on se permettait plus de liberté; on avait mille productions que faisait valoir le talent d'Elleviou ou de Martin. Les pièces nouvelles s'épuisaient, et on eut l'idée de reprendre les anciens opéras, en les faisant jouer par les célébrités du jour; manie puérile, qui ressemblait à de jeunes visages parés de vieilles modes. Alors furent repris *Richard Cœur-de-Lion*, où parut le fidèle Blondel, avec la tour obscure; le tyran, duc d'Autriche, et le roi Richard à la croisade avec la plaintive romance. On revit le *Roi et le Fermier*, *Rose et Colas*, toutes ces bergeries du siècle de Louis XV et de Louis XVI, musique tendre et monotone qui ressemble aux sons de ces flûtes de bergers que Boucher a prodiguées dans ses tableaux roses et blancs, avec des moutons, des houlettes floquetées de rubans bleus.

Gossec, Méhul, grands maîtres comme l'était David pour la peinture, formaient la transition sérieuse pour arriver à l'école chantante de Boïeldieu; gracieuse renommée qui alors commence à se montrer sur la scène dans les romances languissantes. Si Spontini conservait la musique vive et bruyante, à grand effet, Boïeldieu donnait le *Calife de Bagdad* avant de partir pour son triste voyage de Russie, où le poussaient des chagrins intimes et des douleurs poignantes. Boïeldieu fut dix ans perdu pour la France ; la musique resta aux mains de Méhul, le mélodieux artiste, de Cherubini et de Lesueur. M. Berton écrivit la partition d'*Aline, reine de Golconde*, sur les fantastiques mœurs de l'Inde, avec ses palais et ses pagodes d'or, et son noble français « Qui reçut au sein de la gloire et les myrtes et les lauriers. » La vogue venait à un artiste inconnu jusqu'à ce moment, ce Nicolo d'origine maltaise, d'une imagination moitié arabe et moitié italienne ; ses vives compositions obtinrent plus tard un succès de mode dans les salons de l'Empire [1].

L'opéra, les romances et la danse formaient la base essentielle de toutes les distractions du monde, véritable expression du caractère français après la guerre civile. La danse professée comme un art, exécutée comme un des agréments de la société, n'était plus alors seulement un spectacle sur une vaste scène avec les Vestris et les Gardel ; la danse entrait dans l'éducation des jeunes filles, dans la vie des hommes, et l'Opéra n'était pas le seul théâtre où les ballets fussent exécutés. Chaque salon avait son théâtre ; chaque réunion, ses danses de caractère ; un danseur à la mode comme un chanteur de romances était une réputation colossale. Trénis donnait son immortalité à une contredanse, comme Napoléon gagnait la bataille d'Austerlitz ; une gavotte bien exécutée était un événement ; lorsqu'on entrait dans un salon, le premier mot qu'on adressait au beau monde avide d'émotion,

---

[1] Nicolo s'associa presque toujours au spirituel M. Étienne pour les paroles.

c'était qu'il y aurait une contredanse exécutée par M. Lafitte, Trénis et quelques femmes de l'Empire renommées pour l'art de danser une anglaise, une allemande ou une gavotte. Un danseur sautait à perdre haleine; il devait contourner ses bras, jeter gracieusement sa jambe [1]; une danseuse devait balancer amoureusement son châle, dessiner son corps sous sa tunique et sa robe de crêpe amaranthe. Le costume était admirable de singularité; les hommes portaient les cheveux ras, et ils avaient des milliers de boucles qui pendaient sur le front. Comme on voit encore ces portraits de la première époque impériale, leurs cravates étaient vastes et leur menton pouvait s'y perdre facilement; le blanc était de rigueur [2]; puis venait un spencer sur l'habit au col monstrueux, qui engloutissait la tête; le haut des manches était large et à l'espagnole; l'habit était gros-vert, large des basques; le gilet était long et montant; au-dessus se détachaient d'immenses breloques qui pendaient sur la culotte de casimir blanc pour le bal, et à velours à côtes gris pour la ville; le tout couronné de rubans qui pendaient sur le mollet; puis des souliers pointus, aussi pointus que le claque dont les élégants ornaient leurs têtes frisottées.

---

[1] Madame d'Abrantès conte tout cela avec beaucoup d'enthousiasme; elle ne peut échapper à l'amour-propre de dire: « qu'elle dansait bien. » Pauvre femme!

[2] Je donne ici la statistique des modes du commencement de l'année 1806; c'est un souvenir qui ne doit point disparaître.

Mode des hommes. — « Les spencers sont réputés d'un meilleur genre que les redingotes. Il faut, avec un spencer, une culotte neuve et des bas blancs, tandis qu'avec la redingote à rotonde boutonnée, on peut, outre la vieille culotte, mettre un mauvais gilet et de gros linge. Point de gilet sans une petite ganse. Il est aussi sévèrement prescrit d'avoir, à un habit, un collet pareil, qu'un collet de velours à une redingote. Le drap qui s'emploie en habits de la dernière mode, est d'un vert foncé qui diffère du vert bouteille. Les poches en travers ont été adaptées aux spencers. Un spencer doit avoir un collet d'étoffe. On commence à substituer aux boutons blancs des boutons pareils, ou recouverts d'un ruban de soie assorti au drap. Beaucoup de chapeaux parés ont un plumet noir, et les chapeaux habillés, un plumet blanc. La ganse d'un chapeau habillé, d'un chapeau français, est d'acier; mais la ganse d'un claque est une ganse noire façonnée.

Ainsi étaient costumés Trénis, Garat le chanteur, tous ceux qui donnaient le ton à la bonne compagnie. Les femmes portaient des espèces de tuniques raides et à gorges montantes en forme de spencer, mélange des formes polonaises et espagnoles; leur coiffure était presque comme celle des hommes avec des papillotes dispersées par centaines sur le front; leurs toques étaient des espèces de casquettes avec des plumes qui retombaient sur les épaules; à la ville, elles avaient des capotes tellement vastes, tellement longues, qu'elles ne pouvaient se parler qu'à une grande distance; le cachemire tenait une large part dans cette toilette, dont faisait aussi partie un sac dit *ridicule* avec fermoir d'acier; broderies en clous également d'acier qui reproduisaient deux cœurs enflammés percés d'une flèche, et d'autres symboles de galanterie ardente. Et cette génération que de cruelles épreuves devaient atteindre, que la tristesse devait flétrir, toute cette société de femmes jeunes et folles, que les rides ont aujourd'hui sillonnées, comme de larges ruisseaux de pleurs, toute cette génération dansait avec frénésie; les plaisirs et les joies des festins, quelques lectures frivoles, les

---

Modes des dames. — « Les dames font faire leurs chapeaux parés un peu plus grands qu'à l'ordinaire. Il y a de ces chapeaux qui sur le devant portent une trentaine de petites plumes follettes, formant touffe. Ces plumes sont blanches sur toutes les couleurs de chapeaux.

« On voit au spectacle beaucoup de toques en velours de toutes les couleurs, toutes sans bord, et sans autre ornement qu'une plume, longue à la vérité, et fort belle. Cette plume, plutôt ronde que plate, est plantée précisément au-dessus du front, et sa pointe vient tomber jusque sur l'épaule gauche.

« A la taille de quelques robes de velours, on remarque de petites basques carrées, comme des corsets à la paysanne : ces robes sont lacées derrière, et les manches très bouffantes, avec des crevés de rubans. Par devant, pour former le tablier, règnent trois lignes perpendiculaires de bouffettes de satin.

« Le genre espagnol a toujours la vogue pour les corsages et les emmanchures.

« Il y a des douillettes grises, des douillettes hortensia. La nuance hortensia, ou rose pâle, a toujours la vogue.

« Pour les collerettes, la mode des dents de loup est passée ou se passe; on les porte en dentelle ordinaire, fort larges et toujours rabattues.

« Presque toutes les femmes portent une montre suspendue à leur cou; longtemps ce fut sous la forme d'un colimaçon

dissipations, d'un monde jeune et ravissant; tout cela secouait leur vie, tout était bonheur parce que tout était à la victoire et à l'espérance. Plus tard viendront les fatalités de la défaite, les tristesses du désabusement; et ce sensualisme couronné de fleurs subira lui-même les infortunes et les déceptions de l'avenir. Napoléon n'eut pas seul les douleurs de l'exil; chacune de ces femmes mondaines porta avec elle-même le ver rongeur d'une jeunesse perdue, quand le glorieux Empereur avait le cœur brisé sur un rocher brûlant. Que sont devenus tous ces débris d'une génération follement éprise d'ivresse, étourdie de la fortune? Question qu'on aurait pu adresser à une pauvre et noble femme qui consacra les derniers temps de sa vie à reproduire les époques de joie et de bonheur de la société impériale!

et d'une huître, à spirale ou raies de perles fines, sur un fond émail en or; aujourd'hui c'est une façon d'étui de lorgnette ou de vase.

« Les chaînes de montre en or et les pierres montées en breloques ne sont plus de bon genre; un petit-maître distingué porte un cachet à branches fines, en anse de panier, et une clef en trèfle, suspendue tout bonnement à un cordon de soie rouge ponceau.

« Parmi les broderies qui distinguent les nouveaux habits de grande parure, en homme comme en femme, on remarque es yeux d'argus et les queues de paon, argent et paillettes, sur un fond marron : on brode pour homme sur drap; pour les femmes, on n'emploie que du velours.

« C'est avec une culotte de peau de daim, boutons de même, et des bottes à revers, ou un pantalon de drap, large et point attaché sur le bas de soie; c'est avec un chapeau rond à forme haute, et un habit vert à boutons blancs, sur lesquels est dessiné un chien ou un cheval, la taille très courte, le collet très monté, les bras très longs, qu'un jeune homme se fait admirer à pied sur la terrasse des Feuillants; ou à cheval, au bois de Boulogne. L'heure de la promenade est de deux à quatre. » (Modes de janvier à mars 1806.)

CHAPITRE III.

ÉCONOMIE POLITIQUE, COMMERCE ET AGRICULTURE.

Napoléon et les faiseurs de théories. — Les économistes. — L'école d'Adam Smith. — M. Say. — Système prohibitif. — Idée de liberté anglaise. — Idée pratique. — État du commerce. — Colonies. — Navigation. — Canaux. — Roulages. — Agriculture. — Méthode nouvelle. — La grande culture. — La division des propriétés. — Les céréales. — Les pâturages. — Question des approvisionnements. — Impôts indirects. — Les droits-réunis. — Les douanes. — Les forêts. — La loterie. — Direction générale des postes. — L'enregistrement. — Fausse idée de Napoléon sur les finances.

1805-1806.

Napoléon n'avait aucune tendance pour l'idéologie; esprit éminemment pratique, il allait droit à la réalisation des idées applicables; la société lui paraissait un grand fait qu'il fallait accepter de la Providence; on devait la gouverner plutôt par l'étude réelle de ses besoins que par des systèmes vagues et généraux. De là, ses antipathies pour toute philosophie spéculative : en littérature, il aimait la précision énergique de Corneille; dans les sciences, les résultats éminemment positifs de Monge, de Berthollet et de Chaptal. Tout le reste, il le confondait avec la science vague, bonne tout au plus pour amuser les pédants et les niais : à quoi bon disserter sur ce qui ne recevait aucune application dans le développement des faits sociaux? L'épithète la plus dure qu'il lançait à un homme était celle d'*idéologue*. Au conseil d'État c'était un brevet d'incapacité. On doit concevoir que lui, l'homme de gouvernement fort et positif, devait peu s'abandonner à ce qu'on appelait les sciences économiques; il cherchait à bien gouverner les peuples, sans se jeter dans les nuageuses théories qui ne font que mettre en doute les éléments les plus simples de la vie sociale [1]. Napoléon calculait tout sur les réalités gouvernementales.

Lorsque cet homme fort prit la direction des affaires publiques, diverses écoles d'économistes s'agitaient. L'école écossaise avait eu une certaine influence en histoire et dans les sciences; elle avait préparé, par la philosophie, la révolte des idées contre l'autorité; l'examen était désormais un admirable et terrible levier. Au XVIIIe siècle un chaos de pensées éclate sur la société; l'école si dure, si inflexible, des économistes avait eu en France pour chef M. Turgot; sa théorie d'impôts reposait sur la terre, qui seule devait contribuer à la fortune comme aux ressources de l'État; M. Turgot, esprit hardi, bouleversa la vieille société; il remua le sol, en préparant l'abolition de ce qu'on appelait le privilége et l'exemption de la terre; l'impôt foncier fut son idée exclusive. Par contraire, l'école anglaise fit reposer la richesse publique sur la circulation du numéraire, par l'application des facultés et du travail : travailler fut la loi qu'elle imposa à tous les êtres organisés; dans cette société-machine, tout dut produire son contingent : or le produit suppose la consommation, le travail ne se vivifie que par l'homme de loisir, c'est par le balancement des classes élevées et des classes tra-

---

[1] Il fit plus tard en plein conseil d'État une sortie contre les idéologues; en politique il désignait ainsi MM. Cabanis, Volney, de Tracy et Garat.

vailleuses que la consommation se met en rapport avec la production. Par le système de trop produire, l'Angleterre se condamnait à l'incessant besoin de remuer les peuples pour favoriser la surabondance de ses manufactures; sa théorie du travail par les machines exigeait un vaste développement de colonies, et les populations immenses de l'Inde; il fallait jeter partout la confusion pour inonder l'Europe de ses marchandises; ses traités politiques n'étaient plus que des traités de commerce.

Napoléon envisageait le système d'Adam Smith comme une utopie : il ne comprenait pas qu'on pût écrire des volumes pour n'arriver à aucun résultat matériel. Qu'est-ce à dire que ce mot vague, richesse des nations? De quoi se compose-t-elle? Quels en sont les éléments? et l'on pouvait disputer indéfiniment sans s'entendre. Pour une tête à résultats, l'économie politique devait être flétrie d'une commune réprobation avec la philosophie spéculative [1]. En morale, Napoléon ne reconnaissait que les religions positives, il voulait des dogmes et point de disputes; en politique il voulait gouverner; en économie sociale, il ne connaissait qu'un système pratique immédiatement applicable à la propriété, au commerce, à l'industrie et à l'impôt. Aussi les premiers livres de M. Say n'eurent-ils à ses yeux aucune valeur; il le considéra comme un idéologue de l'école écossaise et génevoise; il le confondait avec M. Necker pour l'administration, avec Benjamin Constant pour la politique; il portait une répugnance instinctive aux écoles d'Édimbourg et de Genève; il ne raisonnait pas cette répugnance; c'était pour lui une question naturelle, une révélation de son esprit [2].

---

[1] Toute la théorie de l'Empereur reposa sur le système prohibitif.

[2] « M. Necker m'avait déjà vivement déplu lors de la campagne de Marengo. A mon

Le génie actif et préoccupé de l'Empereur avait deviné que toute la question de l'industrie résidait dans la rivalité de la France et de l'Angleterre. Deux nations intelligentes, très avancées dans les arts et la civilisation, devaient être en opposition constante; toutes deux produisaient avec une ardeur égale dans de vastes centres de peuples; elles devaient donc se trouver en concurrence sur tous les marchés : les machines simples et merveilleuses, le bas prix des capitaux, donnaient une supériorité réelle, incontestable à l'Angleterre; le sol fertile de la France, son vaste territoire, la variété de ses ressources lui attribuaient un autre privilège; ces deux nations en face l'une de l'autre ne pouvaient entrer que dans deux ordres d'idées : se rapprocher par une transaction commerciale, dans laquelle les intérêts seraient également appréciés et pondérés; ou bien se jeter dans un système complétement hostile, c'est-à-dire absolument prohibitif. Des traités de commerce à plusieurs reprises avaient été essayés; l'Angleterre y avait poussé de toutes ses forces, car elle trouvait toujours d'immenses avantages pour ses manufactures. Qui pouvait lutter avec la supériorité de ses machines? Dès ce moment elle jetait en avant les idées : « Laissez faire, laissez passer. » Toute son économie politique se résumait dans l'entrée libre de tout et pour tout. Elle n'avait rien à protéger et beaucoup à écouler.

L'Empereur Napoléon, avec cet instinct des grands faits

---

passage, j'avais voulu le voir, et n'avais trouvé qu'un lourd régent de collège bien boursouflé. Peu de temps après, et dans l'espoir sans doute de reparaître avec mon secours sur la scène du monde, il publia une brochure dans laquelle il prouvait que la France ne pouvait plus être républicaine ni monarchie. Il m'appelait, dans cet ouvrage, l'homme nécessaire. Lebrun lui répondit par une lettre en quatre pages, de son beau style, et d'une façon très mordante ; il lui demandait s'il n'avait pas fait assez de mal à la France, et s'il ne se lassait pas, après son épreuve de la constituante, de prétendre à la régenter de nouveau. » (Mémoires de Napoléon.)

pratiques, proclama la théorie contraire; l'idée prohibitive adoptée par l'Empire, sujet de longues méditations, n'étoit pas un système, mais une guerre [1]; elle ne reposait pas sur des principes, mais sur le besoin de seconder en France le mouvement industriel pour l'opposer au développement inouï de l'industrie anglaise. L'Empereur avait d'immenses armées, un système d'impôts sévères et facilement levés; l'Angleterre avait pour elle l'industrie, la marine, les emprunts. La lutte entre ces éléments hostiles est remarquable dans l'histoire moderne; à mesure que ce temps-là s'éloigne loin de nous, cette lutte grandira dans les âges; elle est un des plus vigoureux spectacles des temps modernes.

Il y a deux degrés dans le système prohibitif de Napoléon : d'abord, organisant les douanes d'après son idée, elles deviennent un instrument dans ses mains; les tarifs sont durs, ils ne permettent l'introduction de certaines denrées qu'à des conditions inflexibles. Dans la seconde période, la marche progressive devient plus vive, plus impérieuse : le système prohibitif prend un développement politique inattendu; comme c'est une guerre, il devient absolu et oppressif. Napoléon ne peut souffrir les marchandises anglaises, il les proscrit par son influence et par ses douanes; il voudrait étendre cette prohibition sur les nations alliées ou amies, qui toutes pourtant n'ont pas les mêmes intérêts que la France, les mêmes mobiles, des moyens militaires aussi étendus.

[1] Dans toute sa vie Napoléon a justifié par des raisons plus ou moins plausibles le blocus continental :

« Napoléon ne s'égara point dans une passion aveugle ; il savait le bien dont manquait la France ; la paix avec l'Angleterre était le but qu'il voulait atteindre. Mais elle prodiguait ses trésors pour soudoyer contre lui les armées de l'Europe, et ce n'était que par des victoires qu'il pouvait espérer de dominer la haine anglaise en soumettant ses alliés. C'est ainsi qu'il fut entraîné malgré lui à la conquête de l'Europe et au blocus continental.» (Mémoires attribués à Napoléon.)

« Il faut que le commerce anglais trouve

L'Espagne peut-elle se passer des produits anglais ? l'Italie, Naples, la Suède, la Prusse, la Russie, ne sont-elles pas impérieusement soumises à des nécessités d'échange qu'on ne peut pas plus leur arracher que la respiration qui fait vivre ? Ces idées prohibitives de Napoléon sont même trop avancées pour l'état industriel en France ; le commerce se compose de deux éléments, la production du sol et les résultats de l'industrie ; les produits naturels ont besoin d'être exportés ; les vins, les céréales doivent trouver leurs débouchés à l'extérieur, à moins de condamner la propriété à devenir stérile ; certaines industries dans lesquelles la France a la supériorité, telles que les modes, les fantaisies, cherchent dans le système d'exportation leur issue naturelle ; elles périssent sans cela.

D'un autre côté, mille denrées sont nécessaires à la médecine, à la teinture : les cotons d'Orient, les bois des îles, les épiceries, tous ces objets entrent dans l'immense consommation d'un peuple de plus de 36,000,000 d'âmes. Sans doute le génie de l'Empereur put faire des merveilles, mais on n'improvise pas les résultats de l'industrie ; suite de longs efforts et d'expériences infinies, la chimie, cette grande magicienne, ne peut tout transformer sur-le-champ ; il faut des sueurs et des veilles, un labeur incessamment renouvelé ; et encore ces produits factices, imparfaits, brisaient les relations habituelles du commerce. Les colonies n'étaient plus une nécessité dans cet ordre d'idées ; et d'ailleurs

tout le continent fermé, disait Napoléon, et que ces ennemis des nations soient mis hors du droit commun. Malheur à la ville qui, cédant à l'égoïsme du moment, trahirait la cause commune !... Il faut savoir souffrir avec courage, prendre tous les moyens de nuire à l'ennemi commun, et l'obliger à reconnaître le principe qui dirige toutes les nations du continent.

« Je me suis trouvé seul de mon avis sur le continent ; il m'a fallu pour l'instant employer partout la violence. Enfin, l'on commence à me comprendre, déjà l'arbre porte son fruit : le temps fera le reste.

« Si je n'eusse succombé, j'aurais changé la face du commerce, aussi bien que la

que pouvaient être les colonies sans une marine vigoureuse? Il n'y avait plus de commerce d'échange; les nations étaient obligées de se replier sur elles-mêmes, tandis que les croisières anglaises tenaient toutes les mers; la navigation était presque interdite; les efforts inouïs de l'Empereur ne servaient qu'à favoriser quelques industries heureuses, mais sans résultats populaires; les denrées coloniales étaient d'un prix exorbitant, le sucre se payait jusqu'à 5 francs la livre, le café était hors de prix. En vain cherchait-on à faire partout des tentatives de culture exotique; on plantait le coton dans les provinces méridionales; les feuilles se développaient sans donner ces belles coques blanches qui tombent comme des flocons de neige aux plaines de l'Égypte. On avait essayé les plants de caféiers, les cannes à sucre secouées par l'ouragan des Antilles; presque tout avait avorté, à Naples, même à Cadix, et rien n'avait pu remplacer l'arbuste à poivre, le thé des montagnes de Chine, et le géroflier aux fleurs suaves. La volonté de Napoléon avait trouvé des obstacles partout dans les lois éternelles de la nature, qui assigne ses produits et ses richesses à chaque climat [1].

Au commencement de l'Empire, à cette époque où tout était gloire pour le souverain et pour le pays, on pouvait dire que la navigation était nulle; aucun navire

---

route de l'industrie : j'avais naturalisé au milieu de nous le sucre, l'indigo; j'aurais naturalisé le coton, et bien d'autres choses encore : on m'eût vu déplacer les colonies, si l'on se fût obstiné à ne pas nous en donner une portion.

« L'impulsion, chez nous, était immense; la prospérité, les progrès croissaient sans mesure; et pourtant les ministres anglais répandaient par toute l'Europe que nous étions misérables et que nous retombions dans la barbarie. Aussi le vulgaire des alliés a-t-il été étrangement surpris à la vue de notre intérieur, aussi bien que les Anglais, qui en sont demeurés déconcertés. »

[1] Napoléon avait de fausses idées sur les besoins et les produits coloniaux :

« Le droit d'entrée sur les denrées coloniales, disait-il, peut être augmenté sans inconvénient. On objecte que si le café de-

n'osait sortir du port sous le pavillon tricolore; tout le commerce maritime se bornait dans le cabotage de côte à côte, ou par des neutres ; on échappait avec peine aux croisières qui se déployaient devant chaque rade. Une expédition aux Indes était un phénomène ; quand un navire, parti de Bordeaux, pouvait parvenir jusqu'à l'île de France, on conservait le souvenir de cette expédition comme une merveille de découverte, et le pavillon de Christophe Colomb, dans les terres d'Amérique, ne causa pas plus d'étonnement qu'un navire revenu de l'Indoustan dans la rivière de Bordeaux. Le Havre expédiait à peine quelques navires, fins voiliers, pour les colonies ; et encore les assurances s'élevaient jusqu'à 50 pour cent, tant le danger était menaçant. Il en était de même à Marseille pour les expéditions du Levant : ces beaux comptoirs de Smyrne, de Thessalonique, si riches, si féconds, n'avaient plus que de lointains rapports avec Marseille, l'opulente cité qui, dans les vieux temps, régnait maîtresse de la Méditerranée. La France était ainsi comme un corps plein de vie qui ne pouvait respirer ; un des éléments lui manquait, ses guerres n'étaient que des saignées qu'elle faisait au genre humain pour obtenir un peu d'air à ses larges poumons. Le système continental fut cette idée appliquée en grand.

Ce que Napoléon ne pouvait obtenir par la naviga-

---

vient trop cher, on prendra l'habitude de consommer de la poudre de chicorée, et qu'à la paix cette habitude nuira à la consommation du café de nos colonies : je ne suis pas touché de cette crainte. Il y aura toujours assez de consommateurs pour les denrées de nos colonies dans tous les pays sur lesquels pourra s'étendre le grand Empire ; d'autant que, quarante-huit heures après la paix avec l'Angleterre, je proscrirai les denrées étrangères, et promulguerai un acte de navigation qui ne permettra l'entrée de nos ports qu'aux bâtiments français construits avec du bois français. Le charbon même et les mylords anglais ne pourront aborder que sous pavillon français. On criera beaucoup, parce que le commerce, en France, a un mauvais esprit ; mais six ans après on sera dans la plus grande prospérité. » (Pelet de la Lozère.)

tion maritime, il cherchait à le remplacer par la multiplicité des canaux, l'établissement des larges voies, et la faculté des roulages accélérés. L'Empire était vaste, non seulement par l'étendue de son territoire, mais encore par les rapports avec les alliés qui enlaçaient ses frontières; les côtes une fois interdites, il fallait établir une navigation intérieure, un système de transports, susceptible de préparer les échanges du nord au midi, des provinces les plus extrêmes. L'Italie avait de nombreux produits nécessaires à l'industrie en France; l'Espagne était dans la même situation; les huiles de la rivière de Gênes, les laines d'Estramadure, entraient essentiellement dans les éléments primitifs des manufactures; tandis que la France dut verser dans les deux pays, comme échange, les tissus, les articles de modes et les produits des fabriques de Rouen et de Lyon.

Un bon système de navigation intérieure devenait indispensable, et Napoléon traça lui-même sa vaste division de canaux et de routes. L'Italie devait s'unir à la France par le passage aérien du Simplon, avec ses ponts suspendus, ses grottes percées à vif; on sautait les Alpes à pas de géant, comme à d'autres époques on avait traversé le mont Saint-Bernard. Les canaux durent unir le Rhin et la Meuse, la Meuse à la Seine, la Seine à la Loire; par le canal des mers, conception de Louis XIV, le Rhône touchait à l'Océan. D'autres grandes œuvres durent encore compléter le système de navigation; on acheva le canal de Bourgogne, de Saint-Quentin; les travaux ordonnés par Louis XVI furent entièrement achevés à Briare; les ponts et chaussées reçurent d'immenses moyens et les employèrent avec une activité inouïe. Le système de roulage était fort arriéré, on s'efforça de suppléer à la navigation par mer; des compagnies furent formées : les marchandises purent être transportées d'une ville à une autre en quelques jours, au moyen de voitures légères. Les diligences reçurent aussi une certaine extension ; le courrier mettait cent quatre-vingts heures de Paris à Bayonne, et les diligences plus de deux cent cinquante ; le trajet de la poste fut réduit à cent vingt heures ; on transporta les voyageurs dans des voitures plus larges ; il se fit des arrangements pour que les diligences fussent servies par les maîtres de poste eux-mêmes. Les mers étaient à l'Angleterre, il fallait bien que Napoléon pût régner sur le continent.

L'agriculture, la force des États dans les idées de Napoléon, fut largement encouragée. L'Empereur ne partageait pas les préjugés sur l'utilité pratique de la division incessante des propriétés ; la centralisation des terres lui plaisait comme celle du pouvoir ; il savait que si la terre divisée produit plus dans tout ce qui tient aux récoltes de jardins, aux vergers, aux plantes légumineuses dans les environs des villes, la grande culture seule peut fournir à un plus bas prix les céréales, les prairies artificielles, l'éducation des bestiaux, les haras. Un riche propriétaire peut cultiver en masse ; il a des capitaux, des instruments perfectionnés, des moyens d'obtenir à peu de frais les produits du sol ; ses vastes terres lui servent à nourrir les bœufs et les moutons ; il peut appliquer les méthodes nouvelles à la culture, faire des expériences plus larges, plus fécondes ; le petit propriétaire n'a que ses sueurs à donner, que ses bras pour instrument ; il dévore le sol ; lui est-il possible d'élever des chevaux, d'avoir des instruments-modèles, des charrues que traînent quelques paires de bœufs ou des chevaux nourris dans la ferme riche et opulente ? Le petit propriétaire des terres divisées ressemble au possesseur d'un écu, stérile dans ses mains, tandis que le riche féconde des masses de capitaux.

L'idée de Napoléon était que le morcellement des terres devait produire tôt ou tard la pénurie des céréales, le manque des bestiaux, amener l'excessive cherté du pain et de la viande, les deux principes d'alimentation du peuple; tandis qu'en Russie, en Allemagne, la méthode de grande culture permet de donner les denrées à moindre prix. Napoléon traitait avec mépris toutes les théories de l'école agraire, et le Code civil lui paraissait un instrument d'incessantes dissolutions qu'il allait bientôt arrêter par les majorats. Le seul remède, selon l'Empereur, c'était qu'à côté des morcellements on régularisât le principe d'agglomération inhérent à l'homme. Chaque individu possède en lui-même un besoin de propriété qui tient à sa nature, et ce principe, il fallait le régulariser par l'institution d'une noblesse territoriale. Il y avait cela de remarquable dans l'Empereur, qu'ennemi de la démocratie en principes, il était tout peuple pour le soin qu'il apportait au bien-être des masses : ainsi les questions dont il s'occupait avec le plus de sollicitude étaient celles des approvisionnements; il aimait à les discuter; plus d'une fois, en plein conseil d'État, il jetait les jalons d'un vaste système qui s'appliquerait à Paris et à la province; il voulait qu'en aucun cas le peuple ne pût manquer de pain, ni le payer trop cher. Rome et ses vastes greniers lui venaient à la pensée; il avait souvenir de l'Égypte et de la Sicile, d'où les consuls et les empereurs tiraient les blés pour la subsistance de la ville éternelle.

Les idées des économistes sur l'impôt n'étaient point de nature à dominer l'esprit de l'Empereur; tout ce qui restait vague lui était antipathique [1]; pour lui l'impôt n'était considéré que comme une source de revenus. Ces questions, il les examinait sous un double point de vue : la facilité de la perception, la régularité des revenus du trésor et les ressources du budget. Étranger aux idées hardies de crédit public, il ne pouvait trouver de ressources que dans le paiement effectif des contributions. Depuis son avènement à l'Empire le système des droits-réunis avait pris de l'extension. L'esprit de Napoléon n'était pas aux petits préjugés; et quand il aborda dans son conseil la théorie de l'impôt, il alla droit à tous ses développements. Ainsi les économistes repoussaient les monopoles; l'Empereur les rétablit pour le sel [2]. Cette perception était facile; on avait ici un revenu net; que lui importait d'interdire l'indépendance d'un certain produit ou d'empêcher la liberté des transactions? l'impôt est une gêne à quelque branche qu'il s'applique; le meilleur système consiste à obtenir le plus par les plus simples moyens [3].

Tout fut mis en régie, il n'y eut plus de fermes pour rien, même pour les subsistances et les fournitures de l'armée; les compagnies furent liquidées et l'État substitué aux bénéfices des particuliers. M. Maret, le frère du secrétaire d'État, fut nommé chef de l'administration des vivres et du pain; homme probe, mais d'une capacité limitée, il compromit plus d'une fois l'ensemble des services que l'industrie fournissait avec cette vivacité, cette promptitude de moyens que l'intérêt privé

---

[1] « Toutes les puissances m'envient mon système d'impôts, qui consiste à en avoir un grand nombre dont le taux s'élève ou s'abaisse, suivant les besoins, au moyen des centimes additionnels, comme la liqueur s'élève ou s'abaisse dans le thermomètre, en sorte que je peux me suffire, quels que soient mes besoins, sans recourir à un nouvel impôt dont l'établissement est toujours si difficile. »
(Napoléon au conseil d'État, Pelet de la Lozère.)

[2] Paroles de Napoléon au conseil d'État.

[3] Napoléon était un des grands partisans de l'impôt sur le sel.
« Le droit d'un sou pour livre qu'on pro-

seul inspire. M. Français (de Nantes) fut mis à la tête de l'administration des impôts indirects, qui dut comprendre la direction générale des droits-réunis, c'est-à-dire la taxe sur les boissons, sur les voitures, les cartes, les objets de luxe et de première nécessité, toutes choses soumises à un contrôle. Les droits-réunis devinrent la plus vaste administration, avec un personnel immense, une armée de commis qui pressurèrent le peuple dans les campagnes, commencement de ce système d'employés qu'on jeta dans tous les recoins de la France agrandie. Ce fut pour l'Empereur un moyen de récompenser ou d'attirer une foule d'existences qui restaient sans pain au milieu de la tourmente publique ; cette administration reçut une multitude d'émigrés, des gens de lettres, avec une position plus ou moins lucrative. Les recettes, les inspections, les entrepôts de tabacs, furent en partie donnés à une classe pauvre, mais élevée ; de là naquit ce peuple de solliciteurs qui vint tendre la main dans tous les ministères pour obtenir une position administrative, sous la protection de l'Empereur. Des millions de pétitions se centralisèrent dans les salons de Paris.

En matière de douanes, Napoléon avait aussi des idées arrêtées ; repoussant tous les systèmes de liberté commerciale établis par les économistes, il appliqua sa théorie du système prohibitif dans toute son étendue ; sa ligne de douanes si vaste prenait à Anvers pour ne s'ar-

pose d'établir sur le sel n'est point suffisant ; il faut porter tout de suite ce droit au taux nécessaire, pour n'être pas obligé d'y revenir et de donner à ce commerce une nouvelle secousse.

« On pourrait établir des entrepôts réels de sel dans tous les centres de consommation, en se réglant sur la géographie nautique de la France. Ce système fera craindre, dit-on, le retour de la gabelle : je ne sais qu'y faire ; on ne guérit personne de la peur.

« Avant de supprimer définitivement le droit de passe aux barrières, qui donne 16,000,000 net pour les ponts-et-chaussées, il faudrait éprouver ce que produira le droit sur le sel qui doit le remplacer.

« Ce droit, fixé à deux sous par livre,

rêter que dans la Toscane ; le royaume d'Italie n'était qu'une annexe de l'Empire. Venise, la fille des mers, dut voir l'Adriatique se fermer sous ses pieds. Ce système pouvait-il durer? Le commerce maritime était si peu considérable, que les douanes devinrent plutôt une armée pour arrêter l'introduction des marchandises qu'un système de revenus et une source de produits ; d'après le relevé de l'administration des douanes, on comptait plus de 35,000 employés (20,000 hommes armés), et les dépenses d'un tel personnel absorbaient la presque totalité du revenu. Le système prohibitif avait besoin de tout ce développement : les douanes protégeaient les manufactures ; elles empêchaient la contrebande, autant que cela était possible avec un système de droits trop élevés. Quand le contrebandier trouve son bénéfice, il est assez hardi pour tout oser ; les petits droits sont la meilleure protection contre la fraude, on ne s'expose pas pour quelques pièces de monnaie. La direction générale des douanes, toujours confiée à M. Collin de Sucy, formait un véritable ministère, avec un ensemble de bureaux aussi considérable que les finances ; l'administration avait pour siége l'hôtel d'Uzès, et là commençait déjà le système d'entrepôt qui plus tard prit une certaine extension. Avec le système prohibitif les douanes devinrent un corps auxiliaire contre les manufactures anglaises.

produirait, dit-on, 40,000,000; s'il en était ainsi, on pourrait abandonner 30,000,000 aux ponts-et-chaussées ; il faudrait que cette portion du produit fût versée directement par les receveurs dans la caisse de cette administration, au lieu de l'être au trésor public.

« Rien n'empêcherait d'augmenter le droit sur le sel en temps de guerre, surtout dans le cas de la perte d'une bataille. La nation a de l'énergie : elle aimerait mieux payer ces impôts chez elle que de risquer de les payer aux Russes ou aux Autrichiens.

« On pourrait dire, dans le préambule de la loi qui établira ce droit de deux sous par livre sur le sel, que c'est à cause de la guerre; qu'en temps de paix le taux ordi-

Les forêts formaient aussi une administration générale sous M. Bergon ; on avait renoncé à toutes les théories sur le défrichement des vieux parcs et des bois séculaires. Dans un sens limité le défrichement est utile à l'agriculture ; s'il s'applique au contraire à une trop grande masse, le résultat est déplorable pour l'ensemble des produits ; les vastes bois protégent l'humidité des terres, attirent les pluies fécondantes. L'Empereur voulait créer une marine, se donner les moyens de construction pour ses flottes, et les forêts lui en serviraient d'éléments ; les conservations durent embrasser les sapins des Alpes à la noire chevelure, les frênes dont le bois est si dur et si propre à la construction, le platane si facilement travaillé, et dont le bois tendre sert à tous les petits instruments de la campagne. L'administration des forêts devint une pépinière de vieux soldats, un moyen de récompenser leurs services. Napoléon connaissait ce qu'il fallait à l'armée ; après l'activité des campagnes, le soldat ne devait point se jeter dans l'oisiveté et le repos ; la garde des forêts lui préparait une vie active et salutaire ; il ne quittait point son fusil ou sa carabine chérie ; après avoir visité les champs de bataille, il parcourait comme garde les sentiers épais et les touffes d'arbres des Alpes, du Jura ou des Apennins ; il y portait l'image et l'amour de son Empereur ; on le retrouva aux jours d'adversité défendant les Vosges et les Alpes avec ses agrestes habitudes et ses souvenirs belliqueux.

---

naire sera de six liards. 600,000,000 de revenus doivent suffire à la France en temps de paix.

« Si la suppression du droit de passe est un passeport nécessaire pour faire admettre le droit des aides et le droit sur le sel, il faut s'y résigner. Le fait est qu'on a toujours crié contre ce droit de passe. Le Tribunat et le Corps législatif ont été d'accord pour en demander la suppression. » (Pelet de la Lozère.)

L'administration de la loterie offrait une large branche de revenus publics pour l'Empire. Napoléon n'avait pas plus de tendance pour les idées philanthropiques que pour les théories économistes; la loterie lui paraissait un impôt volontaire; chacun étant libre de déposer sa mise, il fallait laisser une issue aux esprits aventureux qui aiment à tenter la fortune. Partant de l'idée que le jeu est inhérent à la nature humaine, l'Empereur en concluait que l'habileté d'un gouvernement est de le surveiller pour qu'il ne tombe pas sous la main des fripons; il n'avait point hésité à permettre les jeux à Paris, sans s'inquiéter de la moralité ou de l'immoralité d'une telle institution; il prenait la société par son triste côté, admettant les passions qu'il ne pouvait empêcher. La loterie, établie sur des combinaisons variées, avait des tirages à Paris comme à Lyon, à Strasbourg, à Bruxelles, à Gênes, à Milan, et les chances pouvaient partout être tentées; c'était un aliment offert au peuple pour lui jeter à pleines mains les espérances et les joies, cela l'occupait; pour quelques petits lots il pouvait se faire des illusions dorées, les légendes de son sommeil. Puis, à cette époque de l'Empire, à ce temps de fortune si merveilleuse, tous ne jouaient-ils pas à la grande roue qui tourne en aveugle? La loterie était une sorte de supplément à l'ivresse, une de ces douces boissons qui endorment le peuple des halles, et Napoléon aimait ces distractions qui ne permettaient pas de s'inquiéter de questions politiques. A tout prendre, il aimait mieux un peuple occupé à gagner un terne qu'à discuter les droits de la souveraineté.

L'Empire était une vaste machine d'employés sous un centre commun; le système des directions générales avait prévalu; il s'appliquait aux postes, création de

Louis XI. Les postes, s'étendant sur un si vaste territoire, étaient devenues une portion considérable des revenus publics; les employés étaient nombreux; on dut à M. Lavalette leur organisation presque militaire; les postillons, embrigadés par divisions, formèrent comme un corps de soldats, de telle sorte que dans les crises de la patrie on put y trouver plus d'un régiment de cavalerie, comme les douaniers eux-mêmes servirent à la garde des frontières et des côtes.

Les postes intelligentes et développées furent tout à la fois une utile institution pour le commerce, et un moyen de police pour l'ensemble du gouvernement. Si la vigilance de l'administration obtint une grande régularité dans le service et la distribution des lettres, elle multiplia aussi les moyens d'investigation et de recherches secrètes que la police se permet dans un intérêt de conservation; ce qu'on appela le cabinet noir fut institué. Sous l'Empire toutes les lettres étaient décachetées, on apportait les plus importantes aux Tuileries; l'esprit de Napoléon était rempli de petites susceptibilités, il aimait à pénétrer dans le secret des familles, à tout voir, à tout connaître : il ne se contentait pas des affaires générales, il voulait encore lire dans les sentiments privés. Tel fut le faible de l'Empereur; le général Rapp, son ami, nous raconte comment il dut une disgrâce momentanée à la violation honteuse du secret des lettres [1]. La police des postes devint une

---

[1] Voici le récit du général Rapp :

« Les généraux Reignier et Damas étaient en disgrâce : j'étais lié avec l'un et l'autre, et je n'avais pas l'habitude d'abandonner mes amis malheureux. J'avais tout fait pour dissiper les préventions de Napoléon contre ces deux officiers-généraux, sans pouvoir y réussir. Je revins un jour à la charge au sujet de Reignier; Napoléon impatienté prit de l'humeur, et me dit sèchement qu'il ne voulait plus entendre parler de lui. J'écrivis à ce brave général que toutes mes démarches avaient été infructueuses; je l'exhortai à la patience, et j'ajoutai quelques phrases dictées par le dépit. J'eus l'imprudence de confier ma lettre à la poste;

habitude; on dut savoir que lorsqu'on confiait une lettre à l'État, elle était décachetée et commentée; à ce point que l'Empereur disait, sans rougir, à la face d'un homme : « Vous avez écrit telle lettre; confiée à la poste elle a été décachetée, vous parlez mal de moi; sortez, je vous exile. »

L'enregistrement, le timbre et les hypothèques grandirent considérablement le revenu public; à chaque budget cet impôt recevait un accroissement. Rien de plus tyrannique que les droits prélevés en quelque sorte sur les douleurs et les misères; mais aussi rien de plus aisé que leur perception qui se rattachait à toutes les périodes de la vie : la naissance, la mort; aux transactions les plus actives : l'échange, la vente, l'achat, le prêt et tout ce qui touche le commerce. Ces lois n'avaient rien épargné : le timbre fut doublé; les droits restaient inflexibles, et le fisc dominait toutes les transactions; M. Duchâtel conservait la direction générale de l'enregistrement; un des auteurs de la loi sous le Directoire, il en dirigeait l'application avec fermeté; tout droit d'enregistrement privilégié était perçu avant les aliments des mineurs et des pères; on aurait dit que c'était pour chaque citoyen une dette impitoyable qu'il contractait envers l'État. Les lois décidaient toujours favorablement pour la régie, et il n'y eut pas d'adminis-

---

elle fut ouverte et envoyée à l'Empereur. Il la lut trois ou quatre fois, se fit apporter de mon écriture pour comparer, et ne pouvait se persuader que je l'eusse écrite. Il se mit dans une colère affreuse, et m'envoya de Saint-Cloud un courrier aux Tuileries, où j'étais logé. Je crus être appelé pour une mission et je partis sur le champ. Je trouvai Caulaincourt dans le salon de service avec Cafarelli : je lui demandai ce qu'il y avait de nouveau. Il connaissait déjà l'affaire, il paraissait peiné; mais il ne m'en dit pas un mot. J'entrai chez Napoléon, qui, ma lettre à la main, sortait du cabinet comme un furieux. Il me regarda avec ces yeux étincelants qui ont fait trembler tant de monde. « Connaissez-vous cette écriture ? — Oui, sire. — Elle est de vous ? — Oui, sire. — Vous êtes le dernier que j'aurais soupçonné. Pouvez-vous écrire de pareilles

tration plus sévère dans la poursuite de ses droits, à ce point qu'elle les percevait doubles après le délai fixé pour leur exact acquittement.

Tous ces revenus publics étaient confondus sous l'expression de contributions indirectes. L'impôt direct s'appliquait à la propriété sur la terre par le foncier, les portes et fenêtres; sur l'individu, par le personnel, et sur l'industrie, par la patente; rien n'échappait ainsi au fisc, et sous ce point de vue l'Empereur donnait à l'impôt une extension jusque-là inconnue. La Révolution dans ses violences, le Directoire dans ses désordres, s'étaient abstenus de grever le bas peuple; la Convention avait affranchi le prolétaire de tout impôt, en partant de l'idée que le luxe seul et le riche devaient supporter les charges publiques; d'où l'abolition de toutes les taxes sur les denrées, le vin, et les objets de consommation; on imposait les chiens de luxe, les chevaux, les voitures, les domestiques, les hôtels, la propriété foncière, parce que tous ces objets supposaient de l'aisance. L'Empire partit de la base opposée, celle d'une égalité despotique; on considéra comme le plus légitime impôt celui qui produisait les revenus les plus nets par la perception la plus facile [1]; Napoléon ne chargea point

---

horreurs à mes ennemis? Vous, que j'ai toujours si bien traité! vous, pour qui j'ai tant fait! vous, le seul de mes aides-de-camp que j'ai logé aux Tuileries! » La porte de son cabinet était entr'ouverte; il s'en aperçut, et alla l'ouvrir tout-à-fait, afin que M. Meneval, un des secrétaires, entendît la scène qu'il me faisait. « Allez, me dit-il, en me toisant du haut en bas, vous êtes un ingrat! — Non, sire; l'ingratitude n'est jamais entrée dans mon cœur. — Relisez cette lettre (il me la mit sous les yeux), et décidez. — Sire, de tous les reproches que vous pouvez me faire, celui-là m'est le plus sensible. Puisque j'ai perdu votre confiance, je ne peux plus vous servir. — Oui, f....e, vous l'avez perdue. » Je le saluai respectueusement, et m'en allai. » (Mémoires du général Rapp.)

[1] M. Gaudin, ministre des finances, a lui-même résumé les moyens financiers pour l'année 1806; c'est la meilleure pièce justificative:

« On s'occupa d'abord de l'apurement des exercices 9, 10 11 et 12. Un fonds extraordinaire de 60,000,000 (porté depuis à 70) fut jugé nécessaire pour en solder toutes les dépenses et pour fournir un sup-

trop la terre ; le foncier resta dans des conditions raisonnables, il se réservait ces ressources pour les guerres à sacrifice ; puis on grandit l'impôt de centimes additionnels pour les besoins des départements. Ainsi, quand il s'agit de faire des offres de navires destinés à la flottille de Boulogne, les conseils généraux votèrent des centimes proportionnés ; ce vote une fois donné prit un caractère de permanence ; le trésor perçut presque toujours ce supplément sur les budgets, et le répartit à sa volonté selon les nécessités du service ; et lorsque l'Empereur, multipliant les levées d'hommes, eut besoin de ressources financières pour armer et équiper des masses de conscrits, ce fut encore l'impôt foncier qui supporta le fardeau de l'État.

Cependant plus d'une fois la conquête porta ses fruits, jamais une guerre n'était terminée sans un subside. Après le traité de Presbourg l'Autriche dut payer 150,000,000 ; ces fonds, répartis d'abord en gratifications à l'armée, rentraient dans le domaine et dans le trésor privé de l'Empereur. Comme les pachas d'Orient, Napoléon

plément de 16,000,000 à l'an XIII (1805), qui avait eu à supporter des frais imprévus pour le mouvement rapide que l'armée avait dû faire.

« Il fut créé à cet effet, par la loi du 24 avril, pour 60,000,000 de *bons de la caisse d'amortissement*, à divers intérêts, remboursables en plusieurs années, à des échéances fixes, *sur le produit de la vente de domaines nationaux* dont cette caisse était devenue propriétaire par diverses opérations auxquelles on aurait pu reprocher de dénaturer son institution, si la modicité de la dette perpétuelle, à cette époque, n'avait pu justifier le peu d'importance que le chef du gouvernement attachait aux progrès de son extinction. Aussi la caisse d'amortissement ne fut-elle employée, sous son administration, qu'à mettre le trésor à portée d'appliquer à ses affaires des valeurs considérables en domaines, situés, soit dans l'ancienne France, soit dans les pays réunis, et d'autres objets qui ne pouvaient qu'avec le temps, mais qui étaient propres à servir de gages à des bons portant intérêt, et remboursables à époques fixes, sur le produit des ventes. Une rente de 9,000,000 au grand-livre fut de plus créée en 1806, au profit de cette caisse, pour ajouter encore à ses moyens. Le succès de cette opération fut complet, et les bons dont l'émission avait été autorisée par la loi, et qui ne furent émis qu'avec la circonspection convenable, n'éprouvèrent presque aucune perte dans la circulation. »

« Le passé ainsi réglé, le gouvernement

avait des coffres pleins de lingots qui formaient sa richesse particulière; les caves des Tuileries étaient remplies de pièces d'or, comme le palais des califes dans les contes arabes, ressources immenses qui devaient pourvoir aux nécessités de campagnes nouvelles. C'était encore un des préjugés de l'Empereur; il ne savait pas que la richesse d'un pays s'établit par la circulation du numéraire; un acte du parlement d'Angleterre suffisait pour un emprunt de 300,000,000, et lui, l'Empereur, s'imaginait être riche parce qu'il avait quelque 20,000,000 dans ses caves.

La confiance publique agit sur les écus; elle seule les domine et les dirige. Dans les mouvements de commerce et de banque ce n'est pas l'argent qui constitue la richesse, mais le crédit, l'exact acquittement de toute charge. En France, avec des impôts considérables, presque aucun service n'était exactement accompli : le Corps législatif confectionnait le budget avec une certaine aptitude; on balançait les dépenses par les recettes; puis Napoléon disposait de tous les revenus au gré de ses besoins; l'intérêt de la dette publique n'était acquitté que lentement et successivement; les fournisseurs n'ob-

---

s'occupa de donner au plan dont les premières bases avaient été arrêtées l'année précédente, les développements dont il était susceptible.

« Une taxe somptuaire, qui avait été établie, avant l'an VIII, sur les domestiques et sur les chevaux et voitures de luxe, donnait lieu à des recherches fatigantes pour les contribuables et excitait des réclamations multipliées pour un produit médiocre. Elle fut supprimée à partir de 1807.

« En même temps la contribution foncière éprouva une diminution d'un million pour les départements du Piémont, en considération de la *vente exclusive du sel et du tabac* établie dans ces départements.

« D'un autre côté, la régie des *droits réunis* reçut une organisation complète par la loi du 24 avril.

« La taxe d'*entretien des routes* n'avait pu parvenir à se naturaliser en France. Elle excitait des rixes fréquentes et des plaintes continuelles. Elle produisait d'ailleurs à peine 16,000,000 applicables à sa destination (qui consommait annuellement 30 à 35,000,000), et l'opinion était frappée de l'idée qu'une somme infiniment supérieure était effectivement perçue au profit exclusif des fermiers.

« Cette taxe fut supprimée et remplacée par un impôt sur le sel, à l'extraction des marais salants, lequel n'avait rien de com-

tenaient des ordonnances que selon le caprice des ministres; les employés n'étaient payés qu'après une longue attente; la magistrature avait souvent plusieurs mois d'arriéré, surtout aux dernières époques de l'Empire; les classements et les spécialités étaient arbitrairement bouleversés. Souvent, sans tenir compte du principe de l'impôt par la loi, l'Empereur taxait une commune, ou bien, comme il le disait lui-même, il faisait rendre gorge à un fournisseur; manière orientale de procéder. Quand Napoléon s'imaginait qu'un homme avait fait des bénéfices exorbitants dans une affaire, il tirait sur lui une lettre de change, souvent d'un million, avec ordre de la payer dans la quinzaine, sorte d'avanie à la façon des pachas. Une compagnie bien connue fut obligée de verser trois millions dans un seul semestre, et sans autre motif qu'un ordre du cabinet; et l'Empereur s'imaginait que cela était de l'économie et de la justice; fausse idée, car lorsque des traitants sont soumis à de telles chances, ils calculent leurs bénéfices en proportion; comme ils sont exposés davantage, ils traitent

mun avec le régime justement abhorré de l'ancienne *gabelle*, et laissait à la vente la même liberté qu'auparant.

« Depuis longtemps la taxe des lettres n'était plus en proportion avec le prix du transport et avec les autres frais d'exploitation. Le tarif de ces taxes fut revu et réglé sur la base des distances parcourues.

« Enfin l'exploitation des salines de l'Est, qui n'avait pas jusque-là répondu aux espérances que l'on en avait conçues, reçut une forme nouvelle. La régie intéressée fut remplacée par une compagnie d'actionnaires formée avec un bail de quatre-vingt-dix-neuf ans. Les conditions de ce bail furent calculées de manière à assurer au gouvernement les chances d'augmentations qui devaient naturellement survenir dans une si longue durée. Le *canon* annuel, évalué en *nature*, pour les cinq premières années, à 250,000 quintaux métriques ou en argent à 3,000,000, dut être revu tous les trois ou cinq ans; et si le prix de vente avait excédé le taux actuel, ou que la fabrication eût été au-delà de 500,000 quintaux, le gouvernement devait avoir la moitié de l'excédant.

« Un commissaire-général fut placé près de l'administration de la compagnie, à Paris pour suivre, à l'aide d'un commissaire particulier près de chaque saline, les opérations de ces établissements et assurer l'exécution des conditions du bail.

« Tel fut l'ensemble des dispositions consacrées, dans l'intérêt des finances, par la loi du 24 avril 1806. »

avec les gouvernements comme les usuriers avec les fils de famille. Un pouvoir doit bien choisir, examiner, puis payer ; le crédit est en proportion de l'exact acquittement de ses obligations bonnes ou mauvaises.

Le système financier de l'Empire eut donc plusieurs côtés vicieux ; oppressif par l'impôt qui s'étendit à tout, il ne procura que des ressources matérielles et dures sans inspirer aucune confiance ; on reçut beaucoup et on paya mal ; ce qui fit que dans les crises on n'eut d'autres ressources que les levées purement fiscales ; les centimes additionnels s'accrurent jusqu'aux deux tiers de l'impôt effectif, et l'arriéré dans les derniers temps de Napoléon s'éleva même pour certains employés, jusqu'à dix-huit mois ; situation financière qui constate encore une fois cette vérité pratique : que la plus grande richesse d'un État, c'est le crédit ; et que le crédit repose sur deux bases, la confiance et l'exactitude.

CHAPITRE IV.

RETOUR DE NAPOLÉON A PARIS,

ACTES ET PROGRÈS ARISTOCRATIQUES DU GOUVERNEMENT.

Les corps politiques. — Vote du Sénat, du Tribunat. — Érection d'un monument public. — Changement dans le caractère de Napoléon. — Aristocratie. — Idée des grands fiefs. — Premier projet de noblesse. — Fiefs de Dalmatie, d'Istrie, de Plaisance, de Parme, de Massa et de Carrara. — Statuts sur la famille impériale. — Sépulture des Empereurs. — Églises Saint-Denis et Sainte-Geneviève. — Fondation de l'université. — Actes de gouvernement. — Code de procédure. — Préparation du Code de commerce. — La Banque. — Disgrâce de M. Barbé-Marbois. — Les deux sociétés. — La République et le royalisme. — Ralliement des vieilles familles. — Mariages et alliances. — Les exils du faubourg Saint-Germain.

Janvier à mai 1806.

L'Empereur quittait Munich, visitant en souverain féodal Stuttgard, Carlsruhe et Bade aux belles eaux; il tint sa cour plénière sur sa route semée d'arcs de triomphe; le canon retentissait partout; les princes allemands accouraient à son lever pour recevoir ses ordres et recueillir quelques paroles de sa bouche impériale. En France, le même triomphe l'attendait l'Empereur, dans les provinces de l'Alsace et de la Lorraine : ses victoires inouïes, la paix conquise au pas de course, tout cela l'avait empreint d'un caractère héroïque, capable d'exciter l'enthousiasme; des cris de joie éclataient; le peuple se réunissait sur les grandes routes auprès des voitures de son Empereur, lui présentant des couronnes de laurier tressées et des rameaux d'olivier ; imitant ainsi la multitude de Rome autour des chars d'Auguste, de Trajan et de Marc-Aurèle ; c'était comme une de ces scènes de triomphe reproduites dans les beaux bas-reliefs du Vatican ou de la villa Borghèse.

A Paris, les corps politiques se pressèrent avec autant d'ardeur autour du souverain ; plus il y avait eu d'incertitude, de doute et d'hésitation pendant la campagne, plus on se hâtait de témoigner son zèle et son dévouement ; le Tribunat, semblant pressentir sa chute, voulait la prévenir par des flots d'adulations au pied du trône ; dans son sein des propositions enthousiastes furent faites ; M. Carion de Nisas, le tribun qui avait inauguré l'Empire, avec son caractère méridional, étala les titres pompeux que Napoléon avait conquis pour le présent et la postérité ; il demandait donc : « qu'une colonne triomphale fût érigée sur une place publique qui porterait le nom de Napoléon ; là, seraient gravées ses victoires ; lui-même, le grand Empereur, paraîtrait dans son costume antique ; on frapperait des médailles, des jeux seraient institués, une fête perpétuelle annoncerait la gloire des armées et l'immortalité de leur César. » Ce fut donc une pompe à la manière de Rome ; on avait lu Tacite, ses annales, Pline-le-Jeune dans son panégyrique de Trajan, et les harangues des corps politiques en furent le plagiat.

Le Sénat ne voulut point demeurer en arrière sur la proposition du Tribunat ; quelques-uns de ses membres étaient allés remercier le prince de l'envoi des nobles drapeaux suspendus aux voûtes de Notre-Dame ; sous la tente ils avaient félicité Napoléon de ses victoires,

HONNEURS DÉCERNÉS A NAPOLÉON. (JANVIER 1806).

et de l'honneur qu'il faisait au Sénat de l'associer à ses triomphes. Quand il apprit le retour de l'Empereur à Paris, le Sénat en corps vint le complimenter, et la parole de François de Neufchâteau fut plus adulatrice encore; l'encens brûlait et s'élevait en long tourbillon autour de cette couronne de lauriers brillante sur un front marqué par la victoire. Napoléon répondit avec convenance; sa parole fut modeste, il parla du peuple et de l'armée; il devait tout à la patrie, et c'était à la grande nation qu'il consacrait sa vie de prince et de soldat [1].

Cependant, à travers ses expressions de modestie, les hommes qui entouraient Napoléon s'aperçurent d'un changement complet dans ses manières et dans son attitude; à son départ, on sentait en lui le chef qui avait besoin de faire ses preuves sur le champ de bataille, et de gagner son sceptre par d'éclatants succès. S'il donnait dans la forme extérieure de sa parole quelque confiance à ses armées et par l'énergie de sa volonté une force à l'administration de son Empire, on voyait pourtant qu'il avait le besoin impératif de justifier son pouvoir par quelques coups de fortune. A son retour,

---

[1] On parla plus tard d'élever un monument par souscription à l'Empereur; M. de Champagny, ministre de l'intérieur, écrivit au maréchal Kellermann à ce sujet; Napoléon n'aimait pas les souscriptions, parce que c'était un acte en dehors du gouvernement.

« Monsieur le maréchal, conformément à vos désirs, j'ai entretenu S. M. du monument que la société dont vous êtes membre projette de lui élever. L'Empereur a été touché de cette preuve d'attachement de beaucoup de citoyens estimables, parmi lesquels il vous a vu avec plaisir, vous M. le maréchal, également distingué par votre rang et par les services que vous avez rendus. Mais les principes de S. M. ne lui permettent pas d'accepter une pareille offre, quoique dictée par un sentiment libre, autant que pur, d'amour, d'admiration et de reconnaissance. Cet hommage de ses sujets, l'Empereur veut le mériter par sa vie entière. Il ne consentira donc point à ce que de son vivant des monuments lui soient élevés par des particuliers. C'est de la postérité qu'il attend cette honorable récompense de tant de travaux. Après sa mort, les Français pourront reconnaître, par un hommage dont l'intention ne pourra être contestée, le bien qu'il aura fait à la nation qu'il gouverne, et dont la prospérité et la gloire, sujet continuel de ses méditations et de ses veilles, est aussi l'unique ambition et l'objet de toute sa vie.

« En vous transmettant ces intentions de

la situation avait changé; des prodiges s'étaient accomplis, et Napoléon avait surtout l'art de tirer d'un événement tout le parti possible; il le prenait et le tordait. On le vit donc plus monarchique, plus hardi, oser des actes qu'il se fût bien gardé d'essayer au moment où la victoire était incertaine, où tous les périls pouvaient gronder sur sa tête; il était en face des idées républicaines qui le surveillaient en murmurant; que pouvait ce parti après Austerlitz? quelle force pouvait résister à cet ascendant d'opinion publique qui entourait Napoléon? Par le fait en pleine possession de la plus haute, de la plus absolue des dictatures, le souverain pouvait tout oser, même une réaction contre les formes d'égalité [1].

En Allemagne, Napoléon avait déjà conçu l'idée d'une noblesse féodale en présence des vieilles familles allemandes, de ces mille blasons de race princière; l'Empereur avait vu qu'il fallait opposer des illustrations nouvelles et les faire marcher au niveau. Les maréchaux, les officiers supérieurs qui entouraient la tente sous l'aigle d'or, les membres du corps diplomatique français surtout se trouvaient souvent un peu humiliés des titres que les étrangers étalaient à leurs yeux; la Légion d'honneur avait commencé une noblesse dans l'armée, on devait l'accomplir par les rangs héréditaires dans les races. La correspondance de M. de Talleyrand indique plusieurs projets discutés en présence de l'Empereur à Schœnbrünn, lorsque les unions prin-

S. M., que je vous prie de faire connaître à vos co-souscripteurs, je joins, monsieur le maréchal, mes regrets aux vôtres sur une décision si contraire à vos vœux, et je vous prie d'agréer l'assurance de ma haute considération. »

Signé, Champagny.
Paris, le 21 juillet 1806.

[1] Un premier message fut adressé au Sénat; il constatait la disposition d'esprit de l'Empereur :

« Sénateurs.

« Nous avons chargé notre cousin, l'archi-chancelier de l'Empire, de vous donner connaissance, pour être transcrits sur vos registres : 1° des statuts qu'en

cières furent résolues, à Munich, par le mariage du prince Eugène avec une fille de Maximilien, à Bade entre l'héritier du grand-duc et mademoiselle Stéphanie de Beauharnais; Napoléon comprit que le moment approchait où il fallait tenter l'œuvre. Il lui restait un doute sur les titres et la hiérarchie : une noblesse lui paraissait indispensable à son établissement monarchique, et quelles seraient les dénominations accordées à tous ses membres? en ferait-on un corps politique dans l'État, ou bien la noblesse serait-elle une simple distinction? Tout cela demandait à être mûri par l'Empereur; les cessions territoriales que le traité de Presbourg avait réalisées permettaient de jeter un premier et large jalon pour l'édifice nobiliaire.

L'idée féodale de la création des fiefs vint d'abord à la pensée de Napoléon, toujours en souvenir de Charlemagne; son armée se composait de fiers paladins, de ces douze maréchaux, de ces pairs qui assistaient aux cours plénières en y déployant toute la majesté souveraine; la création de grands fiefs lui parut la première base indispensable pour l'établissement de son ordre nobiliaire; il fallait des feudataires à son Empire. Les États de Venise avaient été réunis au royaume d'Italie; ce fut d'abord dans ces contrées que Napoléon établit ses terres du domaine, assez éloignées pour que jamais leurs possesseurs pussent être redoutables. Que seraient les ducs de Dalmatie, d'Istrie, de Parme, de Plaisance, de Massa et de Carrara,

vertu de l'article 14 des constitutions de l'Empire, en date du 28 floréal an XII, nous avons jugé convenable d'adopter : ils forment la loi de notre famille impériale. 2° De la disposition que nous avons faite du royaume de Naples et de Sicile, des duchés de Berg et de Clèves, du duché de Guastalla et de la principauté de Neufchâtel, que différentes transactions politiques ont mis entre nos mains. 3° De l'accroissement de territoire que nous avons trouvé à propos de donner tant à notre royaume d'Italie, en y incorporant tous les États vénitiens, qu'à la principauté de Lucques.

« Nous avons jugé dans ces circonstances devoir imposer plusieurs obligations,

si ce n'est des vassaux la face abaissée devant la majesté de l'Empereur? Il avait lu dans les vieilles chroniques que ce qui faisait la gloire de Charlemagne, c'était ses leudes, ses barons : Naymes, duc de Bavière, si sage, si fidèle à son suzerain ; le duc de Gascogne, les châtelains de la race méridionale de Montauban, Ogier le Danois, Roland d'Angers, Guérin de Gascogne, et tant d'autres preux qui assistaient à ses cours plénières et le suivaient dans ses guerres. Napoléon voulant donc imiter cet exemple, Neufchâtel, d'abord, lui offrit un beau lot de féodalité; Clèves et Berg, un fief relevant de la couronne; principautés et duchés furent les premiers éléments de sa constitution nobiliaire. Il est curieux de voir avec quelle puissance et quelle habileté se manifestent les idées de leudes et de barons dans la pensée de Napoléon, comme dans celle du fondateur de la deuxième race ; et cela se conçoit, les situations étaient identiques : la féodalité était née d'un principe militaire, de la possession d'un territoire et de l'obligation de le défendre ; la création des fiefs n'était que la hiérarchie des rangs stabilisée par la terre, et les possesseurs deviendraient les plus fermes appuis pour la défense territoriale, comme ils l'avaient été sous la grande féodalité, lorsqu'à la semonce du suzerain, ils se rendaient sur le champ de guerre.

La hardiesse que donnaient à l'Empereur les immenses succès d'Austerlitz le fit passer sur les principes d'égalité dans les statuts alors publiés sur la famille impé-

et faire supporter plusieurs charges à notre couronne d'Italie, au roi de Naples et au prince de Luucques. Nous avons ainsi trouvé moyen de concilier les intérêts et la dignité de notre trône, et le sentiment de notre reconnaissance pour les services qui nous ont été rendus dans la carrière civile et dans la carrière militaire. Quelle que soit la puissance à laquelle la divine Providence et l'amour de nos peuples nous ont élevé, elle est insuffisante pour récompenser tant de braves, et pour reconnaître les nombreux témoignages de fidélité et d'amour qu'ils ont donnés à notre personne. Vous remarquerez, dans plusieurs des dispositions qui vous seront communiquées, que

riale. Ici commence le véritable livre d'or des Bonaparte; c'est un code complet qui place la race de l'Empereur sous une législation particulière; la famille d'Auguste n'a pas les mêmes lois que les citoyens; elle n'est plus confondue avec la masse; sa majesté rayonne au-dessus de toutes les familles, même pourprées. L'Empereur est le maître et le tuteur de tous ses proches; il ne dispose pas seulement de ses enfants et de ses successeurs, mais encore de ses frères et de ses neveux, qui ne peuvent se marier sans son consentement; et cette clause, que l'Empereur insère dans les statuts, est tout entière dirigée contre Lucien et Jérôme; l'un et l'autre se sont mariés malgré lui, et en le bravant. Jérôme a fui son frère, et l'Empereur exige qu'il répudie immédiatement sa femme, car il lui destine une main princière en Allemagne. Napoléon est tellement préoccupé de cette dissolution du mariage de Jérôme, qu'il en écrit une lettre spéciale au pape Pie VII; il lui dit : « que Jérôme a la tête un peu extravagante, et qu'il a contracté un mariage de jeune homme avec une protestante, et il prie le saint-père d'annuler cette union par les canons de l'Église[1]. » Lucien reste plus fièrement dans sa volonté,

nous ne nous sommes pas uniquement abandonné aux sentiments affectueux dont nous étions pénétré, et au bonheur de faire du bien à ceux qui nous ont si bien servi : nous avons été principalement guidé par la grande pensée de consolider l'ordre social et notre trône qui en est le fondement et la base, et de donner des centres de correspondance et d'appui à ce grand empire; elle se rattache à nos pensées les plus chères, à celle à laquelle nous avons dévoué notre vie entière : la grandeur et la prospérité de nos peuples.

« Donné en notre palais des Tuileries, le 30 mars de l'an 1806. »

Signé, Napoléon.

[1] « Très saint-père,

« J'ai parlé plusieurs fois à Votre Sainteté d'un jeune frère de dix-neuf ans que j'ai envoyé sur une frégate en Amérique, et qui, après un mois de séjour, s'est marié à Baltimore, quoique mineur, avec une protestante fille d'un négociant des États-Unis. Il vient de rentrer. Il sent toute sa faute. J'ai renvoyé mademoiselle Patterson, sa soi-disant femme, en Amérique. Suivant nos lois, le mariage est nul. Un prêtre espagnol a assez oublié ses devoirs pour lui donner la bénédiction.

« Je désirerais une bulle de Votre Sainteté qui annulât ce mariage. J'envoie à Votre Sainteté plusieurs mémoires, dont un

et son frère n'exerce sur lui aucune action domestique; il vit à l'étranger, sans rapport avec le chef de la famille. Que lui importent les statuts impériaux, à lui qui a bravé Napoléon? Il continue à se dire l'auteur de la fortune de son frère; le 18 brumaire est son œuvre, il le fait retentir haut et Napoléon s'en affecte. Par les statuts signés après Austerlitz, l'archi-chancelier seul est chargé de recevoir les actes de l'état civil de la famille impériale, désormais réglée par le pouvoir absolu de Napoléon comme l'État lui-même; il est le chef suprême de tous ceux que la fortune ou la Providence a placés sous sa main.

L'Empereur ne s'arrête point dans ces voies aristocratiques; génie historique, il embrasse les temps passés et l'avenir d'une même vue; comme il veut la postérité, il va fouiller les époques héroïques, et la basilique de Saint-Denis s'offre à ses regards [1] comme le temple de la mort destiné à la sépulture des rois; il a vu en Égypte les Pyramides sous lesquelles dorment depuis des siècles les races des Pharaons; il a voulu être couronné à Notre-Dame, et il s'est affranchi de tous les préjugés philoso-

---

du cardinal Caselli, dont Votre Sainteté recevra beaucoup de lumières. Il me serait facile de le faire casser à Paris, l'Église gallicane reconnaissant (déclarant) ces mariages nuls. Il me paraîtrait mieux que ce fût à Rome, ne fût-ce que pour l'exemple des membres des maisons souveraines qui contracteront un mariage avec une protestante. Que Votre Sainteté veuille bien faire cela sans bruit : ce ne sera que lorsque je saurai qu'elle veut le faire que je ferai faire la cassation civile.

« Il est important, pour la France même, qu'il n'y ait pas aussi près de moi une fille protestante; il est dangereux qu'un mineur de dix-neuf ans, enfant distingué, soit exposé à une séduction pareille, contre les lois civiles et toute espèce de convenances.

« Sur ce, je prie Dieu, très saint-père, qu'il vous conserve longues années au régime et gouvernement de notre mère sainte Église. »

Votre dévot fils,

Napoléon.

[1] Le décret impérial, du 20 février 1806, sur les tombes de Saint-Denis, contient les dispositions suivantes :

Art. 1. L'église de Saint-Denis est consacrée à la sépulture des empereurs.

Art. 2. Il sera fondé un chapitre composé de dix chanoines chargés de desservir cette église.

Art. 3. Les chanoines de ce chapitre se-

phiques qui pouvaient le jeter dans des idées sceptiques et railleuses; Notre-Dame et Saint-Denis en France lui semblent deux monuments religieux et nationaux parce que lui ne voit pas l'histoire par quart d'heure. Saint-Denis abrita la tête de Charlemagne; ses vieilles chroniques racontaient les faits et gestes du grand Empereur dans toute leur naïveté. Plus tard lui aussi aurait ses chroniqueurs, ses Turpin, ses faiseurs de légendes; et quand les âges auraient passé sur ses ossements brisés, on viendrait lire dans les chartes ses vastes prouesses. Napoléon n'était pas de ceux qui jettent les cendres des rois aux vents, il n'aimait pas ces représailles du peuple, ces fossoyeurs qui jouent avec les dépouilles du sépulcre. Il ordonna que l'église de Saint-Denis serait désormais consacrée à la sépulture des empereurs, comme elle l'était autrefois à celle des rois; la quatrième dynastie devait trouver là ses tombeaux comme ceux des trois précédentes races. Quand d'autres générations seraient venues, on le verrait couché sur le marbre, avec ses ornements impériaux, sa main de justice, comme on y voyait Dagobert, le roi des Francs, ou bien Pépin-le-Bref ou saint Louis le justicier.

ront choisis parmi les évêques âgés de plus de soixante ans, et qui se trouveraient hors d'état de continuer l'exercice des fonctions épiscopales; ils jouiront, dans cette retraite, des honneurs, prérogatives et traitement attachés à l'épiscopat. Notre grand-aumônier sera chef de ce chapitre.

Art. 4. Quatre chapelles seront érigées dans l'église de Saint-Denis, dont trois dans l'emplacement qu'occupaient les tombeaux des rois de la première, de la deuxième et de la troisième race, et la quatrième dans l'emplacement destiné à la sépulture des empereurs.

Art. 5. Des tables de marbre seront placées dans chacune des chapelles des trois races, et contiendront les noms des rois dont les mausolées existaient dans l'église de Saint-Denis.

Art. 6. Notre grand-aumônier soumettra à notre approbation un règlement sur les services annuels qu'il conviendra d'établir dans ladite église.

Art. 7. L'église Sainte-Geneviève sera terminée et rendue au culte, conformément à l'intention de son fondateur, sous l'invocation de sainte Geneviève, patronne de Paris.

Art. 8. Elle conservera la destination qui lui avait été donnée par l'Assemblé constituante, et sera consacrée à la sépulture des grands-dignitaires, des grands-officiers de

Autour de ces tombes, il y aurait un chapitre d'évêques, souvenir de ces colléges de prêtres qui brûlaient l'encens lors des funérailles romaines ; les évêques prendraient le titre de chanoines de Saint-Denis, sorte de retraite donnée à l'épiscopat ; leurs fonctions seraient de prier pour les empereurs défunts, comme le faisaient dans les monastères, depuis matines jusqu'à nones, les abbés, les évêques, le savant Alcuin ou Agobard dont nous parle la chronique. L'imagination de l'Empereur se complaisait à voir l'encens s'élever sur les autels au milieu de mille cierges, *le Dies iræ* aux tristes sons de l'orgue, quand sa grande ombre parcourait ces vastes caveaux de marbre noir, au milieu des rois couverts de fortes armures et sans rougir des fleurs de lis de Henri IV et de Louis XIV.

Un acte de plus haute hardiesse fut de rendre le Panthéon au culte catholique ; Napoléon avait un instinct de répugnance pour toutes les idées de philosophie spéculative ; il n'avait jamais compris précisément ce que signifiait un temple vide élevé aux grands hommes ; en matière de religion, il ne savait rien en dehors d'un culte positif. Qui pouvait décider les caractères d'un

---

l'Empire et de la couronne ; des sénateurs, des grands-officiers de la Légion d'honneur, et, en vertu de nos décrets spéciaux, des citoyens qui, dans la carrière des armes ou dans celle de l'administration et des lettres, auront rendu d'éminents services à la patrie ; leurs corps embaumés seront inhumés dans l'église.

Art. 9. Les tombeaux déposés au musée des monuments français seront transportés dans cette église, pour y être rangés par ordre de siècles.

Art. 10. Le chapitre métropolitain de Notre-Dame, augmenté de six membres, sera chargé de desservir l'église de Sainte-Geneviève. La garde de cette église sera spécialement confiée à un archi-prêtre, choisi parmi les chanoines.

Art. 11. Il y sera officié solennellement le 3 janvier, fête de sainte Geneviève ; le 15 août, fête de saint Napoléon, et anniversaire de la conclusion du concordat ; le jour des Morts et le premier dimanche de décembre, anniversaire du couronnement et de la bataille d'Austerlitz, et toutes les fois qu'il y aura lieu à des inhumations, en exécution du présent décret. Aucune autre fonction religieuse ne pourra être exercée dans ladite église qu'en vertu de notre approbation.

homme immortel; à quel signe le reconnaîtrait-on, et les contemporains étaient-ils appelés à décider cette question de postérité que le temps seul peut résoudre? L'enthousiasme populaire élève un homme ou le précipite aux gémonies; la roche Tarpéienne est près du Capitole; qui décernera le Panthéon et quel pouvoir est placé assez haut d'intelligence? Cette idée grecque allait-elle aux mœurs et aux habitudes moqueuses de la France? Aussi Napoléon, attaquant de face ce préjugé philosophique, décida que l'église serait de nouveau consacrée à sainte Geneviève; innovation hardie en présence du parti philosophique qui souriait de pitié à l'aspect de ce martyrologe des saints, splendeur du culte catholique [1]. Sainte Geneviève était une pauvre fille de paysan, qui avait délivré Paris des ravages des Huns; pieuse et touchante légende qui allait au cœur de toutes les jeunes âmes; c'était l'expression de la faiblesse triomphante des barbares, d'une enfant du peuple arrêtant le courroux des rois, et attirant sur Paris les bienfaits d'une protection divine. Napoléon, en rendant au catholicisme l'édifice du Panthéon, le consacra néanmoins à la sépul-

---

[1] A ce moment l'Empereur institua la saint Napoléon.

Un décret, rendu le 19 février 1806, porte:

« Art. 1. La fête de saint Napoléon et celle du rétablissement de la religion catholique en France seront célébrées, dans toute l'étendue de l'Empire, le 15 août de chaque année, jour de l'Assomption, et époque de la conclusion du concordat.

« Art. 2. Il y aura, ledit jour, une procession hors l'église, dans toutes les communes où l'exercice extérieur du culte est autorisé; dans les autres, la procession aura lieu dans l'intérieur de l'église.

« Art. 3. Il sera prononcé, avant la procession, et par un ministre du culte, un discours analogue à la circonstance, et il sera chanté, immédiatement après la rentrée de la procession, un *Te Deum* solennel.

« Art. 4. Les autorités militaires, civiles et judiciaires, assisteront à ces solennités.

« Art. 5. Le même jour, 15 août, il sera célébré, dans tous les temples du culte réformé, un *Te Deum* solennel en actions de grâces pour l'anniversaire de la naissance de l'Empereur.

« Art. 6. La fête de l'anniversaire de notre couronnement, et celle de la bataille d'Austerlitz, seront célébrées. »

Voici un extrait de l'instruction adressée à tous les évêques de France, par S. Em. le cardinal légat *à latere*, sur la fête de saint Napoléon.

« Le premier dimanche d'août de chaque

ture des dignitaires de l'Empire ; ainsi le cortége des morts revêtus des habits impériaux devait se déployer à Saint-Denis, et le cortége des courtisans devait se lever en suaire sous les pierres froides de l'église Sainte-Geneviève : fantastique tableau que l'imagination de Napoléon devait rêver sur plus d'un champ de bataille, lorsque la mitraille labourait les rangs pressés de ses braves et dignes compagnons de fortune.

Comme fondation religieuse, l'Empereur grandit et favorisa les sœurs de l'ordre de saint Vincent-de-Paul pour le soin des malades, qu'il plaça déjà sous la protection de sa mère, madame Lætitia; il eut l'occasion, au conseil d'État, de s'exprimer sur ces filles, gardes attentives des hôpitaux ; il les avait vues dans leur résignation pieuse : plus de quatre-vingt-dix avaient péri en soignant les prisonniers et les blessés. « Voilà, s'écria-t-il, des institutions utiles ; parlez-moi de tels dévouements, et non point de vos philanthropes qui bavardent et ne réalisent rien. » Jamais l'Empereur ne manquait l'occasion de déclamer contre la philosophie spéculative et les institutions vides que le xviiie siècle avait tenté d'établir en

année, les révérendissimes évêques, soit par des lettres circulaires, soit par tout autre moyen convenable qu'ils jugeront à propos de prendre, annonceront publiquement, conformément à notre décret qui commence ainsi : *Eximium catholicæ religionis*, la fête de saint Napoléon, martyr, qui est en même temps celle du rétablissement de la religion catholique, et qui concourt avec la solennité de l'Assomption de la bienheureuse vierge Marie. Ils indiqueront de même la procession ou supplication et l'action de grâces qui doivent avoir lieu suivant le rite usité dans l'Église. Ils publieront aussi l'indulgence plénière attachée, suivant une grâce très spéciale du siége apostolique, à la bénédiction papale qui doit être donnée après la messe pontificale, comme il est dit ci-dessous, laquelle indulgence est accordée, suivant la teneur du décret cité, aux fidèles, qui assisteront dévotement à la procession et à l'action de grâces.

« L'éloge ou la leçon de saint Napoléon sera comme il suit :

« Sous la persécution horrible de Dioclétien et de Maximilien, qui fut la plus sanglante de toutes, les cruautés exercées dans tout l'empire romain firent que des fidèles, effrayés ou vaincus par la violence des supplices, abandonnèrent la foi, ou que tous ayant été mis à mort, le nom chrétien parut près d'être détruit.

« Mais tandis que la férocité impie des

hostilité avec le christianisme. Cette vaste intelligence avait compris toute la puissance d'ordre qui établit l'Église; les congrégations religieuses ne lui paraissaient pas une organisation fâcheuse pour l'éducation publique et la direction des esprits.

Tout ce qui était autorité et obéissance rentrait dans les idées de l'Empereur; rien ne devait rester éparpillé dans la société; il voulait mettre tous les faits sous sa main pour les diriger fortement, et c'est dans ce but qu'il prépara l'organisation de l'université. La base primitive de ce vaste établissement se résuma dans un décret de quelques lignes; on n'était pas d'accord sur ses formes; la pensée de Napoléon était de placer l'éducation publique sous une même impulsion; il voulait mener la génération jeune comme ses armées, lui donner une direction ferme et énergique; il avait souvenir de tout ce que le droit domestique avait de puissance à Rome; l'éducation formait les hommes de la république d'Athènes et de Sparte; elle était pour la vie sociale cette espèce d'huile des oliviers du Parthénon dont se graissaient les athlètes en entrant dans la lice, afin d'assouplir leurs mem-

---

persécuteurs était vaincue par ses propres excès, et que les bourreaux barbares étaient fatigués de leurs affreux travaux, les soldats de Jésus-Christ, fortifiés du secours du ciel, couraient au combat avec tant de force, et déployaient un si grand courage, que les téméraires espérances de leurs ennemis furent trompées, et que le sang des martyrs coulant en abondance devint une semence de chrétiens.

« Combien sont dignes d'être cités, parmi les confesseurs de la foi, ceux qui soutinrent alors à Alexandrie en Egypte, avec un courage extraordinaire, un combat sanglant pour la foi en Jésus-Christ! Quelques-uns d'eux périrent glorieusement au milieu des supplices, d'autres, après avoir été cruel-lement tourmentés, étaient renfermés dans la prison, ayant les pieds tellement écartés par la violence des tourments, qu'ils étaient forcés de se tenir couchés sur le dos; ceux-ci étaient étendus par terre, tout couverts de blessures, et portant sur leurs corps des traces des tortures multipliées; ceux-là étaient jetés à demi morts dans la prison.

« Parmi ces derniers qui achevèrent leur course dans leur prison, les martyrologes et les anciens écrivains citent avec éloge Néopolis ou Népole, qui, d'après la manière de prononcer les noms introduite en Italie dans le moyen âge, et suivant la langue alors usitée, fut appelé *Napoléon*, et est nommé communément en italien *Napoleone*.

bres vigoureux. Le jeune homme serait donc élevé d'après les pensées de l'Empereur, et dans les limites tracées par sa politique.

Dans le but de caresser l'enthousiasme public, Napoléon voulut ouvrir le Corps législatif en personne; il s'y rendit en pompe, et son discours fut empreint d'un juste orgueil de lui-même et de la France; il parla de ses armées, de la gloire acquise; elles ne s'étaient arrêtées qu'à la parole de leur Empereur. Napoléon annonçait ses alliances, ses projets, et surtout ses vengeances contre la cour de Naples qui avait pris part à la coalition; sa colère devait éclater comme la foudre; il parlait à peine de Trafalgar, et déguisant la catastrophe de sa marine, il la signalait comme la suite d'un malentendu, d'un entrechoc entre quelques navires sans conséquence et sans résultat [1]. A la suite de cette harangue hautaine et impériale, le ministre de l'intérieur exposa la situation de la France et les bienfaits qu'elle devait à Napoléon. Cet exposé politique, habitude dans les annales de l'Empire, n'était ni une enquête ni un rapport; on pouvait le considérer comme un mensonge élégant et louangeux, un panégyrique dont l'encens devait s'élever jusqu'à l'Empereur. Rien de vrai ni de naturellement

---

« Napoléon donc, célèbre par sa naissance ou par ses emplois, mais plus illustre encore par la constance inébranlable avec laquelle il confessa la foi dans Alexandrie, et par le courage qu'il montra dans les tourments sur la fin de la persécution de Dioclétien et de Maximilien, ayant été jeté à demi mort dans une prison, après d'horribles tortures, y périt des suites de ses blessures, et s'endormit en paix pour Jésus-Christ. »

[1] *Discours de Napoléon à l'ouverture du Corps législatif*, 3 mars 1806.

« Messieurs les députés des départements au Corps législatif, Messieurs les tribuns et les membres de mon conseil d'État, depuis votre dernière session, la plus grande partie de l'Europe s'est coalisée avec l'Angleterre. Mes armées n'ont cessé de vaincre que lorsque je leur ai ordonné de ne plus combattre. J'ai vengé les droits des États faibles, opprimés par les forts. Mes alliés ont augmenté en puissance et en considération; mes ennemis ont été humiliés et confondus; la maison de Naples a perdu sa couronne sans retour, la presqu'île de l'Italie tout entière fait partie du grand Empire. J'ai garanti, comme chef suprême,

exposé; toutes les mesures étaient bonnes, toutes les résolutions à la hauteur de son esprit. A entendre M. de Champagny, la conscription était un bienfait inappréciable; au lieu de diminuer la classe travailleuse, elle l'augmentait; l'impôt était doux, le commerce maritime ne recevait pas d'échecs par la guerre : on y parlait de la prospérité des intérêts, des progrès du crédit, de l'abondance du numéraire, du bonheur et du repos qu'avait donnés le système prohibitif. Napoléon, certes, avait accompli de grandes choses, mais cet exposé, comme tous les actes officiels, ne disait que dans un sens faux la situation de l'Empire; la France, sans commerce extérieur, n'était point prospère; des couronnes de laurier étaient tressées. Saturé de gloire, le peuple ne recevait ni liberté, ni bien-être.

Cependant des travaux considérables étaient accomplis entre toutes les branches d'administration. Une réunion de jurisconsultes finissait l'œuvre d'un code de procédure; l'Empereur avait cette idée de codification comme une règle pour la marche des affaires, sorte de centralisation législative adaptée à son système d'administration politique; le Code civil portait déjà son nom, et, comme Louis XIV, il voulait avoir aussi son

---

les souverains et les constitutions qui en gouvernent les différentes parties.

« La Russie ne doit le retour des débris de son armée qu'au bienfait de la capitulation que je lui ai accordée. Maître de renverser le trône impérial d'Autriche, je l'ai raffermi. La conduite du cabinet de Vienne sera telle, que la postérité ne me reprochera pas d'avoir manqué de prévoyance. J'ai ajouté une entière confiance aux protestations qui m'ont été faites par son souverain. D'ailleurs, les hautes destinées de ma couronne ne dépendent pas des sentiments et des dispositions des cours étrangères. Mon peuple maintiendra toujours ce trône à l'abri des efforts de la haine et de la jalousie ; aucun sacrifice ne lui sera pénible pour assurer ce premier intérêt de la patrie.

« Nourri dans les camps, et dans des camps toujours triomphants, je dois dire cependant que, dans ces dernières circonstances, mes soldats ont surpassé mon attente ; mais il m'est doux de déclarer aussi que mon peuple a rempli tous ses devoirs. Au fond de la Moravie, je n'ai pas cessé un instant d'éprouver les efforts de son amour et de son enthousiasme, jamais il ne m'en

ordonnance de procédure qui était la mise en action des principes posés par le Code civil; l'ordonnance de 1667, commentée et développée, formait la base des instances de justice : quelques-unes de ses dispositions avaient surtout reçu des compléments indispensables par suite du système hypothécaire et de l'expropriation forcée, idée nouvelle que la législation avait introduite; ce qu'on appelait le Code de procédure, et qui fut promulgué l'année suivante, n'était qu'un résumé plus net, plus correct de l'ordonnance de 1667; l'esprit procureur domina; les vieux praticiens restèrent maîtres du palais; ils furent aidés, en cela, par les intérêts du fisc qui multipliait les frais, les paperasses, afin de grossir les recettes; la corporation des avoués dut être satisfaite. M. Pigeau, l'un des auteurs du nouveau Code, avait gardé tous les souvenirs de la pratique du Châtelet; déjà le Code civil était trop détaillé, la loi de procédure vint encore compliquer cette législation.

La volonté de l'Empereur imposa également la confection d'un Code de commerce; une commission fut nommée dans cette pensée de comparer et de modifier les ordonnances de Louis XIV et de Colbert, pour accomplir l'œuvre d'une codification favorable aux intérêts et aux droits commerciaux. L'Empire avait rétabli les

---

a donné des marques qui aient pénétré mon cœur de plus douces émotions. Français! je n'ai pas été trompé dans mon espérance : votre amour, plus que la richesse et l'étendue de votre territoire, fait ma gloire. Magistrats, prêtres, citoyens, tous se sont montrés dignes des hautes destinées de cette belle France, qui depuis deux siècles est l'objet des ligues et de la jalousie de ses voisins.

« Mon ministre de l'intérieur vous fera connaître les événements qui se sont passés dans le cours de l'année. Mon conseil d'État vous présentera des projets de lois pour améliorer les différentes branches de l'administration. Mes ministres des finances et du trésor public vous communiqueront les comptes qu'ils m'ont rendus, vous y verrez l'état prospère de nos finances. Depuis mon retour, je me suis occupé sans relâche de rendre à l'administration ce ressort et cette activité qui portent la vie jusqu'aux extrémités de ce vaste Empire. Mon peuple ne supportera pas de nouvelles charges, mais il vous sera proposé de nouveaux développements au système des fi-

vieilles institutions mercantiles, les prud'hommes, les chambres syndicales, les corporations d'agents-de-change, les courtiers, enfin tout ce que le Consulat avait reconnu et proclamé. Les premiers travaux sur le Code de commerce furent extraits de l'ordonnance de la marine et des conférences qui l'avaient précédée sous la présidence de Colbert; le travail des jurisconsultes, sous l'Empire, fut plus grammatical que nouveau, sorte de transfusion des vieilles formules et des vieux mots pour en faire une œuvre rajeunie sous les auspices de Napoléon. Il y eut un travail de courtisans dans cette rédaction des Codes; on voulut tout placer sous le sceptre de l'Empereur; la législation nouvelle ne fut le plus souvent qu'une copie des ordonnances qui l'avaient précédée : le Code civil fut emprunté aux coutumes, au droit romain et à Pothier; le Code de procédure dut ses principes aux formulaires du Châtelet de Paris, et le Code de commerce aux belles ordonnances de la marine, et au modeste travail du vieux et digne avocat marseillais Émérigon sur les assurances. Ainsi les idées, les faits, reviennent incessamment dans la marche des âges.

Pendant la campagne d'Austerlitz, l'Empereur avait été vivement préoccupé de la situation financière de la place de Paris; la première cause de la crise avait été

nances dont les bases ont été posées l'année dernière. J'ai l'intention de diminuer les impositions directes qui pèsent uniquement sur le territoire, en remplaçant une partie de ses charges par des perceptions indirectes.

« Les tempêtes nous ont fait perdre quelques vaisseaux après un combat imprudemment engagé. Je ne saurais trop me louer de la grandeur d'âme et de l'attachement que le roi d'Espagne a montrés en ces circonstances pour la cause commune. Je désire la paix avec l'Angleterre. De mon côté je n'en retarderai jamais le moment. Je serai toujours prêt à la conclure, en prenant pour base les stipulations du traité d'Amiens. Messieurs les députés du Corps législatif, l'attachement que vous m'avez montré, la manière dont vous m'avez secondé dans les dernières sessions ne me laisse point de doute sur votre assistance. Rien ne vous sera proposé qui ne soit nécessaire pour garantir la gloire et la sûreté de mes peuples. »

la manière brusque et impérative avec laquelle il s'était emparé du fonds de réserve; les 50 millions de dépôt, échangés violemment contre les valeurs du trésor, avaient manqué comme gage de circulation aux billets, et la confiance publique s'en était alarmée; de là une crise déplorable. A cette cause première, toute personnelle à l'Empereur, il fallait ajouter quelques actes hasardeux de M. Barbé-Marbois, ministre du trésor. L'alliance intime de la France et de l'Espagne avait fait concevoir à la compagnie Séguin et Ouvrard un système de perception pour les revenus de la Péninsule, qui donnerait des bénéfices énormes à la spéculation [1]; pour cela il fallait des avances considérables, et, pour les accomplir, la compagnie Ouvrard avait eu recours au ministre du trésor, qui employa la plus grande partie des bons de receveurs-généraux à des revirements de fonds; cette opération était arrivée au moment où l'inquiétude s'était répandue sur les billets de banque, et ces deux causes réunies avaient produit comme résultat une dépréciation des fonds publics considérable.

Napoléon prit ce prétexte pour faire tomber toute la faute de la crise sur le ministre du trésor; il l'écrasa pour s'épargner; M. Barbé-Marbois fut destitué; on le remplaça par M. Mollien, tête plus sage, plus ferme, avec les bons principes et les traditions sûres de l'ancienne finance. Le service du trésor était alors fort difficile, même avec la victoire; les revenus de 1806 étaient presque entièrement absorbés; le budget fixait exactement les recettes et les dépenses; mais un ministre pouvait toujours, à l'aide des bons souscrits d'avance par les receveurs-généraux, se procurer des ressources

---

[1] Le général Savary, dans ses Mémoires, explique cette espèce d'opération qui compromit M. Barbé-Marbois.

extraordinaires; et c'est ainsi que M. Barbé-Marbois avait agi lors de la campagne de 1805. La banque de France fut organisée dans des formes plus centralisées; ses rapports avec le gouvernement furent fixés sur des bases régulières que le public put connaître, car il fallait rétablir la confiance; on accorda un privilége à la banque aussi étendu que celui de l'ancienne caisse d'escompte; son papier fut considéré comme monnaie, toutefois avec la liberté la plus absolue de le prendre ou de le refuser; le gouverneur désigné par l'Empereur fut en rapport continu avec le ministre du trésor, et la banque fut chargée des paiements à accomplir; le gouverneur devait servir d'intermédiaire entre les intérêts des fondateurs capitalistes et ceux de l'État. Ainsi, à peine arrivé de sa campagne glorieuse, Napoléon s'occupait de la partie active de l'administration publique, et ne laissait rien en dehors de sa prévoyance; il cherchait à raffermir le crédit ébranlé [1].

L'esprit des nouvelles institutions fondées par l'Empereur indiquait quelle serait désormais la tendance de son gouvernement; il marchait à la monarchie forte, stabilisée par un vaste système d'aristocratie. Les statuts sur la famille impériale, l'esprit du décret sur la sépulture de Saint-Denis, l'établissement des grands fiefs, ces germes d'une nouvelle noblesse, la Légion d'honneur, distinction sociale et militaire; tout cela signalait l'esprit puissant et fort qui fondait un empire sur des bases stables. Cette tendance se révèle aussi désormais dans le choix des fonctionnaires publics; ce ne sont plus exclusivement les hommes de la Révolution que l'Empereur appelle à son gouvernement. A l'origine du

---

[1] Les statuts de la banque sont réglés par la loi du 22 avril 1806.

18 brumaire, Bonaparte semblait distinguer son palais et les affaires; pour les Tuileries, sa prédilection s'appliquait aux noms des vieilles et bonnes races; pour les affaires, il avait cru jusqu'alors utile de les laisser dans les mains des hommes de la Révolution. Après Austerlitz ses idées changent, et l'administration voit une foule de noms parlementaires, nobles et gentilshommes dans ses rangs supérieurs.

Sous le Consulat déjà plusieurs jeunes hommes, d'anciennes familles, s'étaient montrés dans les salons de Paris, les uns s'appliquaient aux lettres, les autres aux sciences; quelques-uns s'éprenant de la gloire militaire, force et dignité de leurs aïeux, avaient pris place dans l'armée; beaucoup restaient sans carrière, et dans cette oisiveté inquiète, triste et malheureuse dont j'ai parlé. Parmi ces jeunes hommes, j'ai cité M. Molé, distingué par son livre, et présenté à l'Empereur sous le patronage de son propre nom; M. Pasquier, reçu conseiller au parlement quelques jours à peine avant la Révolution de 1789; M. de Barante, d'une famille également parlementaire de l'Auvergne; le jeune M. d'Houdetot, célèbre au xvIII[e] siècle par les indiscrétions philosophiques de l'écrivain qui se complaisait à tout dire parce qu'il s'était tout permis; M. Mounier, fils du remarquable adversaire de Mirabeau à l'Assemblée constituante; MM. de Tournon, Portalis fils, Lepelletier d'Aulnay, Anglès, tous appartenant à la nouvelle génération, tous issus de familles respectables, avec le besoin de suivre une forte carrière d'administration. L'Empereur avait trop le désir de se rattacher la génération nouvelle, les jeunes hommes de valeur, pour ne pas s'empresser d'ouvrir la carrière des emplois publics à des noms remarquables déjà, à des fils de famille qui possédaient une fortune et un souvenir ; et dans cet objet les premières places d'auditeurs furent créées ; cette époque doit être bien remarquée, car les jeunes hommes qui entrèrent alors dans l'administration jouèrent tous plus tard un rôle considérable sur la scène politique ; ils se tinrent longtemps la main dans le gouvernement du pays.

L'un des premiers appelés parmi les auditeurs de l'Empire fut M. Molé ; son *Essai de morale et de politique* avait vivement fixé l'attention de l'Empereur, et à vingt-cinq ans il fut appelé au conseil d'État ; Napoléon l'avait invité à choisir une place de magistrature dans la Cour royale de Paris, comme le président Séguier et M. de Lamoignon ; M. Molé répondit avec esprit et finesse : « que la magistrature, telle que son aïeul l'avait comprise, n'existait point encore, qu'il y avait des juges et pas de parlement, et que pour lui sa carrière d'affection serait l'administration publique [1]. » Il reçut, le soir même, le brevet d'auditeur au conseil d'État ; M. de Barante, du même âge que lui, obtint un titre semblable, et quelques jours après M. d'Houdetot ; puis l'Empereur prit goût pour le petit-fils de Matthieu Molé, qu'il destinait à une grande fortune politique. Successivement Napoléon réorganisa le conseil d'État sur des bases plus monarchiques et mieux en harmonie avec les institutions qu'il avait fondées ; il fit compulser les archives du conseil sous l'ancien régime. Depuis son institution après brumaire, le conseil d'État n'avait compté que deux rangs dans la hiérarchie : les conseillers et les auditeurs ; sous l'ancien régime il y avait un rang intermédiaire, désigné sous le nom de maîtres des re-

---

[1] M. Molé aime à raconter ces premiers détails de sa jeune carrière.

quêtes[1]. Cambacérès, amoureux de toutes les formules de monarchie, proposa à l'Empereur de rétablir le titre de maître des requêtes au conseil chargé de rapporter les affaires auprès de chaque section. Cette création fut encore un motif d'appeler au sein de l'administration publique des noms anciens destinés plus tard au titre de conseiller d'État; M. Molé passa immédiatement parmi les maîtres des requêtes en service ordinaire, et avec lui M. Pasquier qui, sans être nommé auditeur, fut appelé au même rang que M. Molé. M. Pasquier sortait d'une vieille famille de robe; leurs deux ancêtres, le spirituel rechercheur Pasquier et le président Molé, se tenaient par la main comme deux grandes ombres couvertes de la toge dans les Pas-Perdus du Palais de Justice. Magistrat avant la révolution, M. Pasquier avait perdu son père sur l'échafaud; sa jeunesse s'était passée, comme celle de M. Molé, dans l'étude, la méditation et la retraite; ils appartenaient tous deux au salon de madame d'Houdetot, la vieille et bonne causeuse, qui rappelait les débris du xviiie siècle. M. Portalis fils compléta cette sorte de trinité politique que nous verrons toujours unie sur un plus vaste théâtre[2].

On distingua, dès ce moment, au conseil d'État, le service ordinaire du service extraordinaire; un conseiller un maître des requêtes, un auditeur, purent être détachés de leurs fonctions pour un emploi extérieur; les uns furent placés dans les préfectures, les autres dans la

---

[1] Napoléon disait sur les maîtres des requêtes : « Il serait utile de créer un grade intermédiaire entre les préfets et les conseillers d'état, comme étaient par exemple les maîtres des requêtes. Le gouvernement choisirait dans ceux-ci, après deux ou trois années d'exercice, ceux qui se seraient montrés capables d'être conseillers d'État, et le gouvernement ne serait pas exposé à donner sa confiance à des ganaches, comme cela lui est arrivé. » (Pelet de la Lozère.)

[2] Voici quelle était la composition des nouveaux maîtres des requêtes et auditeurs en 1806.

Maîtres des requêtes.

Service ordinaire. — MM. Chadelas, Janet,

diplomatie, quelques-uns même dans les tribunaux; ainsi M. Séguier et M. de Chabrol, présidents de Cours d'appel, furent maîtres des requêtes en service extraordinaire. M. Dudon, auditeur, fut substitut du procureur impérial, tandis que M. de Latour-Maubourg conserva ce même titre, quoique secrétaire d'ambassade à Constantinople. Ce fut là une innovation préparée depuis longtemps; tout revenait peu à peu aux idées de vieille monarchie; les places ne furent pas seulement une fonction, mais encore une dignité. Il y eut des honneurs indépendamment du devoir; tout ne fut pas service public; et c'est ainsi que Napoléon comprenait la hiérarchie sociale.

L'empereur voulut aussi appliquer son système de fusion aux familles. A son retour d'Austerlitz, il accomplit l'union de ses généraux avec les filles de grandes maisons. Sous ce point de vue, il se montra despote encore; maître des familles comme de l'Empire; il s'était fait donner des listes des héritières riches ou grandement blasonnées; il faisait appeler les pères, leur exprimait sa volonté impérativement; aux uns, il offrait des places de

Louis, Molé, Pasquier et Portalis fils.
Service extraordinaire. — MM. Chaban, Chabrol, Mayneau-Pancemont, Merlet, Séguier et Wischer de Celles.

Auditeurs.

Près le grand-juge et la sect. de législ. — MM. Régnier fils, Treilhard fils et Dupont Delporte.

Près le ministre et la sect. de l'intérieur. — MM. Gossvin de Stassart, Chaillou, Lafond, Mounier, Pépin de Belle-Isle, Camille Tournon, Barante et Campan.

Près les ministres des finances et du trés. public et près la sect. des finances. — MM. Perregaux fils, Anisson-Duperron, Maurice, Vincent Marniola, Lepelletier-d'Aulnay et Taboureau.

Près le ministre et la sect. de la guerre.

— Petiet fils, Pelet de la Lozère fils, Canouville et Duval de Beaulieu.

Près le ministre et la sect. de la marine. — MM. Anglès, d'Houdetot, Camille Basset de Châteaubourg et Redon.

Auditeurs ayant des fonctions ou des missions hors du conseil.

MM. Abrial à Venise; Doazan à Naples; Dudon, substitut du procureur impérial près le tribunal de première instance du département de la Seine; Bouvier du Molart, à Dresde; Goyon, sous-préfet à Montaigu; Heli d'Oissel, secrétaire général de la préfecture du département de la Seine; Leblanc Pommard, à Naples; Lecouteulx, à Naples; Reuilli, sous-préfet à Soissons; Rœderer, à Naples; et Latour-Maubourg, secrétaire d'ambassade à Constantinople

chambellan; aux autres, des restitutions de forêts; beaucoup acceptèrent, d'autres refusèrent, et à cette époque on cita même la résistance de M. d'Aligre, qui défendit ses droits de père; lui, pouvait bien se sacrifier, abdiquer toute personnalité en se faisant chambellan d'une princesse impériale; mais, quant à sa fille, il voulut en garder la pleine disposition. La pensée de Napoléon était d'opérer une double fusion entre la société ancienne et la société nouvelle, par les idées comme par les personnes [1].

L'Empereur trouva bien des résistances dans le faubourg Saint-Germain, et après avoir tendu la main à cette aristocratie, il la frappa de son épée par l'exil. Il y eut quelques listes de proscription rédigées par la police; des femmes furent obligées d'habiter leurs châteaux dans la province, d'autres durent quitter la France; plusieurs même furent enfermées; l'Empereur voulait bien fondre les deux sociétés, mais à condition qu'il les dominerait; il ne comprenait rien en dehors de lui, ni indépendance personnelle, ni liberté politique.

---

[1] M. le général Sébastiani épousa mademoiselle de Coigny. Mademoiselle de Fodoas épousa le général Savary. Au reste, voici une annonce plus modeste ; c'est pour la première fois que je lis ce nom dans les fastes de l'Empire.

« LL. MM. II. et RR. ont signé, le 30 juillet 1805, le contrat de mariage de M. Elie Decazes, fils de M. Decazes, ancien magistrat, et membre du conseil général du département de la Gironde, avec mademoiselle Muraire, fille de M. Muraire, conseiller d'État, premier président de la cour de cassation et grand-officier de la Légion d'honneur. »

M. Decazes avait été nommé juge suppléant par décret impérial daté de Brünn en Moravie et sous la tente.

CHAPITRE V.

L'EUROPE APRÈS LA BATAILLE D'AUSTERLITZ.

L'Angleterre. — Ouverture du parlement. — Mort de M. Pitt. — Ministère de coalition Grenville et Fox. — Esprit du nouveau cabinet. — Rapport avec la Prusse. — Situation du cabinet de Berlin. — Question du Hanovre. — MM. de Hardenberg et de Haugwitz. — Les deux systèmes. — La Russie. — L'empereur Alexandre. — Occupation des Bouches du Cattaro. — Les Monténégrins. — L'Autriche après la paix de Presbourg. — Sa justification. — Le cabinet du comte de Stadion. — Développement de la carrière diplomatique du comte de Metternich. — Attitude de l'Autriche. — La royauté de Naples. — Ferdinand et la reine Caroline. — Expédition contre Naples. — La Porte-Ottomane et Napoléon.

Janvier à Juin 1806.

La victoire navale de Trafalgar élevait bien haut la force de la Grande-Bretagne ; la tristesse publique, produite par la mort de Nelson, fit place à l'enthousiasme universel qui saluait le triomphe éclatant de la marine britannique. L'orgueil national fut toujours vivement excité en Angleterre par les triomphes de sa marine : la mer est son élément ; elle n'y peut souffrir ni supérieur ni égal, et le pavillon des trois royaumes, fier de Trafalgar, se déployait sur l'Océan et la Méditerranée. Cependant, au milieu de cet enivrement universel, de tristes nouvelles arrivèrent du continent ; M. Pitt avait été le principal instigateur de cette vaste coalition qui armait 500,000 hommes contre la domination suprême de Napoléon; les efforts habiles de sa diplomatie, les secours, les subsides largement distribués avaient produit ce miracle de fusion et d'alliance entre des cabinets si divisés eux-mêmes de principes et d'intérêts. La coalition de 1805 était l'œuvre de M. Pitt; il la caressait comme un grand résultat, jusqu'à ce point d'en dresser le plan de campagne; la capitulation d'Ulm avait excité déjà les vives inquiétudes de l'homme d'état éminent qui dirigeait les destinées de l'Angleterre; bientôt de plus sinistres nouvelles étaient parvenues à Londres : l'entrée des Français à Vienne, la merveilleuse campagne d'Austerlitz, les victoires inouïes, et le traité de paix de Presbourg qui détachait la maison d'Autriche de la coalition sous des conditions humiliantes; enfin M. Pitt put apprendre que les subsides envoyés de Londres, et déposés à la banque de Hambourg, avaient été cédés, comme contributions de guerre, par le cabinet de Vienne à l'Empereur des Français.

Ce fut donc un déchirement de cœur indicible pour M. Pitt, que ce fatal résultat de l'œuvre laborieuse qu'il avait accomplie [1]; les hommes politiques d'une certaine importance s'attachent à leur système, comme à une créa-

---

[1] Les journaux anglais furent remplis des derniers moments de M. Pitt.

« Mardi matin, 21 janvier, la maladie de M. Pitt ne présentait aucun caractère dangereux; la fièvre le quitta presque entièrement, et les médecins conçurent l'espoir d'une prompte guérison : mais le soir, le médecin qui lui donnait des soins particuliers, lui tâtant le pouls avant de se retirer, s'aperçut que la fièvre était revenue; il resta une heure auprès du malade. La fièvre continua d'augmenter, et fit en peu d'heures des progrès si alarmants, que tout espoir de salut s'évanouit. Il devenait nécessaire que le médecin fit connaître son opinion, et que M. Pitt fût informé du danger de sa situation.

« L'évêque de Lincoln, le plus ancien et le plus assidu de ses amis, fut appelé dans la chambre du malade, et le médecin lui dit : « Informez votre honorable ami qu'il n'a plus que quarante-huit heures à vivre. Tous les secours deviennent inutiles. Les moyens qu'on tenterait pour le tirer de l'espèce de léthargie qu'il éprouve en ce moment ne feraient qu'accélérer sa fin. Il est épuisé, et n'a pas assez de force pour supporter l'effet des remèdes qui pourraient lui être administrés. S'il vit plus de deux jours, j'en serai surpris. »

tion ; tout ce qui le conduit à bonne fin est leur joie, tout ce qui le détruit est leur douleur et leur peine ; ils meurent et vivent avec lui ; nous sommes tous voués à une œuvre, nous la portons avec nous comme la fatalité de notre destinée ; il n'y a que les esprits vulgaires qui soient indifférents à une idée conçue. Le plus profond désespoir pour l'âme de Napoléon ne fut-il pas de laisser inachevée la vaste réalisation de son Empire et de sa dynastie ? Pitt fut frappé de mort par le bulletin d'Austerlitz, car il y a un poison fatal dans cette coupe où s'abreuvent les âmes exaltées pour une cause. Depuis le commencement de décembre, M. Pitt sentait quelques douleurs de goutte ; les pénibles travaux auxquels il s'était livré, les excès même, à côté de ces travaux, avec son ami Dundas, excès terribles, parce qu'ils sont comme une débauche attristée, une bacchanale dont les guirlandes sont des cyprès ; ces nuits de parlement, chaudes de discussions qui embrassaient le monde, toutes ces causes avaient hâté le développement des infirmités précoces de M. Pitt. Je le répète, quand la nouvelle de la victoire d'Austerlitz arriva en Angleterre dans les derniers jours de décembre, lorsqu'on sut le traité de Presbourg, la séparation

« Alors l'évêque de Lincoln, jugeant qu'il était nécessaire de faire connaître à M. Pitt l'état dans lequel il se trouvait, s'acquitta de ce triste devoir avec fermeté. M. Pitt parut à peine l'entendre. L'arrêt de mort prononcé par le médecin ne put le tirer de son affaiblissement. Après deux minutes de recueillement, il étendit péniblement une de ses mains défaillantes, en faisant signe pour qu'on le laissât seul avec l'évêque de Lincoln, qui s'assit très près de son lit, et lui offrit sans doute les consolations de la religion. Depuis ce moment, les médecins ont cessé leurs visites.

« Dans la matinée du mercredi, la plupart des personnes élevées en dignité envoyèrent savoir des nouvelles de M. Pitt. L'avis de l'état désespéré où les médecins l'avaient laissé fut transmis au roi, aux membres de la famille royale et aux amis de M. Pitt. Lady Esther Stanhope, sa nièce, et M. James Stanhope vinrent le voir, mercredi matin, restèrent un quart d'heure près de lui, et s'en allèrent après avoir reçu son dernier adieu. Son frère, le comte de Chatam, passa plusieurs heures près de lui la nuit suivante, et reçut les derniers épanchements de son cœur. »

(*Star.*)

de l'Autriche, la mort fit des ravages rapides dans cette conscience exaltée; la tête de M. Pitt devint brûlante, la fièvre s'empara de lui, et ses médecins annoncèrent qu'il n'avait plus que quelques jours à vivre.

Le parlement s'ouvrit néanmoins, et le cabinet que présidait M. Pitt rédigea par un vote unanime, selon l'habitude, le discours que la couronne adressait à ses fidèles communes. L'esprit de Pitt domina une dernière fois ce document remarquable : il se félicitait, avec son pays, des triomphes obtenus par la glorieuse marine britannique; le ministre à son lit de mort dictait, comme testament politique, de nobles phrases pour sa patrie et son pavillon. Les dernières paroles de M. Pitt furent l'éloge de Nelson, qui tombait au pied du grand mât enveloppé du drapeau national. Le discours annonçait : « que si les malheurs de la guerre avaient détaché l'empereur d'Autriche de l'alliance générale contractée par le continent, l'empereur de Russie restait fidèle aux traités, et qu'il remplirait jusqu'au bout les conditions stipulées [1]; » cette parole disait assez que tout n'était pas perdu pour la cause commune; la Russie restait l'intime alliée de l'Angleterre, et le ministre s'en félicitait comme d'un immense avantage pour sa fière patrie.

La mort arrivait pourtant implacable pour M. Pitt,

---

[1] *Discours des lords commissaires aux deux chambres du parlement, le 21 janvier 1806.*

« Mylords et Messieurs,

« La commission munie du grand sceau qui nous a été délivrée par Sa Majesté nous autorise, entre autres choses, à faire connaître les motifs de cette réunion du parlement. Sa Majesté nous a particulièrement chargés d'appeler votre attention sur les succès les plus décisifs dont la Providence a daigné bénir ses armées de mer depuis la dernière session du parlement.

« Les flottes de Sa Majesté ont fait voir toute leur activité et toute leur persévérance dans la poursuite et dans l'attaque des différentes escadres de l'ennemi; les résultats de chaque combat ont été honorables pour le pavillon britannique, et ont affaibli la puissance maritime des États avec lesquels Sa Majesté est en guerre. Mais la victoire remportée devant Trafalgar sur la

ravageant d'une manière rapide, inouïe, les dernières forces de cette existence; il mourut le 23 janvier 1806, en prononçant quelques mots enthousiastes pour le bonheur et la force de sa nation; homme d'État profondément anglais, il avait compris que le principe conquérant de la révolution française était un obstacle au développement de la puissance britannique; il avait deviné toute l'énergie que ce grand mouvement imprimait à la France, depuis le Comité de salut public jusqu'à la monarchie militaire de Napoléon, pouvoirs identiques également constitués pour le développement des forces nationales. Pitt marqua son système de deux caractères distincts : dans la première période, il entreprend l'œuvre d'une restauration de dynastie; il pense que le rétablissement de la maison de Bourbon, en face du principe révolutionnaire vivace et puissant, doit placer pendant quelques années la France dans une situation délicate qui ne la rendra pas redoutable à l'Angleterre.

Dans la seconde période, l'idée de restauration est abandonnée, il ne s'agit plus que de la *sécurité*, c'est-à-dire du développement d'un système qui empêche les envahissements et la prépondérance absolue de la France; progrès habile qui plaçait le ministère de M. Pitt sur un excellent terrain. L'Angleterre ne comprenait pas l'idée d'une

---

flotte combinée de France et d'Espagne, a manifesté, plus que tous les exploits recueillis dans les annales mêmes de la marine anglaise, l'habileté et le courage des officiers et matelots de Sa Majesté; et la destruction d'une partie aussi considérable des forces navales de l'ennemi, a non seulement confirmé de la manière la plus signalée la supériorité maritime de ce pays, mais elle a de plus contribué essentiellement à la sûreté des domaines de Sa Majesté.

« Sa Majestée est profondément affectée que le jour d'un triomphe aussi mémorable ait été malheureusement obscurci par la perte d'un héros. Elle est persuadée que vous sentirez que cette fin déplorable, mais glorieuse, d'une vie que tant d'exploits rendent remarquable, exige que la reconnaissance de ce pays soit manifestée d'une manière aussi durable que distinguée. Elle espère donc que vous concourrez à mettre Sa Majesté en mesure d'ajouter aux honneurs qu'elle a conférés à la famille du fe

croisade dans laquelle on sacrifierait des millions en subsides pour le rétablissement d'une dynastie ; au contraire, le pays soutiendrait avec énergie un système qui aurait pour base la sécurité des intérêts politiques et commerciaux. C'est en vertu de ce principe que Pitt agit après la rupture du traité d'Amiens ; à l'aide de ce levier, il remue le monde ; l'Europe s'arme, parce qu'elle est menacée ; le parlement vote les subsides, parce qu'il sait bien que le salut de l'Angleterre est compromis ; l'art habile des hommes d'état de la Grande-Bretagne fut à toutes les époques de prendre un mot qui devient le symbole et la cause d'un grand remuement dans la vie des nations. Pitt arbora sur son drapeau le mot magique de sécurité, comme M. Canning, plus tard, celui de liberté et d'affranchissement, et c'est à l'aide de cette définition que les ministres anglais conduisent leur pays dans les voies infinies d'un système d'agrandissement et de conquête ; ils font illusion aux gouvernements et aux peuples pour le profit de leur politique nationale.

La mort de Pitt laissait un vide profond dans le cabinet dont il était le chef ; aucun de ses membres n'était capable de le remplacer ; il s'était créé dictateur dans son système, et après lui ses amis donnèrent leur démission ; crise nouvelle pour l'Angleterre, que cette

---

lord vicomte Nelson, des marques de la munificence nationale, qui transmettront jusqu'à la postérité la plus reculée la mémoire de son nom et de ses services, et le bienfait de son exemple.

« Sa Majesté nous a de plus chargés de vous faire connaître que, pendant que la supériorité de ses forces maritimes s'est ainsi établie et maintenue, Sa Majesté a trouvé le moyen de placer les fonds qui avaient été mis si libéralement à sa disposition pour secourir celles des puissances du continent qui se montraient déterminées à résister aux empiétements formidables et toujours croissants de la France. Sa Majesté a ordonné que les divers traités conclus à ce sujet fussent mis sous vos yeux ; et quoiqu'elle ne puisse que déplorer profondément les événements de la guerre d'Allemagne, événements qui ont trompé son espérance et conduit à un résultat défavorable, elle est persuadée qu'après avoir pris connaissance de ses différentes démarches, vous penserez que rien n'a été négligé de sa

nécessité de composer un cabinet dans les circonstances difficiles où se trouvait l'Europe. Quand M. Pitt avait pris la direction des affaires, on avait un moment songé à un cabinet de coalition où devaient se réunir toutes les nuances, et M. Fox lui-même. M. Pitt avait rejeté cette idée de fusion comme incompatible avec une situation aussi dessinée, aussi énergique; dans les crises l'unité est indispensable, et la dictature le premier besoin d'un pouvoir; il avait voulu porter à lui seul la responsabilité de son système, responsabilité fatale, car il l'avait payée de sa vie; la bataille d'Austerlitz l'avait frappé au cœur.

Après M. Pitt, cette idée d'un ministère de coalition fut encore reproduite; on crut que dans des circonstances aussi redoutables chaque parti devait le sacrifice de quelques-unes de ses convictions au salut de l'Angleterre, et que les whigs de M. Fox devaient serrer la main au parti Grenville et aux amis de M. Pitt, de telle manière qu'il n'y eût plus dans le parlement qu'un seul vœu, qu'une seule pensée : le triomphe de la patrie dans la paix ou dans la guerre. Ce fut donc un ministère échiqueté que le roi consentit à former; lord Grenville remplaça M. Pitt dans la charge de premier lord de la trésorerie; Fox lui-même, le whig redoutable, l'orateur si puissant d'opposition, prit une part active à ce ministère, et remplaça au *foreign-office* [1] lord Mulgrave. Le

part pour soutenir les efforts de ses alliés, et qu'elle s'est conduite conformément aux principes déclarés par elle et reconnus par le parlement comme essentiels aux intérêts et à la sécurité de ses domaines, ainsi qu'à la sûreté du continent.

« Il est un grand motif de consolation pour Sa Majesté, et elle est persuadée que vous y prendrez part : quoique l'empereur d'Allemagne ait été forcé d'abandonner la coalition, Sa Majesté continue à recevoir de son auguste allié l'empereur de Russie les plus fortes assurances de son attachement à cette politique sage et généreuse, dont les principes l'ont guidé jusqu'à présent. Sa Majesté ne doute pas que vous ne sachiez apprécier les avantages importants qui résultent de la durée de nos relations intimes avec ce souverain. »

[1] Le 6 février 1806, les nouvelles nominations furent ainsi annoncées. « Les lords Hawkesbury, Mulgrave, Westmore-

faible Addington, le signataire de la paix d'Amiens, devenu lord Sidmouth, eut le sceau privé; Windham, l'ami zélé de Pitt, eut la direction de la guerre comme dans les jours les plus ardents de la lutte contre la France; les whigs entrèrent en masse dans cette administration. Lord Grey eut l'amirauté, et Erskine, le vigoureux avocat de l'indépendance, l'interprète éloquent et profond de la loi, devint lord chancelier.

Ainsi fut le nouveau cabinet; il y avait des hommes personnellement forts dans ce ministère, et tous avaient une valeur individuelle, une position au parlement. Fox était un orateur du premier ordre, intelligence avancée, un des hommes qui comprenaient le mieux les questions politiques dans un sens large; Erskine, avec le don de la parole au plus haut degré, avait acquis, par la science, un incontestable ascendant sur les cours de justice; le comte Grey avait la conduite politique de l'opinion whig. Mais la faiblesse de ce ministère résultait précisément de ce que des hommes d'intelligence et de partis divers se trouvaient dans la direction d'une même pensée : que résulterait-il de ce tiraillement au sein même du pouvoir? un décousu, une faiblesse extrême. Napoléon pou-

---

land, Camden et Castlereagh ont donné hier à Sa Majesté la démission de leurs emplois. Ensuite ont été présentés à Sa Majesté les lords Moira, Spencer, Grenville, Ellenborough, Sidmouth, Auckland, Buckinghamshire, M. Fox, M. Grey, lord Henri Petty, M. Windham, lord Minto et M. Vansittart. Lord Ellenborough a résigné les sceaux de l'échiquier, qu'il avait tenus depuis la mort de M. Pitt, et ils ont été remis à lord Henri Petty. Les sceaux ont pareillement été remis au comte Spencer et à M. Windham, comme secrétaires-d'état, et le sceau privé à lord Sidmouth. Ensuite les nouveaux ministres ont été admis à baiser la main du roi, dans l'ordre suivant :

« Le comte Spencer et M. Windham, secrétaires-d'état; M. Grey, premier lord de l'amirauté; lord Henri Petty, chancelier de l'échiquier; lord Sidmouth, garde du sceau privé.

« Les membres suivants seront admis à baiser la main du roi demain : M. Erskine, lord chancelier; lord Grenville, premier lord de la trésorerie; M. Fox, secrétaire pour le département des affaires étrangères; le comte Moira, grand-maître de l'artillerie; le comte Fitz-William, qui est à présent à la campagne, baisera la main, comme président du conseil, un des jours de la semaine prochaine. »

vait-il désirer autre chose que cet affaissement dans l'énergie britannique? Il avait vu avec une indicible joie la mort de Pitt. Fox était pour Napoléon l'idée anglaise dans ses rapports avec la France, et servant son système; lors de la paix d'Amiens, il avait échangé, avec le chef de l'opposition, ses pensées et ses sentiments; il espérait exercer sur le nouveau chef des affaires étrangères le même prestige que sur quelques hommes importants des cabinets européens.

Napoléon se trompa; l'esprit de nationalité si puissant en Angleterre, le patriotisme que Fox, devenu ministre, ne pouvait abdiquer, la véritable popularité du système de M. Pitt, tout cela formaient des obstacles; nul n'aurait pu suivre une autre ligne. Fox devait, par la force des choses, vivre des éléments de la politique précédente; la nation anglaise le voulait ainsi pour se sauver et grandir; elle avait à défendre son honneur et sa puissance, et ce fut un curieux spectacle de voir une administration où les whigs dominaient, tout en affaiblissant, par leur décousu, la pensée de Pitt[1], suivre néanmoins le même système de politique extérieure à l'égard de la France, et Fox rendre ainsi hommage à la pensée de son illustre prédécesseur;

---

[1] La popularité de M. Pitt avait survécu à sa mort; une lettre de Londres disait :

« On dit que la motion de M. Lascelles doit avoir pour objet de voter une somme de 50,000 liv. sterl. pour payer les dettes de M. Pitt. Il avait, comme premier lord de la trésorerie, 5000 liv. sterl. par an, et, comme chancelier de l'échiquier, 1600 liv. La dépense d'un premier ministre ne peut être moindre que 10,000 liv. sterl., même avec de l'économie.

« M. Pitt a été 22 ans ministre, en trois époques différentes. Son désintéressement connu, et son habileté à saisir le jeu extraordinaire de nos finances, l'ont soutenu contre les clameurs de l'opposition, et même contre le goût particulier du roi qui avait pour lui une espèce d'aversion. Aussi, quoiqu'il soit de bonne politique de dire que le roi a montré beaucoup de douleur en apprenant la mort de M. Pitt on croit généralement à ces mots qui, dit-on, sont échappés du premier mouvement à S. M. : « On ne me forcera plus à le prendre pour ministre. » Cette aversion des rois faibles pour ceux qui défendent et exercent leur pouvoir, n'est pas sans exemple dans l'histoire, et doit se rencontrer plus souvent en Angleterre que partout ailleurs. »

cela se voit souvent dans la vie des partis et des pouvoirs. Les négociations qui furent essayées à Paris, comme nous le dirons plus tard, par les lords Yarmouth et Lauderdale, ne furent de part et d'autre qu'un jeu; Fox ne pouvait pas vouloir la paix aux conditions proposées par Bonaparte; c'est en vain qu'on essayait de renouer les négociations d'Amiens; par la force des choses le chef du cabinet whig fut obligé d'entrer dans la lutte européenne contre le gigantesque Empire français.

Ce fut à l'occasion de la Prusse surtout, que cette obligation impérative se fit sentir; Fox ne manqua point ici à sa mission de ministre d'Angleterre; seulement les whigs, comme toujours, apportèrent leur décousu, leur inconsistance; ils ne savaient pas imprimer à l'Europe cet énergique mouvement que Pitt avait partout donné. La Prusse se trouvait plus spécialement affectée par la situation nouvelle des affaires; on se rappelle que le comte de Haugwitz, arrivant au quartier-général de Napoléon après la glorieuse victoire d'Austerlitz, s'était laissé dominer à ce point par la parole de l'Empereur, qu'il avait signé un traité avec M. de Talleyrand, sur des bases tout à fait hostiles à l'Angleterre. Le résultat de ce traité était qu'au moyen de certaines cessions en Allemagne (le duché de Clèves, Neufchâtel, les pays d'Anspach et de Bareuth) la Prusse devait prendre possession du Hanovre au préjudice de la maison régnante en Angleterre, chose inouïe après avoir reçu les subsides de M. Pitt. M. de Haugwitz partit pour Berlin avec ce traité qui blessait d'une manière si étrange les engagements pris envers l'Angleterre; deux idées dominaient toujours la cour de Berlin : l'une formulée par M. de Hardenberg, le ministre national de la Prusse, la tête éminente et patriotique; l'autre exprimée par le comte de Haugwitz dont j'ai parlé et si profondément dévoué aux intérêts de la France ; or, pendant que le comte de Haugwitz signait au quartier-général de Napoléon un traité qui blessait à un degré si fatal les intérêts de l'Angleterre, M. de Hardenberg, fidèle à l'alliance [1], échangeait une suite de notes avec lord Harrowby sur les questions graves que venait de soulever la triste issue de la bataille d'Austerlitz.

Lord Harrowby avait demandé plusieurs explications au cabinet de Berlin, sur la sécurité des troupes britanniques au nord de l'Allemagne. Le baron de Hardenberg répondit « que la situation de la Prusse exigeait une extrême prudence ; seule elle ne pouvait supporter le poids de la guerre ; si elle se hasardait à une campagne, les revers auxquels elle s'exposerait pourraient porter atteinte à l'indépendance du continent dont elle était le dernier espoir. » Le ministre insistait donc pour ne rien faire à l'étourdie ; le roi de Prusse ayant désiré se poser comme médiateur, le baron de

---

[1] *Dépêche du baron de Hardenberg à lord Harrowby, 22 décembre 1805.*

« Mylord, conformément à la réponse que j'ai déjà eu l'honneur de faire parvenir à V. E. sur la question que vous m'aviez adressée relativement à la sécurité des troupes de S. M. britannique dans le nord de l'Allemagne, je m'empresse de mettre sous vos yeux les assurances positives que j'ai le plaisir de pouvoir vous communiquer. Votre Excellence est instruite de l'état actuel des affaires. Vous apercevrez d'abord qu'au point où les choses en sont venues, depuis la malheureuse bataille d'Austerlitz entre l'Autriche et la France, le retour de la grande armée russe et l'incertitude totale dans laquelle nous sommes des intentions de Napoléon envers la Prusse, nécessitent absolument de notre part la plus grande prudence ; l'armée la plus brave ne peut pas toujours compter sur des succès, et il est incontestablement de l'intérêt de la Prusse et de celui du monde d'empêcher qu'elle ne soit attaquée dans le moment actuel, où elle aurait à porter tout le poids de la guerre. Il n'a été fait aucune confédération adaptée aux circonstances, et dans le cas où nos armées seraient malheureuses, le dernier rayon d'espoir pour le maintien de la sécurité et de l'indépendance du continent serait éteint. Le roi, constamment animé du même désir d'établir une paix générale sur un pied permanent, et, s'il est possible, à la satisfaction de toutes les parties, a dû conséquemment désirer avec ardeur que sa médiation, stipulée par la convention signée le 3 novembre à Potsdam, fût acceptée par la France. Dans une entrevue que le comte de Haugwitz eut avec Napoléon le 28 novembre, ce monarque manifesta des

Hardenberg persistait à se maintenir dans ces mêmes conditions; le nord de l'Allemagne ne recevrait ni troupes anglaises ni troupes françaises; point de commencement d'hostilités; l'occupation du Hanovre par les Français serait un acte qui déciderait la Prusse à prendre immédiatement les armes; si l'armée anglaise éprouvait des revers elle pourrait se replier sur les corps prussiens, à condition que ces troupes se placeraient sur les derrières où elles seraient protégées; si les Prussiens étaient attaqués par les Français, les Anglais les soutiendraient; les Russes sous les ordres du général Tolstoy seconderaient l'armée prussienne; il en serait de même du général Bennigsen se déployant en Silésie; les Suédois devaient se conformer à ces arrangements. » Tout cela était destiné à faire admettre la médiation de la Prusse dans un arrangement européen.

On voit dans cette note que le baron de Hardenberg se préparait à une politique prépondérante et au besoin armée; la défection de l'Autriche par suite du

dispositions à accepter cette médiation aux deux conditions suivantes : 1° que, pendant la négociation, aucunes troupes de S. M. britannique, aucuns Russes et Suédois, ne s'avanceraient en Hollande pour y commencer des opérations militaires après leur départ du nord de l'Allemagne; 2° qu'il serait accordé un arrondissement plus étendu à la forteresse de Hameln, afin de faire cesser la détresse de provisions où doit être la garnison. Le roi ne pouvait pas accepter ces propositions dans les circonstances du moment où elles étaient faites; mais ces circonstances ont totalement changé, et dans la conjoncture actuelle, S. M. les a jugées non seulement admissibles (à condition que l'Empereur Napoléon s'engagera de son côté à n'envoyer aucunes troupes dans le nord de l'Allemagne aussi longtemps que dureront les négociations, et qu'il n'entreprendra rien dans l'intervalle contre le pays de Hanovre), mais elle les a même jugées favorables, puisque l'on gagnera ainsi du temps pour prendre des mesures plus réfléchies, et pour se préparer à tous les événements, soit dans le cas où la guerre éclaterait, ou que cet état intermédiaire des choses mènerait à une négociation définitive. Afin qu'il ne fût pas perdu de temps, S. M. a envoyé le major Von-Pfuhl au quartier-général français pour que cet arrangement soit effectué. Le comte de Haugwitz a reçu en même temps les instructions nécessaires, sous la date du 19 de ce mois, et le roi a signifié à la France qu'il regardera l'occupation du Hanovre par les troupes françaises comme un acte d'hostilité. D'après ce que je viens d'énoncer, S. M. m'a autorisé à informer V. E., conformément aux assurances qu'elle a déjà données, que

traité de Presbourg ne l'arrêtait pas; c'était un incident fâcheux, mais non décisif; le ministre prenait des engagements formels avec l'Angleterre; décidé à se mesurer même avec les Français si la neutralité du nord de l'Allemagne n'était pas respectée, il recevait des subsides de l'Angleterre; et pendant que des promesses aussi formelles étaient échangées entre Londres et Berlin, M. de Haugwitz signait un traité d'alliance et de cession réciproque avec Napoléon! Ainsi M. de Hardenberg promettait à l'Angleterre l'intégrité du Hanovre, M. de Haugwitz l'assurait à la Prusse par une convention inouïe! Cette situation du cabinet prussien, singulière et fatale, signalait toujours la lutte de deux systèmes, de deux écoles qui se trouvaient en présence à Berlin : le parti national représenté par M. de Hardenberg, et le parti français mené par le comte de Haugwitz et M. Lombard. Napoléon, avec sa ruse accoutumée, avait fait naître cette situation qui devait amener invariablement la perte de la Prusse, en la jetant dans une position inextricable.

dans le cas où les troupes de S. M. britannique et les Russes éprouveraient des revers, elle garantit la sécurité des troupes de S. M. B. dans le Hanovre, et leur accorde pleine et entière liberté, en cas de besoin, de se replier sur l'armée prussienne et dans les États du roi, mais avec les modifications suivantes que les circonstances rendent nécessaires : 1° qu'elles prendront leurs positions en arrière des troupes prussiennes, et qu'elles s'abstiendront, pendant le temps de la négociation intermédiaire, de tous mouvements et démarches contre la Hollande d'une nature provoquante; 2° qu'en cas que les troupes prussiennes soient attaquées par les Français, S. M. compte avec une parfaite confiance sur l'appui et la coopération des troupes britanniques, aussi longtemps qu'elles resteront dans le nord de l'Allemagne. S. M. a donné des ordres pour faire avancer un corps respectable de troupes dans la Westphalie, et elle prendra toutes les mesures de sûreté et de défense nécessaires. Les troupes russes sous les ordres du général Tolstoy sont déjà à la disposition entière de S. M. (l'empereur Alexandre l'ayant pleinement autorisée à disposer d'elles selon son bon plaisir, ainsi que de celles qui sont en Silésie sous le général Bennigsen). C'est pourquoi je prie V. E. d'écrire aussitôt que possible à lord Cathcart, commandant en chef des troupes de S. M. B., et de l'engager à prendre sans délai les mesures nécessaires pour remplir ces différents objets, et particulièrement de se rendre à l'invitation que lui fera, par ordre du roi, le comte de Kalkreuth, de se concerter avec lui personnellement et avec le comte de Tolstoy sur les positions que les troupes de S. M. B., les Russes et les

Enfin pour qui se prononcerait le roi Frédéric-Guillaume? Ratifierait-il le traité signé par le comte de Haugwitz à Vienne, ou bien tiendrait-il les engagements pris par M. de Hardenberg dans ses notes? A ce point de vue la Prusse ne pouvait pas hésiter, à moins de se compromettre déloyalement avec lord Harrowby, et lorsque M. de Haugwitz arriva à Berlin porteur du traité souscrit avec Napoléon, il fut entièrement désavoué par sa cour. Dès ce moment la Prusse fut démoralisée; M. de Laforest, ambassadeur de France, n'eut d'autre mission que de demander instamment l'exécution formelle du traité souscrit avec le comte de Haugwitz, et à ce prix seulement on obtiendrait la paix. Le système du baron de Hardenberg fut soutenu par la présence à Berlin du grand-duc Constantin, envoyé au nom de l'empereur Alexandre pour appuyer de toutes ses forces la coalition. La Prusse allait-elle se déshonorer? L'ascendant de la noble reine Louise si puissante sur l'esprit national, le patriotisme d'un peuple qui ne voulait point subir le joug

---

Prussiens auront à prendre en conséquence des arrangements ci-dessus mentionnés. Comme les troupes suédoises se trouvent dans le même cas que les troupes de S. M. B. et les Russes, il serait extrêmement à désirer qu'on pût engager S. M. Suédoise à se conformer à cet arrangement. J'espère qu'à cet effet V. E. agira de concert avec le prince Dolgorouski, que S. M. I. de toutes les Russies a chargé de tout ce qui est relatif à la destination de l'armée russe. Dans le cas où S. M. Suédoise abandonnerait le commandement de ses troupes au général Tolstoy, le roi est prêt à lui donner la même garantie qu'il offre aux troupes de S. M. B. pendant qu'elles resteront dans le nord de l'Allemagne. 3° A l'égard de l'approvisionnement de la forteresse de Hameln, on pense que la concession d'un certain arrondissement dont la garnison pourrait tirer des provisions serait suivie de grands inconvénients, soit par rapport aux sujets de S. M. B., soit à cause des collisions qui pourraient s'ensuivre entre les troupes; c'est pourquoi il paraît préférable de pourvoir aux besoins de cette garnison par le canal d'une personne intermédiaire à qui le général Barbou enverrait un état de ce qu'il lui faudrait pour sa consommation journalière, que le ministre hanovrien aurait soin de lui faire délivrer aux endroits qui seraient fixés pour cet objet. Mais de son côté le général Barbou devra s'engager à rester tranquille dans la ville de Hameln. D'après ces idées, le roi a envoyé à Hanovre M. de Krusemark, lieutenant-colonel des gardes du corps et adjudant-général du feld-maréchal Mœllendorff. Je lui ai donné de mon côté une lettre pour le ministre de S. M. B. à Hanovre, et une autre pour

des Français, la noblesse vivement animée, tant de causes diverses enfin agissaient favorablement pour le système du baron de Hardenberg. D'un autre côté, l'esprit timide du roi, l'influence du comte de Haugwitz, du secrétaire Lombard, entraînaient à la ratification du traité conclu avec la France. Les volontés de Napoléon étaient impératives; à Vienne il avait exigé de François II le renvoi du comte de Cobentzl et de M. de Colloredo avant de signer le traité de Presbourg; à Berlin, M. de Laforest imposait aussi le remplacement de M. de Hardenberg et l'exécution pure et simple du traité de Schœnbrünn pour maintenir la Prusse dans son intégrité; autrement on ferait la guerre.

Le principal appui de tout système vigoureux à Berlin était spécialement la Russie, qui poussait aux hostilités; le grand-duc Constantin, alors à la cour de Potsdam, ranimait l'enthousiasme qu'Alexandre son frère avait fait naître dans son court passage en Allemagne; les fêtes et les tournois chevaleresques avaient signalé la présence du grand-duc en Prusse [1]; entraînant tout à la guerre: noblesse, bourgeoisie et peuple,

e général Barbou, afin qu'on puisse prendre et mettre à exécution sans délai les arrangements nécessaires pour qu'il soit pourvu sur-le-champ à la subsistance de la garnison de Hameln. Il ne me reste plus, Mylord, qu'à me référer à la communication verbale que j'ai eu l'honneur de vous faire, et à vous prier de prendre en général les mesures que vous croirez convenables pour mettre à exécution l'ensemble des arrangements que j'ai eu l'honneur de vous soumettre. Je vous prie d'avoir la bonté d'informer le commandant en chef des troupes de S. M B., que ce n'est que dans le cas qu'il jugera à propos d'accéder à cet arrangement et d'adopter les mesures qui dépendront de lui pour le mettre à exécution, que S. M. Prussienne pourra s'engager à garantir la sécurité des troupes de S. M. B. en cas d'attaque de la part des Français; il sera pourtant nécessaire que la direction de tout aboutisse à un même centre, et il paraît naturel de confier le commandement en chef à celui qui serait le plus ancien en grade. Le commandement serait conséquemment dévolu au général comte de Kalkreuth, tant par la raison ci-dessus, que parce qu'étant dans le voisinage de l'ennemi, il serait plus en état de juger des mesures à adopter. » Hardenberg.

[1] On écrivait de Berlin, 5 janvier 1806 :
« Le grand-duc Constantin se plaît beaucoup ici; comme il a un goût décidé pour la danse, il y a tous les jours bal en son

la reine Louise s'était placée comme la dame des carrousels, et la jeunesse des écoles se groupait autour de sa souveraine pour commencer une lutte nationale et vigoureuse contre la France. La Russie offrait un appui direct et puissant à la maison de Brandebourg; 150,000 Russes paraîtraient sur l'extrême frontière, avant la fin d'août, et la Pologne serait entièrement occupée; la défaite d'Austerlitz n'était pas de nature à effrayer l'armée prussienne qui toujours avait professé du mépris pour les Autrichiens; les soldats de Frédéric se croyaient appelés à donner un bel exemple à la nation allemande; de Berlin devait partir le mouvement régénérateur qui rendrait l'existence à cette patrie germanique que les poëtes alors célébraient dans leurs ballades avec le nom d'Arminius.

Le cabinet de Saint-Pétersbourg ne se disait point atteint par la défaite d'Austerlitz; après cette grande journée, Alexandre avait même refusé de recevoir les plénipotentiaires de Napoléon, et de traiter sur des bases positives avec le glorieux Empereur; les Russes avaient fait leur retraite en bon ordre; ils ne se disaient pas battus par les Français, mais abandonnés par les Autrichiens. Le seul engagement pris était l'évacuation du territoire allemand, et l'empereur Alexandre en avait donné sa parole; les récits officiels publiés à Saint-Pétersbourg

---

honneur, soit à la cour, soit chez la princesse Ferdinand. On sait que le grand-duc ne vit point avec son épouse, qui depuis un certain temps est retirée à Weimar. On assure que cette princesse doit arriver bientôt ici, et que notre reine, qui a pour elle une grande amitié, a conçu l'espoir de la réconcilier avec son époux. Sous l'apparence de la gaîté, du plaisir, on s'aperçoit que la politique de notre cabinet est très active, qu'il resserre autant que possible l'alliance avec la Russie, dont le souverain fait transporter une quantité considérable de blé pour nos magasins.

« Lord Harrowby a eu son audience de congé du roi et de la famille royale. Sa Majesté lui a fait présent d'une très belle tabatière enrichie de diamants, et en a donné une de moindre valeur au général de Stutterheim, qui accompagne Son Excellence. »

contestaient les résultats de la victoire d'Austerlitz, c'était une bataille perdue plutôt par les Autrichiens que par les Russes. Les conseils de l'empereur Alexandre le déterminaient à s'engager de nouveau dans une guerre sérieuse [1]; on avait à Saint-Pétersbourg une haute opinion de l'aptitude militaire des Prussiens et de leur capacité sur un champ de bataille; réunis aux Russes, ils devaient venir à bout des Français et de Bonaparte, leur chef. Les vieux boyards de Moscou la sainte portaient une véritable antipathie à l'empereur Napoléon; ils ne lui pardonnaient pas les merveilles de sa fortune; l'impératrice-mère, qui exerçait une si énergique puissance sur l'esprit d'Alexandre, personnifiait ce parti; tout ce qui était Russe dans l'âme, vieux général ou jeune officier, désirait rétablir la réputation de l'armée et de sa vigoureuse infanterie.

Alexandre en précipitant la retraite de Moravie n'avait alors qu'un but : c'était de rétablir son état militaire par de vastes recrutements et un appel à sa noblesse; Napoléon se flattait en vain de le ramener à une paix séparée; l'armistice d'Austerlitz n'était pour les Russes

---

[1] Il existe un curieux rapport présenté par le prince Czartorisky au czar Alexandre sur l'état des relations du continent avec la France :

« Les dangers de l'Europe, disait le ministre, peuvent être éloignés ou immédiats. Les premiers doivent inspirer peu d'inquiétude depuis les dernières communications faites tant par l'Autriche que par la Prusse. L'une et l'autre plient devant Bonaparte; cela éloigne tout danger de nos frontières, les seules exposées. Bonaparte, en abandonnant ses projets sur la Pologne, prouve qu'il n'y prenait pas un intérêt bien réel. Cependant on ne saurait être entièrement tranquillisé à cet égard. Quoique le traité de Presbourg paraisse trop désavantageux à l'Autriche pour qu'on lui suppose de secrètes intelligences avec la France, et quoique les communications du cabinet de Vienne aient le caractère de la franchise, on n'est pas assez assuré de la non-existence d'articles secrets relatifs à la Gallicie et aux États ottomans, arrangement que la Russie ne saurait permettre. Enfin, le retard inexcusable de la Prusse à nous communiquer le traité signé par le comte de Haugwitz doit faire supposer des stipulations peu conformes aux liens qui unissent les deux États. » Le ministre remarquait que dans l'incertitude où l'on était de ce que voudraient ou pourraient, dans le cas tant de guerre que de paix, les deux grandes puissances germaniques, il serait bon, sans

qu'une véritable suspension d'armes, lorsque les Autrichiens avaient déserté le champ de bataille et trahi la cause commune. Les hostilités même s'étaient ranimées sur un point éloigné du théâtre de la guerre, et cet accident témoignait de l'esprit hostile des deux gouvernements et des deux armées [1]. Le traité de Presbourg cédait à la France les bouches du Cattaro, une partie de la Dalmatie et l'Illyrie jusqu'à Raguse ; un corps russe parti de Corfou souleva les habitants des montagnes ; les Albanais, excellents soldats, aux larges tromblons, les Monténégrins, avaient vigoureusement attaqué les détachements français qui par l'ordre de Napoléon s'étaient portés dans les provinces illyriennes ; les généraux Lauriston et Molitor se disposaient à venger l'honneur des aigles de France après une pénible résistance à l'insurrection ; des engagements sérieux embrassèrent plusieurs points de l'Illyrie : Raguse même fut menacée. La France avait porté plainte à l'Autriche de cette infraction au traité de Presbourg, et le cabinet de Vienne négociait pour amener les Russes à une ces-

---

perdre de temps, de donner des ordres éventuels aux généraux Bennigsen, Tolstoy et Kutusoff ; que ce dernier, entre autres, ne devait évacuer la Gallicie qu'après avoir reçu la nouvelle certaine que les troupes françaises seraient effectivement retirées vers le Danube.

[1] Napoléon crut nécessaire de rassurer l'opinion publique sur l'occupation des bouches du Cattaro par les Russes.

« *La Gazette de Manheim* et les autres gazettes du Nord, toujours prêtes à accueillir toute espèce de faux bruits, fort aises surtout de trouver des occasions de communiquer à l'Europe leurs opinions fausses et ridicules sur la gigantesque puissance des Russes, représentent la Dalmatie comme envahie ; et une armée russe considérable comme réunie aux bouches du Cattaro ; on fera probablement de meilleurs plans de campagne à Saint-Pétersbourg. Si ce n'était que la France veut l'exécution des traités, et tenir de l'Autriche les bouches du Cattaro, les Russes seraient déjà chassés, les Monténégrins mis à la raison, et la tranquillité rétablie ; mais cette province doit être remise aux Français par les Autrichiens, et les Français ne la recevront que d'eux. Au reste, les bouches du Cattaro sont séparées de la Dalmatie par les États de Raguse, c'est-à-dire de plus de trente lieues de pays, de manière que la possession de Cattaro n'a rien de commun avec celle de la Dalmatie. Les Français sont maîtres de toute la Dalmatie et de l'Istrie où ils ont plus de 30,000 hommes,

sion amiable des points de la côte dont ils s'étaient emparés. Le cabinet de Saint-Pétersbourg, tentant déjà de réaliser l'émancipation de la Grèce, voulait réveiller les Hellènes contre la puissance musulmane pour arborer le drapeau de la triple croix des patriarches de Moscou; à cet effet la position des provinces illyriennes paraissait nécessaire à la Russie.

Au milieu de ces intérêts si compliqués, l'Autriche, abaissée par le traité de Presbourg, avait sacrifié des territoires considérables, des masses de sujets et un cinquième de ses revenus; et ce qu'il y avait de plus triste encore, c'était le sentiment de l'honneur perdu; elle n'avait plus confiance dans ses propres forces; la capitulation de Mack était un événement dont la fatalité pesait sur tout un peuple; le traité de Presbourg lui imposait des conditions intolérables [1] : elle cédait le sixième de ses États, 150 millions de francs lui étaient imposés en contributions de guerre. Comment aurait-elle pu dans cette situation abaissée prendre une part directe aux événements militaires, et ne fallait-il pas

---

Les Russes ont en ce moment aux bouches du Cattaro trois bataillons formant 1,500 hommes, et pas un soldat de plus. Lorsque le général Brady, par une insigne trahison, remit la forteresse aux Russes, le régiment de Thurn, fort de 1,600 hommes, s'y trouvait et livra les forts à 800 Russes, débarqués de deux frégates. »

[1] C'était avec une vive douleur que l'empereur François II se séparait de ses sujets abandonnés par suite du traité de Presbourg.

Lettre de Sa Majesté l'empereur d'Autriche, en date du 29 décembre 1805, adressée à M. le comte de Brandis.

« Mon cher comte de Brandis,

« J'ai reçu les représentations de mes fidèles États du Tyrol, sous la date du 14 de ce mois, et je vous charge de leur faire part en mon nom de ce qui suit :

« Le moment, si douloureux pour moi, est arrivé, où des circonstances impérieuses me forcent de renoncer à la souveraineté du Tyrol. Les loyaux Tyroliens savent combien ce sacrifice a dû coûter à mon cœur. Je n'en dirai pas davantage : mes paroles me feraient que déchirer la plaie qu'une séparation nécessitée par une suite de malheureux événements m'a faite, ainsi qu'à ces sujets si dignes de mon amour. Les preuves multipliées de fidélité et d'attachement que le Tyrol m'a données depuis mon avènement au trône ne s'effaceront jamais de ma mémoire. J'ai la conviction intime d'avoir fait tout ce qui dépendait de moi pour augmenter le bien-être du pays,

qu'elle réparât avant tout ses propres forces? Toutefois, dans la supposition d'un triomphe pour les Russes et les Prussiens, l'Autriche devait se réveiller de sa situation abaissée; Napoléon avait trop exigé d'elle, pour qu'elle ne retrouvât pas un peu d'énergie et de vengeance au cas où le succès, divinité capricieuse, échapperait à celui qui l'avait flétrie. C'est souvent une faute de la part du vainqueur de trop exiger du vaincu; quand on fait trop fléchir le front, il y a des instants où il a besoin de se relever, et telle était l'Autriche. Supposez une défaite de Napoléon en Prusse ou sur un champ de bataille en Pologne, où bientôt les aigles devaient paraître, l'Autriche serait accourue pour profiter du malheur des armes françaises. Le traité de Presbourg serait déchiré, parce que les clauses en étaient trop dures. En politique, il vaut mieux tuer une nation que de l'humilier.

Le cabinet formé à Vienne, sous la présidence du comte de Stadion, était plus décidé à la paix que celui du comte Louis de Cobentzl et de M. de Collorédo, exilés par l'ordre de Napoléon; mais, dans une situation que l'on pouvait prévoir, le comte de Stadion

---

S'il n'a pas été en mon pouvoir de détourner le coup le plus sensible, je suis du moins intervenu autant que j'ai pu le faire pour que le Tyrol ne fût point démembré, et qu'il conservât sa constitution, conformément au vœu des États. L'article 8 du traité de paix tranquilisera entièrement les États à cet égard. En vous chargeant de leur exprimer mes sentiments aussi vivement que je les éprouve, je vous enjoins de ne rien négliger, en votre qualité de chef provincial, pour que la remise du pays au roi de Bavière ait lieu dans le terme fixé par le traité, et qu'en même temps ce qui n'est pas propriété du pays, mais celle de mon fisc, soit ou renvoyé conformément à ce qui a été convenu respectivement, ou si on le trouve plus avantageux, cédé au nouveau souverain en rachat ou en échange. Du reste, si parmi les employés il s'en trouvait quelques-uns qui désirassent me servir à l'avenir, et qui fissent partie de ceux qui ont bien mérité de leur souverain, je les recevrai avec plaisir, et j'aurai soin de les placer aussitôt qu'il sera possible. Après la remise du pays j'attends de vous un rapport détaillé à ce sujet. »

Holitsch, le 29 décembre 1805.

François.

aurait lui-même conseillé la guerre ; le parti français du prince Jean de Lichtenstein n'était pas en majorité, et le sentiment national protestait. Ici Napoléon avait cherché à diviser les princes mêmes de la famille d'Autriche : à l'empereur François il opposait son frère le grand-duc de Wurtzbourg ; déjà dans ses desseins peut-être destinait-il la couronne impériale d'Autriche au grand-duc de Wurtzbourg qui paraissait se lier à son système : diviser, c'était l'art de régner en Europe ; Napoléon l'avait appris dans ses études sur les cabinets faibles et généralement décousus. Le livre *du Prince* de Machiavel était présent dans son esprit, à lui d'origine toscane. Tous ses éloges sont pour le duc de Wurtzbourg ; tout son blâme pour l'empereur François et ses mauvais conseillers ; il poursuit de ses sarcasmes le comte Louis de Cobentzl qu'il avait lui-même tant loué lors des traités de Campo-Formio et de Lunéville ; il enlève à l'empereur François l'ami de son enfance, le comte de Colloredo, le dernier représentant du parti autrichien dans le cabinet de Vienne [1].

A cette époque commence la fortune diplomatique d'un homme d'État destiné plus tard à jouer un rôle décisif dans les destinées de la maison d'Autriche, et à la sauver par ses idées et la ferme direction de ses principes ; je veux parler du comte, depuis prince de Metternich. Aux évêchés des bords du Rhin, dans les villes riantes qui se déploient depuis Cologne, Coblentz, jusqu'à

---

[1] On écrivait de Vienne, 5 janvier 1806 : « Il paraît toujours certain que notre monarque ne rentrera pas dans sa capitale avant le 15 de ce mois. On fait à M. le comte Louis de Cobentzl l'honneur d'imprimer qu'il a demandé sa démission, à cause du mauvais état de sa santé. Sa pension de retraite est fixée à 8,000 florins. La pension du comte de Colloredo est de 35,000 florins, compris la retraite accordée à son épouse qui était gouvernante de la princesse Louise : la moitié de cette somme sera prise sur la cassette particulière de l'Empereur. On varie sur la nouvelle composition du ministère ; c'est, dit-on maintenant, M. de Zinzerdorff qui remplace M. de Colloredo comme ministre du cabinet ; M. de Stadion n'ira pas à Saint-Pétersbourg, mais le général comte de Meerfeldt ; M. de Stadion garde décidé-

Mayence, Worms et Strasbourg, vivaient autrefois des seigneurs de terres féodales, avec un château sur la montagne couverte de vergers et de vignes ; ces villes libres, ces seigneuries presque indépendantes, ces populations de bourgeois et de seigneurs, faisaient de ce pays un magnifique jardin brillant de richesse, avec une tolérance telle qu'on y trouvait confondus juifs, protestants, catholiques, tous riches et heureux, passant leur vie dans les arts, le commerce, les fortes études d'université, autour du vaste foyer domestique où se versait à grands flots le vin du Rhin, si attrayant, si coloré.

Au sein de ces belles provinces tout émaillées, près de Coblentz, était né Louis-Venceslas, comte de Metternich Vinnebourg. Dirigé dans ses premières années par son père, puissant comme gouverneur des Pays-Bas, le jeune comte de Metternich avait reçu à Strasbourg une éducation forte et variée sous le célèbre professeur de Kook[1] ; le droit public fit surtout sa méditation sérieuse comme une prescience de son esprit ; il avait profondément étudié ce balancement de peuples et les droits de souveraineté qui constituent l'histoire diplomatique. A peine adolescent, il fut attaché aux ambassades ; à vingt-cinq ans ministre à Berlin, il y remplit ses fonctions avec un sens droit, une connaissance profonde des faits, qu'il devait à ses études premières, et à un instinct naturel

---

ment le portefeuille des affaires étrangères. On répète beaucoup, parce qu'on le désire généralement, que le prince Charles va reprendre toute l'influence ; mais peut-être n'y a-t-il plus que ce pays en Europe où l'on puisse trouver de jeunes princes remplis de courage, de vues excellentes, et toujours prêts à se soumettre à leur souverain, même dans les choses qu'ils approuvent le moins. Si l'ascendant est donné au mérite, le prince Charles deviendra l'appui de notre cour ; si, pour conserver cet ascendant, il faut seulement se donner la peine de combattre les petites intrigues, le prince Charles se contentera d'obéir et de remplir ses devoirs. »

[1] J'ai écrit dans la *Revue des Deux-Mondes* une notice développée sur le prince de Metternich en 1835. Elle fait connaître l'homme d'État dans toute les phrases de sa vie publique.

de haute sagacité. Il n'avait point approuvé les derniers événements militaires; son système consistait à ne jamais faire une démonstration, à ne jamais engager une guerre sans y employer tous les moyens, sans la pousser jusqu'au bout. Pour lui, les armements devaient être une expression de force et de volonté, il fallait agir à temps, vite, et, après avoir mûrement réfléchi, se déterminer avec ardeur et volonté, aller jusqu'aux dernières conséquences. Le comte de Metternich, après la paix de Presbourg, fut destiné à l'ambassade de Russie par le comte de Stadion[1]; bientôt on fit remarquer que le théâtre des négociations réelles ne serait point Saint-Pétersbourg, trop engagé dans la guerre. Pour que l'Autriche fût forte, elle devait prendre une situation d'attente et d'observation: c'est donc à Paris, siége de toute affaire décisive, qu'il fallait envoyer un ministre jeune, habile, déjà habitué aux actives négociations et qui pût rendre compte de l'aspect politique du cabinet de Napoléon. A cet effet, le comte de Metternich fut désigné; il ne quitta point Vienne encore; quelques questions restaient à résoudre relativement aux bouches du Cattaro; l'ambassadeur dut recevoir des pleins-pouvoirs de M. de Stadion pour terminer les différends qui pouvaient résulter de l'exécution du traité de Presbourg[2].

Lorsque la Prusse et la Russie se préparaient avec lenteur à un mouvement militaire, Napoléon ne perdait

---

[1] La *Gazette de Vienne* disait le 2 février 1806 :
« M. le comte de Metternich, ambassadeur de notre cour à Berlin, a été nommé ambassadeur près la cour de Russie; M. de Buol-Schauenstein, notre ministre près la cour de Bavière, est nommé à l'ambassade de Berlin. »

[2] « M. le comte de Metternich, ci-devant ministre de Sa Majesté à Berlin, vient de recevoir le décret impérial qui le nomme ambassadeur près la cour de France. L'on apprend aussi que M. le comte de Meerfeldt, qui se trouve depuis quelque temps à Saint-Pétersbourg, aura le poste d'ambassadeur près S. M. l'empereur de toutes les Russies. »
(*Gazette de Vienne*, 18 mai 1806.)

pas un moment; la paix de Presbourg à peine signée, déjà il manifestait la volonté la plus impérative de se venger des Bourbons de Naples, dont la perte était résolue. Au moment où le prince Charles paraissait en Italie pour s'opposer à Masséna, on a dit que l'ambassadeur napolitain à Paris (le marquis de Gallo) signait un traité de neutralité sans y être formellement autorisé par sa cour, de sorte que le roi Ferdinand et la reine Caroline se trouvaient comme la Prusse engagés par deux traités différents : le premier avec l'Autriche, la Russie et l'Angleterre, dans les voies de la coalition; l'autre avec la France, pour garder la neutralité dans le vaste duel qui s'engageait.

Sur le champ de bataille d'Austerlitz, Napoléon apprit que Naples avait ouvert ses ports à une armée anglo-russe; dès ce moment il déclara dans ses bulletins : « que la maison de Naples avait cessé de régner [1]. » L'Empereur aimait ces coups de théâtre; il avait fait des rois, les électeurs de Bavière et de Wurtemberg devaient leurs jeunes couronnes à son épée, et par un coup de sa baguette magique il déclarait que la vieille maison de Naples avait cessé de régner; il destituait un roi comme un préfet. Napoléon avait voué une haine profonde à la reine Caroline, et dans ses phrases

---

[1] Une proclamation de Napoléon, de son camp de Schœnbrünn, en date du 15 décembre 1805, annonce la déchéance des Bourbons de Naples :

« Soldats, depuis dix ans j'ai tout fait pour sauver le roi de Naples, il a tout fait pour se perdre. Après les batailles de Dego, de Mondovi, de Lodi, il ne pouvait m'opposer qu'une faible résistance; je me fiai aux paroles de ce prince, et fus généreux envers lui. Lorsque la seconde coalition fut dissoute à Marengo, le roi de Naples, qui, le premier, avait commencé cette injuste guerre, abandonné à Lunéville par les alliés, m'implora; je lui pardonnai une seconde fois. Il y a peu de mois vous étiez aux portes de Naples... Je fus généreux; je vous ordonnai d'évacuer ce royaume, et pour la troisième fois la maison de Naples fut sauvée. Pardonnerons-nous une quatrième fois à une cour sans foi, sans honneur, sans raison? Non! *La dynastie de Naples a cessé de régner.* Marchez, et mon frère marchera à votre tête; il a toute ma confiance; environnez-le de la vôtre. »

classiquement théâtrales, il la dénonçait comme une princesse sanguinaire, une moderne Athalie [1]. C'étaient les femmes qui partout résistaient à Napoléon et soulevaient les nationalités contre lui ; quand le cœur des hommes se ramollissait, l'âme des femmes s'empreignait d'un sentiment exalté de patriotisme. En Prusse, c'était une reine ; à Naples, une reine encore ; en Russie, des impératrices ; et en Bavière même, lorsque Maximilien fléchissait devant l'épée de Napoléon, l'électrice seule avait montré de l'énergie pour rappeler les vieux droits de sa maison ; l'électeur écrivait au ministre de France : « Au nom du ciel, ne parlez pas à ma femme de mon alliance avec l'empereur Napoléon ! »

Tous les discours d'apparat, tous les pamphlets, furent dès ce moment dirigés contre la reine Caroline de Naples ; on accabla une femme sous mille calomnies ; elle s'était montrée fière, hautaine, nationale au milieu des Napolitains, la reine du peuple, des lazzaroni ; on ne respecta pas son énergique dévouement à l'indépendance de sa patrie. Napoléon ne la priva pas seulement de la couronne royale, mais encore il la découronna de ce triste diadème du malheur, que la force victorieuse doit toujours respecter. Ce que les spoliateurs pardonnent le moins, c'est le mal qu'ils ont fait ; ils calomnient ceux qui sont

---

[1] Voici les paroles dictées par Napoléon :
« S. M. l'Empereur assistait à une représentation d'*Athalie* lorsqu'il apprit la nouvelle de l'entrée de son armée à Naples. Il a chargé le général Mouton, aide-de-camp de service près de lui, de faire annoncer par Talma, après le premier acte, cette nouvelle, et la punition du parjure de la reine de Naples.

« Le sceptre de plomb de cette moderne Athalie vient d'être brisé sans retour. Le plus beau pays de la terre aura désormais un gouvernement ferme, mais libéral. L'Empereur rétablira le royaume de Naples pour un prince français ; mais il le rétablira fondé sur les lois et l'intérêt des peuples, et sur le grand principe que l'existence du trône, l'éclat et la puissance dont sont environnés les souverains, la perpétuité du pouvoir et l'hérédité, sont des institutions faites pour le service et l'organisation des peuples. L'Europe entière verra avec satisfaction expulsée du trône une reine qui a tant abusé de la souveraine puissance, dont tous les pas ont été marqués par des révolutions, des parjures et du sang. On

dépouillés; c'est la règle fatale du cœur humain. Napoléon ordonna qu'un corps d'armée considérable marcherait sur Naples, sous le commandement nominal de Joseph Bonaparte, le grand-électeur de l'empire. Masséna et quelques vieilles divisions d'Italie furent placés sous ses ordres; le maréchal seul dirigeait la guerre. Il ne fut pas difficile à de glorieux régiments, habitués aux belles stratégies de l'empire, de venir à bout dans une campagne de ces populations bruyantes, mais affaiblies par un doux climat. Les Russes et les Anglais se rembarquaient à la hâte; les Napolitains étaient ce peuple qui reste multitude même dans les champs de bataille, sous Manaziello, comme sous Fra-Diavolo; peuple à la tête chaude, au bras faible, aimant le tumulte, la place publique, et peu la guerre régulière.

La reine resta au milieu des lazzaroni toujours populaire, toujours fière; elle ne quitta sa capitale qu'à la dernière extrémité; le prince Philippe de Hesse, seul des généraux au service de Naples, résista quelque temps, et le siége de Gaëte mit fin à la campagne. Ce royaume au pouvoir des Français, Napoléon eut une couronne de plus à disposer; la chute des Bourbons à Naples se fit comme par une éruption du Vésuve; la simple volonté

la hait et on la méprise à Vienne, autant qu'on la hait et qu'on la méprise à Naples; déjà sa mémoire est du ressort de l'histoire, car le nouveau royaume de Naples fait désormais partie des États fédératifs de l'Empire français, et il faudra ébranler cet empire dans ses fondements avant qu'on puisse y toucher. On ne pourra, dans cette circonstance, accuser la France d'ambition. Que pouvait-elle faire plus que de pardonner trois fois dans l'espace de peu d'années? Et quel traité pouvait-elle faire avec une puissance qui venait de déchirer, vingt-cinq jours après qu'elle l'avait ratifié, le traité le plus avantageux pour elle et le plus solennel?

« L'honneur de la France et la nature des choses ont précipité la ruine du trône de Naples, puisqu'il n'y avait plus de possibilité de conclure aucun traité. D'ailleurs, l'occupation des trônes de Milan et de Naples par des princes français est à peine l'équivalent de l'occupation des trônes d'Espagne et de Naples par des princes français de la troisième dynastie. Quant au royaume de Naples, le moindre de ses avantages sera de jouir de la liberté du commerce, et de n'être plus soumis aux pirateries des Algé-

de l'Empereur et une campagne de trois mois suffirent pour briser un trône, terrible exemple pour toutes les têtes couronnées. Que devenait l'indépendance de l'Europe si une telle jurisprudence diplomatique était adoptée? Napoléon, par un décret, avait fait des rois en Bavière, en Wurtemberg, et un coup de gantelet du suzerain fracassait les couronnes sur la tête des vieilles maisons qui se liaient à l'histoire de toutes les dynasties. Un tel exemple devait surtout vivement frapper les Bourbons d'Espagne, achetant par de si lâches complaisances la protection du cabinet des Tuileries; le roi dont un simple décret impérial prononçait la déchéance était le cadet de leur race, leur plus intime parent: n'était-ce pas le sort qu'on réservait tôt ou tard à Charles IV et aux infants élevés à Saint-Ildefonse ou au Buen-Retiro? Peut-être le temps n'était-il pas venu; mais l'Empereur avec sa ruse habituelle le ferait naître bientôt; son dessein se développait alors; il voulait substituer sa famille à celle des Bourbons; il avait la couronne de France, l'Espagne subirait le sort de Naples.

Le cabinet de Londres, qui faisait poursuivre la marine et le commerce espagnol avec un vigoureux acharnement, ne manquait pas de répéter cette prédiction de l'avenir au ministère espagnol, afin de lui rendre

---

riens; mais le premier et le plus naturel de tous sera de n'être plus exposé à être le théâtre de la guerre, d'être gouverné par des principes fixes selon le bonheur et l'intérêt de ses peuples, et non par des passions furibondes et insensées. Ce qui fait l'éloge de la nation napolitaine, c'est que les principaux agents qui ont entraîné la ruine du trône étaient des Toscans et des personnes étrangères dans le pays. On sait que M. Acton était Anglais d'origine et d'inclination, qu'il avait placé ses fonds en Angleterre, et qu'il ne jugeait jamais des intérêts du royaume de Naples que par l'intérêt de l'Angleterre.

« Nous pouvons le dire sans être prophètes : la maison qui de nouveau sacrifiera le repos, l'intérêt et le bonheur du continent aux caprices et aux guinées de ces avides et insatiables spéculateurs, perdra son trône au grand applaudissement de tous les peuples du continent et de toute notre génération, qui, après avoir été si longtemps agitée, a besoin de trouver la paix et la tranquillité, et qu'on ne peut plus abuser par de vaines paroles. »

un peu d'énergie; ses agents secrets disaient au prince de la Paix, à la reine et au roi Charles: « Ne voyez-vous pas la perfidie de Napoléon? Il vous ménage pour vous perdre ; réveillez-vous avez l'Europe alarmée! tremblez sur l'avenir de votre monarchie : Naples! Naples! c'est un exemple. » On peut déjà remarquer qu'il se fait à cette époque un léger mouvement de résistance à la cour de Madrid; le prince de la Paix, pour se rendre plus populaire, se montre plus anti-français; la Russie, la Prusse et l'Angleterre l'engagent simultanément à une invasion par le Midi ; l'Angleterre promet de lui rendre sa flotte; tandis que les grandes batailles se livrent au Nord, le prince de la Paix arme. Napoléon, trop préoccupé des événements de la coalition, aperçoit à peine ces préparatifs militaires : il est sans défiance, et il croit à la faiblesse et à la lâcheté du gouvernement espagnol; il y compte, jusqu'à la fameuse proclamation du prince de la Paix qu'il reçut sur le champ de bataille d'Iéna. Tant il y a que la ruine de la maison de Naples fit ouvrir les yeux aux Bourbons d'Espagne[1]; ils y virent aussi leur arrêt fatal : les Bonaparte deve-

---

[1] A cette époque Joseph Bonaparte intervenait déjà dans les affaires de Naples et tout annonçait sa prochaine royauté. Voici une de ses proclamations :

« Joseph Napoléon, prince français, grand-électeur de l'Empire, lieutenant de l'Empereur, commandant en chef son armée de Naples, gouverneur des royaumes de Naples et de Sicile.

« Peuples du royaume de Naples!

« L'Empereur des Français et roi d'Italie, voulant éloigner de vous les calamités de la guerre, avait signé avec votre cour un traité de neutralité. Il croyait assurer par là votre tranquillité, au milieu du vaste incendie dont la troisième coalition menaçait l'Europe. Mais la cour de Naples s'est engagée de plein gré parmi nos ennemis, et a ouvert ses États aux Russes et aux Anglais. L'Empereur des Français, dont la justice égale la puissance, veut donner un grand exemple, commandé par l'honneur de sa couronne, par les intérêts de son peuple, et par la nécessité de rétablir en Europe le respect qu'on doit à la foi publique.

« L'armée que je commande marche pour punir cette perfidie; mais vous, peuples, vous n'avez rien à craindre; ce n'est pas contre vous que sont dirigées ses armes. Les autels, les ministres de votre culte, vos lois, vos propriétés seront respectés. Les soldats français seront vos frères.

« Si, contre les intentions bienfaisantes

naient leurs rivaux, une jeune dynastie s'opposait à leurs blasons; ces princes faibles et nonchalants se réveillèrent à peine pour retomber dans leur léthargie. La politique des Bourbons d'Espagne est alors comme une grande sieste; rien ne peut les déranger; le monde ébranlé ne réveillerait pas un hidalgo après l'Angelus de midi dans les rues de Madrid et de Séville.

L'infatigable activité de l'Empereur n'avait oublié aucune des longues traditions diplomatiques; et puisque la Russie allait entrer en lice, Napoléon dut fixer les yeux sur l'empire ottoman, adversaire-né de ces Russes qui menaçaient d'une nouvelle campagne. Lorsque le maréchal Brune eut quitté Constantinople, la Porte ottomane se plaça dans une sorte de neutralité, favorable néanmoins à la coalition; elle n'envoya point de troupes en Italie comme en 1799, l'état de fermentation de l'islamisme ne le permettait pas. Selim III s'était placé un moment sous la protection de l'Angleterre; l'éclat que jeta la bataille d'Austerlitz, le retentissement que partout elle produisit, l'avait déterminé à se rapprocher de Napoléon; et un envoyé extraordinaire vint à Paris pour offrir un traité réciproque qui unirait les deux empires [1].

---

de Sa Majesté, vous prenez les armes, si la cour qui vous excite vous sacrifie à ses fureurs, l'armée française est telle que toutes les forces promises à vos princes, fussent-elles sur votre territoire, ne sauraient les défendre.

« Peuples, soyez sans inquiétude; cette guerre sera pour vous l'époque d'une paix solide et d'une prospérité durable.»

[1] Mouhib-Effendi, ambassadeur de la Porte, s'exprima dans des termes fort exaltés pour Napoléon (5 juin 1806):

« S. M. l'empereur de toutes les Turquies, maître sur les deux continents et sur les deux mers, serviteur fidèle des deux villes saintes, le sultan Selim-Han, dont le règne soit éternel! m'envoie à S. M. I. et R. Napoléon, le premier, le plus grand parmi les souverains de la croyance du Christ, l'astre éclatant de la gloire des nations occidentales, celui qui tient d'une main ferme l'épée de la valeur et le sceptre de la justice, pour lui remettre la présente lettre impériale, qui contient les félicitations sur l'avènement au trône impérial et royal, et les assurances d'un attachement pur et parfait.

« La sublime Porte n'a cessé de faire des vœux pour la prospérité de la France et pour la gloire que son sublime et immortel Empereur vient d'acquérir, et elle a voulu manifester hautement la joie qu'elle en ressentait. C'est dans cette vue, sire,

Il était important pour l'Empereur d'exciter Selim à des armements militaires pour essayer une forte diversion sur le Danube, tandis que lui porterait la guerre en Pologne; il accueillit donc l'ambassadeur Mouhib-Effendi avec la plus gracieuse attention; sa réponse fut pleine de gravité; son imagination orientale lui fournit les expressions les plus colorées pour frapper vivement l'attention de Sélim, et dans une dépêche il lui montra les avantages d'une guerre simultanée contre les Russes. Le général Sébastiani fut désigné pour l'ambassade de Constantinople : jeune et brillant alors, il venait d'épouser mademoiselle de Coigny, de la vieille race du maréchal de France; il partit avec des officiers français, dans le dessein d'organiser à l'européenne les troupes destinées à faire diversion à la guerre entreprise contre le Czar Alexandre.

Rien ainsi n'était oublié dans l'imagination exaltée de l'Empereur; il signait à peine la paix de Presbourg, et déjà il s'emparait de Naples; en démoralisant le cabinet de Berlin, il méditait l'abaissement de la Prusse et la ruine du roi de Suède. Quant à l'Autriche, il en savait

que mon souverain, toujours magnanime, m'a ordonné de me rendre près du trône de V. M. I. et R., pour la féliciter de votre avénement, et pour lui dire que les communications ordinaires ne suffisant pas dans une pareille circonstance, il a voulu envoyer un ambassadeur spécial pour signaler d'une manière plus éclatante les sentiments de confiance, d'attachement et d'admiration dont il est pénétré pour le prince qu'il regarde comme le plus ancien, le plus fidèle, et le plus nécessaire ami de son Empire. »

Napoléon répondit :

« Monsieur l'ambassadeur, votre mission m'est agréable. Les assurances que vous me donnez des sentiments du sultan Selim, votre maître, vont à mon cœur. Un des plus grands, des plus précieux avantages que je veux retirer des succès qu'ont obtenus mes armes, c'est de soutenir et d'aider le plus utile comme le plus ancien de mes alliés. Je me plais à vous en donner publiquement et solennellement l'assurance. Tout ce qui arrivera d'heureux ou de malheureux aux Ottomans, sera heureux ou malheureux pour la France. Monsieur l'ambassadeur, transmettez ces paroles au sultan Selim; qu'il s'en souvienne toutes les fois que mes ennemis, qui sont aussi les siens, voudront arriver jusqu'à lui. Il ne peut jamais rien avoir à craindre de moi; il n'aura jamais à redouter la puissance d'aucun de ses ennemis. »

toute l'impuissance, et n'exigeait d'elle alors que le paiement inflexible des contributions de guerre; il faisait de l'argent au moyen de levées arbitraires à Hambourg, à Lubeck, à Vienne; par un ordre de l'Empereur, 4,000,000 de florins étaient levés sur la seule ville de Francfort; il armait la Porte contre la Russie; puis caressant le grand-duc de Wurtzbourg, il préparait un rival à François II, même pour la couronne impériale d'Autriche; à M. de Hardenberg il opposait M. de Haugwitz. Tous ceux qui gênaient son système étaient flétris, tous ceux qui le servaient recevaient des éloges à pleines mains dans ses journaux. Infatigable, il distribuait les couronnes, les fiefs, et, comme le Jupiter des anciens, la terre tremblait sous ses pieds lorsqu'il secouait la tête!

CHAPITRE VI.

SYSTÈME FÉDÉRATIF ET FÉODAL

DE L'EMPIRE FRANÇAIS.

Création des grands fiefs. — Les duchés de Dalmatie, — d'Istrie, — de Frioul, — de Cadore, — de Bellune, — de Conégliano, — de Trévise, — de Feltre, — de Bassano, — de Vicence, — de Padoue, — de Rovigo, — de Massa et Carrara, — de Parme et Plaisance. — Principautés de Neufchâtel, — de Guastalla, — de Bénévent, — de Ponte-Corvo. — Royautés de Naples et de Hollande. — Le cardinal Fesch, coadjuteur du prince primat. — Création de la Confédération du Rhin. — Premier projet d'un royaume de Westphalie. — Idée générale du système fédératif de Napoléon.

Mars à Août 1806.

L'édifice tout entier de l'empire français avait jusqu'alors reposé sur la personnalité de Napoléon; il n'y avait aucune institution parallèle, aucune force politique de nature à perpétuer la vaste création du génie et de la victoire; l'établissement des dignités princières telles que les sénatus-consultes de 1804 les avaient proclamées et reconnues, la fondation même des sénatoreries, étaient de simples décorations personnelles sans racines dans le sol. L'empire ne comptait que des fonctionnaires dont le titre servait de cortége à la majesté de Napoléon; rien ne consolidait l'œuvre dans les rapports avec le territoire et la propriété. L'Empereur conçut alors d'autres pensées; il ne voulait pas fonder des institutions sans bases; après la paix de Presbourg, il résolut hardiment et à vol d'aigle le problème immense d'une nouvelle féodalité.

Deux idées le préoccupent exclusivement : à l'extérieur, le système fédératif qui devient la force et la destinée de ses relations diplomatiques; à l'intérieur, une organisation de fiefs et de tenures qui pût remplacer l'ancienne féodalité, vivement atteinte par les Bourbons et que la Constituante abolit dans la première effervescence de la révolution française. Par système fédératif à l'extérieur, Napoléon entend une certaine existence coordonnée entre les divers états qui entourent le territoire de l'empire français, de manière qu'au cas de guerre, tous ces états, sous l'influence de la France, puissent marcher à la suite de l'Empereur, adopter sa politique, recruter ses armées et réaliser, sous sa bannière déployée, les vastes projets qu'il a conçus. Par système féodal, Napoléon entend la création d'un certain nombre de vastes tenures militaires ou civiles pour récompenser les services rendus à sa personne; ce système rattacherait à sa dynastie, comme un réseau lié au centre commun, une organisation de familles avec des devoirs spéciaux et des obligations directes à l'égard de la majesté suzeraine. Ce plan se réalise peu à peu et se couronne par les majorats, réaction la plus complète, la plus hardie, contre les doctrines de 1789 et le Code civil tout entier.

Les cessions territoriales stipulées dans les traités conclus à Presbourg avec la maison d'Autriche, et les négociations accomplies par le comte de Haugwitz au nom de la Prusse, permettaient la réalisation de cette double pensée de grandeur pour l'empire français; le traité conclu avec l'Autriche cédait tous les États de Venise en terre-ferme, provinces qui entourent l'Adriatique et forment de somptueux domaines dont les revenus depuis la convention de Campo-Formio avaient largement dédommagé l'Autriche de la cession des Pays-Bas. Les arrangements faits avec l'Allemagne, la cession de Clèves et de Neufchâtel par la Prusse, de Berg par la Bavière[1], et la conquête du royaume de Naples avaient également mis à la disposition de l'Empereur des domaines opulents; leurs revenus pouvaient être utilement répartis comme récompense des services rendus par l'armée et les dignitaires du nouvel établissement impérial. Jusqu'alors il y avait eu un si beau dévouement à la majesté de Napoléon! tout s'était fait pour lui, et on aurait blâmé cet égoïsme qui, renfermant toute la gloire dans une seule personne, n'aurait pas fait participer ses nobles compagnons de périls et de travaux à quelques-uns des rayons éclatants de cette magnifique fortune.

Au moment même où l'Empereur promulguait les statuts constitutifs, le livre d'or de sa propre famille,

---

[1] Déjà les anciens souverains des terres cédées à l'Empereur des Français invitent leurs sujets à la nouvelle obéissance envers Napoléon.

« Nous, Maximilien-Joseph, par la grâce de Dieu roi de Bavière, électeur du saint-empire-romain, etc.

« En conséquence d'un arrangement conclu entre S. M. l'Empereur des Français et Roi d'Italie et nous, le duché de Berg, possédé par nous et notre maison royale, passe à S. M. l'Empereur des Français. Nous en faisons part à nos ci-devant fidèles États, feudataires, vassaux, serviteurs et corporations médiates, et à tous les sujets du duché; nous les délions formellement des liens qui les attachaient à nous et à notre maison royale, et transmettons tous nos droits sans restriction à S. M. l'Empereur des Français. Nous nous faisons un devoir particulier de terminer nos actes de gouvernement dans le duché par des remerciements que nous adressons aux sujets pour les preuves multipliées qu'ils nous ont données de leur fidélité et de leur attachement inviolables, et nous les assurons ici de notre reconnaissance paternelle.

« Donné en notre résidence royale de Munich, le 15 mars de l'année 1806, la première de notre empire. »

Signé, Maximilien-Joseph.

Le roi de Prusse écrivit aussi un rescrit aux habitants des villes et principautés de Neufchâtel et Valangin en Suisse,

il adressa au Sénat le message qui fondait les fiefs; on voit poindre et se développer dans ce document historique les idées puissantes de Napoléon. À l'époque de Charlemagne, qui préoccupe si vivement son ardente imagination, il y avait, autour de l'empereur d'Occident, des rois ses tributaires, des ducs qui conduisaient les masses guerrières, et formaient la splendeur de sa couronne comme les escarboucles autour du diadème : on comptait les rois lombards, les ducs de Bénévent, de Bavière, de Gascogne, les seigneurs de Montauban et toutes les familles féodales, cortége de l'empereur germanique lorsque dans les cours plénières il vidait sa vaste coupe remplie de vin du Rhin ou de la Meuse.

La fondation décrétée par Napoléon se ressentait de cette idée du moyen âge splendide et pourprée; il établissait des fiefs, distribués à ceux de ses fidèles dignes de ces nobles recompenses; tous ces fiefs, il les jetait dans les provinces éloignées, au centre d'États plus considérables, de manière à ce qu'en aucun cas les vassaux ne pussent devenir dangereux pour le suzerain dont ils tenaient leurs titres et leurs domaines. Les pre-

pour leur faire part de la cession qu'il avait faite de ce pays à l'Empereur Napoléon. Cette proclamation, datée de Berlin le 18 février 1806, fut publiée le 11 mars à Neufchâtel. En voici un extrait :

« Frédéric-Guillaume, par la grâce de Dieu, roi de Prusse, etc. Amés et féaux, salut. Le dévouement paternel que depuis notre avénement au trône nous avons pris à tâche de témoigner en toute occasion au pays de Neufchâtel et Valangin, doit vous faire juger des sentiments que nous éprouvons en vous adressant la présente. Elle est destinée à vous annoncer un changement que les circonstances ont rendu inévitable. Des considérations de la dernière importance, prises de l'intérêt le plus pressant de notre monarchie entière, nous ont obligé d'acquiescer à remettre entre les mains de S. M. l'Empereur des Français le soin du bonheur futur de ces États. Quelque désir que nous eussions de continuer à y travailler nous-mêmes, et quelque peine profonde que nous ressentions de nous séparer de sujets estimables, dont nous avons toujours hautement approuvé la loyauté et l'attachement; nous ne pouvions nous dissimuler combien cette résignation volontaire a été préférable pour vous au sort d'un pays de conquête, dont sous d'autres rapports vous étiez menacés. D'ailleurs, la distance où votre pays, par sa position géographique, se trouve du centre de nos États, ne permettant pas de le

miers fiefs de l'Empire durent comprendre les provinces illyriennes, autour des possessions de Venise, récemment unies au royaume d'Italie. Si le prince Eugène, comme vice-roi, recevait en dépôt la couronne de fer au nom de son glorieux père adoptif ; si à ce royaume le traité de Presbourg ajoutait Venise et les États de la terre-ferme, on séparait de ces domaines douze fiefs, à l'imitation des douze barons que les romans de chevalerie donnaient à Charlemagne.

La Dalmatie, vastes terres peu civilisées, population mélangée de races sclavone, turque, italienne ; brave peuple qui pouvait fournir des régiments exercés ; sujets indomptables, les Dalmates étaient durs sur un champ de bataille. L'Istrie, qui environne Trieste, ces riches pays que l'on traverse lorsque de Klagenfurth et de Laybach on descend de Vienne pour saluer l'Adriatique. Le Frioul, terres montueuses, où se voit Palma-Nova, la gracieuse ville, jusqu'à Villach, célèbre par les marches de Masséna. Cadore, position militaire qui sépare l'Italie des montagnes du Tyrol. Bellune, Conégliano, Padoue, Trévise, Feltre, Bassano et Vicence, cités heureuses autrefois de saluer le lion d'or de la république de Venise. Vicence, où se voient encore les peintures de Paul Véronèse, les chefs-d'œuvres d'André

---

faire jouir d'une protection suffisante et directe, et cette situation le faisant nécessairement dépendre de l'Empire français, tant pour son approvisionnnement que pour ses relations de culture, de commerce et d'industrie, nous devons penser que les liens les plus étroits qui vont l'attacher à cet Empire pourront devenir pour ses habitants une nouvelle source de bien-être et de prospérité.

« Aussi notre intention est-elle de contribuer, autant qu'il dépendra de nous, par notre intercession et nos bons offices auprès du gouvernement français, à lui offrir les avantages qu'il peut désirer. Vous devez être convaincus, en général, et nous vous chargeons de témoigner en toute occasion, que nous prendrons toujours a ce pays et à ses habitants un vif et sincère intérêt, et que la mémoire de leur dévouement et de leur fidélité ne s'effacera jamais de notre cœur. La sagesse du puissant souverain auquel leur sort est uni permet d'espérer en toute confiance l'accomplissement des vœux ardents que nous formons pour eux. »   Frédéric-Guillaume.

Vicentin, et le théâtre olympique, construit sur les ruines du vieux cirque romain. Dans le fief de Bassano fut compris l'établissement des Sept-Communes, république de montagnards qui se préserve intacte sur le sommet des rochers, dans les conditions de l'indépendance primitive, comme la république de San-Marino dans les Apennins. Enfin, Rovigo, la porte de Ferrare, à quelques lieues de la Mantoue de Virgile et de la Vérone romaine; Vérone avec son immense cirque où 100,000 spectateurs s'asseyaient dans les représentations scéniques [1], quand le gladiateur offrait sa large poitrine ruisselante de sang et de sueur.

Je répète que le nombre des grands fiefs primitivement constitués s'élevait à douze, en mémoire des pairs de Philippe-Auguste, ou des chevaliers de la Table-Ronde; nombre mystique que le pieux moyen âge avait établi comme la règle et la base de toute association; primitivement il y eut donc douze feudataires; mais bientôt le nombre s'augmenta par les réunions successives d'autres fiefs qui vinrent s'ajouter par la conquête, à l'Empire de Napoléon. La Prusse avait cédé la principauté de Neufchâtel et le duché de Clèves; la Bavière donna Berg comme un beau fleuron à la couronne. Les douze fiefs primitifs tenaient à l'Italie, à son sol, à ses institutions; Clèves et Berg se rattachaient à l'Allemagne et à l'idée fédérative qui déjà germait dans

---

[1] Décret impérial daté du 30 mars 1806.
« Article 1er. Les États vénitiens, tels que nous les a cédés S. M. l'empereur d'Allemagne par le traité de Presbourg, sont définitivement réunis à notre royaume d'Italie, pour en faire partie intégrante, à commencer du 1er mai prochain, et aux charges et conditions stipulées par les articles ci-après.

« Art. 2. Le *Code Napoléon*, le système monétaire de notre Empire, et le concordat conclu entre nous et S. S. pour notre royaume d'Italie, seront lois fondamentales de notre royaume, et il ne pourra y être dérogé sous quelque prétexte que ce soit.

« Art. 3. Nous avons érigé et érigeons en duchés grands-fiefs de notre Empire les

la pensée de Napoléon. Le titre de duc de Clèves était retentissant dans l'histoire chevaleresque; ces comtes et ducs apparaissent avec leurs armures de fer dans les fastes de l'Allemagne. Puis un roman avait mis ce nom à la mode; qui ne savait les beaux dires de la princesse de Clèves? Enfin Neufchâtel, la ville au lac bleu, avec son château à pic sur la hauteur, où se voit toute la longue lignée des sires et bourguemestres, avec leurs casques, leurs armoiries au griffon, au lion debout, à la langue de feu; Neufchâtel pouvait former l'origine d'une riche principauté dans l'ensemble féodal dont les anneaux se liaient à l'Empire; et par ce moyen, Napoléon avait un pied dans la confédération suisse; non seulement il s'en proclamait le médiateur, mais encore il faisait entrer Neufchâtel dans les cantons qui se fédéraient pour le gouvernement politique des montagnards. Clèves et Berg lui donnaient voix dans la confédération germanique; Neufchâtel, dans la constitution helvétique : ses vassaux faisaient ainsi partie des corps souverains en Allemagne et en Suisse; la politique de Napoléon ne cessait de se développer dans les conditions de sa puissance absolue.

Au centre de l'Italie, quelques principautés aussi restaient éparses dans les plus opulentes contrées. Autrefois l'Autriche et la maison de Bourbon trouvaient dans ces terres, riches de leur sol et de leurs revenus, un moyen

---

provinces ci-après désignées : 1º la Dalmatie, 2º l'Istrie, 3º le Frioul, 4º Cadore, 5º Belluno, 6º Conégliano, 7º Trévise, 8º Feltre, 9º Bassano, 10º Vicence, 11º Padoue, 12º Rovigo.

« Art. 4. Nous nous réservons de donner l'investiture desdits fiefs, pour être transmis héréditairement, par ordre de primogéniture, aux descendants mâles légitimes et naturels de ceux en faveur de qui nous en aurons disposé : et en cas d'extinction de leur descendance masculine légitime et naturelle, lesdits fiefs seront réversibles à notre couronne impériale, pour en être disposé par nous ou nos successeurs.

« Art. 5. Nous entendons que le quinzième du revenu que notre royaume d'Italie retire ou retirera desdites provinces,

de donner des apanages à leurs cadets et à leurs puînés sans charges pour l'État. Si l'aîné de la race possédait la couronne dans tout son éclat, on donnait aux autres frères, avec la condition de retour, de belles terres, soit en Italie, soit sur le Rhin, et cette pensée, Napoléon voulut la réaliser pour les siens : il y eut donc des fiefs dans les pays d'Italie. Le royaume d'Étrurie existait encore sous une frêle infante qui était souveraine des nobles cités de la Toscane, Livourne, et Florence avec son dôme, son palais ducal, ses belles galeries que domine la tribune aux vitraux éclairés par le soleil qui dore l'Arno. Autour de la Toscane, Napoléon créa des fiefs : Massa et Carrara, au pied des carrières de marbre que Canova ciselait pour en faire des chefs-d'œuvre ; Parme et Plaisance, ces deux joyaux que l'on traverse au milieu des jardins et des vignes suspendues aux peupliers, semblables aux bas-reliefs antiques ; Guastalla, dans la vallée ombrée où les pâtres rappellent les bergeries de Tempé.

Enfin, pour compléter ce système de fiefs, l'Empereur détacha de sa conquête de Naples deux principautés indépendantes, l'une sous le nom de Bénévent, l'autre sous le titre de Ponte-Corvo. On trouvait dans l'histoire des antiques ducs ou princes de Bénévent, Grecs d'origine, qui avaient survécu à l'invasion normande ; ducs déjà terribles sous Charlemagne, vassaux redoutables qui agitaient les contrées d'Italie. La seconde principauté, celle de

---

soit attaché auxdits fiefs pour être possédés par ceux que nous en aurons investis ; nous réservant en outre, et pour la même destination, la disposition de 30 millions de domaines nationaux situés dans lesdites provinces.

« Art. 6. Des inscriptions seront créées sur le Monte-Napoléone jusqu'à la concurrence de 1,200,000 francs de rentes annuelles, monnaie de France, en faveur des généraux, officiers et soldats qui ont rendu le plus de services à la patrie et à notre couronne, et que nous désignerons à cet effet ; leur imposant la condition expresse de ne pouvoir, lesdits généraux, officiers et soldats, avant l'expiration de dix années, vendre ou aliéner lesdites rentes sans notre autorisation. »

Ponte-Corvo, pays agreste, fut désignée comme un poste militaire en avant pour défendre la royauté napolitaine. Napoléon remuait, avec sa vive imagination, les temps anciens et les époques modernes ; le présent n'était pour lui qu'un instrument immense pour lier la chaîne des périodes historiques.

Ainsi fut fondé le système féodal dans la pensée de l'Empereur ; il était la conséquence d'un empire militaire établi sur la vaste échelle de la conquête et de la défense. La préoccupation du souverain ne s'étendait pas seulement à sa vie ; il fondait une dynastie, c'est-à-dire une race qui ne serait réellement affermie que dans ses petits-fils ; de là une nécessité absolue d'établir autour d'elle des vassaux assez forts pour la défendre, et jamais assez puissants pour l'embarrasser ; il fallait des leudes aux pieds de l'Empereur, des images de barons autour de cette figure suzeraine. Tous les fiefs furent établis dans les contrées lointaines, tellement encadrés par les terres voisines plus puissantes et plus étendues, qu'en aucun cas les nouveaux féodaux ne pourraient prendre les armes contre leur seigneur. Le décret parut comme un jalon posé et le fondement d'un puissant édifice ; peu de dispositions furent faites encore en faveur des dignitaires. Les douze premiers fiefs ne furent pas donnés après la campagne d'Austerlitz ; il fallait s'attirer des dévouements plus chauds, il fallait pouvoir dire : « L'Empereur vous contemple ; servez-le avec zèle, et de riches domaines vous seront donnés ; vous serez prince, duc, en raison de vos services ; allons, nobles féodaux, à l'œuvre de la conquête ; fêtez le suzerain, et vous aurez la brillante émeraude sur votre couronne ducale, et vous viendrez au banquet de l'Empereur à cheval pour lui donner la coupe, comme aux vieilles cours plénières de Germanie. »

Les premières dispositions de fiefs furent faites au profit des maréchaux Murat et Berthier; Murat obtint, avec le titre de grand-duc, Clèves et Berg [1]; le brave soldat au panache flottant dans une bataille, celui qui distribuait si bien des coups de sabre dans la mêlée, dut succéder à ces ducs de Clèves, que la légende comparait au comte de la Marck, le Sanglier des Ardennes, si redouté sur les bords de la Meuse et du Rhin aux temps féodaux. Désormais le maréchal Murat fut grand-duc et confédéré germanique; son fils dut porter le titre de duc de Clèves, comme prince souverain allemand; Berthier, l'ami, le confident de l'Empereur, le chef d'état-major de la grande armée, le fidèle qui exécutait les plans de campagne avec zèle; le compagnon du général, du Consul, de l'Empereur, depuis Arcole; Berthier fut créé prince indépendant de Neufchâtel, beau lot pour un soldat de fortune, et désormais dans ses ordres du jour, par le même orgueil qui faisait signer Murat : « Joachim, grand-duc de Berg; » Berthier se donna le titre d'Alexandre, prince de Neufchâtel, comme le Czar signait : « Alexandre, empereur de toutes les Russies. »

Déjà commencent les soucis de Napoléon pour doter sa famille : Caroline, la femme de Murat, est grande-

---

[1] L'acte qui donne le grand-duché de Berg à Murat est ainsi conçu :

« LL. MM. les rois de Prusse et de Bavière nous ayant cédé respectivement les duchés de Clèves et de Berg dans toute leur souveraineté, généralement avec tous droits, titres et prérogatives qui ont été de tout temps attachés à la possession de ces deux duchés, ainsi qu'ils ont été possédés par eux, pour en disposer en faveur d'un prince à notre choix, nous avons transmis lesdits duchés, droits, titres et prérogatives, avec la pleine souveraineté, ainsi qu'ils nous ont été cédés, et les transmettons par la présente au prince Joachim, notre très cher beau-frère, pour qu'il les possède pleinement et dans toute leur étendue, en qualité de duc de Clèves et de Berg, et les transmette héréditairement à ses descendants mâles, naturels et légitimes, d'après l'ordre de primogéniture, avec exclusion perpétuelle du sexe féminin et de sa descendance.

« Mais si, ce que Dieu veuille prévenir, il n'existait plus de descendant mâle naturel et légitime dudit prince Joachim, notre

duchesse de Berg; sœur et beau-frère rentrent dans le système fédératif des princes allemands; Pauline, princesse Borghèse, ne se contente plus de sa belle *villa* de la place du Peuple à Rome, avec ses pins et ses cyprès; de ses merveilleuses collections de camées antiques ou de ses magnifiques brillants qui scintillent dans les fêtes publiques; il lui faut d'autres fiefs, et la voluptueuse princesse, qui n'existe qu'au milieu des parfums et des roses, reçoit la principauté de Guastalla des mains de son frère; elle veut régner dans cette Italie, dont le climat si doux caresse son frêle teint et sa santé affaiblie; elle a besoin de vivre dans le calice d'une fleur. Napoléon réserve une belle dotation à Élisa, sa sœur aînée; plus tard la Toscane entière lui reviendra; l'amie de Fontanes, la protectrice des poëtes, pourra parler la pure langue italienne sur les coteaux embaumés qui entourent Florence, au milieu des chefs-d'œuvre de marbre, des tableaux du Corrège, de Raphaël, et des fresques du palais ducal. Enfin, et pour compléter le système de la féodalité, M. de Talleyrand et Bernadotte reçurent plus tard, l'un la principauté de Bénévent [1], l'autre celle

beau-frère, les duchés de Clèves et de Berg passeront avec tous droits, titres et prérogatives à nos descendants mâles, naturels et légitimes, et, s'il n'en existe plus, aux descendants de notre frère le prince Joseph, et à défaut d'eux, aux descendants de notre frère le prince Louis, sans que, dans aucun cas, lesdits duchés de Clèves et de Berg puissent être réunis à notre couronne impériale.

« Comme nous avons été particulièrement déterminé au choix que nous avons fait de la personne du prince Joachim, notre beau-frère, parce que nous connaissons ses qualités distinguées et que nous étions assuré des avantages qui doivent en résulter pour les habitants des duchés de Clèves et de Berg, nous avons la ferme confiance qu'ils se montreront dignes de la grâce de leur nouveau prince, en continuant de jouir de la bonne réputation acquise sous leur ancien prince par leur fidélité et leur attachement, et qu'ils mériteront par là notre grâce et protection impériale.

« Donné dans notre palais des Tuileries, le 30 du mois de mars 1806. »

Signé, Napoléon.

[1] Le texte du message de Napoléon au Sénat pour instituer MM. de Talleyrand et Bernadotte grands-feudataires, est remarquable:

« Sénateurs, les duchés de Bénévent et de Ponte-Corvo étaient un sujet de litige entre

Ponte-Corvo. Les anciens ducs de Bénévent durent s'agiter sous leurs tombeaux, eux si fiers, si remuants contre leurs suzerains, lorsqu'ils virent apparaître dans leurs châteaux de la montagne l'image du nouveau prince leur successeur, le plus souple et le plus élégant des diplomates[1]. Quant aux paysans de Ponte-Corvo, on leur donnait pour prince un des maréchaux de l'Empire du nouveau Charlemagne, un Béarnais à l'esprit fin et à l'habile conduite.

Ainsi se formulait le système féodal tel que l'avait conçu Napoléon pour le présent et l'avenir de son œuvre si vaste. Son idée fédérative dans l'application à l'Europe se fondait sur des bases non moins larges et puissantes; l'Empire français, géographiquement parlant, embrassait au midi depuis Gênes, le Piémont et la Savoie, jusqu'aux Pyrénées; au nord il avait pour limite le Rhin qui enlaçait la Belgique jusqu'à Anvers, puis il s'étendait jusqu'à la Suisse; telle était sa force que j'appellerai territoriale et intrinsèque. Mais d'après la théorie de Napoléon exposée dès le Consulat dans le livre de M. d'Hauterive, la France, placée vis-à-vis de

---

le roi de Naples et la cour de Rome : nous avons jugé convenable de mettre un terme à ces difficultés, en érigeant ces duchés en fiefs immédiats de notre Empire. Nous avons saisi cette occasion de récompenser les services qui nous ont été rendus par notre grand-chambellan et ministre des relations extérieures, Talleyrand, et par notre cousin le maréchal de l'Empire, Bernadotte. Nous n'entendons pas cependant, par ces dispositions, porter aucune atteinte aux droits du roi de Naples et de la cour de Rome, notre intention étant de les indemniser l'un et l'autre. Par cette mesure, ces deux gouvernements, sans éprouver aucune perte, verront disparaître les causes de la mésintelligence qui en différents temps ont compromis leur tranquillité, et qui encore aujourd'hui sont un sujet d'inquiétude pour l'un et pour l'autre de ces États et surtout pour le royaume de Naples dans le territoire duquel ces deux principautés se trouvent enclavées. »

[1] « Napoléon, etc., voulant donner à notre grand-chambellan et ministre des relations extérieures, Talleyrand, un témoignage de notre bienveillance pour les services qu'il a rendus à notre couronne, nous avons résolu de lui transférer, comme en effet nous lui transférons par les présentes, la principauté de Bénévent, avec le titre de prince de Bénévent, pour la posséder en toute propriété et souveraineté, et comme fief immédiat de notre couronne.

l'Angleterre, de l'Allemagne, de la Russie et de la Prusse, devait se maintenir par un système fédératif qui, s'appuyant sur les États neutres ou vassaux, pourrait en toute circonstance repousser une coalition de tous les cabinets européens. C'est en vertu de ce principe que Napoléon avait placé sur sa tête la couronne d'Italie; la vice-royauté en était confiée à Eugène, et par suite du traité de Presbourg, la meilleure partie des États vénitiens étaient agglomérés à ce royaume d'Italie; ses limites touchaient la Grèce, la Macédoine et l'Épire, poste avancé pour envahir un jour Constantinople; dans cette tête active de Napoléon tout était avenir, il n'y avait pas d'idée sur laquelle il se reposât, pas de conception qui ne fût le principe d'un système plus vaste; tout ce qu'il possédait n'était qu'un avant-poste de ce qu'il voulait conquérir encore; ses pensées étaient comme un jalon pour courir à d'autres pensées.

Dans le royaume d'Italie, au midi, Napoléon ajoutait un autre royaume; c'était Naples arraché à la maison de Bourbon. Par un simple message au sénat, l'Empereur annonça : « qu'il avait déféré cette couronne à son frère Joseph Napoléon. » La conquête était accomplie, la résistance des lazzaroni se brisait devant les armées régulières conduites par Masséna [1].

« Nous entendons qu'il transmettra ladite principauté à ses enfants mâles, légitimes et naturels, par ordre de primogéniture; nous réservant, si sa descendance masculine, naturelle et légitime venait à s'éteindre, ce que Dieu ne veuille, de transmettre ladite principauté aux mêmes titres et charges, à notre choix et ainsi que nous le croirons convenable pour le bien de nos peuples et l'intérêt de notre couronne.

« Notre grand-chambellan et ministre des relations extérieures, Talleyrand, prêtera en nos mains, et en sadite qualité de prince et duc de Bénévent, le serment de nous servir en bon et loyal sujet. Le même serment sera prêté à chaque vacance par ses successeurs. »

Le décret qui nomme le maréchal Bernadotte prince de Ponte-Corvo, est conçu dans les mêmes termes.

[1] Voici comment on annonçait la répression des insurgés montagnards :

Naples, 20 mai 1806.

« On a fusillé hier, sur la place du Château, deux officiers de la bande de Fra-Diavolo. »

Au Corps législatif, Napoléon déclarant que la maison de Bourbon avait cessé de régner sur Naples, que restait-il à faire? il donnait cette couronne à Joseph Bonaparte, par un simple acte de sa volonté [1]; on ne garda même aucune forme; on ne prit aucun ménagement; le peuple ne fut point consulté; c'était une conquête, un vainqueur disposait de la couronne par la seule force de sa puissance. Ici commençait la réalisation du pacte de famille, imitation de la politique de Louis XIV; ce que le grand roi avait fait pour ses petits-fils, Napoléon l'accomplissait pour ses frères; un coup de baguette, et Joseph était transformé en roi! qu'était-il besoin d'une autre forme constitutionnelle que la volonté de l'Empereur? Au fond, le royaume de Naples n'était qu'une annexe, qu'une vassalité de l'Empire; Napoléon disait à l'Europe : « Ce n'est pas moi qui règne à Naples, c'est Joseph mon frère, indépendant de ma couronne. » Son système fédératif se soutenait en Italie par l'État de Venise sur l'Adriatique et par Naples, non loin de la Sicile, de la Grèce et de Malte; plus tard il placerait l'Espagne sous sa main, afin d'enlacer la Méditerranée sous une seule domination.

Au nord il fallait créer quelque chose de semblable; sa puissance territoriale s'étendait jusqu'à Anvers; la

---

[1] Avant même d'être élevé à la royauté, Joseph agissait en souverain. Un de ses actes constitue le gouvernement napolitain.

« Au nom de l'Empereur des Français, roi d'Italie, notre très auguste frère et souverain, nous, Napoléon-Joseph Bonaparte, prince français, grand-électeur de l'Empire, lieutenant de Sa Majesté, commandant en chef l'armée de Naples, voulant rendre à l'administration son activité accoutumée, ordonnons ce qui suit :

« Les fonctions exercées par les secrétaires d'État qui ont abandonné leur poste seront provisoirement remplies par des directeurs, ainsi qu'il suit.

« Pour la secrétairerie des grâces et justice, par M. Michel-Ange Cianciulli, chef de la rote du *sacro regio consiglio;* pour celle des finances, par M. le prince de Bisignano; pour celle de la guerre, par M. François Miot, conseiller d'État de S. M. l'empereur et roi, et l'un des commandants de la Légion d'honneur; pour celle de la marine, par M. le commandeur Pignatelli; pour la police générale du royaume, par M. Salicetti, ci-devant ministre plénipo-

république batave était comme partie inhérente du système fédératif de Napoléon; ces formes d'états-généraux, d'assemblées représentatives et délibérantes, ne donnaient pas une suffisante garantie à Napoléon; il voulait plus d'unité, plus d'obéissance, et la main d'un roi tributaire lui était indispensable en Hollande, comme à Naples. Dès lors ce qu'il avait fait pour l'Italie méridionale, il l'accomplit également au nord; la mission de l'amiral Werhüel, son voyage à Paris pour offrir la couronne, les votes hâtivement recueillis, étaient de ces formules que l'Empereur savait imposer quand il voulait arriver à un résultat indispensable à sa politique. Toute délibération populaire fut un jeu joué, un mensonge; l'Empereur n'eut qu'à déclarer sa volonté souveraine de créer un royaume de Hollande en faveur de son frère Louis [1]; le même jour, la république batave abdiqua son système de présidence, et brisa la constitution qu'elle avait récemment promulguée. Quand il y avait une république en France, tout

tentiaire de S. M. l'empereur et roi à Gênes; pour les affaires ecclésiastiques, par M. le duc de Cassano; pour la maison et domaines royaux, par M. le duc de Campochiaro.

« Fait à Naples, le 22 février 1806. »
Joseph Bonaparte.

[1] L'Empereur annonça le même jour l'élection du prince Louis à la couronne de Hollande, et l'adoption du cardinal Fesch par le prince primat.

« Sénateurs, nous chargeons notre cousin l'archi-chancelier de l'Empire de vous faire connaître qu'adhérant aux vœux de LL. HH. PP., nous avons proclamé le prince Louis Napoléon, notre bien-aimé frère, roi de Hollande, pour ladite couronne être héréditaire en toute souveraineté, par ordre de primogéniture, dans sa descendance naturelle, légitime et masculine, notre intention étant en même temps que le roi de Hollande et ses descendants conservent la dignité de connétable de l'Empire. Notre détermination dans cette circonstance nous a paru conforme aux intérêts de nos peuples. Sous le point de vue militaire, la Hollande possédant toutes les places fortes qui garantissent notre frontière du nord, il importait à la sûreté de nos États que la garde en fût confiée à des personnes sur l'attachement desquelles nous ne pussions concevoir aucun doute. Sous le point de vue commercial, la Hollande étant située à l'embouchure des grandes rivières qui arrosent une partie considérable de notre territoire, il fallait que nous eussions la garantie que le traité de commerce que nous conclurons avec elle serait fidèlement exécuté, afin de concilier les intérêts de nos manufactures et de notre commerce avec ceux de ces peuples. Enfin, la Hollande

s'était formulé autour d'elle dans les idées démocratiques. Lorsque Napoléon fondait un grand empire, lorsqu'il plaçait la couronne sur sa tête, alors tout se monarchisa : l'Italie, la Hollande, Naples ; il n'y eut ni intervention de peuple, ni assentiment des cabinets ; Louis Bonaparte se plaça dans le palais de La Haye en vertu du principe qui avait fait Joseph roi de Naples. L'Europe dut apprendre ainsi quelle sorte d'indépendance Napoléon laissait aux États qu'il appelait fédératifs [1], préfectures pourprées sous la main absolue du suzerain de la France.

A l'Est, Napoléon avait son système de défense assuré par la Suisse ; les cantons l'avaient déclaré solennellement leur médiateur en renouvelant les anciennes capitulations, et l'on voyait plus de 20,000 de ces dignes montagnards dans les régiments français. L'Empereur n'avait pas ces petits scrupules de nationalité qui appellent des armées exclusivement françaises ; comme il avait besoin de la conquête, peu lui importait avec quelles troupes il

est le premier intérêt politique de la France. Une magistrature élective aurait eu l'inconvénient de livrer fréquemment ce pays aux intrigues de nos ennemis, et chaque élection serait devenue le signal d'une guerre nouvelle.

« Le prince Louis, n'étant animé d'aucune ambition personnelle, nous a donné une preuve de l'amour qu'il nous porte, et de son estime pour les peuples de la Hollande, en acceptant un trône qui lui impose de si grandes obligations.

« L'archi-chancelier de l'empire d'Allemagne, électeur de Ratisbonne et primat de Germanie, nous ayant fait connaître que son intention était de se donner un coadjuteur, et que, d'accord avec ses ministres et les principaux membres de son chapitre, il avait pensé qu'il était du bien de la religion et de l'empire germanique qu'il nommât à cette place notre oncle et cousin le cardinal Fesch, notre grand-aumônier et archevêque de Lyon, nous avons accepté ladite nomination au nom dudit cardinal. Si cette détermination de l'électeur archichancelier de l'empire germanique est utile à l'Allemagne, et elle n'est pas moins conforme à la politique de la France.

« Ainsi le service de la patrie appelle loin de nous nos frères et nos enfants. Mais le bonheur et les prospérités de nos peuples composent aussi nos plus chères affections. »

En notre palais de Saint-Cloud, le 5 juin 1806.   *Signé*, Napoléon.

[1] Louis Bonaparte adressait aux Hollandais un rescrit de sa main.

« Louis Napoléon, par la grâce de Dieu et les lois constitutionnelles de l'état, roi de

l'obtenait, pourvu qu'il fixât la victoire sous ses drapeaux; peut-être, si son système s'était complétement réalisé, il aurait monarchisé la Suisse, comme les autres parties de l'Europe, pour la donner à quelqu'un de ses lieutenants heureux ; qui sait? à Masséna, le vainqueur de Zurich. Le temps n'était pas venu, et il bornait son impulsion souveraine à dominer les cantons par les notes de sa diplomatie; il avait le passage des montagnes par le mont Cenis et le Simplon; la Suisse n'entrait qu'indirectement dans la défense territoriale.

L'attention la plus vive de l'Empereur se fixa sur l'Allemagne, après le traité de Presbourg spécialement ; l'Italie pouvait-elle l'inquiéter? L'Autriche avait commencé la dernière guerre par l'invasion subite, rapide, de la Bavière; elle avait montré, précisément même par cette conquête au pas de course, combien était dangereuse la situation de l'Allemagne en face de la Prusse et de l'Autriche tout à la fois, qui pouvaient se liguer contre la France. C'est dans ce but que Napoléon avait créé les royautés de Bavière et de Wurtemberg, en donnant à chacun de ces royaumes des accroissements territoriaux qui pussent en

---

Hollande; à tous ceux qui la présente liront ou entendront lire, salut,

« Savoir faisons, par la présente proclamation, à tous en général et à chacun en particulier, que nous avons accepté et acceptons la couronne de Hollande, conformément aux vœux du pays, aux lois constitutionnelles et au traité muni des ratifications réciproques, lequel nous a été présenté aujourd'hui par les députés de la nation hollandaise.

« A notre avénement au trône, notre soin le plus cher sera de veiller aux intérêts de notre peuple. Nous prendrons toujours à cœur de lui donner des preuves constantes et multipliées de notre amour et de notre sollicitude; nous maintiendrons la liberté de nos sujets et leurs droits, et nous nous occuperons sans cesse de leur bien-être.

« L'indépendance du royaume est garantie par l'Empereur notre frère; les lois constitutionnelles garantissent à chacun ses créances sur l'État, sa liberté personnelle et sa liberté de conscience. C'est après cette déclaration que nous avons décrété et décrétons ce qui suit :

« 1º Les ministres de la marine et des finances, par décret de ce jour, entreront en fonctions; les autres ministres continueront les leurs jusqu'à nouvel ordre.

2º Toutes les autorités constituées quelles qu'elles soient, civiles ou militaires, continueront leurs fonctions jusqu'à ce qu'il en soit autrement ordonné.

PROJET DE CONFÉDÉRATION DU RHIN (JUIN 1806).

faire une barrière formidable contre l'Autriche et la Prusse. Si l'on parvenait à déterminer la Saxe à se placer dans ce système, la fédération allemande serait rétablie sur des bases jeunes et fortes.

Depuis le traité de Presbourg, M. de Talleyrand s'occupait à fixer les indemnités territoriales, et à régler d'une manière positive le balancement des intérêts germaniques. Quelques nouveaux princes se posaient au sein de cette nationalité ; et par exemple le grand-duc de Berg et de Clèves, Murat, dont nous avons parlé ; on avait la promesse de l'archiduc, électeur de Wurtzbourg, que l'Empereur réservait à de plus vastes desseins. L'influence française était si décisive alors en Allemagne, que le prince primat choisit pour coadjuteur, et par conséquent pour son successeur immédiat, le cardinal Fesch, l'oncle même de l'Empereur. Dans sa correspondance intime avec M. de Talleyrand, Napoléon lui recommande surtout, dans les divisions et les partages qui pourraient être faits en Allemagne, de réserver un cercle ¹ territorial de 1,000,000 à 1,200,000 âmes, pour en faire un royaume ou une principauté ; il ne dit pas encore à quel but, mais depuis la réconciliation de l'Empereur avec son jeune frère Jérôme, on pouvait deviner que cette principauté serait donnée, sous le titre de royaume ou de grand-duché, au puiné de Napoléon, afin

---

« 3° Les lois constitutionnelles de l'État, le traité conclu à Paris entre la France et la Hollande, seront immédiatement publiés, ainsi que le présent décret, de la manière la plus authentique.

« Donné à Paris, le 5 juin 1806, et de notre règne le premier. »

        Signé, Louis.

¹ *Note remise par Napoléon à M. de Talleyrand, le 21 avril 1806.*

« Faire un nouvel état au nord de l'Allemagne, qui soit dans les intérêts de la France, qui garantisse la Hollande et la Flandre contre la Prusse, et l'Europe contre la Russie ; le moyen serait le duché de Berg, Hesse Darmstadt, etc. Chercher en outre dans les entours tout ce qui pourrait y être incorporé, pour pouvoir former 1,000,000 ou 1,200,000 âmes, y joindre, si l'on veut, le Hanovre ; y joindre, dans la perspective, Hambourg, Bremen, Lubeck ; donner la statistique de ce nouve État. Cela fait, con-

de le créer de plein droit membre du corps germanique, et de placer un nouveau prince français dans le sein de l'Allemagne.

Tout ce trafic de princes et de principautés, cet échange de peuples, cette confusion de tous les droits, fut et dut être l'occasion d'une multitude de transactions intéressées et d'indemnités pécuniaires; les petits princes d'Allemagne venaient tendre la main à Paris ou à Mayence pour conserver leurs priviléges et leurs fiefs dans leur intégrité. Nul ne put éviter certaines transactions scandaleuses qui retentirent alors sur le Rhin. La pensée de Napoléon était politique : en Bavière, il donnait pour gendre au nouveau roi le jeune de Beauharnais, son fils adoptif, vice-roi d'Italie; il préparait dans la famille de Wurtemberg l'alliance de Jérôme, créé roi d'un territoire que M. de Talleyrand devait régler; Stéphanie de Beauharnais devenait princesse de Bade ; Murat, grand-duc de Berg et de Clèves; le cardinal Fesch, héritier du prince primat; il y avait donc un mélange de sang vieux et nouveau, des intérêts de l'Empire français et de ceux de l'Allemagne ; tout cela avait un but politique précis. A côté de cette pensée se réfugiaient des intérêts sordides; des bénéfices considérables furent obtenus dans le règlement de principautés; des dignitaires de l'Empire se posèrent comme protecteurs des princes allemands; ils les prenaient sous leur patronage, comme à Rome les sénateurs qui avaient pour

sidérer l'Allemagne comme divisée en huit États : Bavière, Bade, Wurtemberg et le nouvel État, dans l'intérêt de la France ; l'Autriche, la Prusse, Hesse-Cassel et la Saxe, dans l'intérêt opposé. D'après cette division, supposé qu'on détruise la constitution germanique, et qu'on annule, au profit des huit grands États, les petites souverainetés, il faut faire un calcul statistique pour savoir si les quatre grands États qui sont dans les intérêts de la France perdront ou gagneront plus à cette destruction que les quatre États qui n'y sont pas. »

clients les rois de Syrie, les villes de la Grèce ou les princes d'Asie; on se permit des exactions inouïes; les florins furent donnés par millions aux négociateurs, et l'Allemagne rappelle dans ses annales les iniquités de cette époque, qui ne fut grandiose que dans la pensée de l'Empereur. On exploita le triomphe avec une cupidité indicible, à ce point que tel général ou tel dignitaire se fit escompter sa faveur auprès de Napoléon par des masses de vins du Rhin, rachetées ensuite à des prix fous, comme dans les transactions usuraires avec les fils de famille.

L'Empereur voulut mettre un peu d'ordre dans le chaos que la guerre avait fait au sein de l'Allemagne; son but fut tout à la fois militaire et administratif. La vieille confédération germanique, instituée par la bulle d'or, avait été successivement détruite par les trois traités de Campo-Formio, de Lunéville et de Presbourg; ce dernier traité, surtout, devait amener comme conséquence, l'abdication formelle du titre impérial de la part de François II [1]; la charte constitutive était déchirée; il n'y avait plus d'empereur de la Germanie et

---

[1] L'acte officiel de renonciation de l'empereur François II au titre d'empereur d'Allemagne est un peu postérieur :

« Depuis la paix de Presbourg, toute notre attention et tous nos soins ont été employés à remplir, avec une fidélité scrupuleuse, les engagements contractés par cette paix, à consolider partout les rapports amicaux heureusement établis, et à attendre pour voir si les changements causés par la paix nous permettraient de satisfaire à nos devoirs importants en qualité de chef de l'empire germanique, conformes à la capitulation d'élection.

« Mais les suites de quelques articles du traité de Presbourg, immédiatement après la publication et encore à présent, et les événements généralement connus qui ensuite ont eu lieu dans l'empire germanique, nous ont convaincu qu'il sera impossible, sous ces circonstances, de continuer les obligations contractées par la capitulation d'élection : et si, en réfléchissant sur les rapports politiques, il était même possible de s'imaginer un changement de choses, la convention du 12 juillet, signée à Paris et approuvée ensuite par les parties contractantes, relativement à une séparation entière de plusieurs états considérables de l'empire, et leur confédération particulière, a entièrement détruit toute espérance.

« Étant par là convaincu de l'impossibilité de pouvoir plus longtemps remplir les

de roi des Romains; titres usés, héritage de la maison de Habsbourg. L'empereur François II, limitant à l'Autriche la dignité des Césars, avait abdiqué la couronne germanique que ne lui reconnaissaient plus les rois de Bavière et de Wurtemberg; l'édifice brisé croulait en ruine. De cette abdication résultait, comme conséquence, la plus étrange confusion dans les intérêts nouveaux et les intérêts anciens de l'Allemagne : allait-on laisser dans l'isolement toutes ses forces éparses? Ne fallait-il pas un protectorat qui ne fût plus l'Empire, et qui pût donner assez de puissance pour se défendre contre l'Autriche et la Prusse, les deux grands États allemands?

L'idée d'une confédération du Rhin était née dans la tête habile du cardinal Mazarin après la paix de Munster (24 octobre 1648); l'empereur romain-germanique ayant retardé l'évacuation prescrite par la convention du 4 juillet 1650, pour favoriser Charles IV, duc de Lorraine, devenu une espèce d'aventurier dévastateur, deux ligues, l'une catholique, l'autre protestante, s'étaient formées le 24 mars 1654 pour prévenir des maux incalculables; la France, protectrice alors de l'Allemagne, parvint à les

devoirs de nos fonctions impériales, nous devons à nos principes et à notre devoir de renoncer à une couronne qui n'avait de valeur à nos yeux que pendant que nous étions à même de répondre à la confiance des électeurs, princes et autres états de l'empire germanique, et de satisfaire aux devoirs dont nous nous étions chargés. Nous déclarons donc par la présente que nous considérons comme dissous les liens qui jusqu'à présent nous ont attachés au corps d'état de l'empire germanique, que nous considérons comme éteinte par la confédération des états du Rhin, la charge de chef de l'empire, et que nous nous considérons par là acquitté de tous devoirs envers l'empire germanique, en déposant la couronne impériale et le gouvernement impérial. Nous absolvons en même temps les électeurs, princes et états, et tout ce qui appartient à l'empire, particulièrement les membres du tribunal suprême et autres magistrats de l'empire, de leurs devoirs, par lesquels ils ont été liés à nous comme chef légal de l'empire d'après la constitution.

« Nous dissolvons également toutes nos provinces allemandes et pays de l'empire, de leurs devoirs réciproques envers l'empire germanique, et nous tâcherons, en les incorporant à nos états autrichiens, comme empereur d'Autriche, de les porter, dans les rapports amicaux subsistants avec toutes les puissances et états voisins, à cette hau-

réunir en 1655; le fruit de cette réunion fut, sous les auspices du cabinet français, une capitulation exigée de l'empereur Léopold à son avénement, le 18 juillet 1658. Cette ligue, ainsi triomphante de l'ambition autrichienne, avait pris la qualification de *Ligue du Rhin*, et quoiqu'elle eût pour objet de balancer la puissance impériale, elle lui devint utile dans la guerre contre les Turcs; car ce fut le contingent à cette ligue, promis par la France, réclamé par l'Empire et fourni par Louis XIV, qui vainquit les Ottomans en 1664, à Saint-Godard, sur les rives du Raab. Puis elle tomba, faute d'utilité, quand l'accord rétabli entre les souverains germaniques et la paix avec la Turquie eurent rendu l'Allemagne à un état de parfaite tranquillité. Sa dissolution fut même bientôt amenée par les craintes qu'inspira l'ambition du monarque français; elle irrita les esprits à une époque où les cœurs conservaient encore une énergie que l'égoïsme actuel a fait presque entièrement disparaître [1].

L'histoire avait été profondément étudiée par Napoléon, et M. de Talleyrand ébaucha le projet d'une confédération du Rhin, dirigée contre le cabinet de Vienne, et

---

teur de prospérité et de bonheur qui est le but de tous nos désirs et l'objet de nos plus doux soins.

« Fait dans notre résidence, sous notre sceau impérial, Vienne, le 6 août 1806. »

FRANÇOIS.

[1] En remontant plus haut, on trouve encore quelques vestiges de la Confédération du Rhin. On peut consulter sur ce point mon livre de *Richelieu, Mazarin et la Fronde*.

« Le commencement du XIVe siècle avait vu la ligue de Mayence, Trèves, Cologne et du Palatinat contre Albert d'Autriche; vinrent ensuite celle de tous les électeurs, à l'effet de maintenir le vicariat dans la maison palatine en 1338, et la ligue contre Wenceslas en 1390. Un seul électeur, quelques princes et des villes s'unirent en 1406 pour défendre leurs droits privés, et quatre ans après une semblable confédération déclara qu'on aurait droit de résister à l'empereur ou au roi des Romains qui enfreindrait les lois du corps germanique. Les électeurs s'élevèrent, en 1444 et 1446, contre toute tentative de démembrement de l'empire; la première ligue du Rhin eut lieu en 1519, au commencement du règne de Charles-Quint. On pourrait citer encore celle de 1693 contre la création d'un neuvième électorat, et celle de 1695 contre l'érection de Nassau en archevêché; enfin, celle de Nuremberg, en 1700, pour la conservation des droits de l'empire. »

pour assurer la prépondérance de la France. Avant la paix de Presbourg, l'influence de la Prusse et de l'Autriche était trop considérable pour que les petits États osassent s'en affranchir; il n'y avait pas encore de rois de Bavière et de Wurtemberg. La victoire d'Austerlitz grandit dans tout son éclat la puissance de Napoléon, et on put alors discuter les bases de cette fédération qui avait pour objet de lier les uns aux autres, les États allemands du premier et du second ordre; par une simple déclaration de volonté, ils s'engageraient à faire partie d'une nouvelle corporation territoriale qui prendrait pour titre la *Confédération du Rhin*, en souvenir de la ligue dont les bases avaient été jetées par le cardinal Mazarin. Les articles durent reposer sur les principes fixes d'une garantie politique et militaire : 1° Association mutuelle pour la défense des intérêts communs; 2° Fixation du contingent que chacun des confédérés devrait apporter dans la ligue, toutes les fois que les forces de la confédération seraient convoquées pour une guerre allemande[1]; 3° Mode de délibération qui mettrait en jeu les forces de la confédération sous la protection de

---

[1] On écrivait de Francfort, 4 août 1806 : « La confédération du midi de l'Allemagne, sous la protection de la France, est maintenant déclarée, et prendra le nom de Confédération du Rhin. Suivant le bruit répandu, l'Allemagne sera ainsi partagée : 1° la monarchie autrichienne; 2° la monarchie prussienne; 3° la Confédération du Rhin. Les états invités à la former sont : la Bavière, l'électeur archi-chancelier, Wurtemberg, Bade, Hesse, la Saxe, Wurtzbourg, Hesse-Darmstadt, Nassau-Usingen, Nassau-Weilbourg, Salm-Salm, Salm-Kirbourg, Aremberg, Hohenlohe-Sigmaringen, Clèves et Berg, Isenbourg, la Layen. Les seuls états qui n'ont pas encore accédé sont : Wurtzbourg, l'électorat de Saxe, et celui de Hesse. Le prince Frédéric de Nassau-Usingen, tant en son nom qu'au nom du prince Nassau-Weilbourg, a déjà déclaré son indépendance de la constitution germanique, par une patente publiée le 31 juillet dans tous ses états, et dont les motifs sont en tout semblables aux motifs de la note communiquée à la diète au nom du gouvernement français. En conséquence des changements territoriaux qui vont avoir lieu, il a été notifié aux comtés d'Isenbourg-Budingen, Meerholz et Wachterbach, dont les possessions sont dans les environs de Hanau, que leurs maisons seront réunies à l'avenir à la maison princière du prince d'Isenbourg-Bierstein. Il en est de même de la maison de Nassau, dont le chef prendra la dignité

l'Empereur des Français, le chef naturel de toutes ces principautés; Napoléon apporterait une masse imposante de forces pour la défense de la patrie commune, si l'un d'entre les États fédérés était attaqué dans ses possessions ou menacé dans ses droits.

Les premiers signataires de cette association furent la Bavière, le Wurtemberg, Bade, et autour de ces États de premier ordre, les princes plus ou moins médiatisés, tels que l'archi-chancelier à Francfort, Hesse-Darmstadt, Aremberg, Salm-Salm, Clèves et Berg, qui, placés aux bords du Rhin, devaient requérir avec plus d'instance la protection de l'empereur Napoléon. Entre eux ainsi se cimenta le premier lien de la Confédération du Rhin, dont la charte fut écrite par M. de Talleyrand sur la rédaction de M. de Dalberg. Nul n'eut le temps de réfléchir; il fallut signer sans observation, à la hâte; M. de Talleyrand déclara que, tout ayant été réglé par l'Empereur avec maturité, il fallait se déclarer pour ou contre son alliance et son protectorat sans hésiter. Dès que ce principe en fut posé, l'ancienne constitution germanique fut détruite, et M. Bacher, l'envoyé de France à la diète de Ratisbonne, s'empressa de notifier à la sérénissime diète que, d'après les changements survenus dans la situation territoriale et princière de l'Allemagne, il n'y avait plus de constitution germanique, et par conséquent de diète. En notifiant le traité de la Confédération du Rhin, M. Bacher ajoutait[1]

---

ducale. Ainsi le système de la Confédération du Rhin est de former un ensemble imposant de tous les états du midi de l'Allemagne, et d'y faire entrer chaque maison sous la protection de son chef. »

[1] Note de M. Bacher à la diète de Ratisbonne.

« Le soussigné, chargé d'affaires de S. M. l'Empereur des Français, roi d'Italie, près la diète générale de l'empire germanique, a reçu de S. M. l'ordre de faire à la diète les déclarations suivantes :

« LL. MM. les rois de Bavière et de Wurtemberg, les princes souverains de Ratisbonne, de Bade, de Berg, de Darmstadt, de Nassau, et les autres principaux princes du

« qu'il cessait ses pouvoirs, attendu qu'il ne pouvait pas y avoir d'ambassadeur auprès d'un corps dont l'existence n'entrait plus désormais dans le droit public européen. » D'après la pensée de Napoléon, l'Allemagne devait se diviser en trois parts : la Prusse au nord, l'Autriche à l'est, la Confédération du Rhin au midi. Chaque État pourrait ainsi choisir ses alliances; il fallait se prononcer : voulaient-ils entrer dans la Confédération du Rhin? une simple déclaration devait suffire, pourvu qu'elle fût précise et formelle; préféraient-ils le protectorat de la Prusse ou de l'Autriche? ils étaient libres, alors ils subissaient les chances d'une guerre. Ainsi Brunswick et la Hesse s'étant prononcées pour la Prusse, ces deux États s'exposaient à toutes les conséquences de leur choix; toute liberté avait ses chances de réussite comme ses causes d'abaissement. Si l'on s'affranchissait du protectorat de l'Empereur, on n'aurait pas l'appui de sa grande épée au jour des conquêtes.

La Confédération du Rhin s'accrut successivement sous la main de Napoléon; les contingents devaient lui servir d'auxiliaires dans ses campagnes d'Allemagne et

midi et de l'ouest de l'Allemagne, ont pris la résolution de former entre eux une confédération qui les mette à l'abri de toutes les incertitudes de l'avenir, et ils ont cessé d'être états de l'Empire.

« La situation dans laquelle le traité de Presbourg a placé directement les cours alliées de la France, et indirectement les princes qu'elles entourent et qui l'avoisinent, étant incompatible avec la condition d'un état d'empire, c'était pour elles et pour ces princes une nécessité d'ordonner sur un nouveau plan le système de leurs rapports, et d'en faire disparaître une contradiction qui aurait été une source permanente d'agitation, d'inquiétude et de danger.

« De son côté, la France, si essentiellement intéressée au maintien de la paix dans le midi de l'Allemagne, et qui ne pouvait pas douter que, du moment où elle aurait fait repasser le Rhin à ses troupes, la discorde, conséquence inévitable de relations contradictoires ou incertaines, mal définies ou mal connues, aurait compromis de nouveau le repos des peuples et rallumé peut-être la guerre sur le continent; obligée d'ailleurs de concourir au bien-être de ses alliés et de les faire jouir de tous les avantages que le traité de Presbourg leur assure, et qu'elle leur a garantis, la France n'a pu voir dans la confédération qu'ils ont formée qu'une suite naturelle et le complément nécessaire de ce traité.

« Depuis longtemps des altérations suc-

même dans les expéditions lointaines qui ne touchaient en aucun point aux intérêts germaniques; pour lui la Confédération ne fut qu'un instrument militaire; on vit des régiments de Wurtembergeois, Bavarois ou Badois en Espagne; plus tard ils marchaient en ligne dans la campagne de Russie, vaste mouvement contre les nations slaves. C'est donc moins sous le point de vue de la nationalité germanique que pour l'accroissement et le développement de ses forces militaires que la Confédération du Rhin fut établie. Le système fédératif de Napoléon avait plutôt un but offensif qu'une pensée de préservation : chaque nation, chaque gouvernement allié lui servait comme d'avant-poste pour préparer de nouvelles conquêtes; du haut des rochers de la Calabre, il contemplait la Sicile, la Grèce, la Thessalie, la Macédoine, ces pays fabuleux qui avaient vu naître Alexandre. L'Adriatique le faisait soupirer après les belles eaux de Constantinople et la mer de Marmara qui baigne les sept tours. Du sommet des Pyrénées, il voyait le Guipuzcoa, Burgos, la ville antique des évêques, Barcelonne avec sa rambla si

cessives, qui, de siècle en siècle, n'ont été qu'en augmentant, avaient réduit la constitution germanique à n'être plus qu'une ombre d'elle-même. Le temps avait changé tous les rapports de grandeur et de force qui existaient primitivement entre les divers membres de la confédération, et entre chacun d'eux et le tout dont ils faisaient partie. La diète avait cessé d'avoir une volonté qui lui fût propre; les sentences des tribunaux suprêmes ne pouvaient être mises à exécution. Tout attestait un affaiblissement si grand, que le lien fédératif n'offrait plus de garantie à personne, et n'était, entre les puissants, qu'un moyen de dissension et de discorde. Les événements des trois coalitions ont porté cet affaiblissement à son dernier terme. Un électorat a été supprimé par la réunion du Hanovre à la Prusse; un roi du nord a incorporé à ses autres états une des provinces de l'Empire; le traité de Presbourg a attribué à LL. MM. les rois de Bavière et de Wurtemberg et à S. A. S. l'électeur de Bade, la plénitude de la souveraineté, prérogative que les autres électeurs réclameraient sans doute, et seraient fondés à réclamer, mais qui ne peut s'accorder ni avec la lettre ni avec l'esprit de la constitution de l'Empire.'

« S. M. l'Empereur et roi est donc obligé de déclarer qu'il ne reconnaît plus l'existence de la constitution germanique, en reconnaissant néanmoins la souveraineté entière et absolue de chacun des princes dont les états composent aujourd'hui l'Alle-

gaie et sa bourse de marbre, Valence avec ses jardins. L'Ebre avait servi de limites à l'empire de Charlemagne, pourquoi ses soldats ne visiteraient-ils pas Séville, Cordoue et son Allambra, comme les légions de Rome avaient salué l'Espagne? Du Zuyderzée et de la Hollande, il jetait les yeux sur Hambourg, sur les villes libres et anséatiques, si riches, si peuplées, où les marchandises anglaises trouvaient des débouchés actifs et favorables au développement des manufactures. Le détroit du Sund était la clef de la Baltique, Napoléon en souhaitait la suzeraineté comme il rêvait la domination des Dardanelles, la clef de la mer Noire, la bouche de l'Asie.

Sur le Rhin, d'autres pensées venaient à lui : il avait vingt fois déclaré dans ses notes diplomatiques : « qu'il prendrait ce fleuve pour limites, » et tout en se tenant à la lettre de ses promesses, il inventait ce système fédératif qui le créait le protecteur de toute l'Allemagne. Le vieil édifice était brisé, l'œuvre des siècles tombait

magne, et conservant avec eux les mêmes relations qu'avec les autres puissances indépendantes de l'Europe.

« S. M. l'empereur et roi a accepté le titre de *protecteur de la Confédération du Rhin*. Il ne l'a fait que dans des vues de paix, et pour que sa médiation, constamment interposée entre les plus faibles et les plus forts, prévienne toute espèce de dissension et de trouble.

« Ayant ainsi satisfait aux plus chers intérêts de son peuple et de ses voisins ; ayant pourvu autant qu'il était en lui à la tranquillité future de l'Europe, et en particulier à la tranquillité de l'Allemagne, qui a été constamment le théâtre de la guerre, en faisant cesser la contradiction qui plaçait les peuples et les princes sous la protection apparente d'un système réellement contraire à leurs intérêts politiques et à leurs traités, S. M. l'empereur et roi espère qu'enfin les nations de l'Europe fermeront l'oreille aux insinuations de ceux qui voudraient entretenir sur le continent une guerre éternelle ; que les armées françaises qui ont passé le Rhin, l'auront passé pour la dernière fois, et que les peuples d'Allemagne ne verront plus que dans l'histoire du passé, l'horrible tableau des désordres de tout genre, des dévastations et des malheurs que la guerre entraîne toujours avec elle.

« S. M. a déclaré qu'elle ne porterait jamais les limites de la France au-delà du Rhin. Elle a été fidèle à sa promesse ; maintenant son unique désir est de pouvoir employer les moyens que la Providence lui a confiés, pour affranchir les mers, rendre au commerce sa liberté, et assurer ainsi le repos et le bonheur du monde. »

Ratisbonne, le 1er août 1806.

Bacher.

en poussière, le conquérant dirigeait tout de son épée ; il jetait des couronnes comme des principautés et des duchés ; immense édifice, mais fragile, car ce qu'il donnait ne créait pas une possession antique et incontestée ; il distribuait les trônes comme des grades, des royautés comme des galons de caporaux, et ce qui définit mieux que toute autre expression le caractère mobile de tout cet édifice, c'est le dicton des vieux soldats ; lorsqu'ils voulaient désigner la fortune merveilleuse d'un général appelé à une souveraineté, ils disaient : « Murat ou Bernadotte est passé roi. » *Passé roi*, mot profond ! *passé roi*, comme si l'on était *passé sergent !* Dans cette multitude glorieuse tout était grade sous un chef suprême, et voilà en quoi toute cette lignée de l'Empereur se trompa, lorsque, se séparant follement de lui, elle s'imagina qu'elle était quelque chose indépendamment de la pourpre de Napoléon. L'Empire n'était qu'un grand centre, une puissante personnalité se résumant dans l'égoïsme d'une seule force, d'une seule renommée ; quand elle disparut, tout s'évanouit avec elle.

CHAPITRE VII.

NÉGOCIATIONS DIPLOMATIQUES AVANT LA GUERRE

CONTRE LA PRUSSE.

Idée anglaise de M. de Talleyrand. —Désir de la paix.—Prétexte pour l'amener. —Correspondance de M. Fox et de M. de Talleyrand. — Situation respective de la Prusse, de l'Angleterre et de la France. — Question du Hanovre. — Retraite de M. de Hardenberg. — Calomnies de Napoléon. — Triomphe du comte de Haugwitz. — Rapprochement avec la France. — Guerre de la Grande-Bretagne contre la Prusse. — Lord Yarmouth à Paris. — Ouverture des négociations. — Bases d'un traité. — La France et la Russie. — Arrivée de M. d'Oubril. — Traité séparé. — Mission de lord Lauderdale. — Rupture et demande de passeports.—Traité secret sur les îles Baléares communiqué à l'Espagne.—Armements et levées d'hommes.— Le prince de la Paix.

Février à Septembre 1806.

L'idée fondamentale de M. de Talleyrand, la base de toute son éducation diplomatique, reposait sur les avantages incontestables et même sur l'impérieuse nécessité d'une alliance entre la France et l'Angleterre, les deux nations puissamment civilisées. Dès le début de sa carrière politique, M. de Talleyrand n'avait caché ni ses affections, ni ses entraînements pour les formes de la constitution britannique; l'évêque d'Autun en fut un des zélés partisans à la Constituante; il se lia aux opinions de MM. Mounier, de Lally-Tolendal, et dans l'effervescence de ses convictions, il aurait voulu donner à la France le gouvernement parlementaire, appuyé sur une révolution semblable à celle de 1688. Lorsque M. de Talleyrand fut envoyé à Londres avec des instructions intimes des Girondins, il se posa comme l'un des chauds partisans de l'alliance anglaise, et si la Grande-Bretagne avait voulu rester neutre au moment où la Législative déclarait la guerre à la Prusse et à l'empereur d'Allemagne, M. de Chauvelin et M. de Talleyrand proposaient de céder l'île de France, Tabago, et de détruire le port de Cherbourg, qui inquiétait l'Angleterre, circonstance curieuse dans l'histoire diplomatique de la révolution française. Arrivé sous le Directoire à la tête des relations extérieures, M. de Talleyrand ouvrit une négociation avec l'Angleterre; sous le Consulat, il fut un des grands promoteurs du traité d'Amiens; et quoi d'étonnant qu'après Austerlitz, où la couronne se consolide sur le front de l'Empereur, M. de Talleyrand veuille tenter une pacifique démarche auprès de la Grande-Bretagne, et réaliser ainsi sur d'autres bases la pensée de sa jeunesse?

M. de Talleyrand en saisit le premier prétexte; on était au mois de février, l'Empereur arrivait à peine de sa campagne d'Austerlitz, lorsque M. Fox adressa au ministre français une dépêche intime fort remarquable[1]. Un homme s'était présenté à M. Fox pour

---

[1] Je donne ici le texte anglais de cette dépêche importante :

Letter from Mr. Secretary Fox to M. Talleyrand.

Downing-street, 20th febr. 1806.

« Sir, I think it my duty as an honest man to communicate to you, as soon as possible, a very extraordinary circumstance which is come to my knowledge. The shortest way will be to relate to you the fact simply as it happened.

« A few days ago, a person informed me, that he was just arrived at Gravesend without a passport, requesting me at the same time to send him one, as he had very lately left Paris, and had something to communicate to me which would give me satisfaction. I send for him he came to my house the following day. — I received him alone in my closet; when, after some unimportant conversation, this villain had the audaticy to tell me, that it was necessary for the tranquillity of all crowned heads to put to death the Ruler of France; and that for

lui proposer un complot contre Napoléon; sûr de l'atteindre au cœur, il avait pour cela loué une maison à Passy, et il demandait à l'Angleterre d'appuyer son projet pour le faire servir aux intérêts de la nation dans la guerre si acharnée entre deux peuples rivaux depuis tant de siècles. M. Fox avait senti sa délicatesse s'irriter de telles ouvertures; et s'indignant qu'on eût osé s'adresser à un ministre britannique pour un tel dessein, il se hâta d'en informer M. de Talleyrand.
« Je crois de mon devoir, en qualité d'honnête homme, écrivait M. Fox, de vous faire part le plus tôt possible d'une circonstance assez étrange, qui est venue à ma connaissance. Le plus court sera de vous narrer le fait comme il est arrivé. Il y a quelques jours qu'un homme m'annonça qu'il venait de débarquer à Gravesend sans passeport, et qu'il me pria de lui en envoyer un, parce qu'il venait récemment de Paris, et qu'il avait des choses à m'apprendre qui *me feraient plaisir*. Je l'entretins tout seul dans mon cabinet, où, après quelques discours peu importants, ce scélérat eut l'audace de me dire que, pour tranquilliser toutes les couronnes, il fallait faire mourir le chef des Français; et que pour cet objet on avait loué une maison à Passy, d'où l'on pouvait, à coup sûr et sans risque, exécuter ce projet

---

this purpose, a house had been hired at Passy, from which this detestable project could be carried into effect with certainty, and without risk. I did not perfectly understand if it was to be done by a common musket, or by fire arms upon a new principle.

« I am not ashamed to confess to you, sir, *who know me*, that my confusion was extreme, in thus finding myself led into a conversation with an avowed assassin; I instantly ordered him to leave me, giving, at the same time, orders to the police officer who accompanied him, to send him out of the kingdom as soon as possible.

« After having more attentively reflected upon what I had done, I saw my error in having suffered him to depart without having previously informed you of the circumstance, and I ordered him to be detained.

« It is probable that all this is unfounded,

détestable. Je n'ai pas bien entendu si ce devait être par le moyen des fusils en usage, ou bien par des armes à feu d'une construction nouvelle. Je n'ai pas honte de vous avouer, à vous, M. le ministre, qui me connaissez, que ma confusion était extrême, de me trouver dans le cas de converser avec un assassin déclaré. Par une suite de cette confusion je lui ordonnai de me quitter instantanément, donnant en même temps des instructions à l'officier de police qui le gardait, de le faire sortir du royaume au plus tôt. Après avoir réfléchi plus mûrement sur ce que je venais de faire, je reconnus la faute que j'avais commise en le laissant partir avant que vous en fussiez informé, et je le fis retenir. Il y a apparence que tout ceci n'est rien, et que ce misérable n'a eu autre chose en vue que de faire le fanfaron, en promettant des choses qui, d'après sa façon de penser, *me feraient plaisir*. En tout cas j'ai cru qu'il fallait vous avertir de ce qui s'est passé, avant de le renvoyer. Nos lois ne nous permettent pas de le retenir plus longtemps; toutefois il ne partira qu'après que vous aurez eu tout le temps de vous mettre en garde contre ses attentats, supposé qu'il ait encore de mauvais desseins ; et lorsqu'il partira j'aurai soin qu'il ne débarque que dans quelque port le plus éloigné possible de France. Il s'est

---

and that the wretch had nothing more in view than to make himself of consequence, by promising what, according to his ideas, would afford me satisfaction.

« At all events, I thought it right to acquaint you with what had happened, before I send him away. Our laws do not permit us to detain him long ; but he shall not be send away till after you shall have had full time to take precautions against his attempts, supposing him still to entertain bad designs ; and when he goes, I shall take care to have him landed at a seaport as remote as possible from France.

« He calls himself here, Guillet de la Gevrillière, but I think it is a false name which he has assumed.

« At his first entrance, I did him the honour to believe him to be a spy.

« I have the honour to be, with the most perfect attachment,

« Sir, your most obedient servant. »

C. J. Fox.

appelé ici Guillet de la Gevrillière, je pense que c'est un faux nom. Il n'avait pas un chiffon de papier à me montrer, et à son premier abord je lui fis l'honneur de le croire espion. »

Cette dépêche était à peine parvenue à Paris, que M. de Talleyrand se hâta de répondre à M. Fox dans les termes les plus empressés, en rapportant une conversation bienveillante qu'il avait eue à ce sujet avec l'Empereur; Napoléon s'était exprimé en termes pleins de convenance sur M. Fox, sur sa probité, sur les souvenirs profonds que pendant son séjour à Paris il avait laissés dans son âme; M. de Talleyrand fit même entrevoir dans les termes de cette conversation le désir vif, pressant d'en finir par une paix stable sur les différends soulevés entre l'Angleterre et la France, deux nations faites également pour s'estimer [1]. N'y avait-il pas dans ces ouvertures un commencement de négociation, une tendance secrète vers la paix? M. de Talleyrand en exprimait le désir le plus empressé; or il faut dire que toute l'affaire du complot était une manœuvre de police, concertée entre M. de Talleyrand et Fouché, tous deux partisans de la paix; un agent était parti de Paris avec la mission expresse de proposer à M. Fox la complicité

---

[1] *Lettre de M. de Talleyrand à M. Fox.*
5 mars 1806.

« Monsieur, j'ai mis la lettre de V. E. sous es yeux de S. M. Son premier mot, après en avoir achevé la lecture, a été : « Je reconnais là les principes d'honneur et de vertu de M. Fox. » Elle a ajouté : « Remerciez-le de ma part, et dites-lui que, soit que la politique de son souverain nous fasse rester encore longtemps en guerre, soit qu'une querelle aussi inutile pour l'humanité ait un terme aussi rapproché que les deux nations doivent le désirer, je me réjouis du nouveau caractère que, par cette démarche, la guerre a déjà pris, et qui est le présage de ce qu'on peut attendre d'un cabinet dont je me plais à apprécier les principes d'après ceux de M. Fox, un des hommes les plus faits pour sentir en toutes choses ce qui est beau, ce qui est vraiment grand. »

« Je ne me permettrai pas, Monsieur, d'ajouter rien aux propres expressions de S. M. I. et R. Je vous prie seulement d'agréer l'assurance de ma plus haute considération. »

Ch. Maur. Talleyrand,
prince de Bénévent.

dans une action infâme, par ce moyen on tâtait le ministre; s'il acceptait les offres d'un vil assassin, on pourrait déclamer contre l'Angleterre, et renouveler dans les journaux les accusations jetées en d'autres temps à M. Pitt et au cabinet tory; si au contraire M. Fox, avec ses principes d'honnêteté, s'indignait d'une telle proposition, alors on s'adresserait par la flatterie à l'honorable chef du cabinet whig, très sensible à l'éloge; on pourrait essayer les propositions d'un traité sur des bases susceptibles d'assurer la paix générale de l'Europe. Ainsi avait raisonné M. de Talleyrand; soit que M. Fox eût deviné le piége, soit qu'il fût aise d'entrer dans une négociation, il fut assez charmé de cette ouverture de M. de Talleyrand pour la communiquer immédiatement à son cabinet.

A partir de ce moment une correspondance diplomatique assidue est échangée entre M. Fox et le ministre des relations extérieures en France; toute cette correspondance, signée de M. Talleyrand, écrite sous la dictée de Napoléon, se ressent d'un certain vague d'idées qui laisse à part les questions positives; on échange plutôt des vœux pour une pacification qu'on ne trace les conditions d'un traité réel; c'est plus encore un cours de philanthropie, l'expression d'un désir politique pour que deux grandes nations entrent dans les voies d'une alliance intelligente, qu'une négociation sérieuse sur des bases matérielles et des cessions réciproques: on y traite les questions de commerce, d'industrie, d'humanité; M. de Talleyrand rappelle les merveilles que l'industrie française a faites dans une époque où elle a été obligée de se replier sur elle-même, et M. Fox répond : « qu'un traité de commerce, désirable peut-être, n'est pas le dernier mot de l'Angleterre, dont les opérations ont pris une marche nouvelle par l'immense développement de ses débouchés depuis dix ans. »

Sur des ouvertures plus précises en termes moins généraux, M. Fox répond à M. de Tallyrand[1] : « Le roi d'Angleterre a déclaré plus d'une fois au parlement, son désir sincère d'embrasser la première occasion de rétablir la paix sur des bases solides, conciliables avec les intérêts et la sûreté de son peuple. Ses dispositions sont toujours pacifiques ; mais c'est à une paix sûre et durable que Sa Majesté vise, non à une trêve incertaine, et par là même inquiétante, tant pour les parties contractantes que pour le reste de l'Europe. Quant aux stipulations du traité d'Amiens qui pourraient être regardées comme bases de la négociation, on a remarqué que cette transaction est interprétée de trois ou quatre différentes manières, et que par conséquent des explications ultérieures seraient nécessaires, ce qui ne manquerait pas de causer un grand délai, quand même il n'y aurait pas d'autres objections. La véritable base d'une telle négociation entre deux grandes puissances qui dédaignent également toute idée de chicane, devrait être une reconnaissance réciproque de part et d'autre du principe suivant, savoir : que les deux parties auraient pour objet une paix honorable pour elles et leurs alliés respectifs, et en même temps de nature à assurer, au-

---

[1] Cette négociation se continue entre M. Fox et M. de Talleyrand. J'ai remarqué que tantôt les dépêches sont en français et tantôt en anglais. Voici quelques-unes de ces pièces écrites de la main de M. Fox.

« Monsieur, je n'ai reçu qu'hier au soir votre dépêche du 1er courant. Avant d'y répondre, permettez-moi d'assurer V. E. que la franchise et le ton obligeant qu'on y remarque ont fait ici le plus grand plaisir ; un esprit conciliatoire, manifesté de part et d'autre, est déjà un grand pas vers la paix.

« Si ce que V. E. dit par rapport aux affaires intérieures regarde les affaires politiques, une réponse n'est guère nécessaire; nous ne nous y immisçons pas en temps de guerre, à plus forte raison nous ne le ferons pas en temps de paix ; et rien n'est plus éloigné des idées qui prévalent chez nous que de vouloir ou nous mêler des

tant qu'il est en leur pouvoir, le repos futur de l'Europe. L'Angleterre ne peut négliger l'intérêt d'aucun de ses alliés, et elle se trouve unie à la Russie par des liens si étroits qu'elle ne voudrait rien traiter, rien conclure, que de concert avec l'empereur Alexandre. En attendant l'intervention actuelle d'un plénipotentiaire russe, on pourrait toujours discuter et même arranger provisoirement quelques-uns des points principaux. Il semblerait que la Russie, à cause de sa position éloignée, ait moins d'intérêts immédiats que les autres puissances à discuter avec la France; mais cette cour, à tous égards si respectable, s'intéresse, comme l'Angleterre, vivement à tout ce qui regarde le sort plus ou moins indépendant des différents princes et États de l'Europe. Vous voyez, monsieur, ajoute M. Fox, comme on est disposé ici à aplanir toutes les difficultés qui pourront retarder la discussion. Ce n'est pas assurément qu'avec les ressources que nous ayons, nous ayons à craindre, pour ce qui nous regarde, la continuation de la guerre; la nation anglaise est, de toute l'Europe, celle qui souffre le moins de sa durée; nous n'en plaignons pas moins les maux d'autrui. Faisons donc ce que nous pouvons pour les détruire, et tâchons, s'il se peut, de concilier les intérêts respectifs et la gloire des deux pays avec la tranquillité de l'Europe et la félicité du genre humain. »

lois intérieures que vous jugerez propres à régler vos douanes et soutenir les droits de votre commerce, ou d'insulter à votre pavillon.

« Quant à un traité de commerce, l'Angleterre croit n'avoir aucun intérêt à le désirer plus que les autres nations. Il y a beaucoup de gens qui pensent qu'un pareil traité entre la France et la Grande-Bretagne serait également utile aux deux parties contractantes; mais c'est une question sur laquelle chaque gouvernement doit juger d'après ses propres aperçus, et celui qui le refuse n'offense pas, ni n'a aucun compte à rendre à celui qui le propose.

« Ce n'est, monsieur, pas moi seulement, mais tout homme raisonnable doit reconnaître que le véritable intérêt de la France c'est la paix, et que, par conséquent, c'est sur sa conservation que doit être fondée la vraie gloire de ceux qui la gouvernent.

A cette dépêche M. de Talleyrand se hâte de répondre en termes très empressés : « A l'heure même où j'ai reçu votre lettre, je me suis rendu auprès de S. M., et je me trouve heureux de vous informer qu'elle m'a autorisé à vous faire la réponse suivante : L'Empereur n'a rien à désirer de ce que possède l'Angleterre. La paix avec la France est possible et peut être perpétuelle quand on ne s'immiscera pas dans les affaires intérieures, et qu'on ne voudra ni la contraindre dans la législation de ses douanes et dans les droits de son commerce, ni faire supporter aucune insulte à son pavillon. Ce n'est pas vous, qui avez montré dans un grand nombre de discussions publiques une connaissance exacte des affaires générales de l'Europe, qu'il faut convaincre que la France n'a rien à désirer que le repos, et une situation qui lui permette de se livrer sans aucun obstacle aux travaux de son industrie. L'Empereur ne pense pas que tel ou tel article du traité d'Amiens ait été la cause de la guerre. Il est convaincu que la véritable cause a été le refus de faire un traité de commerce nécessairement nuisible aux manufactures et à l'industrie de ses sujets ; vos prédécesseurs nous accusaient de vouloir tout envahir ; en France, on accuse aussi l'Angleterre. Eh bien ! nous ne demandons que l'égalité. Nous ne vous demanderons jamais compte de

« Il est vrai que nous nous sommes mutuellement accusés : mais il ne sert à rien, dans ce moment-ci, de discuter les arguments sur lesquels ces accusations ont été fondées. Nous désirons comme vous l'égalité. Nous ne sommes pas assurément comptables l'un à l'autre de ce que nous faisons chez nous, et le principe de réciprocité à cet égard, que V. E. a proposé, paraît juste et raisonnable.

« On ne peut pas disconvenir de ce que vos raisonnements, sur l'inconvénient qu'aurait pour la France une paix sans durée, ne soient bien fondés ; mais de notre côté, celui que nous éprouverions serait aussi très considérable. Il est peut-être naturel que, dans de pareils cas, chaque nation exagère ses propres dangers, ou qu'au moins elle les regarde de plus près et d'un œil plus clairvoyant que ceux d'autrui.

« Quant à l'intervention d'une puissance

ce que vous ferez chez vous, pour qu'à votre tour vous ne nous demandiez jamais compte de ce que nous ferons chez nous. Ce principe est d'une réciprocité juste, raisonnable, et respectivement avantageuse. Vous exprimez le désir que les négociations n'aboutissent pas à une paix sans durée. La France est plus intéressée qu'aucune autre puissance à ce que la paix soit stable. Ce n'est point une trêve qu'elle a intérêt de faire; car une trêve ne ferait que lui préparer de nouvelles pertes. Vous savez très bien que les nations, semblables en ce point à chaque homme considéré individuellement, s'accoutument à une situation de guerre comme à une situation de paix. Toutes les pertes que la France pouvait faire, elle les a faites, elle les fera toujours dans les six premiers mois de la guerre. Aujourd'hui notre commerce et notre industrie se sont repliés sur eux-mêmes et se sont adaptés à notre situation de guerre. Dès lors une trêve de deux ou trois ans serait en même temps tout ce qu'il y aurait de plus contraire à nos intérêts commerciaux et à la politique de l'Empereur. Quant à l'intervention d'un cabinet étranger, l'Empereur pourrait accepter la médiation d'une puissance qui aurait de grandes forces maritimes; car alors sa participation à la paix serait réglée par les mêmes intérêts que nous avons à discuter avec vous; mais la médiation russe

étrangère, il faut d'abord remarquer que, pour ce qui regarde la paix et la guerre entre la France et l'Angleterre, la Russie ne peut être censée puissance étrangère, vu qu'elle est actuellement en alliance avec l'Angleterre et en guerre avec la France. C'est pourquoi dans ma lettre, c'était comme partie, non comme médiateur, qu'on a proposé de faire intervenir l'empereur Alexandre.

« V. E., dans la dernière clause de sa dé-pêche, reconnaît que la paix doit être honorable, tant pour la France et l'Angleterre que pour leurs alliés respectifs. Si cela est, il nous paraît être impossible, vu l'étroite alliance qui subsiste entre les deux gouvernements, que celui de l'Angleterre puisse commencer une négociation, sinon provisoire, sans la concurrence, ou tout au moins le consentement préalable de son allié.

« Pour ce qui est de l'indépendance de l'empire Ottoman, aucune difficulté ne

n'est pas de cette nature. Vous ne voulez pas nous tromper et vous sentez bien qu'il n'y a pas d'égalité entre vous et nous dans la garantie d'une puissance qui a 500,000 hommes sur pied, et qui n'a pas d'armée de mer. Du reste, monsieur, votre communication a un caractère de franchise et de précision que nous n'avons pas encore vu dans les rapports de votre cour avec nous. Je me ferai un devoir de mettre la même franchise et la même clarté dans mes réponses. Nous sommes prêts à faire la paix avec tout le monde, nous ne voulons en imposer à personne; mais nous ne voulons pas qu'on nous en impose, et nul n'a la puissance, ni les moyens de le faire. Il n'est au pouvoir de personne de nous faire revenir sur des traités qui sont exécutés. L'intégrité, l'indépendance entière, absolue, de l'empire Ottoman sont non seulement le désir le plus vrai de l'Empereur, mais le point le plus constant de sa politique. Deux nations éclairées et voisines l'une de l'autre manqueraient à l'opinion qu'elles doivent avoir de leur puissance et de leur sagesse, si elles appelaient dans la discussion des grands intérêts qui les divisent des interventions étrangères et éloignées. »

Le but de M. de Talleyrand, dans cette note confidentielle, est d'éloigner toute médiation de la Russie; il veut traiter avec l'Angleterre séparément; M. Fox ob-

peut s'offrir; ces objets étant également chers à toutes les parties intéressées dans la discussion dont il s'agit.

« Il est peut-être vrai que la puissance de la France sur terre, comparée à celle du reste de l'Europe, n'est pas égale à la supériorité que nous possédons sur mer, envisagée sous le même point de vue; mais il ne faut plus se dissimuler que le projet de combiner toute l'Europe contre la France est chimérique au dernier point.

Au reste, c'est en vérité pousser un peu trop loin les appréhensions pour l'avenir que d'envisager l'alliance entre la Russie et l'Angleterre (les deux puissances de l'Europe les moins faites pour attaquer la France par terre) comme tendante à produire un résultat pareil.

« L'intervention de la Russie à la négociation ne peut non plus être regardée comme la formation d'un congrès, ni pour la forme, ni pour la chose, d'autant qu'il

jecte alors son alliance avec le cabinet de Saint-Pétersbourg, et M. de Talleyrand répond : « Vous êtes les maîtres des mers, vos forces maritimes égalent celles de tous les souverains du monde réunies. Nous sommes une grande puissance continentale; mais il en est plusieurs qui ont autant de forces que nous sur terre, et votre prépondérance sur les mers mettra toujours notre commerce à la disposition de vos escadres dès la première déclaration de guerre que vous voudrez faire. Pensez-vous qu'il soit raisonnable d'attendre que l'Empereur consente jamais à se mettre aussi pour les affaires du continent à votre discrétion? Si, maîtres de la mer par votre puissance propre, vous voulez l'être aussi de la terre par une puissance combinée, la paix n'est pas possible; car alors vous ne voulez pas arriver à des résultats que vous ne pourrez jamais atteindre. L'Empereur, tout accoutumé qu'il est à courir toutes les chances qui présentent des perspectives de grandeur et de gloire, désire la paix avec l'Angleterre. Il est homme; après tant de fatigues, il voudrait aussi du repos. Père de ses sujets, il souhaite, autant que cela peut être compatible avec leur honneur et avec les garanties de l'avenir, leur procurer les douceurs de la paix et les avantages d'un commerce heureux et tranquille. Si donc, monsieur, S. M. le roi d'Angleterre veut réellement la paix avec la France, elle

---

n'y aura que deux parties, la Russie et l'Angleterre d'un côté, et la France de l'autre. Un congrès pourrait être bon à beaucoup d'égards après la signature des préliminaires, en cas que toutes les parties contractantes soient de cet avis; mais c'est un projet à discuter librement et amicalement après que l'affaire principale aura été arrangée.

« Dès que vous consentirez que nous traitions provisoirement jusqu'à ce que la Russie puisse intervenir, et dès lors conjointement avec elle, nous sommes prêts à commencer, sans différer d'un seul jour, la négociation en tel lieu et en telle forme que les deux parties jugeront les plus propres à conduire à bon escient l'objet de nos travaux le plus promptement possible. C. J. Fox.

Downing-Street, april 20, 1806.

« Sir, I received the day before yesterday, your excellency's dispatch.

nommera un plénipotentiaire pour se rendre à Lille. J'ai l'honneur de vous adresser des passeports pour cet objet. Aussitôt que S. M. l'Empereur aura appris l'arrivée du ministre de votre cour, elle en nommera et en enverra un sans délai. L'Empereur est prêt à faire toutes les concessions que, par l'étendue de vos forces navales et votre prépondérance, vous pouvez désirer d'obtenir. Je ne crois pas que vous puissiez refuser d'adopter aussi le principe de lui faire des propositions conformes à l'honneur de sa couronne et aux droits du commerce de ses états. Si vous êtes justes, si vous ne voulez que ce qu'il vous est possible de faire, la paix sera bientôt conclue. »

M. de Talleyrand, toujours dominé par sa vieille idée de la paix avec l'Angleterre, son système depuis 1789, manifeste des répugnances pour la Russie ; il croit que les deux grandes nations civilisées doivent se tendre la main dans un intérêt commun, tandis que M. Fox hésite devant un traité séparé. Cette situation réciproque des deux gouvernements de France et d'Angleterre était motivée par la marche rapide, incessante des événements ; M. Fox, appelé à la direction des affaires anglaises après la chute du système de M. Pitt, avait été forcé d'adopter les idées diplomatiques de son illustre prédécesseur à l'égard du continent ; le système de M. Pitt était tellement indiqué par la situation, que son adversaire le

---

« After having repeatedly read it with all possible attention, I do not find in it any argument sufficient to induce our government to change the opinion which it has already declared, namely, that any negotiation in which Russia is not included as a party, is absolutely inadmissible.

« We wish for peace : but we cannot wish for any thing which may be injurious either to the dignity of our sovereign, or to the honour and the interests of the nation. But if we negotiate without Russia, considering the intimate ties by which we are united with that power, we should conceive ourselves open to the reproach of having failed in that scrupulous fidelity to our engagements on which we pride ourselves ; whilst, on the other hand, by persisting in our demand that Russia be admitted, we do not conceive that we do any thing contrary to that principle of equality to which both of us lay claim. When the

plus implacable, celui qui l'avait si souvent combattu par la parole, était obligé d'en suivre les errements, comme le point invariable d'une politique nationale. L'honneur de l'Angleterre semblait attaché au système de M. Pitt, et il faut dire à l'éloge de M. Fox que, dans son court ministère il apporta une énergie aussi vigoureuse que celle de son adversaire du parlement, pour l'honneur de la Grande-Bretagne; il abdiqua ses idées de puériles déclamations pour le genre humain; il se fit Anglais, et déployant la majesté de l'esprit britannique dans les questions européennes, il sacrifia son amour-propre à l'honneur de son pays.

C'était particulièrement à l'égard de la Prusse que cette énergique volonté était impérative; le cabinet de Berlin avait agi avec un décousu, une inconcevable tergiversation depuis Austerlitz : lorsque M. de Hardenberg prenait à l'égard de la Grande-Bretagne des engagements précis pour la coalition armée et la restitution du Hanovre à l'Angleterre, M. de Haugwitz signait à Vienne avec Napoléon un traité qui en échange de Clèves et Neufchâtel donnait le Hanovre en possession définitive à la Prusse. A son arrivée à Berlin, le comte de Haugwitz fut désavoué, et le traité ne reçut pas de son cabinet la ratification nécessaire; mais Napoléon, toujours attentif aux moindres événements, avait depuis attaqué de toutes manières la politique et le crédit

---

three plenipotentiaries are assembled, how can it be thought that any question could be carried by the majority of voices; or even that such an assembly could have any thing in common with a general congress? There would be in fact but two parties in it; on one side, France, on the other, the two allied powers. Moreover, if it is thought so advantageous in an affair of this nature, to have two against one, no objection would be made to your introducing which ever of your allies you may judge most expedient.

« Sincerely desirous of avoiding useless disputes, I do not allow my, self to enter into a discussion of the consequences which your excellency draws from the events of the last campaign. » C. J. Fox.

du baron de Hardenberg, pour assurer le triomphe du comte de Haugwitz et la ratification du traité de Vienne; il n'y eut sorte de calomnies qu'on n'essayât contre le ministre prussien qui voulait donner à sa patrie une indépendance de nation, une vie politique grande et forte en la retirant d'une situation abaissée. Napoléon accusa le baron de Hardenberg d'être Anglais, sujet de l'Angleterre [1]; et pénétrant même dans la vie privée du ministre, il flétrit son toit domestique.

M. de Hardenberg n'avait fait que son devoir, en adressant une note précise et explicite, le 22 décembre 1805, à lord Harrowby pour se lier au système européen, et faire connaître les intentions définitives de la Prusse sur la coalition; l'empereur Napoléon fit déclarer que cette note, complétement désavouée par le roi de Prusse, avait été écrite sans sa volonté. C'était mentir à toute la négociation anglo-prussienne; M. de Hardenberg n'avait agi que d'après l'ordre de son souverain; toutes ses démarches avaient été résolues dans le cabinet, le ministre avait voulu faire prendre une attitude décidée à la cour de Berlin, et c'était là le crime dont Napoléon l'accusait. A cette occasion M. de Hardenberg crut nécessaire de se justifier : il adressa aux feuilles d'Allemagne une lettre dignement écrite et sérieusement pensée [2]: il en appelait à l'honneur des na-

---

[1] Voici la note insolente dictée par Napoléon sur M. de Hardenberg.

« Nous doutons, disait-il, que sa qualité de sujet du roi d'Angleterre puisse le porter à approuver la publication que vient de faire le gouvernement anglais. Après avoir lu une pareille note, il n'est personne qui ne juge qu'il ne peut y avoir en Europe un homme plus complétement déshonoré que M. de Hardenberg. Le nom prussien n'en peut recevoir aucune atteinte, puisque M. de Hardenberg n'est pas Prussien; le militaire ne peut non plus s'en affliger, puisque M. de Hardenberg n'est pas soldat. S'il l'était, il saurait que les soldats du grand Frédéric se battent pour soutenir les principes de la politique, mais ne sont pas traîtres ni parjures. »

[2] M. de Hardenberg s'exprimait avec dignité en réponse à cette note :

« Le *Moniteur* du 21 mars, n. 80, en imprimant une lettre adressée par moi le 22

tions, à l'esprit germanique noblement inspiré. Il régnait dans cette lettre du baron de Hardenberg une mélancolique fierté, une voix mystérieuse et retentissante qui se fait entendre comme les vibrations d'une harpe céleste dans l'homme indignement calomnié ; il eut beaucoup de peine à la faire insérer dans les gazettes allemandes, parce que la puissance de l'Empereur s'étendait loin : lui déplaire, c'était se placer au ban des nations.

Le coup était porté vif et profond ; M. de Hardenberg se retira des affaires. Le parti de la faiblesse et de l'hésitation domina de nouveau le cabinet de Berlin ; on vit reparaître l'influence du comte de Haugwitz, de Lombard, de Behmer, de tout le parti français en un mot, et telle fut la tendance irrésistible de cette situation nouvelle, dominée par M. de Laforest, que non seulement le traité signé à Vienne fut ratifié, mais on ajouta à la cession de Clèves et de Neufchâtel d'autres sacrifices territoriaux en échange du Hanovre donné à la Prusse comme possession définitive, avec la promesse intime que la Poméranie suédoise lui serait également cédée dans un traité postérieur. On peut s'imaginer la juste indignation qu'un tel manquement de foi sur les engagements de Berlin excita en Angleterre ; quoi ! au moment même où la Prusse déclarait : « qu'elle ne *détiendrait* le Hanovre que pour le restituer à la Grande-Bretagne, » elle en acceptait la possession définitive par un traité

décembre 1805 à lord Harrowby, alors ministre de S. M. B., me somme de dire si elle est véritable ou supposée, et l'accompagne de plusieurs remarques. Ce qui rend les devoirs et la situation d'un homme d'Etat particulièrement pénibles, c'est l'obligation où il se trouve le plus souvent de se renfermer dans le silence lors même qu'il est méconnu et calomnié. Cependant je dois au roi et à moi-même de déclarer que la lettre en question, quoique altérée dans plusieurs expressions essentielles, *est officielle et écrite par ordre de Sa Majesté* ; je le dois au roi, parce que, à la cour de Berlin, quel que soit le protocole cité par le *Moniteur*, les ministres n'osent pas se permettre des démarches de cette nature à l'insu du souverain ; à moi-même, parce

solennel? C'était là plus que de la faiblesse ; une déloyauté la plus insigne avait présidé à une telle résolution. M. Fox, avec sa franchise habituelle, s'en plaignit aux communes en des termes flétrissants pour l'honneur prussien : il demanda à ses amis politiques, aux whigs comme aux tories, des moyens vigoureux pour contraindre la Prusse à garder la foi des conventions. Le parlement, à l'unanimité, vota les subsides de guerre, et M. Fox n'hésita point dans le développement des énergiques mesures que la Grande-Bretagne emploie toujours contre ses ennemis ; la guerre fut déclarée, un embargo jeté sur tous les navires prussiens ; les whigs entrèrent absolument dans les idées de M. Pitt.

L'habileté de Napoléon avait ainsi mis la Prusse dans une étrange position vis-à-vis de l'Angleterre. M. de Laforest en profita ; il avait pressé le roi Frédéric-Guillaume de se prononcer pour l'alliance de la France ; l'occupation militaire du Hanovre n'avait pas un sens assez précis, on pouvait la croire provisoire, et l'interpréter par une équivoque ; M. de Laforest engagea le roi à signer un manifeste qui déclarait formellement la réunion du Hanovre à la monarchie prussienne ; l'Empereur des Français verrait là le gage d'une bonne harmonie. Le but de la négociation de M. de Laforest était d'amener une rupture ouverte et des hostilités immédiates entre Londres et

---

que je ne puis voir avec indifférence qu'on me croie capable de manquer à mes devoirs et de m'exposer à être désavoué après avoir agi en son nom. Le 22 décembre le roi et tout le monde ignorait à Berlin qu'un traité avait été signé le 15 à Vienne par M. le comte de Haugwitz ; celui-ci ayant réservé toute information sur ce sujet à son rapport oral, et n'étant arrivé à Berlin que le 25 décembre, on se trouvait, comme il est exprimé dans ma lettre à lord Harrowby, dans une incertitude totale sur les intentions de S. M. l'Empereur des Français. De part et d'autre les armées étaient en campagne et sur le pied de guerre ; M. le général-major de Pfuhl fut envoyé au quartier-général français et à M. le comte de Haugwitz pour s'expliquer sur l'arrangement intermédiaire qui fait le sujet de la lettre à lord Harrowby et qui avait été proposé par M. le comte de Haugwitz. M. de Pfuhl rencontra ce ministre

Berlin; la Prusse obéit : le roi Frédéric-Guillaume publia une proclamation pour déclarer que le Hanovre était définitivement uni aux états héréditaires de la maison de Brandebourg, et, en vertu de la convention signée à Paris, on fermait tous les ports prussiens aux marchandises et aux navires de la Grande-Bretagne.

Alors M. Fox porta au parlement un message vigoureux; les whigs se prononçaient pour la politique fière et hautaine des tories. « Georges, roi, y était-il dit; S. M. juge convenable d'annoncer à la Chambre qu'elle s'est vue dans la nécessité de rappeler son ministre près la cour de Berlin, et d'adopter les mesures provisoires d'une juste récrimination contre le commerce et la navigation de la Prusse. S. M. regrette profondément de se voir forcée d'augmenter et d'aggraver ainsi les malheurs déjà si vivement sentis par les nations du continent, dont elle a toujours considéré l'indépendance et la prospérité comme étroitement liées avec les intérêts de son peuple. Mais des mesures d'hostilités directes, adoptées contre elle avec réflexion, ne lui ont pas laissé d'alternative dans un moment où des relations confidentielles avaient lieu, sans aucune cause ni aucun prétexte qui pussent motiver des plaintes, la Prusse s'est emparée de vive force des possessions électorales de S. M. Quoique cet événement affectât extrêmement les intérêts de son

---

en chemin retournant à Berlin avec un traité définitif, et naturellement l'arrangement intermédiaire dut tomber. Voilà le fait avec la plus exacte vérité; un jugement impartial saura apprécier la remarque du *Moniteur*. Je m'honore de l'estime et de la confiance de mon souverain et de la nation prussienne; je m'honore des sentiments des étrangers estimables, et c'est avec satisfaction que je compte aussi des Français parmi eux. Je ne suis pas né Prussien, mais je ne le cède en patriotisme à aucun indigène, et j'en ai obtenu les droits tant par mes services qu'en y transférant mon patrimoine et en y devenant propriétaire. Si je ne suis pas soldat, je sens que je n'aurais pas été indigne de l'être si le sort m'avait destiné à défendre les armes à la main mon souverain et ses droits, la dignité, la sûreté et l'honneur de l'État. Ceci répond aux remarques du *Moniteur*; au reste, ce ne sont ni des bulletins de gazette,

royaume, S. M. s'était d'abord abstenue de recourir, dans cette fâcheuse occasion, à l'attachement inaltérable et éprouvé de ses sujets britanniques. Elle s'était bornée à faire par la voie des négociations des remontrances amicales contre l'injustice qu'on lui faisait éprouver; elle fondait ses réclamations et ses demandes en réparation sur la modération de sa conduite, sur la justice de ses remontrances, et sur l'intérêt même de la Prusse, qui doit sentir le danger de ce système destructeur de toute sûreté et de toute possession légitime. Lorsque S. M., au lieu de recevoir des assurances conformes à sa juste attente, fut informée qu'on avait pris la résolution d'exclure les marchandises et les bâtiments de ses sujets de tous les ports et de tous les lieux qui sont sous la domination légitime ou sous l'influence inévitable de la Prusse, il lui devint impossible de différer davantage d'agir elle-même d'une manière conforme à ses devoirs envers son peuple. La dignité de sa couronne et l'intérêt de ses sujets s'opposent également à ce qu'elle se soumette à ces agressions ouvertes et non provoquées. Elle ne doute pas que son parlement ne s'empresse de concourir à venger l'honneur du pavillon et de la navigation britanniques. »

Ce message habile s'adressait aux sentiments et aux intérêts les plus profonds du peuple; M. Fox parlait spécialement du tort fait au commerce; la question du

---

ni des remarques de leurs rédacteurs, qui pourront jamais me déshonorer. Telle est le véritable texte de ma lettre du 22 décembre à lord Harrowby. En le comparant à celui inséré dans le *Moniteur*, on observera, entre autres, qu'il n'y est question, ni de confédération à former qui puisse s'adapter aux événements, mais du défaut de concert adapté aux circonstances; ni de gagner du temps pour prendre des mesures plus décisives, mais de l'avantage qui résulterait d'un plan intermédiaire qui lui fût présenté pour empêcher que rien ne troublât les négociations dont on se promettait le maintien de la paix entre la Prusse et la France, et peut-être un acheminement à la paix générale. »

Hardenberg.

Hanovre n'était qu'accidentelle, parce qu'elle était toute royale et de maison souveraine ; la nation ne s'armait pas seulement pour recouvrer l'héritage de ses rois, mais encore pour venger le pavillon du pays[1]. L'indignation éclata à Londres ; un nouvel ordre du conseil mit un embargo sur tous les navires prussiens ; des lettres de marque furent délivrées ; de riches prises vinrent bientôt signaler la présence des escadres britanniques sur toutes les côtes de la Prusse. Fox se comporta en digne Anglais ; il décréta les mêmes mesures contre la Prusse que Pitt, son adversaire d'opinion, avait arrêtées contre le Danemarck ; l'esprit anglais dominait tout ; on en était arrivé à ce point que l'honneur national faisait oublier les antécédents d'opinions et la mobilité des principes ; il n'y eut plus de partis en Angleterre, tout fut à la guerre contre la Prusse.

Gustave-Adolphe, ce prince chevaleresque qui régnait sur la Suède, n'hésita point à suivre M. Fox dans une démarche belliqueuse contre la Prusse. Le roi Gustave, tout petit prince qu'il était, avec ses faibles armées, et ses quelques mille hommes, manifesta son indignation contre la déloyauté du cabinet de Berlin ; il n'igno-

---

[1] *Message from his Majesty to the parliament, on hostilies with Prussia.*

« G. R. His Majesty thinks it proper to acquaint the house of Commons, that he has found himself under the necessity of withdrawing his minister from the court of Berlin, and of adopting provisionally measures of just retaliation against the commerce and navigation of Prussia. His Majesty deeply regrets this extension and aggravation of calamities, already so severely felt by the nations of the continent, whose independence and prosperity he has never ceased to consider as intimately connected with those of his own people. But measures of direct hostility, deliberately adopted against him, have left him no alternative.

« In a moment of confidential intercourse, without even the pretence of any cause of complaint, forcible possession has been taken by Prussia of his Majesty's electoral dominions. Deeply as this event affected the interest of this kingdom, his Majesty chose nevertheless to forbear, on this painful occasion, all recourse to the tried and affectionate attachment of his british subjects. He remonstrated, by amicable negociation, against the injury he had sustained, and rested his claim for reparation on the moderation of his conduct, on the justice of his representations, and on the com-

rait pas le traité secret qui cédait à la Prusse la Poméranie suédoise; Gustave ne concevait pas une perfidie aussi profonde, une déloyauté aussi grande; que lui importait le résultat? ce prince jouait son trône à chaque événement; il s'impatientait toutes les fois qu'il n'avait pas en face de lui des gens d'honneur et de devoir; il n'appartenait pas à une époque d'égoïsme et d'habileté, il périt à l'œuvre; il ne savait que tenir une épée, et ce n'était pas assez [1].

Napoléon était ainsi parvenu au résultat de sa politique habile : après avoir imposé la paix à l'Autriche, il avait brouillé la Prusse et l'Angleterre de manière à rendre désormais tout rapprochement impossible, et à ce même moment, lui qui séparait si invinciblement les cabinets de Londres et de Berlin, poussait avec une activité remarquable les premières négociations entamées entre M. Fox et M. de Talleyrand; l'Empereur restait maître à Berlin : le demeurerait-il également à Londres? Parmi les prisonniers détenus à Verdun par l'indicible mesure de violence adoptée après la rupture du traité d'Amiens, il se trouvait un pair d'Angleterre lié à M. Fox par des intimités

mon interest which Prussia herself must ultimately feel, to resist a system destructive of the security of all legitimate possession. But when, instead of receiving assurances conformable to this just expectation, his Majesty was informed that the determination had been taken, of excluding by force the vessels and the commodities of this kingdom, from ports and countries under the lawful dominion, or forcible controul of Prussia, etc., etc. »

[1] *Déclaration de guerre du roi de Suède contre la Prusse.*

« Dès le premier moment où S. M. Suédoise s'était décidée à prendre une part active à la coalition contre les usurpations de Napoléon, Sa Majesté avait fixé son attention sur la conservation des possessions électorales du roi d'Angleterre sur le continent, qui venaient d'être évacuées par les troupes françaises. Prêt à y entrer avec une armée suédoise et russe réunie sous ses ordres, le roi se hâta, sur la première nouvelle qu'un corps prussien se dirigeait sur ce pays, de connaître à cet égard les intentions de S. M. prussienne, et de lui demander, avec une entière confiance, si la marche de ses troupes avait le même but que celui de l'armée combinée, savoir, de rendre l'électorat à son possesseur légitime, et en ce cas, de se concerter avec S. M. sur les mesures communes à prendre.

« Le roi de Prusse évita dès lors, d'une manière peu amicale, d'entrer dans aucun

de famille et aux premières races anglaises par son lignage ; il se nommait lord Yarmouth ; ce n'était pas un esprit étendu, ou une intelligence profonde ; mais il avait ces grandes manières que M. de Talleyrand appréciait au plus haut point, et, d'après ses informations personnelles à Verdun, le ministre fit appeler lord Yarmouth et le chargea d'aller à Londres pour recueillir et préciser d'une manière positive les premières propositions de paix, vaguement échangées par correspondance entre M. Fox et le cabinet français.

Lord Yarmouth accepta volontiers cette mission qui le rapprochait d'Angleterre, sûr qu'il était de se rendre agréable à M. Fox et à son gouvernement[1]. Il partit après avoir vu deux fois M. de Talleyrand, et revint à Paris avec des pouvoirs limités et conditionnels du ministre. Alors s'ouvrit une négociation dans des termes plus précis que les ouvertures faites à la suite de la première communication de M. Fox. Tout fut plein de bienveillance ; les dépêches échangées demeurèrent dans les termes d'une estime réciproque, sans récriminations et sans haine. M. de Talleyrand établit, avec son habileté accoutumée, que l'intérêt des deux peuples étant de se rapprocher, la base la plus simple était l'*uti possidetis*. L'Angleterre voulait re-

---

éclaircissement sur cet objet important. L'irrésolution que ce souverain manifesta depuis, pour se joindre à la cause des alliés, ne pouvait qu'augmenter la défiance du roi, et Sa Majesté n'hésita point de prévenir, pour ainsi dire, les événements, en faisant connaître publiquement, à une époque où on ne pouvait que supposer encore les intentions de la cour de Russie par rapport aux États de S. M. Britannique dans l'Empire, que le pays de Lauenbourg resterait sous la protection des troupes suédoises jusqu'à ce qu'une convention à cet égard fût conclue avec le roi d'Angleterre ; c'était à ce monarque seul, comme maître du pays, qu'il appartenait de décider du sort futur de ses États héréditaires ; et tout arrangement y relatif entre la France et la Prusse n'était point admissible. C'est pourquoi, etc., etc. »

[1] Je donne le texte original de toute cette correspondance :

Communication made by the Earl of Yarmouth to Mr. Secretary Fox, dated june 13, 1806.

« A few days after my arrival at Paris from the depôt at Verdun, Mons. Talleyrand desired me to call upon him ; having done

couvrer le Hanovre, on lui rendrait ce pays et l'on s'en faisait fort; elle occupait la Sicile, Majorque; on lui laisserait ces possessions comme indemnité, avec Malte dans la Méditerranée; Napoléon allait ainsi au-delà du traité d'Amiens. En échange, l'Angleterre, restituant les colonies conquises sur la France, reconnaîtrait Napoléon empereur des Français; Joseph, roi de Naples; et Louis, roi de Hollande. La famille Bonaparte prendrait en Europe la place de la dynastie des Bourbons.

Ces bases ne pouvaient déplaire à l'Angleterre, qui convoitait depuis longtemps la Sicile, vaste grenier de blé, comme le Portugal était son coteau de vignes. Ces établissements dans la Méditerranée lui assurant une immense prépondérance, elle pourrait plus tard se donner l'Égypte, la clef de l'Inde. L'Angleterre n'avait pas foi dans les royautés éphémères que Napoléon créait par des coups de force, tandis qu'elle resterait maîtresse définitive de possessions réelles dans la Méditerranée. Fox pouvait justifier un semblable traité devant le parlement, avec l'assentiment de la nation. On remarquera que dans toutes ces négociations de cabinet il n'est pas question une seule fois de la Prusse; Napoléon, qui vient de lui

so, he told me that the french government had been looking out for some means by which a secret and confidential communication might be made, explanatory of the sentiments and views of France, as well as the outlines of the terms on which peace might be restored between the two countries.

«Having mentioned the extreme desire of making this communication in such a manner that no publicity might in any case ensue, should the object of it not be obtained, Mons. Talleyrand proceeded to state, in a long argument, which it is useless to repeat, as it forms the substance of several of the french government's dispatches; the reasons which prevent their treating for a general peace jointly with Russia. »

Extract from a dispatch from the Earl of Yarmouth, to Mr. Secretary Fox, dated Paris, june 19, 1806.

« M. Talleyrand often repeated that the emperor had enquired whether I had any powers, adding, « qu'en politique on ne peut parler la même langue si on n'y est également autorisé; » and as frequently said that they considered that Hanover for the honour of the crown, Malta for the honour of the navy, and the cape of Good Hope for the honour of british commerce,

céder le Hanovre, l'offre à l'Angleterre sans en dire mot à Berlin; il donne ainsi des deux mains, sûr qu'il est avec ses armées de réduire la Prusse au silence; il l'a compromise, et c'est tout ce qu'il lui faut; il la traite désormais en puissance secondaire. L'Empereur ne s'inquiète que de la Grande-Bretagne.

A ce moment arrivait de Saint-Pétersbourg un négociateur pour essayer directement un traité avec Napoléon qui annonçait à l'Europe ses intentions pacifiques; ce n'était point un homme de grande naissance, de maison illustre, comme la Russie sait en désigner quand elle veut frapper les yeux; négociateur habile et délié, M. d'Oubrill avait des pleins-pouvoirs signés de l'empereur, pour traiter avec le chef du gouvernement français sur des bases raisonnables [1]. La Russie, sans intérêt immédiatement compromis par la guerre, ne touchait la France par aucun point; Austerlitz n'avait été pour elle qu'un accident, qu'une défaite partielle, dont elle s'était bientôt relevée. L'empereur d'Autriche, en séparant sa cause de celle de la Russie, l'avait dégagée de tout lien commun; la Prusse avait également fait sa paix avec la France. Dans cette situation, la Russie n'avait plus

---

to be sufficient inducements to induce his majesty's ministers to make peace. »
Paris, july 21, 1806.

« Sir, I saw M. Talleyrand to day. I can perceive that the terms of France are increased, but still not so much as the sudden defection of Russia had led me to apprehend. Hanover, Malta, the Cape, and India, remain pure and unsullied ; and I took an opportunity in conversation to protest, that come what come might, these were points I never would suffer to be mentioned, but as points agreed upon.

« M. Talleyrand demanded my powers. I did not think myself authorised, in the present circumstances, to with hold them.

« General Clarke is named to treat with me. »

[1] Il est incontestable que M. d'Oubrill avait des pleins-pouvoirs ; en voici le texte :

« Nous Alexandre Ier, empereur et autocrate de toutes les Russies (suivent tous les titres de S. M. I.) :

« Portant constamment notre sollicitude à la conservation en Europe du calme et de la tranquillité, et étant mû par un désir sincère de mettre fin à la mésintelligence et de rétablir la bonne harmonie avec la France sur des bases solides, nous avons jugé bon de commettre ce soin à une per-

d'engagement qu'à l'égard de l'Angleterre; et ici l'habileté de M. de Talleyrand devait consister à séparer les deux négociations. S'il parvenait à obtenir un traité spécial pour la Russie, il pourrait proposer des conditions plus dures à l'Angleterre. M. Fox avait déclaré qu'il ne traiterait jamais que de concert avec la Russie; le chef-d'œuvre de la diplomatie de M. de Talleyrand devait donc être d'opérer la séparation par la volonté de la Russie même.

C'est dans ce sens que la négociation s'ouvrit avec M. d'Oubrill, entouré et fêté à Paris par l'Empereur et sa cour. Une seule question militaire existait vivace et puissante entre le cabinet de Saint-Pétersbourg et celui de Paris: elle se rattachait à l'occupation des Bouches du Cattaro, à la révolte des Monténégrins, aux possessions des Sept-Iles. Là les Russes se trouvaient en présence de l'armée française, il y avait eu même des engagements à main armée; les Bouches du Cattaro avaient été remises par le général autrichien à l'armée russe et ces troupes s'y maintenaient avec fermeté. L'empereur Napoléon désigna pour traiter avec M. d'Oubrill le général Clarke, qui commençait à jouir de toute sa confiance; le général Clarke, courtisan un peu obséquieux, avec des manières hautaines et tout dévoué à l'Empe-

sonne jouissant de notre confiance. A cet effet nous avons choisi, nommé et autorisé notre amé et féal Pierre d'Oubrill, notre conseiller d'État et chevalier des ordres de Saint-Wladimir de la troisième classe, de Sainte-Anne de la seconde et de Saint-Jean de Jérusalem, comme nous le choisissons nommons et autorisons par les présentes, à l'effet d'atteindre ce but, d'entrer en pourparler avec celui ou ceux qui y seront suffisamment autorisés de la part du gouvernement français, de conclure et signer avec eux un acte ou convention sur des bases propres à affermir la paix qui sera rétablie entre la Russie et la France, comme à la préparer entre les autres puissances belligérantes de l'Europe.

« Promettons sur notre parole impériale d'avoir pour bon et d'exécuter fidèlement tout ce qui aura été arrêté et signé par notre dit plénipotentiaire; de même de donner notre ratification impériale dans le terme auquel elle aura été promise.

« Donné à Saint-Pétersbourg, le 30 avril 1806, et de notre règne le sixième. »

Alexandre.

Contresigné, prince Adam Czartorisky.

reur, se faisait fort d'obtenir la paix à des conditions favorables.

Tout restait néanmoins sous la haute direction de M. de Talleyrand. Le général Clarke s'entendit avec M. d'Oubrill sur les difficultés militaires et sur la question diplomatique; par un traité positif[1], il fut arrêté que les Bouches du Cattaro, étant une dépendance de la Dalmatie, rentraient dans cette province, cédée à la France par le traité de Presbourg; la Russie s'obligeait donc à l'évacuer. En échange, Napoléon consentait à l'indépendance de la république de Raguse, sous la protection de la Porte Ottomane; les Monténégrins étaient eux-mêmes déclarés indépendants dans leurs agrestes montagnes; la république des Sept-Iles était reconnue, 4,000 Russes devaient rester dans les îles illyriennes comme garnison; on garantissait l'intégralité de la Turquie dans ses possessions actuelles. Les troupes russes quittant les Bouches du Cattaro, Napoléon s'engageait à évacuer l'Allemagne; on emploierait toute influence réciproque pour amener un traité entre la Prusse et la Suède; la Russie s'interposerait afin de décider la paix

---

[1] L'existence de ce traité est incontestable, l'original existe.
Traité de paix entre la France et la Russie.
« Article 1er. A dater de ce jour, il y aura pour toujours paix et bonne amitié entre S. M. l'empereur de Russie et S. M. l'Empereur des Français, roi d'Italie, leurs héritiers et successeurs, leurs États et sujets.
« Art. 2. En exécution du premier article, les hostilités tant par mer que par terre cesseront aussitôt entre les deux nations. Les ordres nécessaires pour cet effet seront en conséquence expédiés dans les vingt-quatre heures qui suivront la signature de ce traité. Tous vaisseaux de guerre ou autres bâtiments appartenant à l'une des deux puissances ou aux sujets de l'une d'elles, qui seraient pris, dans quelque partie du monde que ce puisse être, seront restitués aux propriétaires.
« Art. 3. Les troupes russes remettront aux Français le pays connu sous le nom de *Bouches du Cattaro*, qui, comme dépendance de la Dalmatie, appartient à S. M. l'Empereur des Français en sa qualité de roi d'Italie, d'après l'art. 4 du traité de Presbourg. Il sera fourni aux troupes russes toutes les facilités possibles pour leur sortie tant des Bouches du Cattaro que du territoire de Raguse, du pays des Monténégrins et de la Dalmatie, où les circonstances de la guerre peuvent les avoir conduites. Aussitôt que ce traité sera connu, les commandants de terre et de mer des deux na-

maritime aux meilleures conditions pour toutes les parties en guerre.

La signature de ce traité fut pour Napoléon un grand sujet de joie, car un résultat immense était obtenu ; séparant la Russie de l'Angleterre, il n'avait plus autant à ménager le cabinet de Londres dont le plus puissant allié venait de traiter avec la France ; on avait une convention définitive en portefeuille. Dès lors les négociations avec M. Fox prennent un caractère plus exigeant, plus impératif ; Napoléon ne part plus des bases d'une cession de la Sicile, de Malte et du cap de Bonne-Espérance, c'est trop : la seule compensation des sacrifices faits par l'Angleterre est le Hanovre ; on l'offre encore ; l'Empereur revient à son thème obligé du traité d'Amiens et de l'exécution des clauses stipulées en 1800 ; il ne fait pas un pas, ne comptant ni les acquisitions territoriales sur le continent, ni la royauté d'Italie, l'Espagne et la Hollande dans les mains de ses frères ; il veut même oublier le combat de Trafalgar, qui a brisé

tions feront, de concert, les dispositions nécessaires, tant pour la retraite des troupes que pour la remise du territoire.

« Art. 4. S. M. l'Empereur des Français, roi d'Italie, voulant donner à S. M. l'empereur de Russie une preuve de son désir de lui être agréable, consent : 1° à ce que la république de Raguse conserve son indépendance précédente, à condition qu'elle sera, comme par le passé, sous la protection de la Porte Ottomane ; 2° à ce qu'aucune hostilité n'ait lieu à dater de la signature du présent traité, contre les Monténégrins tant qu'ils se tiendront paisibles comme sujets de la Porte. Ils seront obligés de rentrer aussitôt dans leurs foyers, et l'empereur Napoléon promet de ne pas les inquiéter, et de ne faire aucune recherche en raison de la part qu'ils ont prise aux hostilités contre Raguse, ses dépendances et les pays circonvoisins.

« Art. 5. L'indépendance de la république des Sept-Iles est reconnue par les deux puissances. Les troupes russes qui se trouvent maintenant dans la Méditerranée se réuniront aux îles Ioniennes. S. M. I. russe, pour donner une preuve de ses intentions pacifiques, n'y tiendra au plus que 4,000 hommes de ses troupes, qui en repartiront même lorsque S. M. I. le jugera nécessaire.

« Art. 6. On se promet, de part et d'autre, de ne porter aucune atteinte à l'indépendance de la Porte Ottomane, et les deux hautes parties contractantes s'engagent réciproquement à maintenir cette puissance dans l'intégrité de ses possessions.

« Art. 7. Aussitôt qu'en conformité de la présente convention de paix, l'ordre pour l'évacuation des Bouches du Cattaro par les troupes russes aura été donné, les troupes françaises se retireront de l'Allemagne. S. M. l'empereur Napoléon déclare que

sa marine; Napoléon dit : « Je suis maître d'un traité avec la Russie, je modifie mes conditions en raison des avantages nouveaux que je viens d'obtenir, j'ai une meilleure position, j'en profite; ne comptez plus sur les bases que j'ai d'abord posées [1]. »

M. Fox a compris qu'avec ce changement dans la politique du cabinet français, lord Yarmouth n'a pas assez de capacité pour suivre seul une négociation aussi importante; il désigne, pour le seconder, lord Lauderdale, diplomate qui appartient au parti Grenville; plus ferme, plus tenace, celui-ci ne se laisse plus amuser, comme lord Yarmouth, par des paroles; il a un système; et comme il vient avec des pleins-pouvoirs, il demande qu'on s'explique catégoriquement : « Sur quelles bases veut-on traiter? » M. de Talleyrand donne d'abord des pleins-pouvoirs au général Clarke; rien n'empêche qu'on ne traite; puis la négociation devenant plus importante, M. de Champagny est désigné pour la diriger au nom de la France. M. de Talleyrand veut qu'on fixe une ville, comme Amiens, Bruxelles, afin d'ouvrir des

dans moins de trois mois, après la signature du présent traité, les troupes françaises seront toutes rentrées en France.

« Art. 8. Les deux cours promettent d'interposer leurs bons offices pour procurer la paix entre la Prusse et la Suède.

« Art. 9. Les deux hautes parties contractantes désirant accélérer autant qu'il dépend d'elles le retour de la paix maritime, S. M. l'Empereur des Français accepte les bons offices de S. M. russe à cet égard.

« Art. 10. Les relations de commerce entre les sujets des deux puissances seront rétablies sur le même pied où elles étaient lorsque les hostilités ont commencé.

« Art. 11. Aussitôt après l'échange des ratifications, les prisonniers des deux nations seront remis sans exception aux agents respectifs de leur nation.

« Art. 12. Les relations diplomatiques et l'étiquette entre les deux cours seront les mêmes qu'avant la guerre.

« Art. 13. Les ratifications de la présente convention seront échangées à Pétersbourg, dans l'espace de 29 jours entre deux plénipotentiaires chargés par leur cour respective de pleins pouvoirs à cet effet. »

Conclu et signé à Paris le 8 V. S. (20) juillet 1806. *Signé*, Pierre d'Oubrill. Clarke.

[1] Pendant ce temps on se donnait réciproquement des témoignages d'une bonne intelligence : voici ce que dictait Napoléon sur ses rapports avec l'Angleterre :

« Quoique la possibilité d'une paix prochaine avec l'Angleterre occupe tous les esprits, le secret des négociations reste entre les deux cabinets; mais il est permis du

conférences. Lord Lauderdale répond toujours : « Pour négocier il faut des préliminaires ; quelles bases admettez-vous? il est inutile que nous restions à Paris, si nous ne nous entendons pas sur les conditions fondamentales, pourquoi se réunir en conférences? Admettez-vous nos préliminaires ? » Ici commencent les demandes réitérées de passeports, comme une fois déjà la chose est arrivée à l'époque de l'ambassade de lord Witworth à la rupture du traité d'Amiens. Lord Lauderdale est un esprit ferme qui ne veut pas se laisser jouer [1].

D'ailleurs, un événement se préparait alors en Angleterre, susceptible de donner une direction plus unie et plus énergique à la politique du cabinet. Charles Fox avait éprouvé, dès le mois de juin, des symptômes d'une maladie aiguë qui faisait d'épouvantables ravages ; son court ministère avait été vigoureux et véritablement anglais ; sa conduite si nette avec la Prusse avait reçu les applaudissements de tous ; quel que fût le patriotisme de cette politique, Fox était obligé de sacrifier aux nécessités de sa patrie les convictions de sa vie entière.

moins de citer les faits qui annoncent de part et d'autre une bienveillance qu'avait écartée le ton tranchant du ministère de M. Pitt. On dit que M. Fox, en accordant au général Lapoype et à deux autres militaires de marque la faveur de rentrer en France sur leur parole, a demandé à S. M. I. la même grâce pour cinq prisonniers anglais auxquels il s'intéresse, et qu'il n'a pas été refusé. On dit également que le docteur Jenner, si célèbre par la découverte de la vaccine, s'était directement adressé à l'Empereur pour obtenir la liberté du docteur Windham et de M. Williams, tous deux ses amis, et prisonniers à Verdun. La requête du docteur Jenner a été longtemps égarée ; aussitôt qu'elle a été mise sous les yeux de S M., l'ordre de liberté a été accordé : ces deux Anglais partent sous peu de jours pour Morlaix, où ils doivent s'embarquer ; enfin, on cite un autre prisonnier anglais, fils d'un habile astronome, et lui-même livré entièrement à l'étude des sciences, qui vient d'obtenir la liberté de rentrer dans sa patrie. On ajoute que plusieurs membres de l'Institut se sont vivement intéressés à ce jeune savant anglais, et que leurs sollicitations ne lui ont pas été inutiles. Ces faits, qui ne prouvent rien en faveur d'une paix générale, pourraient peut-être servir à montrer dans quel esprit les négociations ont été entamées. »

[1] Le langage des lords Lauderdale et Yarmouth devient plus ferme, plus diplomatique. Ils écrivaient simultanément à M. de Talleyrand:

Que faisait-il en ce moment? il suivait les errements de Pitt, son adversaire; il donnait un démenti à toute son existence d'homme d'État; whig, il devait tendre la main à la France, se séparer de la coalition, et rester dans le cabinet le Charles Fox de l'opposition; eh bien! il était obligé de sacrifier son passé, de se lier avec le continent, de payer des subsides, de remuer le monde contre la France, et cela lui déchirait les entrailles. Pitt mourut, parce qu'Austerlitz brisa la coalition, l'œuvre de sa vie; Fox mourut, parce que lui, qui avait combattu le système de coalition contre la France, fut obligé, comme Anglais, d'appeler les cabinets du continent à une croisade, et d'adopter en tout point les principes hostiles à sa primitive et grande conviction du parlement. Souvent, en Angleterre, les hommes politiques meurent avec la chute de leurs idées; pour eux, les affaires sont un devoir et une mission.

Lorsque la vie de Fox s'en allait, le parti Grenville dut prendre la direction immédiate du cabinet; il était franc, décidé, anti-français, et différait peu du système de Pitt

---

« Les comtes de Lauderdale et de Yarmouth ont l'honneur de réitérer à S. Exc. le ministre des relations extérieures la demande, qu'ils ont eu l'honneur de lui faire hier à six heures et demie après midi, des passeports nécessaires pour eux et pour leur suite, ainsi que d'un passeport pour un courrier qui les attend pour partir.

« Ils ont l'honneur de renouveler les assurances de leur haute considération. »

Lauderdale, Yarmourth.

Paris, le 10 août 1806, 11 heures. a. m.

« Monsieur, il est de notre devoir de réitérer la demande, déjà deux fois faite, d'un passeport de courrier, et en même temps celle des passeports nécessaires pour notre retour en Angleterre.

« Nous croyons devoir aussi faire remarquer à V. Exc. que ces demandes furent faites samedi à 6 heures du soir; qu'elles furent renouvelées auprès de V. Exc. hier matin, à 11 heures, et que, jusqu'à présent, nous n'avons reçu aucune réponse à ces demandes.

« Lorsque V. Exc. se rappelle qu'il s'est passé près de 24 heures depuis que nous nous sommes adressés pour la seconde fois à V. Exc., et que, sans parler de nos propres passeports, nous nous sommes vus privés dans l'intervalle des moyens d'envoyer un courrier en Angleterre, elle ne peut qu'être entièrement persuadée que si nous nous abstenons de toute remarque sur un procédé aussi extraordinaire, et contraire aux usages reçus, c'est par le désir d'éviter autant et aussi longtemps qu'il sera possible tout ce qui pourrait occasionner de l'aigreur, et changer la na-

dans ses haines. Lord Lauderdale reçut l'ordre de demander une explication à M. de Talleyrand, sinon on devait exiger les passeports dans vingt-quatre heures, et la rupture absolue des négociations entamées[1]. On voyait qu'une main plus vigoureuse prenait le gouvernement politique de l'Angleterre.

Ce qui confirmait lord Grenville dans ses idées de fermeté et de coalition, c'est que les nouvelles du continent étaient bonnes; il y avait tout espoir de recommencer la guerre avec une indicible énergie; les nations se réveillaient! A Saint-Pétersbourg le traité signé par M. d'Oubrill venait d'exciter la plus vive indignation; communiqué à Alexandre, il refusa de le ratifier; on doit même croire que la négociation de M. d'Oubrill n'avait été qu'un moyen de retarder les hostilités; on se donnait le temps de constituer un plus puissant état militaire, et les éléments d'une plus formidable campagne; le cabinet de Saint-Pétersbourg était aise aussi de constater aux yeux de l'Europe, par la tendance des négociations, que Napoléon faisait partout des promesses

ture et le fond des communications qui ont eu lieu jusqu'à présent entre les deux gouvernements.

« Nous prions V. Exc. de vouloir bien agréer les assurances de la haute considération avec laquelle nous sommes, etc. »

Lauderdale, Yarmouth.

Paris, le 11 août 1806, 10 h. a. m.

[1] Lord Lauderdale demande hautement ses passeports, il écrit à M. de Talleyrand.

Paris, 26 septembre 1806.

« Monsieur, je ne perds pas un moment à faire connaître à V. E. que le résultat de la conférence que j'ai eue aujourd'hui avec S. E. M. de Champagny ne me laisse malheureusement aucun espoir de pouvoir amener les négociations de la part de la Grande-Bretagne et de la Russie à une issue favorable.

« Dans cet état de choses, et d'après mes instructions, il ne me reste d'autre parti à prendre que de m'adresser à V. E. pour les passeports nécessaires, afin que je puisse retourner auprès de mon souverain.

« En faisant ainsi cette demande à V. Exc., je ne saurais me refuser au plaisir que je ressens à témoigner ma reconnaissance de toutes les attentions personnelles que V. Exc. a bien voulu me marquer pendant mon séjour à Paris, et à exprimer en même temps les sentiments d'estime que j'ai toujours ressentis, et que je ressentirai dans tous les temps pour V. Exc. »

Lauderdale.

Extract from a dispatch from the Earl of Lauderdale to Earl Spencer, dated Paris, september 26, 1806.

« After the usual interchange of civilities,

et trompait tout le monde à la fois; M. d'Oubrill reçut comme témoignage de mécontentement un ordre d'exil; le Czar Alexandre déclara : « qu'en aucun cas il ne ratifierait ce traité, parce que M. d'Oubrill avait outrepassé ses pouvoirs, et compromis la dignité et les intérêts de l'empire [1]. » La Russie se rapprochait du cabinet Grenville, fortement constitué; et comme elle trouvait chez les tories des garanties plus considérables que dans les whigs et M. Fox, la Russie rompit tout rapport avec la France, et se prépara plus que jamais aux batailles; elle devint l'âme et le mobile de la nouvelle coalition. L'Angleterre s'engagea pour des subsides, mais avec précaution encore.

La Prusse elle-même, si abaissée, si démoralisée par son inconcevable conduite depuis six mois, sembla se réveiller d'un long sommeil pour se rapprocher de l'Angleterre. Plusieurs faits contribuèrent à lui révéler les périls qui menaçaient sa politique atermoyante : dès qu'elle avait appris les négociations de lord Yarmouth à Paris, la Prusse avait envoyé plusieurs agents pour con-

---

he proceeded to say, that, to secure peace, the emperor had determined to make great sacrifices.

« 1st. That Hanover with its dependencies should be restored to his majesty.

« 2d. That the possession of Malta should be confirmed to Great Britain.

« 3d. That France would interfere with Holland to confirm to his majesty the absolute possession of the Cape.

« 4th. That the emperor would confirm to his majesty the possession of Pondicherry, Chandernagore, Mahee, and the other dependent comptoirs.

« 5th. That as Tabago was originally settled by the English, it was meant also to give that island to the crown of Great Britain.

« To all this he added, that what he had now said, proceeded on the supposition, that Sicily was to be ceded, and that the French government proposed that his Sicilian majesty should have, as indemnity, not only the Balearic islands, but should also receive an annuity from the court of Spain to enable him to support his dignity. »

[1] Napoléon dictait l'article suivant sur M. d'Oubrill; il le mettait sous la date de Saint-Pétersbourg :

« M. D'Oubrill est disgracié. Il vient d'être envoyé en exil. Que lui reproche-t-on cependant? Il a agi avec des pouvoirs en règle ; et avant son départ, l'empereur Alexandre, dans une audience de trois heures, lui avait donné ses instructions particulières. Aussi, dans le conseil qui a prononcé sa disgrâce, l'Empereur l'a-t-il soutenu pendant très longtemps avant de le livrer à ce que nous appelons la faction

naître les bases discutées entre les deux grandes puissances; le général Kalkreuth, le marquis de Lucchesini, étaient successivement arrivés à Paris pour pénétrer quelques-uns des articles secrets alors en contestation entre l'Angleterre et la France. Qu'allait-il être décidé? L'instinct suffit pour lui indiquer que nécessairement il s'agirait du Hanovre dans de telles négociations, car l'Angleterre y tenait essentiellement; on ne sut rien de précis tant que lord Yarmouth et M. Fox dominèrent les transactions secrètes; mais dès que lord Lauderdale s'aperçut de la tournure louche et incertaine que prenaient ses rapports avec la France, il n'eut rien de plus empressé que de communiquer à la Prusse les notes de M. de Talleyrand, et les préliminaires échangés; on vit qu'au mépris de la convention arrêtée pour la cession du Hanovre à la Prusse, en échange de Clèves et de Neufchâtel, M. de Talleyrand offrait la restitution de ce même Hanovre à l'Angleterre [1]. Cette circonstance irrita au dernier point le cabinet de Berlin contre Napoléon; non seulement on démoralisait sa politique, mais on le trompait; on le faisait rompre violemment avec l'Angleterre, et sous

anglaise. Les Kurakin, les Romanzoff, les personnages enfin les plus considérés et les plus dignes d'exercer quelque influence dans les conseils, sont aussi d'un sentiment favorable à M. d'Oubrill et à sa mission. »

[1] Cette démoralisation de la Prusse devait être d'autant plus complète, qu'en ce moment Frédéric-Guillaume avait, par un édit, réuni définitivement le Hanovre à sa monarchie.

« Nous, Frédéric-Guillaume III, roi de Prusse, etc., faisons savoir ce qui suit :

« Le désir d'assurer à nos fidèles sujets, ainsi qu'aux États voisins de nos provinces du nord de l'Allemagne, les bienfaits de la paix pendant la durée de cette guerre, a été l'unique objet de nos soins. Nous nous flattions d'atteindre ce but désiré par le parti que nous prîmes, à la suite de ces derniers événements, et que nous fîmes connaître par notre patente du 27 janvier 1806, d'après laquelle les États de la maison électorale de Brunswick-Lunebourg en Allemagne seraient occupés par nos troupes et garantis par nous. Mais, comme depuis la cession de trois provinces de notre monarchie, faite dans l'intention d'assurer une tranquillité durable à nos sujets ainsi qu'aux États limitrophes, nous avons conclu une convention avec S. M. l'Empereur des Français et roi d'Italie, par laquelle, en cédant trois de nos provinces, et en vertu de garanties réciproques et solennelles, S. M. I. nous a cédé les droits légitimes qu'elle a

main on traitait avec M. Fox pour restituer le Hanovre.

Plusieurs circonstances vinrent encore irriter la Prusse : elle avait cédé le duché de Clèves à Napoléon, qui s'était engagé à le conférer comme indemnité à un des princes allemands dépouillés, et l'Empereur en donnait l'investiture à Murat, sorte de commandant d'avant-poste pour menacer la maison de Brandebourg. La Confédération du Rhin était-elle autre chose qu'un moyen d'envelopper la Prusse dans un cercle de principautés indépendantes ? Il est vrai que M. de Laforest avait dit à M. de Haugwitz : « Faites une confédération du nord comme nous en faisons une au midi, nous n'y mettrons pas obstacle [1] ; » et pendant ce temps mille intrigues étaient jetées pour empêcher ce résultat. On savait que Napoléon négociait avec la Saxe, la Hesse, pour rattacher même ces puissances à la Confédération du Rhin, et dès-lors quelle garantie restait-il à la Prusse ? Dans cette situation, il était facile à l'Angleterre et à la Russie de se rapprocher du cabinet de Berlin pour un intérêt commun. Il fallait défendre l'Allemagne et sa force de nationalité.

---

sur les États de Brunswick-Lunebourg en Allemagne, et qui lui étaient dévolus par droit de conquête ;

« En conséquence, nous déclarons par la présente que dès ce moment les États de la maison électorale de Brunswick-Lunebourg en Allemagne sont considérés comme nous appartenant et comme soumis à notre autorité. A dater de ce jour, ces États sont gouvernés et administrés en notre nom. Nous enjoignons à toutes les autorités du pays de continuer leurs fonctions en notre nom et sous la direction suprême de notre commissaire-administrateur, le général de cavalerie comte de Schulenbourg-Kehet, et de la commission établie par lui. Nous espérons que la noblesse, les prélats, les bourgeois et tous les sujets du pays se soumettront volontairement à un ordre de choses qui sera pour eux une nouvelle époque de tranquillité et de prospérité, et qu'ils prouveront l'amour qu'ils ont pour leur patrie en nous témoignant les sentiments qui doivent les attacher à notre personne. De notre côté, nous ne négligerons aucune occasion de leur prouver notre sollicitude paternelle et le désir que nous avons de les rendre heureux. »

Berlin, 1er avril 1806.

Frédéric-Guillaume.
De Haugwitz.

[1] *Dépêche de M. de Talleyrand à M. de Laforest, ambassadeur à Berlin.*

« Après avoir présenté au monarque prussien copie du traité de confédération entre les États du Rhin et l'empereur Na-

Déterminerait-on l'Autriche à une prise d'armes, cette Autriche que le traité de Presbourg avait si profondément humiliée ? Six mois s'étaient à peine écoulés depuis la signature d'une convention diplomatique dont les clauses si dures avaient flétri l'âme de François II ; les plaies étaient saignantes encore, le sceptre de l'Autriche était dépouillé de ses fleurons ; mais je l'ai dit : au cas d'un succès glorieux pour la coalition, l'Autriche se serait relevée de ses ruines. Les traités humiliants ne peuvent arracher à un état ce qu'il a de force et de vie ; laissez venir la première circonstance, il la saisit ; il relèvera sa tête pour conquérir son indépendance de nation. Ainsi fut l'Autriche déjà repentante du traité de Presbourg ; elle n'attendait qu'un prétexte pour reprendre les armes et combattre. Quant à la Suède, elle n'avait jamais cessé de lutter contre la France de Napoléon. Dès que la Prusse se déclarerait pour la coalition armée, la Suède mêlerait ses soldats aux régiments exercés qui s'avanceraient sous l'aigle noire de Brandebourg en invoquant les souvenirs de Frédéric-le-Grand ; la guerre entre ces deux cabinets ne résultait que des rapports intimes de la Prusse et de la France ; le roi de Suède presserait la main de Frédéric-Guillaume dès qu'il serait hostile à Napoléon.

L'incident le plus remarquable de cette prise d'armes de toute l'Europe, c'est d'y voir paraître une puissance qui jusqu'alors, dans sa torpeur, était restée fidèle à l'al-

---

poléon, mettez tout en œuvre pour que les ministres ne puissent conserver le temps, ni se ménager les moyens d'éclairer l'esprit de leur maître sur sa position, sur la nature et les effets de l'alliance. Faites en sorte que S. M. consente à déclarer publiquement n'avoir aucune répugnance à se joindre au nouveau système politique introduit en Allemagne par cette confédération ; c'est-à-dire qu'il se montre disposé à reconnaître et à honorer sous leurs nouveaux titres tous les membres de la ligue, en renonçant, pour sa part, aux dignités et aux alliances qui ne pourraient être conciliables avec l'existence de cette confédération ; qu'il reconnaisse également l'autorité des confédérés sur les États qu'ils viennent de joindre à leurs domaines héré-

liance française : je veux parler de l'Espagne, tout à coup réveillée de son long repos. Quelles causes l'entraînaient à une démonstration? Était-elle le résultat d'un caprice, d'un de ces coups de tête que rien que la colère motive en politique? L'Espagne, restée fidèle au Directoire, au Consulat et à l'Empire, avait donné son argent, ses troupes, ses flottes, jusqu'à ce point de provoquer les hostilités de l'Angleterre avec une résignation de souffrance inimaginable; elle subissait la tête baissée une situation si coûteuse pour elle; le prince de la Paix n'avait résisté à aucune des volontés de Napoléon. Et pour tout cela quelle avait été la récompense de la branche cadette des Bourbons? Un fait vint tout à coup éclairer l'Espagne : ce fut la chute de la maison royale de Naples; un décret de Napoléon avait suffi pour renverser une dynastie, et c'était effrayant pour l'avenir de Charles IV; fallait-il ainsi se laisser briser?

Une communication de la Russie fit une impression bien autrement sinistre sur le cabinet de Madrid ; à côté des articles publics du traité conclu par M. d'Oubrill avec M. de Talleyrand, il y avait une stipulation secrète qui blessait profondément les intérêts espagnols; la Russie exigeant une indemnité pour le roi de Naples, Ferdinand, dépossédé de ses états, Napoléon, sans consulter l'Espagne, sans le consentement de son allié, avait cédé au roi de Naples les îles Baléares, Majorque,

---

ditaires, l'origine de cette acquisition fût-elle même illégale et arbitraire. S'il arrivait que, vu quelque considération de rang, ou en raison des relations par lesquelles il est lié dans l'Empire, le monarque semblât hésiter à se rendre au désir de l'Empereur, vous devrez alors déclarer que l'Empereur est à jamais éloigné de tout dessein de s'arroger sur d'autres États de l'Allemagne l'autorité qui, en qualité de protecteur, lui est conférée par le vote libre de la ligue du Rhin; qu'en conséquence, si le roi veut former dans l'Allemagne septentrionale une réunion des États qui dans toutes les circonstances se sont montrés plus ou moins attachés à la Prusse, la France ne s'y opposera point. »

Minorque, riches possessions de l'Espagne[1]. Quel était donc ce pouvoir étrange de Napoléon qui disposait des territoires sans l'aveu des souverainetés? Lors de la rupture des négociations de M. d'Oubrill, la Russie s'était hâtée de communiquer ces articles secrets à l'Espagne, et l'on conçoit dès lors comment l'Angleterre put entraîner le roi Charles IV et le prince de la Paix à une prise d'armes pour seconder la coalition. On se prépara dans la Péninsule, et cette proclamation du prince de la Paix, qu'on a dit inexplicable, lorsqu'elle arrivait sur le champ de bataille d'Iéna, commence à se justifier par les faits diplomatiques qu'on vient d'exposer. Le prince de la Paix cherchait à se mettre à la tête du mouvement national et à ressaisir un peu de crédit au milieu d'un peuple dont il avait flétri l'histoire et abaissé les destinées.

De tous les faits exposés il résulte donc que les tentatives de paix échouaient encore parce que rien n'était sincère et parfaitement dessiné dans la politique de l'Europe. Napoléon trompait avec un grand art; aussi habile que fort, son système consistait à diviser pour régner, comme l'avait dit Machiavel, le compagnon de ses ancêtres les Bonaparte à Florence. A la Prusse il avait dit : « Prenez le Hanovre, la Poméranie suédoise, » et par ce moyen il la brouillait avec l'Angleterre. A la Grande-Bretagne il avait dit : « Je vous rends le Hanovre;

---

[1] La vanité de Godoï avait souffert de ce que Napoléon avait exclu les plénipotentiaires de Charles IV des conférences dans lesquelles la France avait paru vouloir traiter de la paix avec l'Angleterre. Mais ce qui l'irrita plus vivement encore, ce fut d'apprendre que, dans les articles secrets, signés avec l'envoyé russe d'Oubrill, il avait été arrêté que les îles Baléares seraient enlevées à l'Espagne, pour les donner au fils du roi Ferdinand, propre frère du monarque espagnol, en échange de la Sicile, dont les deux puissances l'auraient arbitrairement privé. Choqué de tant d'outrages, il ne respirait que la vengeance, et crut que la continuation de la guerre maritime, le refus de ratifier le traité de d'Oubrill, la guerre qui semblait s'engager au nord de l'Allemagne, allaient lui fournir les moyens de la satisfaire. » (Note de M. de Hardenberg, septembre 1806.)

vous le voyez, la Prusse vous a jouée. » Il traitait séparément avec la Russie et l'Angleterre ; il tendait la main à l'Espagne, puis il lui enlevait les îles Baléares. Ces négociations bien menées ne conservaient pas assez de loyauté pour arriver à une situation nette; Napoléon n'en tirait aucun avantage pacifique; il voulait traiter avec trop de monde à la fois et les tromper tous; en politique ce jeu réussit quelque temps ; il s'use à la fin. Quand vinrent les jours de malheur ces alliances lui échappèrent et il subit encore la loi terrible du talion.

Cependant par les négociations de Vienne, de Paris et de Berlin, l'Empereur démoralisait la Prusse, lui enlevait son caractère de nation, et lorsqu'il courut la chercher sur les champs de bataille, elle était déjà abaissée et vaincue dans l'esprit de l'Europe.

CHAPITRE VIII.

LA PRUSSE ET LA FRANCE.

ESPRIT DES DEUX ARMÉES.

Armements de la Prusse. — La tactique du grand Frédéric. — Débris de son école. — Le duc de Brunswick. — Le maréchal de Mœllendorff. — Kalkreuth. — Blücher. — Les princes Louis et Henri. — La reine Louise de Prusse. — Discipline de l'armée prussienne. — Situation des esprits en Allemagne. — La Saxe. — La Hesse. — Les villes d'université. — Occupation française. — Despotisme de Berthier. — Exécution du libraire Palm. — Composition de l'armée française. — Le général Knobelsdorff à Paris. — Notes à Napoléon. — Départ pour l'armée. — *Ultimatum* de la Prusse.

Août à Octobre 1806.

Depuis la campagne d'Austerlitz, la Prusse s'était spécialement occupée à développer son état militaire si puissant depuis le XVIIIe siècle; son système de paix médiatrice ou de neutralité armée exigeait l'appareil d'une force qui pût apporter un poids décisif dans la balance d'une guerre; la Prusse parlait incessamment de son armée, de sa discipline, de ses moyens de recrutement, qui la plaçaient si haut; tout était constitué pour une entrée en campagne immédiate. Il y avait un an déjà que la Prusse se trouvait en état de répondre à toutes les chances des batailles, et la situation pacifique, imposée par la politique timide de son cabinet, ne pouvait longtemps convenir à l'effervescence d'une jeune et forte génération.

ORGANISATION DE L'ARMÉE PRUSSIENNE (AOUT 1806).

L'organisation donnée à la Prusse par le grand Frédéric permettait de lever un homme sur six dans les villes et les campagnes; son Code contenait toutes les obligations du service militaire : la constitution du pays n'avait qu'un but, former des soldats et les exercer. Dans toutes les campagnes du xviiie siècle, l'armée prussienne avait brillé d'un vif éclat; presque toujours elle était restée maîtresse du champ de bataille; elle rappelait l'époque de ces braves lansquenets, huguenots à la large arquebuse; tout possesseur de la terre pouvait devenir officier; la noblesse y entrait par les cadets, et passait par tous les grades. Les troupes manœuvraient avec une précision et une régularité remarquable; Frédéric, tout philosophe qu'il était, avait donné une extension au régime rigoureux de la *schlag*; l'officier était instruit dans des écoles spéciales; le soldat, passif, obéissant, et d'ailleurs tellement ployé aux habitudes de la guerre, qu'il subissait aveuglément tous les ordres supérieurs; il était machine. Cela avait un avantage et un inconvénient : le général pouvait opérer ainsi de grandes manœuvres; mais quand il s'agissait d'un mouvement d'instinct, que les circonstances mobiles des batailles nécessitent, les Prussiens étaient trop disciplinés et trop raides pour conserver l'intelligence libre, spontanée, qui fait du Français le premier soldat du monde, car il sent de lui-même le défaut d'un ordre et le rectifie. Les Prussiens manœuvraient comme une masse inerte, l'œil fixé sur le commandement de l'officier; bien conduits, ils faisaient des merveilles; mal dirigés, ils devaient se rendre comme les Autrichiens.

Cependant, cette armée avait une grande confiance en elle-même; il en est ainsi de tous les corps militaires qui ont une histoire, une tradition héroïque; l'ombre de Frédéric planait sur les rangs pressés de cette noble génération militaire, et les titres de ses victoires étaient inscrits sur ses étendards; généraux, officiers et soldats semblaient dire : « Nous sommes les enfants et les élèves de ce roi si ferme à la guerre, qui refoula devant lui les Français et les Autrichiens, témoin la colonne de Rosbach, qui s'élève fièrement sur le champ de bataille. » Ils avaient quelque raison dans cet orgueil, car jamais armée n'eut une meilleure artillerie, un personnel d'hommes mieux choisis; la cavalerie était magnifique, sur de beaux chevaux du Hanovre et du Mecklembourg; l'infanterie comptait cinq bataillons par régiment; l'artillerie se vantait de tirer avec une justesse telle, qu'elle touchait la cible à tout coup [1].

Si ces traditions du roi Frédéric donnaient de la confiance aux soldats, elles avaient aussi leurs inconvénients, car c'était de la vieillesse et de l'histoire; une armée pas plus qu'une nation ne vivent du passé; les antiques générations s'éteignent, les jeunes arrivent; la force n'est pas dans ce qui tombe, mais dans ce qui s'élève; or, l'école de Frédéric avait fait son temps; si elle avait rempli le XVIIIe siècle de ses gloires, l'art avait fait des

---

[1] Au commencement de 1806, la Prusse avait déjà mobilisé un grand nombre de corps d'armée.

« Corps d'armée rassemblé dans la Basse-Saxe, avec la dénomination d'*armée du Roi*. L'aile droite est commandée par le lieutenant-général de Ruchel. — L'aile gauche, par le prince de Hohenlohe. — Le centre, par le duc de Brunswick. — Un corps particulier, attaché à cette armée, est commandé par le lieutenant-général de Blücher.

« Corps combiné de troupes prussiennes et hessoises, sous les ordres du lieutenant-général comte de Schmettau.

« Troisième corps, commandé par le général comte de Kalkreuth.

« Premier corps de réserve, sous les ordres du maréchal de Mœllendorff. Le quartier-général est à Leipsick. — Deuxième corps de réserve, commandé par le duc Eugène de Wurtemberg. Le quartier-général est à Custrin. — Troisième corps de réserve, sous les ordres du lieutenant-général de Thiel. Le quartier-général est à Glogau et Grossen.

« Corps particulier rassemblé dans la Haute-Silésie, sous les ordres du lieutenant-général de Gravenk. Le quartier-général est à Gratz. »

progrès depuis la république française, et le plus grand tacticien de tous, Napoléon, avait donné une impulsion immense à la belle stratégie, à l'improvisation sur le champ de bataille. La faiblesse de l'armée prussienne résultait de ce culte du passé ; la vie, c'est le présent ; on ne marche pas avec les morts, s'abriteraient-ils sous les vastes tombes de Potsdam ou de Sainte-Hélène.

Il se trouvait que cette armée prussienne, si forte de discipline, si remarquable de tenue, était conduite par de vieux généraux qui, tous, représentaient l'école de Frédéric. Le duc de Brunswick, qui commandait en chef les Prussiens, avait alors soixante-onze ans, et il servait depuis l'âge de dix-neuf, première époque de la guerre de Silésie. Il n'était pas un champ de bataille qui ne fût marqué du sang du duc de Brunswick, le mentor des armées, vieillard ferme et robuste qui demeurait dix heures à cheval sans fatigue ; blessé deux fois dans la guerre de sept ans, il avait toujours porté les armes avec enthousiasme ; c'était sa profession, sa vie, à ce point de ne pouvoir dormir que sous la tente et au bruit du tambour [1]. Qui n'avait souvenir du duc de Brunswick

---

[1] Charles-Guillaume-Ferdinand, duc de Brunswick-Lunébourg, était né à Brunswick le 9 octobre 1735. Le conseiller de Walmoden fut son gouverneur, et il eut pour précepteurs Jérusalem, Hirchmann et Gærtner. Ses progrès furent rapides dans toutes les sciences, et principalement dans les langues modernes et dans tout ce qui est relatif à la guerre ; il obtint de grands succès dès son début dans cette carrière. A l'âge de 22 ans, il emporta, l'épée à la main, une batterie française à la bataille d'Hastembeck ; en 1758, il passa le Weser à la tête d'un faible détachement devant l'armée française tout entière, et ouvrit par cet exploit la campagne du Bas-Rhin, où il fut toujours à l'avant-garde. Au passage du Rhin, à Crevelt, enfin dans toutes les occasions importantes, le prince héréditaire de Brunswick signala son courage et son habileté. En 1760, il commandait encore l'avant-garde, lorsqu'il rencontra près de Korbach l'armée du maréchal de Broglie ; obligé de se retirer devant des forces supérieures, il fut blessé en assurant la retraite de ses troupes. Sept jours après, il se vengea de cet échec en attaquant, auprès d'Emsdorff, un corps ennemi auquel il fit 2,000 prisonniers. Enfin, le nom du prince héréditaire de Brunswick est toujours écrit glorieusement dans toutes les pages de l'histoire de la guerre de sept ans. Dès que la paix fut conclue, il voyagea dans différentes contrées, et vint d'abord en France sous le

dans les campagnes de la Meuse aux premiers jours de la république française? Le manifeste qu'on lui avait attribué n'était point son œuvre; le général éclairé que Mirabeau avait jugé si favorablement n'était pas l'auteur de cet exposé de guerre, ouvrage d'un réfugié obscur, et qui excita une vive indignation en France. Nul ne pouvait refuser au duc de Brunswick une certaine connaissance de l'art militaire, une aptitude qu'il devait à l'étude, à la pratique qu'il en avait faite dans quinze campagnes en Allemagne. Mais que peut un vieillard de soixante-onze ans? Si le cœur était chaud, le bras avait-il la force de supporter l'épée? Il faut une rude main sur le champ de guerre; le père du Cid castillan invoque en vain ses membres glacés par l'âge; à chaque siècle sa génération.

A côté de lui était un vieillard bien plus avancé encore dans la vie, le comte Henri-Joachim de Mœllendorff, feld-maréchal prussien, arrivé alors à sa quatre-vingt-deuxième année; il avait accompagné Frédéric II dans la première guerre de Silésie, comme porte-drapeau au 1ᵉʳ bataillon de la garde; le roi en avait parlé favorablement dans ses mémoires, comme d'un officier plein de

nom de *comte de Blanckenbourg*. Il séjourna pendant deux mois à Paris, parcourut ensuite l'Italie, et ce fut avec le savant Winckelmann qu'il visita les monuments de Rome. En 1770 et 1771, il fit différents voyages militaires avec le grand Frédéric en Moravie, en Silésie et en Westphalie. En 1778, la guerre que ralluma un instant la succession de Bavière, donna au prince héréditaire une nouvelle occasion d'ajouter encore à sa gloire militaire. En 1780, il succéda à son père dans le gouvernement de son duché. Le roi Frédéric-Guillaume II en le nommant grand-maréchal ne lui donna cependant aucune autorité, et le duc se retira dans ses états. Aux troubles de la Hollande, en 1787, il fut chargé du commandement de 20,000 Prussiens en Westphalie, il s'avança peu à peu jusqu'aux frontières de la république, et voyant que les Français ne faisaient aucun mouvement, il entra brusquement en Hollande, s'empara d'Utrecht et de La Haye sans coup férir, et, après vingt jours de siége, reçut la capitulation d'Amsterdam. Lorsque la révolution française arriva et qu'il fut question de guerre, tous les regards se portèrent sur le duc de Brunswick. En 1792, la Prusse et l'Autriche, alliées par le traité de Pilnitz, donnèrent le commandement général de leurs armées au

distinction; il était au siége de Prague, fait d'armes qui retentit si longtemps en Allemagne. Mœllendorff commandait plus tard en Pologne lors du fatal démembrement; comme le duc de Brunswick, il avait dirigé les Prussiens contre la France et il se trouvait aux faits d'armes de la campagne de 1792. Esprit modéré, l'un des auteurs du traité de Bâle, partisan de la paix et de la neutralité allemande, Mœllendorff fut néanmoins chargé d'un commandement en chef dans l'armée prussienne [1]. Ainsi, deux vieillards octogénaires dirigeaient ces jeunes bataillons prussiens avec un système plus vieux encore que leur âge. La victoire pouvait-elle venir à eux, pauvres invalides, un bâton blanc à la main? Pouvaient-ils diriger une jeunesse pleine de courage et de force? Qu'est-ce que l'enthousiasme dans des têtes chenues?

Un des hommes distingués de cette armée qui se déployait alors dans la Prusse pour marcher en avant était le général Kalkreuth, négociateur aussi remarquable que militaire instruit et éclairé; son aptitude était grande. D'une année plus jeune que le duc de Brunswick, il s'était

---

duc de Brunswick; après les revers de la campagne de Champagne et la capitulation pour la retraite de l'armée prussienne, le duc de Brunswick se vit obligé de rester sur le Rhin; il obligea les Français à se retirer sur la rive gauche, et s'empara de Mayence après trois mois de siège. Quelques différends qu'il eut avec le général autrichien Wurmser, et plusieurs échecs qu'éprouvèrent les alliés, portèrent le duc de Brunswick à demander sa démission (janvier 1794); il quitta, en effet, le commandement jusqu'en 1806.

[1] Richard-Joachim-Henri, comte de Mœllendorff, était né en 1724, dans une terre de la marche de Prignitz, où son père avait la charge de capitaine des digues. Après s'être préparé à l'état militaire dans l'académie équestre de Brandebourg, il fut placé en qualité de page (1740) auprès de Frédéric II, qu'il accompagna dans la première guerre de Silésie, et notamment aux batailles de Molwitz et Chotusitz. Trois ans après, il fut porte-drapeau au premier bataillon de la garde; et en 1744, le roi le nomma adjudant. Dans la seconde guerre de Silésie il assista au siège de Prague, et fut blessé assez grièvement au combat de Carr. Nommé capitaine en 1746, il obtint une compagnie de la garde. Il se trouva au siège de Prague, en 1757, ainsi qu'à la bataille de Rosbach, et à celle de Leuthen, où sa manœuvre brillante décida la victoire, et lui valut l'ordre du Mérite. Après avoir

éclairé par les nouvelles combinaisons, et son activité donnait à sa tactique un caractère plus moderne et mieux en rapport avec la belle armée de France devant laquelle les Prussiens allaient se trouver. Le général Kalkreuth avait une renommée de loyauté et de fermeté; seul peut-être dans les jours de revers il ne désespéra pas de la Prusse [1]. Le prince de Hohenlohe, qui commandait un corps de bataille, n'était pas sans intelligence dans l'art de la guerre, où il déployait un courage remarquable. La Prusse avait appelé auprès d'elle tous les princes allemands qui servent avec distinction comme officiers-supérieurs chez les puissances du premier ordre, telles que la Prusse et l'Autriche; en Germanie, il n'est pas d'autre état pour les seigneurs territoriaux que de se mettre au service des cabinets; la plupart de ces petits suzerains ne sont point riches, ils ont besoin de dépenser leur vie à la guerre; ils passent par tous les grades des camps; plus d'un fils de prince commence par le rang modeste d'enseigne pour s'élever ensuite au titre de feld-maréchal. Ainsi étaient le

---

assisté au siège de Breslau, il eut, en 1758, le grade de major et de commandant du 3e bataillon de la garde. Deux ans après, il obtint celui d'un régiment de la garde. Elevé immédiatement après au grade de lieutenant-colonel, il acquit de nouveaux titres à la bataille de Torgau, puis, il tomba dans les mains des Autrichiens et resta quelques mois prisonnier de guerre. Echangé en 1761, et fait colonel, il mérita bientôt après, le grade de major-général. Dans la guerre de la succession de Bavière, il commanda comme lieutenant-général un corps de l'armée du prince Henri, en Saxe et en Bohême: une expédition qu'il dirigea avec succès, lui mérita la décoration de l'Aigle noir. Depuis 1783, il fut gouverneur de Berlin. Après la mort de Frédéric II, il fut élevé à la charge de général de l'infanterie, et le seul commandement qu'on lui confia fut celui des troupes qui allèrent effectuer, en 1793, le démembrement de la Pologne. Alors il fut nommé feld-maréchal, puis gouverneur de la Prusse méridionale. Lorsqu'en 1794 le duc de Brunswick se démit du commandement de l'armée prussienne sur le Rhin, le cabinet de Berlin ne trouva que le vieux compagnon d'armes de Frédéric II qui fût digne de lui succéder; Mœllendorff accepta. Il fut un des principaux auteurs du traité de Bâle. Pendant les douze ans de repos qui suivirent ce traité, Mœllendorff avait joui en paix de sa gloire et de ses emplois.

[1] Le comte de Kalkreuth était né en 1736, et fit avec distinction la guerre de sept ans en qualité d'adjudant-général du prince Henri de Prusse. En 1789, il fut

prince de Hohenlohe [1], le grand-duc de Hesse, à la figure si militaire; et parmi eux se faisait déjà distinguer le duc de OEls (Brunswick), caractère d'énergie, remarquable partisan, qui souleva plus tard l'Allemagne au nom de la vengeance et de la liberté. Rien de plus dramatique que cette vie du jeune prince de OEls, passée d'abord sur le champ de bataille, puis s'oubliant dans toutes les délices et les débauches d'une jeunesse ardente au sein des universités d'Iéna et de Halle; lorsque la Prusse se lève pour son indépendance, le duc de OEls-Brunswick ressaisit alors son épée pour délivrer sa patrie d'une ruine inévitable et de l'abaissement que lui réservait la France; physionomie dramatique au milieu de la monotonie de cette guerre d'Allemagne. Ce caractère d'intrépidité se trouvait aussi au plus haut degré chez le général Blücher; hardi, aventureux partisan [2], avec cet esprit intrépide que Schiller a mis en scène dans son *Wallenstein*,

---

nommé pour commander l'armée de Pologne. Il fit les campagnes de 1792, 1793 et 1794 contre les Français, et empêcha de tout son pouvoir, en 1794, l'expédition de Hollande lorsque ceux-ci se disposaient à en faire la conquête. En 1805, le comte de Kalkreuth fut nommé commandant des troupes prussiennes rassemblées dans la Poméranie, et au mois de mai 1806 gouverneur de Thorn et de Dantzick, colonel en chef du régiment de dragons de la reine, et inspecteur-général de toute la cavalerie.

[1] Le prince de Hohenlohe-Ingelfingen, après avoir accompagné le roi de Prusse au congrès de Pilnitz en 1791, commanda une division dans la campagne de 1792. Au commencement de 1795, il eut le commandement de la ligne de neutralité sur l'Ems, et fut nommé inspecteur des troupes en Silésie, puis gouverneur de Breslau, et en 1806, lorsque la guerre éclata avec la France, il commanda le corps d'armée prussien et saxon qui devait se rassembler à Erfurth pour pénétrer dans la Franconie.

[2] Gebhart Lebrecht de Blücher était né à Rostock, dans le duché de Mecklembourg-Schwerin, le 16 décembre 1742, d'une famille ancienne, et son père possédait, à Gross-Renzow, une terre où il faisait sa résidence habituelle. Lorsque la guerre de sept ans éclata (1756), il envoya ses deux fils chez une parente, madame de Krakwitz, dans l'île de Rugen, l'éducation de ces enfants y fut fort négligée. En revanche, les deux frères eurent et saisirent, sur terre et sur mer, de nombreuses occasions de se perfectionner dans les exercices du corps. Le régiment des hussards suédois de Moërner fixa surtout leur attention, et ils s'engagèrent en 1757. Leur oncle Krakwitz fit d'inutiles efforts pour les détourner de cette résolution. Blücher, enseigne, fut fait prisonnier à l'affaire de Suckow par les hussards de Belling; sa jeunesse et son caractère inspirèrent de l'intérêt au colonel

Blücher, bon officier de cavalerie, était capable de ces coups de main, de ces ruses de guerre, de ces hardiesses de manœuvres qui peuvent compromettre une armée ou la sauver, parce que les guerres de partisans sortent des principes d'une tactique régulière.

Indépendamment de tous les officiers-généraux, la maison de Brandebourg elle-même, si militaire d'origine, avait payé sa dette en plaçant à la tête de ses armées les princes de sa famille. Rien de plus chevaleresque, de plus dévoué à la cause allemande, que le prince Louis, cousin du roi, l'idole des universités : il était comme le *prince de la jeunesse* à Rome, avec tout le brillant qui distingue l'officier né dans les rangs supérieurs. Principal instigateur de la guerre, le prince Louis savait qu'il en portait la responsabilité, et dès lors il se donna mission de vaincre ou de mourir ; à la première défaite il devait offrir sa poitrine à l'ennemi ; il ne pouvait être prisonnier, parce qu'il aurait porté au front la tache indélébile d'une guerre qu'il aurait suscitée, et dans laquelle il ne trouverait pas un moyen de mourir ; noble caractère qu'invoque encore l'Allemagne, tout d'enthousiasme et de dévouement. Le prince Henri, frère du roi, était également un bon colonel de régiment ; capable de charger avec énergie sur des masses ennemies, il devait prendre rang dans l'armée à côté de

---

qui le pressa de prendre du service dans l'armée de Prusse. Blücher résistait depuis un an, lorsqu'on se décida, pour l'avoir au service sans qu'il pût passer pour déserteur, à renvoyer un lieutenant suédois prisonnier Coruette dans le régiment des hussards-noirs (20 décembre 1760), il fut fait sous-lieutenant et lieutenant dès l'année suivante. Ce régiment prit une part très active à la guerre de sept ans. Blücher se fit remarquer aux batailles de Kunersdorff et de Freiberg, et fut blessé au pied à la dernière. La longue paix qui régna en Europe, à partir du traité d'Hubertsbourg (1763), ne lui procura pas un avancement rapide, sept ans se passèrent ainsi pendant lesquels Blücher devint capitaine. En 1770, commencèrent les événements de Pologne. Les hussards noirs firent partie du cordon que l'on établit sur les frontières

Frédéric-Guillaume. Le roi de Prusse, avait la mémoire des devoirs de sa race; il savait que dans la maison de Brandebourg le champ de bataille est une habitude; la Prusse, monarchie militaire, ne pouvait se soutenir sans garder sa supériorité dans les combats; le jour où cet ascendant lui échapperait, elle devait être effacée de la carte générale de l'Europe; splendide par la guerre, la monarchie du grand Frédéric devait tomber par la défaite.

Dans cette galerie de nobles portraits et de chevaliers bardés de fer, faudra-t-il oublier la céleste figure de la reine Louise de Prusse, belle et noble femme qui sentait si profondément la situation humiliée de son pays? Allemande par le cœur, elle avait toutes ces passions de patrie et d'admirable dévouement que les jeunes filles de la Germanie conservent sous des apparences froides et craintives; l'enthousiasme est au cœur des Allemandes, elles aiment avec entraînement, semblables à ces divines créations de Schiller, à cette Amélie de Moore, qui préférait la forêt, le pillage, avec son bien-aimé, à la vertu sainte et aux plaisirs de famille, dans le vieux château de ses pères. L'insulte et le sourire de pitié purent être jetés par quelques pamphlets de police et des bulletins de colère sur la noble reine Louise; elle n'en restera pas moins sainte pour la nation allemande. Cette femme qui, après

---

de ce pays. Les hussards ayant arrêté un prêtre catholique soupçonné d'être un des mobiles secrets de l'insurrection polonaise, Blücher décida qu'il passerait par les armes, et fit faire en présence du tremblant ecclésiastique tous les préparatifs de son supplice. L'exécution n'eut pas lieu; la plaisanterie, si c'en était une, ne réussit pas auprès du général de Lossow, et il se crut fondé à proposer au roi de ne point le comprendre dans le prochain avancement; et le premier escadron qui vint à vaquer fut donné à un de ses cadets; Blücher se plaignit de ce passe-droit au général qui n'en tint compte. Alors il écrivit au ministre de la guerre, pour solliciter son congé définitif. Frédéric, qui avait déjà reçu un rapport défavorable, répondit en ordonnant de mettre le turbulent capitaine en prison et de l'y garder

avoir soulevé une nation pour l'indépendance, meurt, les entrailles déchirées par la douleur, devant la Prusse anéantie, cette femme sort de l'ordre vulgaire, et l'on s'explique les touchants et poétiques souvenirs qu'elle a laissés partout dans l'Allemagne du nord, et qui retentissent encore dans les chants nationaux et les ballades des universités.

L'armée prussienne se composait donc de jeunes hommes à l'imagination vive, ardente, passionnée, et de vieillards au bras fatigué et à l'intelligence affaiblie; il y avait ainsi les deux principes de décadence et de ruine pour cette armée; on y trouvait l'intrépidité imprudente des partisans, et la décrépitude des invalides; un mélange de hussards et de ces vétérans aux figures fatiguées, aux cheveux blancs, au front ridé, qui gardent le tombeau de Frédéric à Potsdam. Si les uns se précipitaient en dignes chevaliers sous la mitraille française, les autres, retenus par l'âge et par les infirmités, ne secondaient en rien cette ardeur belliqueuse, de sorte qu'il y avait deux actions en sens contraire qui se neutralisaient mutuellement : trop d'énergie, trop de prudence; un sang bouillonnant, et un sang glacé. Ainsi était l'armée prussienne : admirablement disciplinée, obéissante, elle vivait trop dans le passé, pas assez dans le présent; elle formait comme un corps dissemblable, une armée pleine de vie et des chefs

---

jusqu'à ce qu'il devînt plus raisonnable. Mais il s'obstina, et le monarque impatienté finit par accepter sa démission en ces termes : « Le capitaine Blücher est congédié et peut aller au diable (1773). » Blücher, qui était près de se marier, fut près de recevoir aussi son congé de la famille où il voulait entrer. Mais des amis s'interposèrent et démontrèrent au futur beau-père, M. de Mehling, que la destitution était injuste; ce qui fut très heureux pour Blücher, car M. de Mehling, colonel saxon et fermier-général, était fort riche. Pendant quatorze années sa fortune alla sans cesse s'améliorant. Cependant la carrière qu'il avait abandonnée se présentait à lui, et souvent il avait senti le désir de reprendre du service. En 1786, à la mort du grand Frédéric, il se rendit à Berlin, où Bischoffswerder le fit rentrer presque aussitôt en qualité de ma-

sans activité, et, pour tout dire en un mot, une tête d'invalide sur des jambes de partisan.

L'esprit de l'Allemagne du nord secondait cette levée de boucliers de la Prusse ; on trouvait dans la Saxe, dans la Hesse, un sentiment de résistance et de nationalité exalté alors à un haut point ; si l'Allemagne méridionale, ramollie par mille causes diverses, avait subi le joug ; si le Wurtemberg, la Bavière, Bade, s'étaient liés à la Confédération du Rhin, à ce point même que le grand-duc de Wurtzbourg, le frère de l'empereur d'Autriche, avait signé le pacte fédératif, il n'en était pas de même de la Saxe, de la Hesse et des populations prussiennes jusqu'à la Baltique. Les soldats de la vieille Prusse, depuis les campagnes de Frédéric, professaient un grand mépris pour les Autrichiens ; il y avait des antipathies nationales ; ils ne se croyaient pas de la même lignée. La campagne d'Ulm et d'Austerlitz avait encore fortifié ce sentiment ; les Autrichiens étaient l'objet de tous leurs sarcasmes ; mélange de la race italienne, on ne les considérait pas comme Allemands ; il y avait dans les universités de la Prusse et de la Saxe, à Leipsick, à Iéna, à Erfurth, une fermentation indicible ; on s'indignait du joug des Français. La poésie colorait tous les pamphlets lancés contre ces conquérants insatiables qui débordaient sur la Germanie pour lui imposer des lois étrangères :

---

jor dans le même régiment qu'il avait quitté capitaine. L'année suivante 20,000 Prussiens ayant été dirigés sur la Hollande, Blücher fit partie de cette armée. En 1788, il fut promu au grade de lieutenant-colonel, et après avoir obtenu l'ordre du Mérite il devint colonel des hussards noirs en 1790. Deux ans après Blücher fit partie de l'armée destinée à envahir la France ; et il joua un des premiers rôles dans le petit nombre d'affaires d'avant-postes. Par le changement de destination du général Knobelsdorff, il se vit à la tête de l'avant-garde. Le 4 juin 1794 il fut fait général-major. Frédéric-Guillaume III le nomma, en 1801, lieutenant-général, et le 10 février 1803 il devint gouverneur de Munster. En 1806, dans la guerre contre la France, Blücher eut d'abord le commandement d'une avant-garde sous Ruchel.

Des publications circulaient dans les cités et les campagnes pour appeler les vieux Germains à l'indépendance[1]. Kotzebüe, l'auteur populaire, publiait de remarquables livres contre les Français et l'empereur Napoléon; la même plume qui écrivait *Misanthropie et repentir*, ce drame qui arrachait tant de larmes, faisait battre les poitrines allemandes aux noms de patrie et de liberté. Si Gœthe, homme paisible et doux, se résignait à des distractions de théâtre, comme Schiller à Weimar, Gentz, Kotzebüe faisaient une polémique ardente pour démontrer les misérables conditions que les Français avaient faites à ces peuples fiers et généreux. « Le temps était venu de secouer le joug : aux armes pour la patrie allemande, noble vierge dont la couche était souillée par l'étranger ! » La Prusse, à la tête de ces exaltations patriotiques, entraînait les populations de la Saxe et de la Hesse; l'union germanique se formait; elle avait voulu opposer une digue par les électorats du nord à la Confédération du Rhin qui n'embrassait que le midi ; sa politique se résumait en ceci : « Nationalité allemande, » et ces mots devaient trouver de l'écho dans les imaginations ardentes des universités; la

---

[1] M. de Laforest cherchait à détourner une guerre de coalition, en excitant les rivalités de l'Autriche et de la Prusse ; voici comment il explique à M. de Haugwitz l'esprit de la Confédération du Rhin :

« Le successeur de Rodolphe de Habsbourg doit ne voir qu'avec peine la dignité, la considération de sa maison affaiblies par la perte de la couronne impériale et par la suppression des juridictions qu'il exerçait en qualité de chef de l'empire romain-germanique. Il est naturel que l'union de tant de princes, dont les anciennes offenses et les nouvelles conquêtes font des ennemis irréconciliables de la cour de Vienne, fasse concevoir au monarque dépouillé d'un grand lustre, des sentiments haineux, des soupçons et des craintes ; mais qui pourrait inspirer au roi de Prusse de la jalousie ou des ombrages? La confédération n'a eu pour but que d'enlever à l'empereur d'Autriche les moyens de s'ingérer dans les affaires des différents États germaniques, et de mettre le dernier sceau à l'ouvrage commencé avec tant de soins, de sollicitude et de persévérance par le cabinet prussien, et puissamment favorisé par la destruction des souverainetés ecclésiastiques. Chacun, pour consolider cet ordre de choses, ne doit-il pas se prêter à ce qui peut seul contribuer désormais au repos et à la sû-

Prusse avait pour elle le peuple ; Napoléon dominait quelques ministres affaiblis ou corrompus, les rois et les électeurs qui avaient brisé leur épée.

Il était vrai que l'occupation française devenait de jour en jour plus pesante en Allemagne. Après le traité de Presbourg, l'armée, sous ses glorieuses aigles, aurait dû repasser les frontières du Rhin pour venir prendre ses garnisons en France ; les ordres de Napoléon l'arrêtèrent dans son mouvement rétrograde. Au moindre prétexte, l'Empereur faisait séjourner ses armées sur le territoire étranger ; il les y laissait pour épargner son trésor ; et d'ailleurs le cabinet des Tuileries, avec ses notions exactes sur la Prusse, savait que la guerre éclaterait avec violence, et les corps d'occupation étaient disposés pour une entrée immédiate en campagne ; Berthier commandait la belle armée de France depuis Bade jusqu'à Dusseldorff, et depuis Francfort jusqu'à Nuremberg, observant tous les mouvements de l'Allemagne ; pour la première fois les contingents de la Confédération du Rhin furent appelés comme auxiliaires ; ils devaient opérer au nord contre les

---

reté commune ? Frédéric-Guillaume n'a-t-il pas d'ailleurs, par l'alliance récemment conclue à Paris, pris envers Napoléon l'engagement formel de garantir toutes les stipulations du traité de Presbourg ? La Confédération du Rhin en est le complément, et c'est sur cette base qu'elle repose. Son Excellence peut être assurée qu'autant cette confédération est disposée à assurer et à maintenir au besoin par les armes l'indépendance, fruit précieux de ce traité, autant les confédérés sont éloignés de vouloir porter atteinte à celle des autres peuples. Quant à l'Empereur, qui pourrait lui supposer l'intention d'abuser de l'autorité que ces mêmes confédérés lui ont librement et spontanément accordée ? Protéger leurs États est son unique désir, et il n'étendra pas cette protection plus loin, tant que d'autres souverains d'Allemagne ne la solliciteront pas. *Le roi de Prusse est donc libre d'organiser, si cela lui convient, une confédération des États septentrionaux de l'Allemagne*, d'y comprendre les princes qui suivent la même direction politique que lui, d'en devenir le chef de l'aveu de ses alliés ; *l'Empereur Napoléon n'y mettrait aucun obstacle.* » (Communication de M. de Laforest au comte de Haugwitz.)

Prussiens, et Napoléon écrivit de sa main à l'électeur de Bavière pour l'inviter à réunir ses divisions [1].

Les généraux et l'armée vivant comme en pays conquis, frappaient arbitrairement des contributions sous prétexte de faire vivre les soldats, et Francfort, la riche cité de banquiers et de juifs, se souvient encore de la présence du maréchal Augereau; 4,000,000 de florins durent être payés avant huit jours, et cet ordre fut donné avec ce commandement impératif du temps de la république, quand l'Italie était dépouillée des monuments des arts. Le pouvoir militaire le plus oppressif fut celui du maréchal Berthier, alors prince de Neufchâtel, qui, de son quartier-général de Nuremberg, se chargea en Allemagne d'une triste et fatale inquisition; je répète que l'esprit national s'était réveillé dans toute la Germanie; la presse, toujours en avant des idées, avait admirablement servi cette répulsion contre les Français, les oppresseurs de l'Allemagne; les protestations poétiques et les pamphlets ardents circulaient partout; les journaux de Berlin, de

---

[1] *Lettre de S. M. l'Empereur des Français, roi d'Italie, à S. M. le roi de Bavière.*

« Monsieur, mon frère, il y a plus d'un mois que la Prusse arme, et il est connu de tout le monde qu'elle arme contre la Confédération du Rhin. Nous cherchons les motifs sans pouvoir les pénétrer. Les lettres que S. M. prussienne nous écrit sont amicales, son ministre des affaires étrangères a notifié à notre envoyé extraordinaire et ministre plénipotentiaire qu'elle reconnaissait la Confédération du Rhin, et qu'elle n'avait rien à objecter contre les arrangements faits dans le midi de l'Allemagne.

« Les armements de la Prusse sont-ils le résultat d'une coalition avec la Russie, ou seulement des intrigues des différents partis qui existent à Berlin, et de l'irréflexion du cabinet? Ont-ils pour objet de forcer la Hesse, la Saxe et les villes anséatiques à contracter des liens que ces deux dernières puissances paraissent ne pas vouloir former? La Prusse voudrait-elle nous obliger nous-même à nous départir de la déclaration que nous avons faite : que les villes anséatiques ne pourront entrer dans aucune confédération particulière; déclaration fondée sur l'intérêt du commerce de la France et du midi de l'Allemagne, et sur ce que l'Angleterre nous a fait connaître que tout changement dans la situation présente des villes anséatiques serait un obstacle de plus à la paix générale?

« Nous avons aussi déclaré que les princes de l'empire germanique qui n'étaient point compris dans la Confédération du Rhin devaient être maîtres de ne consulter que leurs intérêts et leurs convenances; qu'ils devaient se regarder comme parfaitement libres; que nous ne ferions rien

Dresde, de Leipsick, étaient remplis de chants nationaux inspirés par l'esprit républicain et par le vieux patriotisme allemand; on invoquait les souvenirs d'Arminius, dont les ballades célèbrent l'antique et forte résistance: ici les gémissements de l'Allemagne en pleurs se faisaient entendre, là Gentz faisait vibrer toutes les souffrances de la nation abaissée. Il n'était pas un professeur d'université, il n'était pas une gazette, qui ne s'indignât de l'oppression cruelle que l'occupation française faisait peser sur elle; la presse libre réveillait l'esprit public, et comme toutes ces gazettes étaient envoyées à Napoléon, le violent Empereur prit sur-le-champ une résolution impitoyable, ce fut de faire traduire devant une commission militaire six chefs des principales librairies de l'Allemagne, où se publiaient les chansons et les pamphlets patriotiques. Le maréchal Berthier exécuta avec la ponctualité militaire les ordres de son maître; une commission de sept colonels fut formée à Braünau, et là,

pour qu'ils entrassent dans la Confédération du Rhin; mais que nous ne souffririons point que qui que ce fût les forçat de faire ce qui serait contraire à leur volonté, à leur politique, aux intérêts de leurs peuples. Cette déclaration si juste aurait-elle blessé le cabinet de Berlin, et voudrait-il nous obliger à la rétracter? Entre tous ces motifs, quel peut être le véritable? Nous ne saurions le deviner, et l'avenir seul pourra révéler le secret d'une conduite aussi étrange qu'elle était inattendue. Nous avons été un mois sans y faire attention. Notre impassibilité n'a fait qu'enhardir tous les brouillons qui veulent précipiter la cour de Berlin dans la lutte la plus inconsidérée.

« Toutefois les armements de la Prusse ont amené le cas prévu par l'un des articles du traité du 12 juillet, et nous croyons nécessaire que tous les souverains qui composent la Confédération du Rhin arment pour défendre ses intérêts, pour garantir son territoire et en maintenir l'inviolabilité. Au lieu de 200,000 hommes que la France est obligée de fournir, elle en fournira 300,000, et nous venons d'ordonner que les troupes nécessaires pour compléter ce nombre soient transportées en poste sur le Bas-Rhin; les troupes de V. M. étant toujours restées sur le pied de guerre, nous invitons V. M. à ordonner qu'elles soient mises, sans délai, en état de marcher avec tous leurs équipages de campagne, et de concourir à la défense de la cause commune, dont le succès, nous osons le croire, répondra à la justice, si toutefois, contre nos désirs et même contre nos espérances, la Prusse nous met dans la nécessité de repousser la force par la force.

« Sur ce, nous prions Dieu, mon frère qu'il vous ait en sa sainte et digne garde. »
Napoléon.

par un étrange abus de droit des gens, ces chefs respectables des grandes maisons de librairie furent condamnés à la peine capitale, et cela au sein d'une ville libre, en violant toutes les règles de la juridiction.

Cinq de ces nobles victimes eurent une commutation en des peines infamantes. Le sixième avait nom Palm, père de famille, à peine âgé de quarante ans; il fut exécuté impitoyablement trois heures après la sentence, sur l'ordre exprès de Napoléon. La lettre de l'Empereur à Berthier était inflexible; d'après lui, il fallait un exemple pour comprimer les gazetiers, et sans retard Berthier dut faire condamner le libraire Palm[1]. Napoléon lui portait une haine particulière, car Palm était républicain, et le propagateur le plus zélé de toutes ces brochures qui soulevaient l'esprit de l'Allemagne : il agit avec lui comme avec Ceracchi, Topino-Lebrun, martyrs de la foi démocratique sous le Consulat. Cette exécution terrible fit voir à ce peuple son abaissement, et il était inouï qu'une armée d'occupation en pays neutre frappât de mort un libraire dont le crime était d'avoir publié.

---

[1] Palm fut fusillé le 25 août, d'après un jugement dont le début portait : « Considérant que, partout où il y a une armée, le premier et le plus puissant devoir du chef est de veiller à sa sûreté et à sa conservation ; que la circulation d'écrits provoquant à la révolte et à l'assassinat menace non seulement la sûreté de l'armée, mais même celle des nations ; que rien n'est plus urgent que d'arrêter les progrès d'une doctrine attentatoire au droit des gens, au respect dû aux têtes couronnées, injurieuse aux peuples soumis à leur gouvernement, en un mot subversive de tout ordre et de toute subordination ; la commission a unanimement déclaré et déclare que tous auteurs, imprimeurs, colporteurs ou distributeurs de libelles portant les caractères ci-dessus énoncés doivent être regardés comme atteints et convaincus du crime de haute trahison. En conséquence, etc., etc. »

On publia à Munich l'avis suivant :

« Par ordre de S. M. l'Empereur Napoléon, il a été établi le 25 août, à Braünau, une commission militaire française, pour juger les auteurs et distributeurs d'écrits séditieux qui tendent à égarer les esprits des habitants du sud de l'Allemagne, à les exciter à l'insurrection contre les troupes françaises, et principalement à porter les troupes elles-mêmes à la désobéissance et à l'oubli de leurs devoirs envers leur souverain légitime. Plusieurs individus furent arrêtés, convaincus et condamnés à mort. La propagation de tels écrits, dans un pays où une armée étrangère cantonne, fut tou-

EXÉCUTION DU LIBRAIRE PALM (25 AOÛT 1806).

quelques brochures politiques. Le réveil vint plus tard : l'esprit patriotique triompha en 1813, et une des causes de la ruine de Napoléon fut précisément, en Allemagne, l'indignation qu'avaient excitée contre lui les exécutions militaires des époques victorieuses; l'image sanglante de Palm fut portée sur les étendards des hussards de la Mort, levés par le prince de Brunswick-Œls; les universités jurèrent de le venger.

Une ballade allemande fut écrite sur le digne libraire Jean-Philippe Palm, martyr de la liberté; je l'ai lue encore à Nuremberg, en face de la poétique église de Saint-Sebald; voici ce que dit le poëte : « Enfant de l'Allemagne, quel était ton crime ? Pourquoi l'Empereur des Français, au panache sanglant, t'a-t-il jeté son suaire de mort sur la tête ? Quoi! les enfants des Gaules n'ont pas eu pitié de toi! quoi! leurs yeux ne se sont pas couverts de larmes, lorsque nos jeunes mères allemandes aux cheveux d'or, tenant leurs enfants dans leurs bras, se sont agenouillées devant l'impitoyable gouverneur! Palm, la charrette où tu fus ignoblement traîné est plus belle que

---

jours considérée comme une action criminelle et éminemment punissable : un tribunal militaire ordinaire eût dans tout autre temps fait mettre à mort les coupables. S. A. le prince de Neufchâtel, voulant donner à ce procès toute la solennité possible, ordonna aux maréchaux de l'Empire qui commandent en Allemagne de choisir dans leurs différents corps les colonels les plus recommandables par leur probité et équité, pour former cette commission militaire, laquelle fut composée de sept colonels, et d'un adjudant-général de la première division du quatrième corps de la grande armée.

« Quoique six individus eussent été condamnés à mort, conformément aux lois générales de la guerre et au code militaire de l'Empire français, un seulement a été exécuté; c'est le libraire Palm de Nuremberg, qui depuis longtemps était connu pour répandre les écrits qui avaient pour but de soulever les peuples contre leurs souverains et contre les Français.

« Comme il y avait des circonstances atténuantes en faveur des autres personnes impliquées dans ce procès, l'exécution de leur jugement fut différée, et la sentence de la commission militaire fut envoyée à S. M. l'Empereur Napoléon par un courrier parti de Munich le 27 août. Nous apprenons aujourd'hui (10 septembre) que S. M. l'Empereur et Roi, considérant que ces personnes, nommément MM. Joseph Schuderer, de Donawerth; Merket, de Neckerse Ulm; et Frédéric Jenisch, commis de la veuv-

le char d'or de ton assassin ; tu es le martyr de l'Allemagne, et le sang qui l'a régénérée[1]. »

Si Napoléon proscrivait avec tant d'acharnement la presse patriotique de l'Allemagne, il laissait les caricatures parisiennes poursuivre, avec leurs crayons spirituels et moqueurs, les souverains et les peuples de la Germanie. Déjà, lors de la guerre d'Autriche, les vendeurs d'images avaient tourné en ridicule l'empereur François II et son jeune et brillant allié, Alexandre de Russie : on les représentait comme de gros enfants, sous la tutelle de Pitt, qui leur jetait des bourses d'or ; la reine de Prusse était reproduite sous les traits de madame Angot ; Alexandre avait un bourrelet en tête ; l'armée russe s'avançait à cheval sur une tortue, et le roi de Prusse, blême comme la mort, recevait le fouet de sa femme[2]. Napoléon, écrivain si ferme, si éminent lorsqu'il le voulait, n'avait pas dédaigné de rédiger des pamphlets contre l'Europe coalisée, et les souverains qu'il devait plus tard traiter comme des frères et des alliés les plus intimes. Ces écrits, ces caricatures avaient en France plus d'importance qu'en Angleterre, où la presse est libre et le gouvernement sans responsabilité ; il n'en était pas de même à Paris, où tout s'imprimait par l'ordre de la police. L'Empereur était donc politiquement res-

---

Staage, libraire à Augsbourg, ont plutôt répandu des écrits rédigés contre sa personne que des écrits qui excitent le peuple au meurtre, n'a écouté dans cette occasion que la voix de sa clémence. En conséquence, Sa Majesté a ordonné que ces personnes seraient affranchies de la peine prononcée contre elles par la commission militaire, et remises à leurs gouvernements respectifs, pour recevoir les corrections que leurs souverains croiront devoir leur infliger. »

[1] Le crime de Palm surtout était d'avoir publié et répandu la brochure de M. de Gentz sous le titre de *L'Allemagne dans son profond abaissement*. Des souscriptions furent ouvertes en Allemagne, en Russie et en Angleterre. Pour des détails sur Palm, lisez l'excellente brochure du comte de Soden, sous le titre : *Jean-Philippe Palm, libraire à Nuremberg, exécuté par ordre de Napoléon*, 1814, en allemand, à la librairie de Stein. C'est le nom de la maison que Palm avait dirigée.

[2] Ces caricatures existent encore dans la collection des estampes (Bibliothèque du roi).

ponsable des insultes de la presse, et dès 1806 elles commencèrent avec vigueur contre la Prusse et les alliés qui lui prêtaient appui. Sans doute, le crayon moqueur pouvait se rire de ces vieux généraux et de ces troupes si raides, si compassées, qui avaient encore conservé les méthodes du grand Frédéric; mais ce qu'il y eut d'indigne dans ces productions de police, c'est qu'elles s'attachaient avec un indicible acharnement à la jeune et patriotique reine de Prusse, à cette noble Louise-Augusta, l'idole populaire de l'Allemagne. Qu'on pût l'attaquer comme l'ennemie implacable de la France, c'était le droit de la guerre; la polémique légitime pouvait bien briser son système, bouleverser ses idées; mais qu'on salît par d'infâmes images la réputation d'une reine, d'une femme, dont le tort, aux yeux de Napoléon, était de rester Prussienne et nationale, c'était là une de ces tristesses du caractère de la police impériale, qui formait un contraste avec la grandeur de Napoléon et la magnificence de ses œuvres. Après avoir employé ces calomnies contre François II, on les renouvela contre la reine de Prusse, sans respect pour le caractère saint d'une héroïne qui mourut de douleur en face de sa patrie abaissée.

Indépendamment de ses moyens militaires en Allemagne, l'Empereur ne renonça point à la méthode d'un grand espionnage habilement organisé par Berthier et Fouché. Les juifs, si nombreux au-delà de l'Elbe, jouèrent un rôle actif et très utile à Napoléon; ils étaient en haine aux populations chrétiennes, on les humiliait partout; en Allemagne, l'israélite était considéré comme une classe proscrite et soumise à la servitude; chez le juif allemand il n'y a aucun instinct généreux, il pressurent le peuple comme dans le moyen âge, et le peuple les poursuit de ses répugnances et de ses mépris ; d'où il résulte une certaine bassesse de caractère chez l'israélite ; gagner de l'argent, c'est son but, il s'enrichit de toutes les manières, comme au XIII° siècle et au temps des croisades. Dans les premières campagnes de Pichegru et de Moreau, les juifs furent les auxiliaires de l'armée française ; ils visaient à l'émancipation, et on leur donnait de l'argent. Napoléon ne les oublia point ; il fut admirablement aidé par la synagogue : sous prétexte d'interpréter le droit mosaïque, l'Empereur avait convoqué à Paris le grand Sanhédrin, qui tint ses séances dans l'année 1806, et cette assemblée fut pour lui un moyen de communication en Allemagne. Les juifs sont tous en correspondance ; il en était venu de toutes les rives du Rhin ; l'Empereur s'occupait beaucoup d'eux, moins pour moraliser leur caractère que pour l'exploiter au profit de ses armées. Dès que la guerre fut résolue, il mit les juifs en campagne, depuis Strasbourg jusqu'à Berlin ; l'espionnage fut bientôt organisé sur une vaste échelle et dans une silencieuse unité, à Dresde, à Leipsick, à Iéna ; et tandis que l'étudiant d'université, libre et moqueur, insultait l'israélite, celui-ci pénétrait dans les secrets de tous les mouvements militaires, et vendait pour des napoléons d'or les résolutions des cabinets et les plans de campagne des armées.

Depuis le mois d'août, Napoléon avait jugé la guerre avec la Prusse inévitable, et dans cette pensée il avait écrit à Berthier pour concentrer les corps militaires restés en Allemagne, de manière à écraser l'armée prussienne. Quels que fussent ses engagements pris envers l'Autriche, l'Empereur s'était gardé d'évacuer les bonnes positions prises ; il voulait être prêt dans toutes les hypothèses d'une campagne. Les Français étaient alors sept corps au grand complet sur divers points en Allemagne. Le maréchal Augereau, qui n'avait pris qu'une part très incertaine dans les dernières opérations, tenait la clef de cette occupation militaire à Francfort. Il avait alors sous lui trois divisions, formant 20,000 hommes; son quartier-général s'étendait de Francfort à Wurtzbourg, et en moins de cinq jours la concentration pouvait s'opérer. Bernadotte soutenait le corps d'Augereau, en occupant le vaste territoire de Nuremberg et la principauté de Bamberg; il avait fixé son quartier-général à Anspach. Le maréchal Lannes manœuvrait dans la Franconie, se liant au maréchal Augereau par Wurtzbourg; il tenait son quartier-général avec somptuosité dans le palais du commandeur de l'ordre Teutonique. Davoust surveillait la rive gauche du Danube, tandis que Ney gardait la rive droite, s'étendant jusqu'au Tyrol, en face de l'Autriche. Le maréchal Soult protégeait la Basse-Bavière et le cercle de Passau; beau centre d'opérations pour se porter sur toutes les lignes. Napoléon, qui voulait contenir l'Autriche, avait ordonné de ne point livrer la place de Braünau, si importante; le maréchal Lefebvre devait la soutenir par Augsbourg et la Haute-Bavière. Dans le cas d'une guerre avec la Prusse, ces corps, évidemment trop dispersés, opéraient un mouvement de concentration, et Berthier reçut les ordres de présider à cette marche régulière de l'armée française, entourant la Prusse, par un mouvement des extrémités au centre. Plus de 160,000 hommes de troupes d'élite entraient en pays ennemi.

Dans la prévoyance d'une guerre considérable, Napoléon avait ordonné la formation d'un camp de manœuvres à Meudon; il se composait de la garde et paraissait destiné à servir de noyau à une réserve que l'Empereur dirigerait en personne au milieu de la prochaine campagne. Ces belles troupes se mirent en marche, après avoir salué la Saint-Napoléon; toutes se rapprochèrent du Haut-Rhin. Mayence devint le point central vers lequel cette division d'élite dut converger; la vieille garde fut augmentée de quelques nouveaux régiments. L'Empereur prévoyait qu'il aurait à combattre la garde royale de Prusse, et un peu plus tard la garde impériale d'Alexandre. Qui ne se souvenait du choc impétueux entre les deux gardes qui avait fait trembler le sol d'Austerlitz? Il mit au grand complet les chasseurs et les grenadiers, environ 4,500 hommes; il forma de plus des escadrons de dragons d'élite incorporés dans la garde. Cette arme n'était point encore représentée dans ce magnifique résumé militaire de l'armée de France, appelé à veiller sur la personne de Napoléon. Des lettres pressantes adressées aux rois de Bavière, de Wurtemberg, au grand-duc de Wurtzbourg, au prince primat, à tous les associés de la Confédération du Rhin, les invitaient à presser la mise en activité de leurs contingents [1]. Auge-

---

[1] Napoléon dictait les paroles suivantes pour récapituler les torts de la Prusse :

« La paix avec la Russie conclue et signée le 20 juillet, des négociations avec l'Angleterre, entamées et presque conduites à leur maturité, avaient porté l'alarme à Berlin. Les bruits vagues qui se multiplièrent, et la conscience des torts de ce cabinet envers toutes les puissances qu'il avait successivement trahies, le portèrent à ajouter croyance aux bruits répandus qu'un des articles secrets du traité conclu avec la Russie donnait la Pologne au prince Constantin, avec le titre de roi; la Silésie à l'Autriche, en échange de la portion autrichienne de la Pologne, et le Hanovre à l'Angleterre ; que ces trois puissances étaient d'accord avec la France, et que de cet accord résultait un danger imminent pour la Prusse.

« Les torts de la Prusse envers la France remontaient à des époques fort éloignées. La première elle avait armé pour profiter de nos dissensions intestines. On la vit ensuite courir aux armes au moment de l'invasion du duc d'York en Hollande ; et lors des événements de la dernière guerre, quoiqu'elle n'eût aucun motif de mécontentement contre la France, elle arma de nouveau, et signa, le 1er octobre 1805, ce fameux traité de Potsdam, qui fut un mois après remplacé par le traité de Vienne. Elle avait des torts envers la Russie, qui ne peut oublier l'inexécution du traité de Potsdam, et la conclusion subséquente du

reau et Lefebvre durent les incorporer dans leurs propres divisions, pour opérer ensuite de concert sur les troupes prussiennes qui se formaient rapidement aux frontières de la Saxe et de la Hesse.

Cependant rien n'avait encore annoncé officiellement une déclaration de guerre; comme dans la campagne d'Autriche, les ambassadeurs respectifs demeuraient dans les capitales. M. de Laforest, parfaitement traité à Berlin, dînait avec le roi alors même que tout retentissait du bruit des armes, et l'on remarqua que le vieux maréchal de Mœllendorff but à la santé de Napoléon, le 15 août, à la table du ministre de France. Le dîner de M. de Laforest fut splendide, et l'on y vit M. de Haugwitz et les ministres prussiens. A Paris également, si le marquis de Lucchesini quittait son poste, l'arrivée du général Knobelsdorff avait rassuré les amis de la paix; il portait une lettre autographe du roi de Prusse adressée à Napoléon, dans laquelle il lui témoignait des intentions bienveillantes : « On faisait la guerre malgré la volonté du cabinet; l'Empereur connaissait le caractère pacifique du roi, tout pouvait s'arranger par l'évacuation de

traité de Vienne. Ses torts envers l'empereur d'Allemagne et le corps germanique, plus nombreux et plus anciens, ont été connus de tous les temps. Elle se tint toujours en opposition avec la diète. Quand le corps germanique était en guerre, elle était en paix avec ses ennemis. Jamais ses traités avec l'Autriche ne recevaient d'exécution, et sa constante étude était d'exciter les puissances au combat, afin de pouvoir, au moment de la paix, venir recueillir les fruits de son adresse et de leurs succès.

« Ceux qui supposeraient que tant de versatilité tient à un défaut de moralité de la part du prince, seraient dans une grande erreur.

« Depuis quinze ans la cour de Berlin est une arène où les partis se combattent et triomphent tour à tour : l'un veut la guerre, et l'autre veut la paix. Le moindre événement politique, le plus léger incident, donne l'avantage à l'un ou à l'autre; et le roi, au milieu de ce mouvement des passions opposées, au sein de ce dédale d'intrigues, flotte incertain, sans cesser un moment d'être honnête homme.

« Le 11 août, un courrier de M. le marquis de Lucchesini arriva à Berlin, et y porta, dans les termes les plus positifs, l'assurance de ces prétendues dispositions par lesquelles la France et la Russie seraient convenues, par le traité du 20 juillet, de rétablir le royaume de Pologne, et d'enlever la Silésie à la Prusse. Les partisans de

l'Allemagne; la Confédération du Rhin, en donnant une trop grande importance à Napoléon sur la nationalité germanique, menaçait l'Autriche et la Prusse; la paix était le vœu de tous, il fallait arrêter l'effusion de sang que les hommes trop ardents sollicitaient comme un acte de patriotisme. »

Le général Knobelsdorff se faisait illusion sur le parti des jeunes hommes qui, à Berlin comme à Paris, sollicitaient vivement la guerre; si en Prusse une jeunesse ardente et patriotique désirait la délivrance de l'Allemagne, si une belle reine passait la revue à cheval en invoquant les mânes du grand Frédéric, à Paris aussi, tout à côté de Napoléon, il s'était formé une opinion belliqueuse qui le poussait incessamment à la guerre; elle avait pour chef Murat, alors entouré d'aides-de-camp, rêveurs enthousiastes de fortunes merveilleuses; Murat, grand-duc de Berg, avait vu l'Allemagne avec des yeux avides; il était demeuré quelque temps à Dusserdorff, sa capitale, et là il lui avait pris la glorieuse fantaisie de devenir roi. Joseph Napoléon l'était bien déjà; Louis avait la royauté de Hollande; on réservait à Jérôme,

la guerre s'enflammèrent aussitôt; ils firent violence aux sentiments personnels du roi; quarante courriers partirent dans une seule nuit, et l'on courait aux armes. La nouvelle de cette explosion soudaine parvint à Paris le 20 du même mois. On plaignit un allié si cruellement abusé; on lui donna sur-le-champ des explications, des assurances précises; et comme une erreur manifeste était le seul motif de ces armements imprévus, on espéra que les réflexions calmeraient une effervescence aussi peu motivée.

« Cependant le traité signé à Paris ne fut pas ratifié à Saint-Pétersbourg, et des renseignements de toutes espèces ne tardèrent pas à faire connaître à la Prusse que M. le marquis de Lucchesini avait puisé ces renseignements dans les réunions les plus suspectes de la capitale, et parmi les hommes d'intrigues qui composaient sa société habituelle.

« En conséquence il fut rappelé; on annonça pour lui succéder M. le baron de Knobelsdorff, homme d'un caractère plein de droiture et de franchise et d'une moralité parfaite. Cet envoyé extraordinaire arriva bientôt à Paris porteur d'une lettre du roi de Prusse, datée du 25 août. Cette lettre était remplie d'expressions obligeantes et de déclarations pacifiques, et l'Empereur y répondit d'une manière franche et rassurante. Le lendemain du jour où partit le courrier porteur de cette réponse,

réconcilié avec son frère, un vaste territoire dans la Westphalie pour lui créer une royauté; et pourquoi lui, Murat, n'aurait-il pas ce même titre? Ne l'avait-il pas mérité? Caroline, la sœur de Napoléon, ambitieuse, ardente, caressait aussi l'idée d'une suzeraineté dont le siége serait placé au centre de l'Allemagne. Elle ne se contentait pas, elle, pauvre fille de Corse, aux cheveux tressés d'herbes marines, à la ceinture de corail ou de coquillages de mer, du titre de grande-duchesse de Berg et de Clèves, illustre nom qu'avaient porté les premières familles de l'Europe. La manie de se faire roi et reine avait pris tout le monde; il ne leur suffisait pas de faire partie de la dynastie de Napoléon, ils voulaient en fonder d'autres.

Qui pouvait donc empêcher ce choc de deux générations jeunes et fortes que des vieillards, à Berlin et à Paris, voulaient retenir en lisière [1]? Il arrive souvent, aux époques d'effervescence, que les gouvernements s'efforcent de contenir les principes ou les passions qui débordent en face les uns des autres; tôt ou tard un grand

---

on apprit que des chansons outrageantes pour la France avaient été chantées sur le théâtre de Berlin; qu'aussitôt après le départ de M. de Knobelsdorff les armements avaient redoublé, et que, quoique les hommes demeurés de sang-froid eussent rougi de ces fausses alarmes, le parti de la guerre, soufflant la discorde de tous côtés, avait si bien exalté toutes les têtes, que le roi se trouvait dans l'impuissance de résister au torrent. »

[1] A ce moment s'ouvre la correspondance diplomatique entre M. de Talleyrand et M. de Knobelsdorff, ministre prussien.

Note de M. de Talleyrand.

« Le soussigné, ministre des relations extérieures, est chargé, par ordre exprès de S. M. l'Empereur et Roi, de faire connaître à S. E. M. de Knobelsdorff, que de nouveaux renseignements venus de Berlin sous la date des premiers jours de septembre, ont appris que la garnison de cette ville en était sortie pour se rendre aux frontières, que tous les armements paraissaient avoir redoublé d'activité, et que publiquement on les présentait, à Berlin même, comme dirigés contre la France.

« Les dispositions de la cour de Berlin ont d'autant plus vivement surpris S. M. qu'elle était plus éloignée de les présager d'après la mission de M. de Knobelsdorff, et la lettre de S. M. le roi de Prusse dont il était porteur.

« S. M. l'Empereur et Roi a ordonné l'envoi de nouveaux renforts à son armée; la prudence lui commandait de se mettre en mesure contre un projet d'agression aussi inattendu qu'il serait injuste. Mais ce ne serait jamais que malgré lui et contre

heurtement éclatera, c'est la loi des destinées. Ce n'est que dans les fables de l'Arioste que les lions sont retenus par des lacets de soie, et les aigles par de frêles réseaux.

Napoléon réunit à Paris, au commencement de septembre, les principaux chefs de corps qui devaient prendre le commandement des armées françaises; il les consulta les uns après les autres, Augereau, Soult, Bernadotte particulièrement, sur son plan de campagne, sur les positions à prendre, sur le coup de tonnerre qu'il voulait frapper; la paix lui paraissait impossible, il fallait donner une leçon aux Prussiens, aussi sévère que celle que l'on avait appliquée aux Autrichiens à Ulm et à Austerlitz. Il ne leur dissimula pas non plus que les Russes avançaient; ils arrivaient lentement, mais enfin il ne fallait pas leur laisser le temps de passer la Vistule et de se réunir aux Prussiens dans une campagne. On devait opérer par les mêmes combinaisons que dans la guerre de 1805 contre l'Autriche en

son vœu le plus cher qu'il se verrait forcé de réunir les forces de son Empire contre une puissance que la nature même a destinée à être l'amie de la France, puisqu'elle avait lié les deux États par une communauté d'intérêts avant qu'ils fussent unis par des traités. Il plaint l'inconsidération des agents qui ont concouru à faire adopter, comme utiles et comme nécessaires, les mesures prises par la cour de Berlin; mais ses sentiments pour S. M. le roi de Prusse n'en ont été ni changés ni affaiblis, et ne le seront point aussi longtemps que Sa Majesté ne sera point forcée à penser que les armements de la Prusse sont le résultat d'un système d'agression combiné avec la Russie contre la France, et lorsque l'intrigue qui paraît s'être agitée de tant de manières et sous tant de formes pour inspirer au cabinet de Berlin des préventions contre son meilleur et son plus fidèle allié, aura cessé; lorsqu'on ne menacera plus par des préparatifs une nation que jusqu'à cette heure il n'a pas paru facile d'intimider. S. M. l'Empereur regardera ce moment comme le plus heureux pour lui-même et pour S. M. le roi de Prusse. Il sera le premier à contremander les mouvements de troupes qu'il a dû ordonner, à interrompre des armements ruineux pour son trésor, et les relations entre les deux États seront rétablies dans toute leur intimité.

« C'est sans doute une chose satisfaisante pour le cœur de Sa Majesté de n'avoir donné, ni directement, ni indirectement, lieu à la mésintelligence qui paraît prête à éclater entre les deux États, et de ne pouvoir jamais être responsable des résultats de cette singulière et étrange lutte, puisqu'elle n'a cessé de faire constamment, par

Bavière; malheureusement on ne serait pas à temps pour empêcher les troupes hessoises et saxonnes de se réunir aux Prussiens, ainsi qu'on avait eu le bonheur de l'obtenir pour les Bavarois dans la campagne de 1805, qui finit à Austerlitz. Dans toutes les hypothèses, il fallait se hâter, et Napoléon lui-même se rendrait sur le Rhin quand le mouvement de concentration se serait régulièrement opéré. Des instructions précises furent envoyées sur tous les points de la ligne, et le ministre de la guerre demanda la levée de la conscription de 1807; les gardes nationales furent partout mises en réquisition.

Il y avait cela d'admirable dans cette campagne, que l'armée française réunie sur le territoire allemand ne coûtait rien pour sa solde; elle vivait en pays alliés ou ennemis; il ne fallait pas des ressources financières extraordinaires. Les villes de Francfort, Nuremberg, Hambourg, Amsterdam, contribuèrent à la première mise de campagne; il eût été difficile de recourir à des opé-

l'organe de son envoyé extraordinaire et par l'organe du soussigné, toutes les déclarations propres à déjouer les intrigues qui, malgré ses soins, ont prévalu à Berlin. Mais c'est en même temps pour S. M. I. un grand sujet de réflexion et de douleur que de songer que lorsque l'alliance de la Prusse semblait devoir lui permettre de diminuer le nombre de ses troupes et de diriger toutes ses forces contre l'ennemi commun, qui est aussi celui du continent, c'est contre son allié même qu'elle a des précautions à prendre.

« Les dernières nouvelles de Berlin, diminuant beaucoup l'espoir que l'Empereur avait fondé sur la mission de M. de Knobelsdorff et sur la lettre de S. M. le roi de Prusse, et semblant confirmer l'opinion de ceux qui pensent que l'armement de la Prusse, sans aucune explication préalable, n'est que la conséquence et le premier développement d'un système combiné avec les ennemis de la France, Sa Majesté se voit obligée de donner à ses préparatifs un caractère général, public et national. Toutefois, elle a voulu que le soussigné déclarât que, même après la publicité des mesures extraordinaires auxquelles Sa Majesté a dû recourir, elle n'en est pas moins disposée à croire que l'armement de la cour de Berlin n'est que l'effet d'un malentendu, produit lui-même par des rapports mensongers, et à se replacer, lorsque cet armement aura cessé, dans le même système de bonne intelligence, d'alliance et d'amitié qui unissait les deux États. »

Ch. Mau. Talleyrand.

Paris, 11 septembre 1806.

« Le soussigné, sentant combien il est de la plus haute importance de répondre tout

rations de banque dans la situation pénible où se trouvait le trésor; on n'avait pas dix mille napoléons disponibles. Dans les premiers jours de septembre, des communications d'une nature plus péremptoire s'établissent entre l'ambassadeur extraordinaire, le général Knobelsdorff, et M. de Talleyrand; le ministre des relations extérieures demande des explications sur les armements que fait la Prusse : « il a appris que la garnison de Berlin même marche aux frontières; que signifient ces hostilités et que demande ce cabinet? L'Empereur ne lui a-t-il pas généreusement donné des gages de sa loyauté et de sa sincérité? » M. de Talleyrand se résumait en exigeant des explications formelles sur les armements : « comment les interpréter quand on les mettait en regard avec la lettre du roi de Prusse à Napoléon? »

Le général Knobelsdorff répond immédiatement à cette communication du ministre : « il croit que les bruits répandus sur les desseins hostiles de la Prusse sont l'œuvre des ennemis communs, et il espère qu'en

de suite à la note que S. E. le prince de Bénévent, ministre des relations extérieures, lui a fait l'honneur de lui adresser ce soir, se voit forcé de se borner à représenter les observations suivantes. Les motifs qui ont engagé le roi mon maître à faire des armements ont été l'effet d'une trame des ennemis de la France et de la Prusse, qui, jaloux de l'intimité qui règne entre ces deux puissances, ont fait l'impossible pour alarmer par de faux rapports venus à la fois de tous côtés. Mais surtout, ce qui prouve l'esprit de cette mesure, c'est que Sa Majesté ne l'a concertée avec qui que ce soit, et que la nouvelle en est venue plus tôt à Paris qu'à Vienne, Pétersbourg et Londres. Mais le roi mon maître a fait faire à l'envoyé de S. M. l'Empereur des Français et roi d'Italie une communication amicale au sujet de ces mesures. Ce mi-

nistre n'avait point encore donné de réponse sur cette communication. La relation des intéressants entretiens que S. M. I. a daigné avoir avec le soussigné et le marquis de Lucchesini ne pouvait encore être arrivée à Berlin. D'après cet exposé, le soussigné ne peut que témoigner à S. E. le ministre des relations extérieures le vœu le plus ardent que les actes publics restent encore suspendus jusqu'au retour d'un courrier dépêché à Berlin. »

Le général Knobelsdorff.
Paris, 12 septembre 1806.

« Le soussigné, ministre de S. M. P., par le même courrier porteur de la lettre à S. M. I. qu'il a eu l'honneur de transmettre aujourd'hui à S. E. M. le prince de Bénévent, a reçu l'ordre de s'acquitter des communications suivantes. Leur but est de ne plus laisser en suspens la relation des

se tenant aux formes des communications faites, la paix sera entièrement maintenue. Les brouillons seuls veulent la briser. » Dans cette négociation se reproduisent les mêmes termes et les mêmes ménagements qu'entre M. Philippe de Cobentzl et M. de Talleyrand avant la campagne contre l'Autriche en 1805. Le gouvernement prussien semblait malgré lui entrer dans les batailles et se laisser entraîner par l'opinion publique, sous la fatalité historique qui menaçait la maison de Brandebourg.

Le 25 septembre, Napoléon quitta Paris; il ne communiqua ses desseins ni au Sénat, ni au Corps législatif; au conseil d'État il s'exprima vaguement sur les chances de paix et de guerre; et comme s'il voulait donner un caractère pacifique à son voyage, il emmena avec lui à Mayence l'impératrice Joséphine; il établit là sa résidence, car il ne parlait point encore de quartier-général et d'une campagne vigoureusement conduite; il voulait faire croire à la paix. Ses notes pressantes conti-

deux cours. Chacune d'elles est si éminemment intéressée à ne plus rester dans ce doute sur le sentiment de l'autre, que le roi s'est flatté de voir S. M. l'Empereur applaudir à sa franchise.

« S. M. P. a déposé dans la lettre susmentionnée sa pensée tout entière, et l'ensemble des sujets de plainte qui, d'un allié fidèle et loyal, ont fait d'elle un voisin alarmé sur son existence, et nécessairement armé pour la défense de ses intérêts les plus chers. Cette lecture aura rappelé à S. M. I. et R. ce que la Prusse fut depuis longtemps à la France. Le souvenir du passé ne pourrait-il pas être pour elle le gage de l'avenir? Et quel juge assez aveuglé pourrait croire que le roi eût été neuf ans envers la France si conséquent et peut-être si partial, pour se placer volontairement avec elle dans un rapport différent, lui qui plus d'une fois a pu la perdre peut-être? et qui ne connaît que trop aujourd'hui les progrès de sa puissance?

« Mais si la France a dans ses souvenirs et dans la nature des choses le gage des sentiments de la Prusse, il n'en est pas de même de cette dernière : ses souvenirs sont faits pour l'alarmer. Elle a été inutilement neutre, amie, alliée même. Les bouleversements qui l'entourent, l'accroissement gigantesque d'une puissance essentiellement militaire et conquérante, qui l'a blessée successivement dans ses plus grands intérêts et la menace dans tous, la laissent aujourd'hui sans garantie. Cet état de choses ne peut durer. Le roi ne voit presque plus autour de lui que des troupes françaises, ou des vassaux de la France prêts à marcher avec elle. Toutes les déclarations de S. M. I. annoncent que cette attitude ne

nuent à demander des explications à la Prusse. Enfin elles furent données dans une note que le général Knobelsdorff adressa à M. de Talleyrand par les ordres de sa cour; elle frappa vivement l'Empereur par la fermeté de langage. « Pendant neuf ans, y disait-on, le roi de Prusse a été l'ami même partial de la France ; quels fruits a-t-il retirés de cette constante alliance ? La Prusse avec son bel état militaire se voyait entourée par des vassaux de l'Empereur, par ses armées ; aucune démonstration n'était faite pour rassurer le cabinet de Berlin ; on armait partout dans l'empire, tandis que les journaux français déversaient les risées sur un monarque qui, pour avoir méprisé les infamies, n'en sentait pas moins l'injure, la France pouvait être forte sans cesser d'être juste. Dans cette vue le roi de Prusse demandait l'évacuation de l'Allemagne par les Français qui devaient repasser le Rhin, et Napoléon ne mettrait désormais aucun obstacle à ce que la Prusse accomplît la confédération du Nord, suite naturelle de la Confédération du Rhin ;

changera pas. Loin de là, de nouvelles troupes s'ébranlent de l'intérieur de la France. Déjà les journaux de sa capitale se permettent contre la Prusse un langage dont un souverain tel que le roi peut mépriser l'infamie, mais qui n'en prouve pas moins ou les intentions ou l'erreur du gouvernement qui le souffre. Le danger croît chaque jour. Il faut s'entendre d'abord, ou l'on ne s'entendrait plus.

« Deux puissances qui s'estiment, et qui ne se craignent qu'autant qu'elles le peuvent, sans cesser de s'estimer elles-mêmes, n'ont pas besoin de détour pour s'expliquer. La France n'en sera pas moins forte pour être juste, et la Prusse n'a d'autre ambition que son indépendance et la sûreté de ses alliés. Dans la position actuelle des choses, elles risqueraient tout l'une et l'autre en prolongeant leur incertitude. Le

soussigné a reçu l'ordre en conséquence de déclarer que le roi attend de l'équité de S. M. I. :

« 1º Que les troupes françaises, qu'aucun titre fondé n'appelle en Allemagne, repassent incessamment le Rhin, toutes, sans exception, en commençant leur marche du jour même où le roi se promet la réponse de S. M. l'Empereur, et en la poursuivant sans s'arrêter ; car leur retraite instante, complète, est, au point où en sont les choses, le seul gage de sûreté que le roi puisse admettre.

« 2º Qu'il ne sera plus mis de la part de la France aucun obstacle quelconque à la formation de la ligue du Nord, qui embrassera, sans aucune exception, tous les États non nommés dans l'état fondamental de la Confédération du Rhin.

« 3º Qu'il s'ouvrira sans délai une né-

un congrès serait réuni pour discuter toutes les questions en litige. Cet ultimatum n'avait rien d'exorbitant s'il eût été imposé à une nation sans victoire, car il se résumait en ce seul point : « La France n'a pas de titre pour occuper l'Allemagne ; elle doit l'évacuer ; le Rhin est sa limite naturelle. »

Mais des troupes braves et glorieuses comme celles de Napoléon pouvaient-elles se rendre à une sommation impérative, faire retraite devant des ultimatums, sans s'essayer au préalable contre les Prussiens? En invoquant le sentiment d'honneur et de gloire, l'Empereur était sûr de parler au cœur de ses soldats ; il fallait donner une leçon à la Prusse ; la guerre était inévitable, et c'est de Mayence que Napoléon l'annonça au Sénat en termes solennels ; il semblait dire : « Ce n'est pas moi qui l'ai provoquée : les Prussiens me somment de repasser le Rhin, j'ai une tête de fer et je ne cède pas aussi facilement ; ils me donnent un rendez-vous pour un grand duel, ils m'ouvrent un champ-clos, et je dois y paraître ; rien ne manque à cette scène de chevalerie, une reine doit présider au tournoi : Français! vous seconderez votre Empereur, car il faut briser la colonne de Rosbach ! »

Ce langage était digne d'un grand peuple ; il y avait une vieille haine contre les Prussiens ; les premiers, ils

---

gociation pour fixer enfin d'une manière durable tous les intérêts qui sont encore en litige, et que pour la Prusse, les bases préliminaires en seront la séparation de Wesel de l'Empire français, et la réoccupation des trois abbayes par les troupes prussiennes.

« Du moment où Sa Majesté aura la certitude que cette base est acceptée, elle reprendra l'attitude qu'elle n'a quittée qu'à regret, et redeviendra pour la France ce voisin loyal et paisible qui tant d'années a vu sans jalousie la gloire d'un peuple brave, et désiré sa prospérité. Mais les dernières nouvelles de la marche des troupes françaises imposent au roi l'obligation de connaître incessamment ses devoirs. Le soussigné est chargé d'insister avec force sur une réponse prompte, qui, dans tous les cas, arrive au quartier-général du roi le 8 octobre ; Sa Majesté conservant toujours l'espoir qu'elle y sera assez tôt pour

étaient apparus sur les frontières en conquérants après les troubles de la Révolution française; on s'en souvenait dans les camps; on avait de vieux comptes à régler; la garde comptait plus d'un soldat chevronné du temps de l'armée de Sambre-et-Meuse; la plupart des officiers rattachaient leurs états de service aux campagnes de 1795 contre les Prussiens; Napoléon lui-même dans ses méditations historiques rêvait avec orgueil le jour où il serait aux prises avec la grande tactique de Frédéric.

que la marche inattendue et rapide des événements, et la présence des troupes, n'aient pas mis l'une ou l'autre partie dans la nécessité de pourvoir à sa sûreté.

« Le soussigné a l'ordre surtout de déclarer de la manière la plus solennelle que la paix est le vœu sincère du roi, qu'il ne demande que ce qui peut la rendre durable. Les motifs de ses alarmes, les titres qu'il avait à attendre de la France une autre conduite, sont développés dans la lettre du roi à S. M. I. et sont faits pour obtenir de ce monarque le dernier gage durable d'un nouvel ordre de choses.

« Le soussigné, etc. »

Knobelsdorff.

Paris, le 1er octobre 1806.

CHAPITRE IX.

CAMPAGNE DE PRUSSE.

PREMIÈRE PÉRIODE.

Plan de campagne des Prussiens. — Force de leur armée. — Leur infériorité numérique. — Les Saxons. — Les Hessois. — Infanterie. — Cavalerie. — Incertitude des premiers mouvements. — Hardiesse. — Désordre. — Opérations de l'Empereur. — Changement de front. — Engagement d'avant-garde à Schleitz et à Saafeld. — Situation des armées française et prussienne. — Bataille d'Auerstadt. — Le maréchal Davoust. — Le maréchal Bernadotte. — Mémoire explicatif. — Bataille d'Iéna. — Résultat de la journée. — Le bulletin réel des deux batailles.

Octobre 1806.

Jamais époque n'avait vu chez un peuple un enthousiasme plus vif, plus national, que les temps qui précédèrent à Berlin l'ouverture de la campagne. La vieille Allemagne du nord semblait se réveiller d'une longue léthargie; on aurait dit que la Prusse donnait le signal d'une fière indépendance, et que l'ombre de Frédéric se levait debout de son linceul, pour guider les fils valeureux de la guerre de sept ans et venger leurs outrages. Quand les troupes défilèrent à travers les cités à Spandau, Potsdam, Bradenbourg, des chants d'enthousiasme se firent noblement entendre; de jeunes filles semaient des fleurs sur le passage des soldats; les fiancées naïves attachaient des rubans aux drapeaux ; dans les lieux où se réunissaient les étudiants, les plus fières chansons étaient récitées pour la patrie, et on lisait partout les manifestes et les proclamations au peuple et à l'armée, œuvres de Gentz et de Kotzebüe, les prosateurs politiques de l'Allemagne [1].

Cet enthousiasme si vif, si ardent, avait précisément entraîné le cabinet de Berlin à des imprudences; il se croyait si fort de lui-même en commençant la guerre, il avait tellement foi dans la discipline et le courage de ses troupes, qu'il avait négligé de lever la landwehr, sa milice nationale ; les officiers, les étudiants, les femmes entraînaient les hommes d'État. Par une circonstance inexplicable, l'armée prussienne, qui pendant la neutralité d'Austerlitz aurait pu mettre en campagne 180,000 hommes, n'en avait pas alors plus de 155,000 dans ses cadres, en y comprenant les réserves divisées dans la vieille Prusse. Ainsi, la puissance qui entrait imprudemment en campagne à la face de Napoléon n'offrait pas d'abord en ligne au-delà de 90,000 hommes sous les ordres du duc de Brunswick et

---

[1] M. de Gentz avait publié une remarquable brochure sur la coalition de 1805.

« La guerre qu'on a faite, disait-il, a été juste, nécessaire et sage dans son origine, tentative obligatoire contre un pouvoir colossal ; si elle a échoué par de fausses mesures, tout est-il donc perdu ? L'Allemagne deviendra-t-elle ce que la Hollande, la Suisse, l'Espagne, l'Italie sont devenues ?... Mais comment opérer notre salut ? En rassemblant ce qui est dispersé, en relevant ce qui est abattu, en ressuscitant ce qui est mort ! Tout cela doit être l'affaire des gouvernements ; la nôtre, à nous, est de leur donner cette force qu'on émousse par d'indignes frayeurs. Quand les souverains ne voient que désespoir muet, qu'indifférence coupable, il faudrait qu'ils possédassent une énergie plus qu'humaine pour assurer le salut de leurs peuples. En effet, comment servir ceux qui ne soupirent pas après des secours, qui préfèrent un esclavage paisible à la défense de leur liberté ? Les corrupteurs d'un siècle abâtardi ont employé tous les genres d'artifices pour rendre suspect le petit nombre de ceux qui ont le courage de leur peindre leur avenir.

« *Nous avons dû*, disent-ils, *rester tranquilles ; le torrent est rentré dans son lit, la domination universelle est une chimère ; l'Empire français a atteint ses limites naturelles ; son nouveau régent est trop sage pour vouloir les porter plus loin.* » Les peuples, les cours avaient prêté l'oreille à ces

du maréchal de Mœllendorff; il fallait que cette armée eût une confiance aveugle en elle-même, un étrange culte de sa force, puisqu'elle allait avoir à combattre de grandes masses conduites par l'Empereur des Français en personne, et s'élevant à 180,000 hommes, divisés en sept corps, sans y comprendre les contingents de la Confédération du Rhin qui marchaient sur la convocation de leur puissant protecteur.

Une des fautes encore des Prussiens fut d'entrer en campagne impétueusement, isolés, comme des gentilshommes fous de gloire, sans attendre l'appui et le secours des Russes, troupes fermes et solides; ils commirent la même imprudence que les Autrichiens à Ulm, lorsqu'ils s'exposèrent seuls aux premiers coups de l'armée française et à la belle tactique de Napoléon. Si les Prussiens avaient opéré leur retraite en bon ordre sur leurs renforts, en défendant pied à pied les grands fleuves qui couvrent la Saxe et la Prusse, ils auraient réuni toutes leurs ressources, et en même temps les Russes seraient arrivés sur la Vistule et l'Oder pour les soutenir et les protéger. Mais de telles combinaisons ne pouvaient

---

fausses idées; de là les bévues politiques et militaires de la dernière campagne, et l'on peut à peine trouver trois princes indépendants des rives du Tage à celles du Volga. Le voile de l'avenir est enfin déchiré, mais les sources de la déception ne sont pas encore épuisées. Les fabricants de paroles, riches en consultations désolantes, osaient représenter comme inévitables les maux dont on est atteint. « *Maintenant*, disent-ils, *l'Empereur ayant démontré que toute tentative pour arrêter le mal n'a produit qu'un effet contraire, la sagesse commande de capituler au lieu de défendre les derniers retranchements.* » Ce serait perdre temps et paroles que de combattre un tel système. Une génération est-elle assez dépravée par l'égoïsme pour regarder la perte de l'honneur comme indifférente? Le temps d'en appeler aux sentiments nobles est-il à jamais passé? La servitude existe avant que l'oppresseur ait paru! L'Empire, dans lequel l'Europe se voit à la veille d'être absorbée, a, jusqu'à ce jour, non seulement renversé des trônes, des gouvernements, des lois, mais encore amène avec lui la misère, le vol, le pillage pour les riches, la faim pour le pauvre, l'absence de sécurité pour toute espèce de propriété; des entraves à l'industrie et au commerce, l'avilissement des capitaux et du crédit, un pouvoir arbitraire et terrible. Quiconque se rappelle comment tel ou tel écrivain s'est étudié à excuser les mille et une formes que

entrer dans des têtes enthousiastes; on les eût considérées comme des lâchetés ; la patrie allemande fermentait au cœur des officiers, des étudiants, des femmes; c'était une guerre nationale, et les poëtes entonnaient les chants de guerre, les ballades du combat, pour célébrer d'avance les triomphes d'une cause si éminemment germanique; on courait au champ de bataille.

Les manœuvres promptes, rapides, de l'armée prussienne, avaient produit comme résultat de faire décider pour la cause commune les gouvernements de Saxe et de Hesse, avec leurs troupes aguerries, leur cavalerie nombreuse sur les chevaux au large poitrail. Les Prussiens avaient opéré dans la même pensée que les Autrichiens en Bavière, seulement avec plus de bonheur ; ils avaient obtenu un traité de coalition avec les Saxons et les Hessois. La marche de Mack sur Munich et Augsbourg n'avait pu décider l'électeur de Bavière à prendre parti pour les Autrichiens, et c'est ce qui avait compromis la position d'Ulm. Ici, au contraire, la Saxe et la Hesse n'avaient point hésité à joindre leurs troupes aux enthousiastes régiments qui s'avançaient de Berlin pour

---

le protée de la révolution a successivement revêtues, ne doit pas être surpris que son despotisme actuel soit l'objet de leur vénération. Les gouvernements, certes, ont beaucoup fait pour empirer leur sort; mais c'est nous qui avons pris la part la plus décisive à l'œuvre de dévastation qui nous ruine. Les méprises des gouvernements auraient été moins nombreuses, plus courtes, plus susceptibles de remèdes, si l'aveuglement des nations, la perversion de l'esprit public, l'extinction de tout sentiment généreux, l'influence des motifs les plus vils, n'avaient tout infecté, tout dévoré. Il n'est pas de siècle ou de nation qui n'aient pu avoir à souffrir de quelques erreurs politiques; mais quand nous voyons, durant une longue suite d'années, s'offrir à nos yeux le même spectacle de petitesse et d'oppression, de plans misérables, d'actions plus misérables encore, le mal dont on souffre n'est pas dans des anomalies accidentelles, mais dans le fond des cœurs qui sont attaqués, desséchés, gangrenés, corrompus ! On dit que le prince imprime son caractère à sa nation; mais, dans un sens plus exact, ce sont les peuples qui influent sur le caractère du prince. Les rois sont ce que les font les objets environnants. Après la peinture des fautes de leurs chefs, offrons donc celle que présentent les nations dans leurs préjugés, leurs vœux, leurs erreurs, leur dégradation politique et morale, leur aveuglement, et l'on s'apercevra que ces

LES PRUSSIENS, LES SAXONS, LES HESSOIS (1806).

délivrer la patrie allemande. L'armée saxonne comptait près de 25,000 hommes, l'armée hessoise 12,000 ; excellentes troupes, commandées par des officiers de mérite, le duc de Saxe-Weimar et le prince de Hesse, fiers militaires qui menant leurs soldats avec une grande énergie, rappelaient ainsi les ducs et les barons de l'époque carlovingienne. Toutefois, les Saxons, dignes Allemands, ne marchaient pas sans répugnance avec les Prussiens ; l'électeur savait les vieux desseins du grand Frédéric sur les provinces de Saxe, qu'il appelait *le ventre de sa monarchie*. Il serait facile à une diplomatie aussi habile que celle de Napoléon de diviser les deux causes, et d'amener la séparation de la Saxe à la première victoire décisive remportée sur les Prussiens ; les Hessois étaient presque anglais et hanovriens ; la France n'aurait aucune influence sur le prince de Hesse, l'un des hommes les plus fermes, les plus nationaux de tous ceux qui allaient se présenter au champ de guerre[1].

Le pays sur lequel allait opérer l'armée prussienne était cette paisible contrée qui s'étend depuis Eisenach jusqu'à Leipzick, pays heureux, centre des fortes

monarques sont en quelque sorte les fidèles représentants de leur siècle. Il ne nous reste donc plus qu'une seule ressource : que les bons, les braves s'instruisent, s'unissent, s'encouragent les uns les autres ; qu'une sainte ligue se forme ; c'est la seule condition qui puisse défier la force des armes, rendre la liberté aux nations et le repos au monde. Vous donc qui, dans le naufrage, avez conservé un esprit libre et éclairé, un cœur honnête, le courage de tout sacrifier au bien de tous, Allemands dignes de votre nom, voyez votre pays foulé aux pieds, déchiré, profané ; ayez assez d'élévation dans l'âme pour ne pas vous manquer à vous-mêmes, il n'y a rien de tombé qui ne puisse être relevé. Ce n'est ni la Russie ni l'Angleterre qui pourraient accomplir ce grand œuvre de la délivrance européenne. Quelque désirable qu'il soit d'y voir concourir ces deux puissances, c'est à l'Allemagne que l'honneur en est réservé ; c'est l'Allemagne qui a été la principale cause de la ruine de l'Europe, c'est l'Allemagne qui doit relever les ruines, qui doit opérer l'affranchissement général. Il y a plus, notre lustre sera de rétablir la France elle-même ; nous lui restituerons une existence tranquille et harmonique qui la réconciliera avec tous les peuples et avec elle-même. »

[1] On écrivait de Berlin, 7 septembre 1806, sur le mouvement des Prussiens :
« Il n'est resté ici et à Potsdam, de tous

études, qui voit fleurir les riantes cités de Gotha, d'Erfurth, de Weimar et d'Iéna, belles universités ; Weimar, la résidence de prédilection de Gœthe, de Schiller, de Klopstock, où, sous les lois de nobles souverains, la poésie et la philosophie se déployaient dans leur magnificence ; c'était dans ces villes où naguère se murmuraient les beaux vers du drame de *Goëtz de Berlichingen*, véritables poésies nationales de l'Allemagne, sur ce théâtre où se montraient les tentes de *Wallenstein* et les forêts de Moor, qu'allait se faire entendre le bruit des armes et l'éclat de quelque mille pièces d'artillerie. L'armée prussienne se déployait dans la Saxe pour opérer sur Fulde, et délivrer tout à la fois Francfort et Wurtzbourg, désignés comme points d'avant-garde dans la marche des régiments prussiens.

On aurait dit que toute la maison militaire du grand Frédéric avait pris les armes ; le roi et la reine de Prusse quittaient Berlin, tous les officiers enthousiastes étaient allés baiser respectueusement l'épée suspendue sur le tombeau de Potsdam ; on avait montré aux régiments les vieux drapeaux conquis dans la guerre de sept ans, et les canons de Rosbach, saintes dépouilles dans les annales de la Prusse. La reine passa des revues, ouvrit des carrousels, où elle parut comme le symbole de

les régiments qui y étaient en garnison, que les gardes-du-corps, le premier bataillon des gardes à pied, et le régiment du roi, de Potsdam, à la tête desquels S. M. marchera en personne. Toutes les troupes se portent encore vers Halle et Magdebourg, où elles attendront des ordres ultérieurs. Le corps d'armée commandé par le prince de Hohenlohe marche de la Silésie vers Lansnitz, et les régiments de la Prusse occidentale se rassemblent provisoirement près de Custrin

« Toutes les troupes qui se trouvaient dans la Poméranie en sont parties successivement, la bonne intelligence étant entièrement rétablie entre notre cour et le roi de Suède.

« On annonce comme certain que notre cour a conclu un arrangement avec la Saxe, au sujet de la confédération du Nord. On dit même que nos troupes sont déjà entrées dans ce pays pour opérer leur jonction avec l'armée saxonne, rendue mobile sous les ordres du duc de Saxe-Weimar, commandant en chef. »

la patrie allemande [1]. Puis, un manifeste exposa les griefs de la maison de Brandebourg; il était conçu en termes hautains et impérieux. On voyait que cette armée avait foi en elle-même, que cette nation était fière de sa gloire, ivre de son passé. Le manifeste était plus imprudent que les notes diplomatiques; il sortait de ces termes mesurés imposés aux gouvernements; les pouvoirs ne doivent jamais parler comme les masses; ils sont plus haut et plus conservateurs; mais qui pouvait résister à l'enthousiasme entraînant de toutes les âmes? le torrent débordait, nul ne pouvait l'arrêter; la monarchie militaire du XVIIIe siècle, orgueilleuse par le souvenir du grand Frédéric, allait lutter avec l'empire du XIXe siècle sous le génie de Napoléon; le passé essayait une lutte contre le présent.

L'Empereur en effet partit de Mayence, où il tenait sa cour plénière, et dès le 6 octobre, il se trouvait de sa personne à Bamberg; dans une proclamation fière et antique, il avait excité le courage de ses soldats pour préparer une rapide campagne. Les Prussiens, insultant à l'honneur du drapeau, menaçaient les aigles; il

---

[1] On écrivait de Bayreuth, 1er octobre 1806 :

« L'armée saxo-prussienne sous les ordres du général prince de Hohenlohe, qui s'était rassemblée dans le Voigtland, commence à défiler par Hoff, dans la principauté de Bayreuth. L'avant-garde est commandée par le prince Louis-Ferdinand de Prusse (fils du prince Ferdinand, seul frère encore vivant du grand Frédéric). Le régiment provincial de Bayreuth et les hussards de Bila, qui étaient cantonnés dans le pays d'Anspach, se sont joints à cette armée. Il paraît qu'elle marchera en avant au-delà de Bayreuth pour faire face au corps d'armée du maréchal Soult.

« On écrit d'Einbek qu'on y a établi un parc d'artillerie considérable, et qu'on s'occupe à y former un camp retranché. On a rassemblé sur les bords du Weser beaucoup de bateaux et de radeaux, d'où l'on conclut que plusieurs corps de troupes prussiennes, qui sont en route par Paderborn et Munster, sont destinés à passer le Weser en cet endroit. On élève aussi des fortifications dans le comté de Hoja, situé entre Brême et Minden.

« Le général Lestocq, qui commande le bataillon des grenadiers de la garde du roi, a passé par Hameln pour prendre le commandement général des troupes en Westphalie, à la place du lieutenant-général de Brusewiz. »

fallait répondre comme à Austerlitz, par un coup de tonnerre[1], il fallait clore l'année 1806 comme on avait fini la glorieuse période de la campagne d'Autriche; puis, et avec cette promptitude de coup d'œil qui caractérisait Napoléon, il avait rapidement jugé le côté faible de cette armée qui s'avançait pour essayer ses manœuvres contre les siennes : la cavalerie prussienne, il le savait, était excellente et passait pour la première du monde ; l'artillerie était parfaitement servie ; l'infanterie, moins bonne, raide dans ses mouvements, était vieille dans sa tactique; les beaux régiments de France auraient une incontestable supériorité; leurs feux étaient prestes et mieux nourris; si ces masses d'infanterie pouvaient lutter dignement pendant de grandes batailles, il y avait dans l'armée française quelque chose de plus alerte, de plus vif, de plus léger, de plus spontané; on comptait dans les deux camps des officiers instruits, un état-major plein de capacité ; la force des corps était également répartie ; les grenadiers prussiens avaient une vieille renommée. Mais où trouver, dans les rangs ennemis, ces voltigeurs si activement intelligents, ces trou-

---

[1] *Proclamation de l'Empereur.*

« Soldats, l'ordre pour votre rentrée en France était parti ; vous vous en étiez déjà rapprochés de plusieurs marches. Des fêtes triomphales vous attendaient, et les préparatifs pour vous recevoir étaient commencés dans la capitale.

« Mais lorsque nous nous abandonnions à cette trop confiante sécurité, de nouvelles trames s'ourdissaient sous le masque de l'amitié et de l'alliance. Des cris de guerre se sont fait entendre à Berlin ; depuis deux mois nous sommes provoqués tous les jours davantage.

« La même faction, le même esprit de vertige qui, à la faveur de nos dissensions intestines, conduisit, il y a quatorze ans les Prussiens au milieu des plaines de la Champagne, domine dans leurs conseils. Si ce n'est plus Paris qu'ils veulent brûler et renverser dans ses fondements, c'est aujourd'hui leurs drapeaux qu'ils se vantent de planter dans les capitales de nos alliés ; c'est la Saxe qu'ils veulent obliger à renoncer, par une transaction honteuse, à son indépendance, en la rangeant au nombre de leurs provinces ; c'est, enfin, vos lauriers qu'ils veulent arracher de votre front. Ils veulent que nous évacuions l'Allemagne à l'aspect de leur armée!!! Qu'ils sachent donc qu'il serait mille fois plus facile de détruire la grande capitale, que de flétrir l'honneur des enfants du grand peuple et de ses alliés. Leurs projets furent confondus

pes légères, ces tirailleurs, parfaitement en rapport avec l'esprit national ; enfin l'armée française avait cette immense supériorité que donne l'émulation, l'égal et libre avancement à tout grade.

L'Empereur se procura l'état militaire de la Prusse, et il vit que la supériorité du nombre était du côté de la France ; à la fin de septembre il devait porter sur le champ de bataille 180 à 200,000 hommes, et par une manœuvre habilement exécutée il pouvait séparer les Saxons des Prussiens, préparer la défection de l'électeur comme celle des Bavarois et des Wurtembergeois en 1805. Pourquoi ne créerait-il pas un roi de Saxe, comme il avait créé d'autres souverains pour l'Allemagne méridionale? D'après les notions exactes sur les ennemis qu'il avait devant lui, Napoléon opéra toutes ses grandes manœuvres ; elles durent reposer sur la même stratégie qu'il avait si admirablement improvisée dans toutes ses marches militaires en Autriche : les corps de la grande armée se concentreraient par Francfort, Wurtzbourg, Bamberg, Bayreuth, vers le point central d'Hoff et de

---

alors ; ils trouvèrent dans les plaines de Champagne la défaite, la mort et la honte : mais les leçons de l'expérience s'effacent, et il est des hommes chez lesquels le sentiment de la haine et de la jalousie ne meurt jamais.

« Soldats! il n'est aucun de vous qui veuille retourner en France par un autre chemin que par celui de l'honneur. Nous ne devons y rentrer que sous des arcs de triomphe.

« Eh quoi! aurions-nous donc bravé les saisons, les mers, les déserts ; vaincu l'Europe plusieurs fois coalisée contre nous ; porté notre gloire de l'Orient à l'Occident, pour retourner aujourd'hui dans notre patrie comme des transfuges, après avoir abandonné nos alliés, et pour entendre dire que l'aigle française a fui épouvantée à l'aspect des armées prussiennes?... Mais déjà ils sont arrivés sur nos avant-postes...

« Marchons donc, puisque la modération n'a pu les faire sortir de cette étonnante ivresse. Que l'armée prussienne éprouve le même sort qu'elle éprouva il y a quatorze ans! Qu'elle apprenne que s'il est facile d'acquérir un accroissement de domaines et de puissance avec l'amitié du grand peuple, son inimitié (qu'on ne peut provoquer que par l'abandon de tout esprit de sagesse et de raison) est plus terrible que les tempêtes de l'Océan.

« Donné en notre quartier impérial, à Bamberg, le 6 octobre 1806. »

Signé, Napoléon.

Cobourg; le quartier-général de l'Empereur fut à Bamberg, d'où toutes les instructions durent être dirigées [1]; les Français se placèrent derrière ces épaisses forêts, célèbres au moyen âge, où se voient les vieux monastères et les vastes solitudes; là, les Saxons convertis par Charlemagne allaient pleurer la patrie et ses dieux.

Une marche en avant fut ordonnée; les corps de Murat, de Bernadotte, de Davoust, de Lannes et d'Augereau s'ébranlèrent simultanément, offrant des masses considérables d'infanterie et de cavalerie; Murat, toujours à l'avant-garde, se trouva sur la Saale, la belle rivière qui coule au milieu des prairies et des bois touffus; et comme en Autriche, le premier il eut l'honneur de croiser le fer avec l'ennemi. Quelques escadrons de hussards, un régiment d'infanterie légère passèrent la Saale, que défendaient trois bataillons prussiens; en même temps Bernadotte attaquait une division de 6,000 Prussiens et de 5,000 Saxons qui soutenaient leur position dans la petite ville de Schleitz; la mêlée fut chaude, la cavalerie

---

[1] C'est de Bamberg que Napoléon adressa un message au Sénat sur la guerre.

« Sénateurs, nous avons quitté notre capitale pour nous rendre au milieu de notre armée d'Allemagne, dès l'instant que nous avons su avec certitude qu'elle était menacée sur ses flancs par des mouvements inopinés. A peine arrivé sur les frontières de nos états nous avons eu lieu de reconnaître combien notre présence y était nécessaire, et de nous applaudir des mesures défensives que nous avions prises avant de quitter le centre de notre Empire. Déjà les armées prussiennes, portées au grand complet de guerre, s'étaient ébranlées de toutes parts; elles avaient dépassé leurs frontières; la Saxe était envahie; et le sage prince qui la gouverne était forcé d'agir contre sa volonté, contre l'intérêt de ses peuples. Les armées prussiennes étaient arrivées devant les cantonnements de nos troupes; des provocations de toute espèce, et même des voies de fait, avaient signalé l'esprit de haine qui animait nos ennemis, et la modération de nos soldats, qui, tranquilles à l'aspect de tous ces mouvements, étonnés seulement de ne recevoir aucun ordre, se reposaient dans la double confiance que donnent le courage et le bon droit. Notre premier devoir a été de passer le Rhin nous-même, de former nos camps, et de faire entendre le cri de guerre. Il a retenti aux cœurs de tous nos guerriers. Des marches combinées et rapides les ont portés en un clin d'œil au lieu que nous leur avions indiqué. Tous nos camps sont formés; nous allons marcher contre les armées prussiennes, et repousser la force par la force. Toutefois, nous devons le dire, notre cœur est péniblement affecté de cette

saxonne fit une admirable contenance, les hussards français furent ramenés au pas de course sur l'infanterie; il y eut bientôt un combat de cavalerie à outrance; on vit apparaître l'aigrette de Murat scintillante au vent, il chargea l'ennemi avec ses régiments légers; les Prussiens et les Saxons se battirent en braves gens; ils firent leur retraite après avoir dignement répondu au feu.

A Saafeld, nouvel engagement aussi brillant; les Prussiens le cédèrent encore aux masses belliqueuses. C'étaient les grenadiers du corps du maréchal Lannes et la division Suchet qui en vinrent aux prises avec l'avant-garde du prince de Hohenlohe, dirigée par le plus impétueux des officiers prussiens, le prince Louis, le noble cœur qui avait excité une si magnifique émulation dans toute la jeunesse des écoles. Ce fut encore une mêlée de hussards et de cavalerie légère; le prince Louis combattit avec la plus grande intrépidité, deux de ses aides-de-camp tombèrent à ses côtés; c'était une de ces rencontres glorieuses où les sabres se croisaient sur des poitrines pal-

prépondérance constante qu'obtient en Europe le génie du mal, occupé sans cesse à traverser les desseins que nous formons pour la tranquillité de l'Europe, le repos et le bonheur de la génération présente; assiégeant tous les cabinets par tous les genres de séductions, et égarant ceux qu'il n'a pu corrompre; les aveuglant sur leurs véritables intérêts, et les lançant au milieu des partis, sans autre guide que les passions qu'il a su leur inspirer. Le cabinet de Berlin lui-même n'a point choisi avec délibération le parti qu'il prend; il y a été jeté avec art, et avec une malicieuse adresse. Le roi s'est trouvé tout à coup à cent lieues de sa capitale, aux frontières de la Confédération du Rhin, au milieu de son armée, et vis-à-vis des troupes françaises dispersées dans leurs cantonnements, et qui croyaient devoir compter sur les liens qui unissaient les deux États, et sur les protestations prodiguées en toutes circonstances par la cour de Berlin. Dans une guerre aussi juste, où nous ne prenons les armes que pour nous défendre, que nous n'avons provoquée par aucun acte, par aucune prétention, et dont il nous serait impossible d'assigner la véritable cause, nous comptons entièrement sur l'appui des lois et sur celui de nos peuples, que les circonstances appellent à nous donner de nouvelles preuves de leur amour, de leur dévouement et de leur courage. De notre côté, aucun sacrifice personnel ne nous sera pénible, aucun danger ne nous arrêtera, toutes les fois qu'il s'agira d'assurer les droits, l'honneur et la prospérité de nos peuples.

« Donné en notre quartier-impérial de Bamberg, le 20 octobre 1806. »

Signé, Napoléon.

pitantes d'honneur. Le prince Louis, l'épée à la main, cherchait à rallier ses régiments, lorsqu'il fut abordé corps à corps par un sous-officier du 10ᵉ de hussards, brave de sa personne, impétueux comme cette génération d'hommes forts; un combat singulier s'engage : « Rendez-vous, colonel, lui dit le hussard français, » et pour toute réponse le valeureux prince lui lance un coup de sabre sur la face, belle balafre que le sous-officier porta longtemps. Guindé, c'était le nom du hussard, plonge son sabre à plusieurs reprises dans le corps du prince Louis, et cette âme si noble et si fière alla rejoindre la glorieuse galerie de ses ancêtres, tous morts en combattant, et rangés autour de Frédéric son aïeul : illustre destinée, pour un cœur si haut; il n'eût pas résisté à l'aspect des humiliations de la Prusse; il fallait mourir[1].

Dans ces divers engagements, on s'était comporté bravement de part et d'autre; mais telles étaient les admirables dispositions de l'Empereur que sur tous les points ses soldats s'étaient trouvés en nombre considérable; cette tête d'organisation était merveilleuse; partout des masses : à Schleitz et à Saafeld, les Français comptaient un effectif de plus d'un tiers au-delà des Prussiens. Maîtresse des défilés de la Thuringe et de tout le cours de la Saale,

---

[1] La mort du prince Louis fit une vive et grande impression.
Dépêche de M. Duben au roi de Suède.
Vienne, le 22 octobre 1806.

« Sire,

« Depuis ma dernière dépêche du 18 courant, nous avons été journellement inondés de nouvelles du théâtre de la guerre, qui se contredisent pour la plupart, et dont les ministres de Prusse et de Saxe ne peuvent le plus souvent garantir l'authenticité. Ce qu'on en peut induire de vrai, c'est que le prince Louis de Prusse est mort dans la première affaire, où le général Tauenzien commandait. Après avoir attaqué six fois l'ennemi avec un corps de cavalerie à la tête duquel il se trouvait, il tomba à la fin victime de sa valeur, et mourut de la mort d'un héros dans le champ d'honneur. Cette perte paraît irréparable pour l'armée prussienne, et est regardée par plusieurs personnes comme plus grande que si l'on avait à regretter la mort de 10,000 hommes. On dit qu'il a été tué par un chasseur bavarois. »

Napoléon s'exprime ainsi sur la mort du prince Louis de Prusse :

Voyant ainsi la déroute de ses gens,

la grande armée pouvait manœuvrer librement pour couper la ligne ennemie; Murat jetait des partis de cavalerie de manière à les tourner, à ce point que le général Lasalle, avec ses hussards et ses chasseurs, vint jusqu'aux portes de Leipsick; ces manœuvres de l'Empereur avaient déjà séparé les Prussiens de leurs renforts. L'armée française les avait entourés par la même stratégie que Napoléon avait exécutée contre le général Mack à Ulm; la grande armée bordait la Saale et l'Elbe, tandis que les ennemis cherchaient à opérer sur les routes de Francfort, Wurtzbourg, et par leur centre sur Bamberg.

Les renseignements recueillis firent voir au conseil de guerre du roi Frédéric-Guillaume que Napoléon, au lieu d'attaquer de face, avait opéré un mouvement de gauche avec sa promptitude merveilleuse; dès lors maître de la Saxe, il pouvait marcher de Dresde sur Berlin. Quand cette manœuvre fut bien connue, le duc de Brunswick rappela les avant-gardes qu'il avait imprudemment jetées dans toutes les directions; comme il fallait offrir bataille, il mit quatre jours à se concentrer avec un ordre si parfait que nul corps ne s'égara. Napoléon suivit ses traces sans l'atteindre; les troupes prussiennes étaient bonnes manœuvrières et connaissaient le terrain; tout

le prince Louis de Prusse, en brave et loyal soldat, se prit corps à corps avec un maréchal-des-logis du 10e régiment de hussards. « Rendez-vous, colonel, lui dit le hussard, ou vous êtes mort. » Le prince lui réponrit par un coup de sabre; le maréchal-des-logis riposta par un coup de pointe, et le prince tomba mort. Si les derniers instants de sa vie ont été ceux d'un mauvais citoyen, sa mort est glorieuse et digne de regrets. Il est mort comme doit désirer de mourir tout bon soldat. Deux de ses aides-de-camp ont été tués à ses côtés. On a trouvé sur lui des lettres de Berlin qui font voir que le projet de l'ennemi était d'attaquer incontinent, et que le parti de la guerre, à la tête duquel étaient le jeune prince et la reine, craignait toujours que les intentions pacifiques du roi, et l'amour qu'il porte à ses sujets, ne lui fissent adopter des tempéraments et ne déjouassent leurs cruelles espérances. On peut dire que les premiers coups de la guerre ont tué un de ses auteurs. »

se fit par une conversion vers la Saale, et dès ce moment Iéna devint le centre des manœuvres de l'Empereur [1].

Depuis l'ouverture de la campagne, Napoléon cherchait l'ennemi ; lui aussi voulait livrer bataille ; une marche générale fut décidée sur Iéna et Auerstadt par une ligne de six à huit lieues. Le plateau d'Iéna fut choisi par Napoléon comme une position resserrée qui permettait le développement successif des colonnes dans toutes les directions, pour marcher à la face des Prussiens ou les tourner. La situation des deux armées, au 13 octobre, pouvait ainsi se résumer : l'Empereur était de sa personne à Iéna, concentré sur un plateau fortifié qu'occupait depuis la veille la division du maréchal Lannes ; il attendait les deux corps des maréchaux Soult et Ney, vieilles troupes, puis les trois divisions d'Augereau ; son armée sur ce point, y compris la garde sous les ordres de Lefebvre, compterait 60,000 hommes environ. Par une marche simultanée, les maréchaux Davoust et Bernadotte se portaient, l'un sur Naumburg, l'autre sur Apolda. L'Empereur, jusqu'alors mal renseigné, ignorant les mouvements du duc de Brunswick, croyait l'ennemi en masse à la face d'Iéna, tandis que le gros de l'armée prussienne manœuvrait à dix lieues. En séparant trop ses corps, Napoléon les exposait tous ; si les

---

[1] *Lettre d'un officier prussien.*
Naumburg, le 12 octobre 1806.

« Le commencement des hostilités contre les Français s'est passé d'une manière très triste pour les troupes allemandes ; ils ont forcé un poste de l'aile gauche du corps d'armée de Hohenlohe, et un combat meurtrier a eu lieu au corps de Tauenzien, et le prince Louis-Ferdinand de Prusse est resté mort sur la place. Non seulement les régiments Zastram et un bataillon de Pellet, les hussards verts et bruns, etc., mais encore les régiments saxons prince Jean, Xavier et Rechten ont terriblement souffert depuis hier après midi, et toute cette nuit nous n'avons vu que des fuyards qui couraient après leurs régiments ; on croit que les Français se portent en force sur notre gauche pour couper la communication de Leipsick. Leur force doit être de 400,000 hommes commandés par l'Empereur, qui dans ce moment doit être à Gera, à quatre

Prussiens réunis par grandes masses à Erfurth et Weimar s'étaient portés à Auerstadt, ils auraient pu briser les corps isolés de Davoust et de Bernadotte, surprendre Murat, puis revenir sur Iéna et attaquer Napoléon avec des forces supérieures avant l'arrivée de Soult, Ney et Augereau.

Dans l'impatience de combattre, les Prussiens se séparèrent eux-mêmes, et se déployant d'Erfurth et de Weimar, ils se portèrent sur Naumburg et Iéna, pour assurer leurs communications par la Saale. Il se trouva donc que dans la nuit du 13 octobre, la situation de l'armée prussienne était presque parallèle à celle de l'Empereur, mais dans des proportions différentes. Devant Iéna, le vieux feld-maréchal de Mœllendorff, avec le corps de Westphalie, sous les ordres du général Rüchel, composé de trente-trois bataillons, quarante-cinq escadrons avec sept batteries d'artillerie, et la division Hohenlohe de vingt-quatre bataillons prussiens, vingt-cinq bataillons saxons, puis quatre-vingt-trois escadrons avec seize batteries. Cette armée fort belle ne comptait pas plus de 36,000 hommes d'infanterie, et 8,000 hommes de cavalerie. Il résulte des états de présence que les corps des maréchaux Soult, Lannes, Augereau et Ney, successivement engagés dans la journée du 14, formaient 47,000 hommes, sans compter la garde, qui composait le centre ; en tout 53 à 54,000 hommes.

milles d'ici. Nous apercevons déjà quelques patrouilles. Nous avons ici des magasins immenses sans trouver moyen de les sauver ; on est dans des inquiétudes affreuses. Dieu veuille que le roi, qui ne peut manquer d'être attaqué sous peu, ne se laisse pas battre, car ce malheur serait irréparable !

« D'après les dernières lettres, le corps d'avant-garde de Blücher s'est porté sur la Hesse.

« L'état-major du corps de Rüchel s'y est rendu aussi, de manière que, excepté à Hameln, il n'y a plus un seul soldat dans les États hanovriens. Actuellement il ne nous reste d'autre ressource que la bataille décisive qu'il faut livrer à Napoléon. Dans cette triste situation mon sort ne tient à rien, pourvu que l'issue de la crise actuelle soit heureuse ; je le répète encore, mon ami, que notre situation est des plus tristes et des moins rassurantes, etc. »

L'imprudence des Prussiens les avait étrangement compromis; comment osaient-ils, dans un nombre inférieur d'un tiers au moins, engager une bataille avec de vieilles troupes si remarquables et si exercées, et conduites par Napoléon en personne [1] ? C'était une de ces hardiesses que l'art de la guerre n'explique pas ; folle bravade qui leur coûta cher.

A six lieues de là, la position était toute différente ; la masse des troupes prussiennes, commandée par le duc de Brunswick, la garde royale sous les ordres du général Kalkreuth, les gardes-du-corps, le roi, la reine Louise, à cheval en amazone, comme la Clorinde du Tasse, s'étaient portés en masse sur le corps du maréchal Davoust, qui opérait par Auerstadt. Les Prussiens comptaient sur ce point plus de 50,000 hommes, presque tous d'élite, avec une cavalerie magnifique, forte de 12,000 hommes, se pressant à marches forcées sur Da-

---

[1] *État exact de l'armée prussienne avant la bataille du 14 octobre 1806.*

	HOMMES.
Le corps du général Blücher en Westphalie.	11,532
Le corps du pays de Hanovre.	13,688
Les troupes de Magdebourg.	9,820
Les troupes de Berlin, de Potsdam et de la Marche.	11,520
Le corps du général Kalkreuth.	13,989
Les troupes de Silésie et de la Pologne.	23,940
Celles de la Prusse occidentale.	12,720
Total.	97,209
Contingent saxon.	20,000
	117,209
Le 14 octobre il a fallu faire la déduction suivante :	
Les troupes de Prusse, parce qu'elles sont arrivées sur l'Elbe trop tard et qu'elles n'étaient à Halle que le 15.	12,720
Un petit corps qui était en Westphalie.	4,680
A Hameln et à Nienbourg.	1,800
A Hanovre.	1,300
Un corps d'observation commandé par le duc de Weimar et le général Wining, pour surveiller les mouvements de l'ennemi en Franconie et sur le Mein.	12,260
Total.	31,760
Force réelle de l'armée.	85,449

SITUATION DES DEUX ARMÉES (13 OCTOBRE 1806). 243

voust. Le maréchal n'avait avec lui que 26,000 hommes, dont 1,500 de cavalerie, et il pouvait être acculé et brisé. Le maréchal Bernadotte, en communication avec lui, avait reçu les ordres formels de Napoléon de se tenir à Naumburg, dans une position intermédiaire, pour observer le corps du prince Eugène de Wurtemberg qui s'avançait de Halle; puis Bernadotte devait se porter par Camburg et Apolda sur Iéna afin de tourner les Prussiens, en secondant l'attaque de Napoléon, qui croyait avoir en face les masses de l'armée ennemie et avait commandé au maréchal ainsi qu'à Murat de se tenir à sa portée[1].

Il est utile de bien résumer cette situation respective des corps, pour rendre à chacun, dans les événements du lendemain, la part qui lui est due; or, voici la véritable statistique des champs de bataille : à Auerstadt, les Prussiens, troupes d'élite, étaient au moins le double du corps du maréchal Davoust; à Iéna, la supériorité d'un tiers était aux Français, concentrés sur le plateau, avec la garde sous les ordres de l'Empereur. Les deux armées étaient à six lieues de distance; au milieu de ces deux points, Bernadotte opérait dans le but de se porter du centre aux deux extrémités selon les besoins de la bataille. Les ordres de l'Empereur étaient précis; Bernadotte devait se rapprocher d'Iéna, car Napoléon, je le répète, trompé par les faux renseigne-

[1] Avant de se porter sur Iéna, Napoléon fit une démarche officielle auprès du roi de Prusse et lui envoya M. de Montesquiou, capitaine, officier d'ordonnance; parti de Gera, le 13 octobre 1806, à dix heures du matin, il arriva au camp du général Hohenlohe à quatre heures, avec la lettre suivante :

« Monsieur mon frère, je n'ai reçu que le 7 la lettre de Votre Majesté du 25 septembre. Je suis fâché qu'on lui ait fait signer cette espèce de pamphlet. Je ne lui réponds que pour lui protester que jamais je n'attribuerai à elle les choses qui y sont contenues; toutes sont contraires à son caractère et à l'honneur de tous deux. Je plains et dédaigne les rédacteurs d'un pareil ouvrage. J'ai reçu immédiatement après la note de son ministre, du 1er octobre. Elle m'a donné rendez-vous le 8 : en bon chevalier, je lui ai tenu parole; je suis au milieu de la Saxe. Qu'elle m'en croie, j'ai des forces telles que toutes ses

ments, croyait que les coups décisifs se porteraient sur ce point ; il tenait peu de compte de ce qui se passait à Auerstadt ; et pourtant là fut la gloire de la journée.

Le 15 au soir, veille des armes, les ordres furent expédiés par Berthier avec sa précision habituelle. L'empereur Napoléon écrivit au maréchal Davoust de se porter sur Apolda par le défilé de Kosen. Berthier ne croyait pas qu'il y eût plus de 18,000 Prussiens entre Auerstadt et Apolda, et il pensait qu'ils seraient facilement brisés par des forces supérieures. Les Prussiens culbutés, le maréchal devait marcher sur les derrières de l'armée, que Napoléon allait avoir à la face à Iéna. Des ordres furent expédiés aux maréchaux Murat et Bernadotte pour opérer le même mouvement vers le centre de communication entre les deux armées, en suivant les plateaux de la Saale, qui divise Naumburg et Camburg, et en venant faire leur jonction sur Apolda, clef des deux points de batailles entre Auerstadt et Iéna. L'Empereur niait toujours que l'armée prussienne fût réunie en masses vers Auerstadt ; le maréchal Bernadotte, mieux informé, vint dans le camp du maréchal Davoust pour lui faire

---

forces ne peuvent balancer longtemps la victoire. Mais pourquoi répandre tant de sang? à quel but? je tiendrai à Votre Majesté le même langage que j'ai tenu à l'empereur Alexandre deux jours avant la bataille d'Austerlitz. Fasse le ciel que des hommes vendus ou fanatisés, plus les ennemis d'elle et de son règne qu'ils ne le sont de moi et de ma nation, ne lui donnent pas les mêmes conseils pour la faire arriver au même résultat!

« Sire, j'ai été votre ami depuis six ans. Je ne veux point profiter de cette espèce de vertige qui anime les conseils de S. M., qui lui ont fait commettre des erreurs politiques dont l'Europe est encore tout étonnée, et des erreurs militaires de l'énormité desquelles l'Europe ne tardera pas à retentir. Si elle m'eût demandé des choses possibles par sa note, je les lui eusse accordées ; elle a demandé mon déshonneur, elle devait être certaine de ma réponse. La guerre est donc faite entre nous, l'alliance rompue pour jamais. Mais pourquoi faire égorger nos sujets? Je ne prise point une victoire qui sera achetée par la vie d'un bon nombre de mes enfants. Si j'étais à mon début dans la carrière militaire, et si je pouvais craindre les hasards des combats, ce langage serait tout à fait déplacé. Sire, Votre Majesté sera vaincue ; elle aura compromis le repos de ses jours, l'existence de ses sujets sans l'ombre d'un prétexte. Elle est aujourd'hui intacte et peut traiter avec moi

remarquer sa position difficile. « Vous êtes compromis, lui dit-il; laissez-moi passer les défilés de Kosen, vous n'êtes pas en nombre pour combattre les Prussiens, qui sont à la face de vous au moins 50,000 hommes; ensemble nous pourrons les culbuter. » Le maréchal Davoust, trompé lui-même sur les masses qui lui étaient opposées, ne voulut point de cet appui de Bernadotte, qui désirait commencer l'attaque; peut-être était-ce une noble émulation de gloire! Davoust voulait-il que les honneurs de la journée lui appartinssent complétement? Ces jalousies de la victoire se trouvèrent plus d'une fois sous la tente. Repoussés par Davoust, les maréchaux Bernadotte et Murat exécutèrent ponctuellement les ordres de l'Empereur, qui leur commandait d'opérer sur Apolda par Camburg, mouvement de centre combiné par Napoléon dans sa prévision d'un échec; Bernadotte à Apolda pouvait également porter secours au corps concentré sur le plateau d'Iéna, et à Davoust en face des Prussiens à Auerstadt; il allait former la réserve au milieu de deux batailles qui se livraient à six lieues de distance, et dont il assurait la communication.

d'une manière conforme à son rang, elle traitera avant un mois dans une situation bien différente; elle s'est laissée aller à des irritations qu'on a calculées et préparées avec art; elle m'a dit qu'elle m'avait souvent rendu des services; eh bien! je veux lui donner la plus grande preuve du souvenir que j'en ai : elle est maîtresse de sauver à ses sujets les ravages et les malheurs de la guerre; à peine commencée, elle peut la terminer, et elle fera une chose dont l'Europe lui saura gré. Si elle écoute les furibonds qui, il y a quatorze ans, voulaient prendre Paris, et qui aujourd'hui l'ont embarquée dans une guerre, et immédiatement après dans des plans offensifs également inconcevables, elle fera à son peuple un mal que le reste de sa vie ne pourra guérir. Sire, je n'ai rien à gagner contre Votre Majesté; je ne veux rien et n'ai rien voulu d'elle : la guerre actuelle est une guerre impolitique. Je sens que peut-être j'irrite dans cette lettre une certaine susceptibilité naturelle à tout souverain; mais les circonstances ne demandent aucun ménagement; je lui dis les choses comme je les pense. Et d'ailleurs, que Votre Majesté me permette de le dire, ce n'est pas pour l'Europe une grande découverte que d'apprendre que la France est du triple plus populeuse et aussi brave et aussi aguerrie que les États de Votre Majesté. Je ne lui ai donné aucun sujet réel de guerre. Qu'elle ordonne à cet essaim

Il y eut donc quelque chose d'incertain et d'indécis dans toutes les opérations de la nuit du 13 au 14 ; à Iéna l'Empereur concentrait toutes ses forces sur le plateau, et des efforts inouïs amenaient de l'artillerie à travers les ravins et les sentiers inabordables ; on vit là l'incroyable activité de Napoléon quand il avait conçu un plan et qu'il voulait le mener à bout. La nuit était profonde, le général de l'artillerie n'était point prêt ; on vit l'Empereur, un falot à la main, précéder les pièces de campagne et éclairer la marche des artilleurs[1] ; on coupait les routes à coups de hache, on traçait des chemins avec la pioche. Que ne pouvait-on oser quand lui-même était là ? Napoléon avait autour de lui les généraux les plus intrépides et les plus dévoués : le maréchal Lefebvre, qui commandait la garde ; le général Victor, qui arrivait alors de son ambassade de Danemarck pour faire campagne : c'était un de ces braves de l'armée d'Italie, blessé toujours à la face, car il n'avait jamais vu l'ennemi autrement ; à ses côtés se plaçaient aussi Oudinot, Lannes ; on aurait dit que les compagnons des pre-

---

de malveillants et d'inconsidérés de se taire à l'aspect de son trône dans le respect qui lui est dû, et qu'elle rende la tranquillité à elle et à ses États. Si elle ne retrouve plus jamais en moi un allié, elle retrouvera un homme désireux de ne faire que des guerres indispensables à la politique de mes peuples, et de ne point répandre le sang dans une lutte avec des souverains qui n'ont avec moi aucune opposition d'industrie, de commerce et de politique. Je prie Votre Majesté de ne voir dans cette lettre que le désir que j'ai d'épargner le sang des hommes, et d'éviter à une nation qui, géographiquement, ne saurait être ennemie de la mienne, l'amer repentir d'avoir trop écouté des sentiments éphémères qui s'excitent et se calment avec tant de facilité parmi les peuples.

« Sur ce, je prie Dieu, Monsieur mon frère, qu'il vous ait en sa sainte et digne garde.

« De Votre Majesté le bon frère, »
Napoléon.

De mon camp impérial de Gera, le 12 octobre 1806.

[1] « Napoléon coucha au bivouac au milieu de ses troupes, il fit souper avec lui tous les généraux qui étaient là. Avant de se coucher, il descendit à pied la montagne d'Iéna, pour s'assurer qu'aucune voiture de munitions n'était restée en bas ; c'est là qu'il trouva toute l'artillerie du maréchal Lannes engagée dans une ravine que l'obscurité lui avait fait prendre pour un chemin, et qui était tellement resserrée, que les fusées des essieux portaient des deux côtés sur le rocher. Dans cette position,

LA VEILLE D'IÉNA (13 OCTOBRE 1806). 247

mières armes de Bonaparte et de Moreau aux époques de la république étaient réunis sur le plateau d'Iéna pour renouveler les prodiges des campagnes du Rhin et d'Italie. La veillée d'Iéna fut aussi belle que la veillée d'Austerlitz.

A l'autre extrémité, vis-à-vis Naumburg, Davoust, avec sa ténacité habituelle, passait la Saale au défilé de Kosen et s'emparait ainsi d'une position forte et dominante. Le maréchal avait sous ses ordres la division Gudin, vieilles troupes qui s'étaient couvertes de gloire dans la campagne d'Austerlitz, soldats fermes au feu ; la division Friant, si retentissante dans les fastes militaires, et le corps enfin du général Morand, où se voyaient des compagnies entières de grenadiers, vétérans des campagnes de Marengo. Toute la nuit fut employée à prendre position dans le défilé où il était difficile de reconnaître l'ennemi à travers les ténèbres ; un brouillard épais dérobait à l'œil attentif des généraux les mouvements de stratégie ; on ne se voyait pas à dix pas ; les feux mêmes n'étaient pas aperçus.

La grande armée prussienne s'était pourtant ébranlée ; elle ne pouvait ni avancer ni reculer, parce qu'il y avait deux cents voitures à la suite l'une de l'autre dans ce défilé. Cette artillerie était celle qui devait servir la première ; celle des autres corps était derrière elle.

« L'Empereur entra dans une colère qui se fit remarquer par un silence froid. Il demanda beaucoup le général commandant l'artillerie de l'armée, qu'il fut fort étonné de ne pas trouver là ; et, sans se répandre en reproches, il fit lui-même l'officier d'artillerie, réunit les canonniers, et après leur avoir fait prendre les outils du parc et allumer des falots, il en tint un lui-même à la main, dont il éclaira les canonniers qui travaillaient sous sa direction à élargir la ravine, jusqu'à ce que les fusées des essieux ne portassent plus sur le roc. J'ai toujours présent devant les yeux ce qui se passait sur la figure des canonniers, en voyant l'Empereur éclairer lui-même, un falot à la main, les coups redoublés dont ils frappaient le rocher. Tous étaient épuisés de fatigue, et pas un ne profère une plainte, sentant bien l'importance du service qu'ils rendaient, et ne se gênant pas pour témoigner leur surprise de ce qu'il fallait que ce fût l'Empereur lui-même qui donnât cet exemple à ses officiers. L'Empereur ne se retira que lorsque la première voiture fut passée, ce qui n'eut lieu que fort avant dans la nuit. Il revint ensuite à son bivouac, d'où il envoya encore quelques ordres avant de prendre du repos. »

(Mémoires du général Savary.)

le corps commandé par le duc de Brunswick était arrivé le soir à cinq heures sur les hauteurs d'Auerstadt avec une grande précision de manœuvres. Là fut établi le quartier-général; le roi de Prusse commandait en personne, au milieu de sa garde; la reine Louise, à la veillée sous la tente comme le dernier cavalier, excitait les troupes à une bataille glorieuse. Tout le mouvement vers Auerstadt s'était opéré avec un ensemble et une précision remarquables: Auerstadt, bourg d'environ 4,500 âmes, entouré de hauteurs boisées et d'admirables positions, offrait à ce moment un spectacle animé; toute l'armée prussienne y était concentrée, sauf le corps du maréchal de Mœllendorff, opposé à l'Empereur au pied du plateau d'Iéna. La matinée du 14 octobre parut encore couverte d'un brouillard épais; le maréchal Davoust en profita pour déployer ses avant-gardes au défilé de Kosen; les troupes marchaient dans une nuée atmosphérique tellement obscure qu'elles ne se reconnaissaient pas à trois pas de distance; ce défilé était long, étroit, et il fallut plus de deux heures pour que la division Gudin pût le franchir en se déployant. Tout à coup elle se trouve face à face avec l'avant-garde prussienne; il était huit heures du matin et l'on ne se voyait pas encore. Français et Prussiens étaient à une demi-portée de fusil; ce fut seulement le bruit des pas et l'échange de quelques mots qui firent voir qu'on était en présence. Le feu s'engage sur-le-champ, vif et soutenu; on tira d'abord en aveugles, et lorsque les premiers rayons du soleil eurent un peu dégagé les brouillards, les aigles d'or parurent en face de l'aigle noir; les Prussiens qui n'étaient pas en force opérèrent leur retraite sur leur masse. C'était un engagement d'avant-garde.

A ce moment la charge se fait entendre bruyante

BATAILLE D'AUERSTADT (14 OCTOBRE 1806).

dans les carrés ennemis, les trompettes sonnent; le général Schmettau déploie quelques régiments, culbute l'avant-garde française; et comme le brouillard se dissipe de plus en plus, un magnifique corps de cavalerie prussienne, au bruit d'une batterie d'artillerie légère, tourne la division Gudin; toutes ces manœuvres se firent avec la précision et la rectitude qui distinguaient l'armée de Frédéric, troupe d'élite exercée. La division Gudin n'eut que le temps de se former en carré, baïonnette au bout du fusil; elle reçut la cavalerie par un de ces beaux feux de vieilles troupes; les charges furent à fond, et les carrés les soutinrent avec une grande intrépidité; les pertes furent énormes de part et d'autre. Le champ était disputé, lorsque les tambours et les trompettes se firent encore entendre; le maréchal Davoust parut à la tête de sa cavalerie et de la division Friant; il remit un peu d'ordre dans les rangs ébranlés; un feu de mitraille laboura les colonnes comme un champ de blé sous la grêle; l'ennemi couronnait les hauteurs d'Auerstadt; sans calculer le danger, le général Friant l'attaque avec une intrépidité indicible. Sa division formée en colonne s'avance tandis que le canon ennemi y fait de larges trouées. Ce mouvement s'opérait pour dégager le général Gudin, brisé sous l'artillerie, et qui se maintenait en position depuis quatre heures; Gudin cédait le terrain devant les corps prussiens du duc de Brunswick, lorsque cette infanterie si ferme fut soutenue par une charge du général Morand. Les feux s'étendirent alors sur toute la ligne où l'ennemi déployait ses masses.

Ainsi était la bataille d'Auerstadt à midi; la terre était jonchée de morts; trois divisions soutenaient avec une intrépidité héroïque toute l'armée prussienne qui se déployait autour d'elles; le sol était ébranlé sous le canon; à cette heure de feu, quand le soleil reluisait sur les baïonnettes, où se trouvaient les maréchaux Murat et Bernadotte? chargés de se porter de Camburg sur Apolda[1], les deux maréchaux devaient-ils changer leur direction indiquée par les ordres de l'Empereur, se jeter, par un mouvement en arrière, sur Auerstadt; ou bien devaient-ils exécuter ponctuellement les instructions de Berthier qui désignaient à Bernadotte la position centrale d'Apolda comme un point de ralliement?

J'ai dit que la veille de la bataille le maréchal Bernadotte, qui connaissait parfaitement les positions de l'armée prussienne, en annonçant au maréchal Davoust qu'il avait en face de lui le duc de Brunswick avec 50,000 hommes, lui demanda s'il pourrait résister; quelles que fussent les instructions de l'Empereur qui lui enjoignaient de se porter sur Apolda, le maréchal offrit à Davoust le concours de ses troupes; Davoust, se croyant assez fort les refusa, et Bernadotte, comme Murat, dut exécuter l'ordre que lui avait transmis Berthier de se porter vers Apolda sur les derrières de l'ennemi. Quand la bataille fut engagée chaudement, le maréchal Davoust, qui vit bien alors sa situation difficile, envoya un de ses aides-de-camp au maréchal Bernadotte pour lui demander appui, et sur cet avis la division Dupont détachée par le maréchal parut à Camburg pour observer la bataille d'Auerstadt, et tomber sur l'ennemi au besoin

---

[1] Voici ce que je lis dans un document que je crois communiqué :

« Davoust avait reçu l'ordre de se porter le 14 au matin sur Apolda, où il trouverait 18,000 Prussiens, commandés par le duc de Brunswick. L'Empereur avait eu de mauvaises informations sur les mouvements de l'ennemi : aussi Davoust ne tarda pas à être convaincu, par les renseignements positifs que lui donna Bernadotte, qu'il aurait à combattre une grande partie de l'armée prussienne, et non pas 18,000 Prussiens seulement annoncés par le major-général. « Tranquillisez-vous, lui dit le maréchal Bernadotte; laissez-moi passer au milieu de votre camp, je vais les attaquer, et vous me soutiendrez. » Davoust observa qu'étant posté à l'entrée

BATAILLE D'IÉNA (14 OCTOBRE 1806).

avec des troupes fraîches. Bernadotte ne pouvait quitter sa position d'Apolda, si importante pour appuyer l'Empereur à Iéna ; elle formait comme la clef de toute la stratégie de deux batailles données à six lieues de distance.

Pour comprendre toute l'importance de cette position du maréchal Bernadotte à Apolda, il faut se transporter sur le terrain d'Iéna, où un autre combat s'engageait. Napoléon avait passé la nuit à concentrer toutes ses divisions sur le plateau ; le général Victor, chef de l'état-major-général, désigna pour chacune de ces colonnes, avec une haute intelligence, la place qu'elle devait occuper ; Suchet prit la droite, Gazan la gauche, Lefebvre se mit au centre, l'artillerie était placée dans l'intervalle de chaque corps ; Augereau, arrivé en toute hâte, flanquait la position par ses masses profondes d'infanterie ; le plan de Napoléon était de refouler l'ennemi par un déploiement de colonnes descendant du plateau, de le couper de ses réserves, et alors Bernadotte devait le recevoir, et ramener à Apolda, sur la pointe de ses baïonnettes, 10 ou 12 mille prisonniers par un simple mouvement de front. A six heures du matin, à travers un brouillard aussi épais que celui qui dominait Auerstadt, les Français prirent les armes avec cette noble allégresse qui rayonnait sur tous les fronts le matin des batailles. L'Empereur parcourut les rangs ; il disait à

---

du défilé de Kosen, il serait pénible pour lui de voir franchir ce défilé par un autre corps que le sien. Il persista à garder son défilé et à marcher le premier.

Cependant Davoust avait reçu du major-général une lettre dans laquelle il était dit : « ... Si le prince de Ponte-Corvo était dans vos environs, et qu'il n'ait pas encore reçu les ordres, vous pourriez marcher ensemble. Mais l'Empereur espère qu'il sera déjà en marche, avec la cavalerie du grand-duc de Berg, sur Dornburg et Camburg... » Vers trois heures du matin, le 14, le prince de Ponte-Corvo, ne recevant aucune instruction, aucun officier du quartier-général, fit continuer le mouvement. Le canon se fit entendre entre cinq et six

chaque soldat quelques-uns de ces mots heureux qu'il savait jeter dans sa belle et grande langue historique; il allumait un noble feu au cœur de l'armée :

« Souvenez-vous, répétait-il, de la prise d'Ulm et de la bataille d'Austerlitz; les Prussiens en sont réduits à la même extrémité, ils ont perdu leurs lignes d'opérations, ils se trouvent cernés, ils ne combattent plus que pour assurer leur retraite. Soldats, s'écriait-il, les Prussiens veulent tenter une trouée, le corps qui les laisserait passer serait perdu d'honneur; l'entendez-vous? *perdu d'honneur!* » Ces mots excitèrent le plus vif enthousiasme. Ensuite Napoléon donna quelques conseils pour résister à la cavalerie prussienne, dont la renommée était grande : « C'est ici où l'honneur de l'infanterie doit se montrer; les Français sont une nation armée. » Alors les tirailleurs, se déployant au bas du plateau, engagèrent hardiment une vive fusillade, à travers les ténèbres du brouillard, plus épais que la fumée de l'artillerie; les colonnes ainsi protégées descendirent du plateau dans un ordre magnifique, et prirent leur rang de bataille dans la plaine, tel qu'il était assigné par le général Victor, en face de l'armée prussienne, qui elle-même se déployait avec la précision des vieux manœuvriers.

A neuf heures seulement le soleil se leva, dissipant le brouillard, et les deux armées se trouvèrent à une demi-portée de canon; on voyait reluire les casques, les

heures; la marche des troupes fut pressée. Arrivé à Dornburg, il trouva la cavalerie de Murat qui n'avait pas encore commencé son mouvement, et qui mit près de six heures pour franchir le défilé de la Saale et pour couronner les hauteurs. La division Rivaud et la cavalerie légère du premier corps montaient pêle-mêle, afin d'arriver plus vite. Du moment qu'elles furent formées, elles se trouvaient sur les derrières des troupes prussiennes qui avaient attaqué le maréchal Davoust. 8 à 10,000 mille chevaux, qui auraient décidé le succès de la journée contre Davoust, furent envoyés pour reconnaître les corps qui couronnaient les hauteurs; et, dès cet instant, cette partie de l'armée prussienne se mit en retraite sur Buttelstadt, Eisleben et Nord-

BATAILLE D'IÉNA (14 OCTOBRE 1806).

cuirasses scintillant au soleil, et les longues baïonnettes de l'infanterie; on aurait dit une parade; c'était par de grandes manœuvres que le combat allait s'engager. Les Prussiens se déployèrent par la droite sur la gauche de l'armée française que commandait le maréchal Augereau. Ce déploiement se fit comme dans une revue, avec le même ordre qu'au vaste pré de Potsdam ou de Sans-Souci, et avec la même fermeté d'action; à dix heures déjà on s'était chargé avec une admirable intrépidité; cavalerie, infanterie avaient fait leur devoir. A onze heures, on vit poindre dans le lointain les réserves du maréchal Ney qui s'avançaient à marches forcées; quelques instants après se déploient les dragons et les cuirassiers de Murat, arrivant sur le champ de bataille.

Murat exécutait les mêmes ordres que Bernadotte; tout pour Iéna, rien pour Auerstadt; ainsi était Napoléon : tous les moyens se concentraient vers la position qu'il avait choisie; là où il commandait les éléments de victoire étaient rassemblés. Cette cavalerie de Murat fit des charges à fond sur les Prussiens; ainsi qu'à Austerlitz, il y eut des engagements de cavalerie corps à corps, comme dans ces tableaux du xvie siècle où les chevaux et les cavaliers tombent refoulés les uns sur les autres. L'infanterie prussienne voulut soutenir sa vieille réputation du temps de Frédéric; les cuirassiers brisèrent ses rangs pressés, enfoncèrent les bataillons et les carrés;

---

hausen. Bernadotte arriva sur les hauteurs d'Apolda avec sa cavalerie légère et la division Rivaud seulement, les généraux Belliard, Latour-Maubourg, Beaumont et Milhaud ayant reçu, dans l'intervalle, l'ordre d'aller joindre avec leurs corps le grand-duc de Berg qui se trouvait auprès de la personne de l'Empereur. Dans le rapport officiel du prince de Ponte-Corvo, daté d'Apolda, le 14, à onze heures du soir, il est dit : « ... Nous nous trouvions absolument sur les derrières de l'ennemi et débordant toutes les troupes que le maréchal Davoust avait à combattre, de manière qu'il a été dégagé de très bonne heure par notre mouvement... » Murat a certifié la parfaite exactitude des mouvements du corps qu'il commandait et du corps du ma-

le maréchal de Mœllendorff fut blessé; le désordre commençait à se mettre dans les rangs de l'ennemi, qui fit sa retraite un peu confuse sur Weimar. L'armée prussienne, un tiers moins nombreuse que les Français, avait attaqué avec présomption, et le vieux maréchal de Mœllendorf fut obligé de courir au pas précipité de son cheval, pour éviter d'être pris dans une charge de cavalerie.

La fatale nouvelle de cette retraite du maréchal de Mœllendorff sur Weimar fut apportée à deux heures par un officier prussien au quartier-général de Frédéric-Guillaume, qui pressait si vivement le maréchal Davoust, et l'entourait de forces supérieures; le champ de bataille était terriblement disputé par 26,000 Français réduits alors à 18,000 sous le feu meurtrier de l'artillerie prussienne; le vieux duc de Brunswick, blessé d'un éclat de mitraille, avait perdu la vue, et, comme par un effet de la Providence qui maintenait son honneur, il ne vit pas la ruine de cette infanterie qu'il avait contribué à exercer. Plusieurs généraux prussiens à la tête de leurs troupes étaient aussi tombés blessés; la noblesse allemande payait de sa personne; et c'est à ce moment que Frédéric-Guillaume, s'exposant comme un simple soldat, apprit la marche rétrograde de Mœllendorff sur Weimar. L'instant était décisif, il fallait passer sur le ventre du maréchal Davoust et porter aide à Mœllendorff; le roi ordonne une attaque générale de tous les

---

réchal Bernadotte, tels qu'on vient de les énoncer.

« Le maréchal Davoust ayant refusé de se concerter avec le maréchal Bernadotte pour attaquer les Prussiens, celui-ci suivit la direction qui lui avait été donnée par les premiers ordres du major-général, et fit une diversion qui fut très favorable, et en quelque sorte décisive pour le succès de Davoust. Il effectua ce mouvement, pour ainsi dire, de lui-même, ne recevant point d'ordre du quartier-général, non plus que Murat qui se concerta avec le maréchal pour aller prendre position, après le défilé, sur les hauteurs, ainsi qu'on l'a expliqué plus haut. »

corps de réserve pour briser l'armée de Davoust, et refouler la division Morand, qui se défendait avec sang-froid contre toute l'infanterie prussienne. La charge fut magnifique et bien soutenue; mais, par une fatalité indicible, le prince Henri de Prusse, blessé presque immédiatement, fut forcé de se retirer du combat; le général Schmettau reçut une balle dans la poitrine; le général Kalkreuth dirigea seul les dernières manœuvres, moins fermes et plus désordonnées.

Le roi de Prusse, présent partout, eut deux chevaux tués sous lui. C'était un combat de noblesse allemande contre les Francs du Rhin, comme les annales les rappellent; le roi, fils de la maison de Brandebourg, devait donner l'exemple, et il le fit avec une incontestable intrépidité contre les Français qui se comportèrent héroïquement à Auerstadt. Les nouvelles du champ de bataille d'Iéna devenaient de plus en plus mauvaises pour les Prussiens; au milieu de l'acharnement du combat, quand le maréchal de Mœllendorff résistait avec son infanterie aux brillantes charges de Murat, le maréchal Bernadotte, exécutant les prévoyances de Napoléon, débouchait avec deux divisions de troupes fraîches par Apolda sur les derrières de l'armée prussienne à Iéna, et ce seul mouvement, joint aux charges de Murat, fit plus pour le gain de la bataille que les premières opérations de la matinée; car le vieux maréchal de Mœllendorff dut détacher sa meilleure infanterie et une partie de sa cavalerie pour observer Bernadotte. L'apparition du maréchal sur les hauteurs d'Apolda fut décisive; les divisions de ce corps firent les premiers prisonniers, elles arrivaient fraîches et l'arme au bras; les bataillons prussiens cernés mirent bas les armes devant 18,000 hommes qui n'avaient pas été engagés.

Toute cette stratique a besoin d'être résumée. Il y a eu deux batailles le 14 octobre à six lieues de distance; l'une à Auerstadt, l'autre à Iéna. Dans la première, 26,000 Français, sous les ordres de Davoust, ont résisté à l'élite de l'armée prussienne, presque double en nombre; dans la seconde, à Iéna, Napoléon, avec un tiers de plus que les corps prussien et saxon de Mœllendorff, brisa facilement les colonnes : Iéna fut un combat, Auerstadt la bataille. Au centre de la position se trouvait Bernadotte; à midi il apprit que Davoust tenait bien; dès lors les charges de Murat à Iéna, et la présence du corps de Bernadotte, donnèrent à la défaite des Prussiens un caractère décisif; elles répandirent la terreur dans leurs rangs; qu'on s'imagine 18,000 hommes de troupes intactes arrivant sur les derrières d'une armée battue[1]. A quatre heures la retraite des Prussiens était confuse, et les deux batailles d'Auerstadt et d'Iéna entièrement remportées pour l'honneur et la gloire de la France; les pertes de part et d'autre furent considérables; on s'était battu avec acharnement. Il y eut deux fatalités pour l'armée prussienne : la première, c'est que le vent souffla constamment le brouillard à sa face; elle ne put s'apercevoir de toutes les manœuvres des Français, qui s'exécutèrent avec une rare intrépidité. La seconde fatalité fut que tous ses généraux furent blessés et hors de combat presque en commençant la bataille : le duc de Brunswick, le prince Henri de Prusse, huit lieutenants-généraux; les balles semblaient porter sur les chefs de corps, et cela jetait le désordre dans les rangs de l'armée prussienne. Au contraire, le brouillard favorisa le déploiement des colonnes de Napoléon, et un seul général fut frappé à mort, le brave

[1] Mémoire communiqué.

SUITE DE LA BATAILLE (14 OCTOBRE 1806).

Debilly, dont la mémoire est aujourd'hui encore conservée auprès du pont qui porte le souvenir d'Iéna.

Il y eut des traits indicibles de cette partialité de la mort : tandis que tous les généraux prussiens étaient blessés grièvement, Oudinot, qui fut presque toujours frappé au champ de guerre, eut son habit et son chapeau criblés de balles et ne fut point atteint ; il n'y eut donc aucun désordre, aucun vide dans l'armée française ; elle ne fut point, comme l'armée prussienne, veuve de son chef. Il faut le dire, le plan de Napoléon, tracé d'abord d'une manière confuse, parce qu'il ignorait les mouvements de l'armée prussienne, prit ensuite un admirable développement. Ce fut une faute sans doute de laisser le maréchal Davoust écrasé sous une masse de 50,000 hommes ; si le maréchal avait montré moins de fermeté, un courage moins héroïque, si ses trois divisions s'étaient moins exposées, si ce corps enfin n'avait pas laissé le tiers de son monde sur la place, l'armée prussienne aurait passé par-dessus Davoust et serait venue se joindre au maréchal de Mœllendorff, crise fatale pour Napoléon retranché à Iéna. C'est dans cette prévoyance que l'Empereur avait donné l'ordre au maréchal Bernadotte de se tenir à Apolda, entre les deux batailles, pour porter appui à l'un ou l'autre corps menacé et assurer les communications, tandis que Murat conduisait la réserve de cavalerie. La position de Bernadotte, à Apolda, était donc parfaitement choisie dans la prévoyance de l'Empereur : Bernadotte rétablissait les affaires en se portant sur les derrières des Prussiens, et le maréchal de Mœllendorff était obligé de détacher sa meilleure cavalerie et son infanterie pour le contenir ; si au contraire Davoust avait fléchi, Bernadotte se serait porté à son aide.

C'est en quoi les batailles de cette époque furent toujours marquées du génie de Napoléon. Ceux qui ont attribué à sa magnanimité, le prétendu pardon accordé à Bernadotte après Iéna et Auerstadt, ne savent pas qu'au contraire Napoléon félicita le maréchal de ses manœuvres à travers les défilés et les sentiers escarpés. Comme tout était prévu dans sa pensée, il savait bien que dans une défaite de l'ennemi, 28,000 hommes de troupes fraîches, arrivant dans la confusion d'un mouvement rétrograde, devaient amener une sorte de terreur panique dans les rangs prussiens.

A ces deux batailles chacun fit son devoir, Bernadotte comme Davoust; garder son poste de réserve était l'obligation d'un général d'élite. Il faut se méfier de ceux qui, se plaçant derrière Napoléon à Sainte-Hélène, lui ont fait juger à tort ou à travers les réputations militaires, avec l'étroitesse et les passions du jour; le génie du grand capitaine avait donné à chacun sa mission sur le champ de bataille, et chacun l'accomplit. Le maréchal Bernadotte joua un rôle assez décisif dans la campagne de Prusse et de Pologne, pour qu'on puisse dire qu'il ne manqua point alors à l'estime de l'Empereur et à la confiance de son pays. Quant à Davoust, sa gloire fut mémorable; les honneurs de la grande journée furent à lui; si Napoléon à peine le cita dans son bulletin, comme il avait à peine rappelé le nom du maréchal Soult à la journée d'Austerlitz, il faut attribuer ces omissions à des jalousies. Napoléon ne relevait jamais ses rivaux de gloire; il ne louait que les médiocrités militaires ou les hommes qui s'incarnaient en lui. Nul ne devait paraître quand l'Empereur rayonnait en sa gloire.

CHAPITRE X.

GUERRE DE PRUSSE.

SECONDE PÉRIODE.

Causes qui rendent décisives les batailles d'Auerstadt et d'Iéna. — Défection des Saxons. — Démoralisation des Prussiens. — La monarchie militaire. — Activité des généraux français. — Offres de la Saxe. — Projet d'alliance intime. — Marche sur Berlin. — Napoléon et les généraux prussiens. — Visite à Potsdam. — Le tombeau de Frédéric. — Parallèle. — Gouvernement de Berlin. — La reine. — La noblesse. — Les princes allemands. — La vérité sur la grâce du prince d'Hatzfeld. — Capitulations des places fortes. — Les derniers généraux prussiens. — Proposition de paix. — La Prusse entièrement occupée.

Octobre et Novembre 1806.

Les deux batailles d'Auerstadt et d'Iéna n'avaient pas été tellement décisives, qu'une monarchie dût tomber par de tels échecs militaires ; l'histoire a présenté, dans ses phases diverses et mobiles, des catastrophes plus sanglantes qui ont laissé néanmoins à des états de second ordre des ressources pour se relever plus puissants, ou au moins pour continuer une campagne sans terreur ; la guerre de sept ans avait offert des situations aussi périlleuses pour la Prusse. D'où vient que la monarchie du grand Frédéric croula pour ainsi dire au premier échec militaire ? Quelles furent les causes qui entraînèrent cette ruine presque fabuleuse et comment se fit-il qu'une armée d'une aussi robuste organisation disparut tout à coup ? Les terrains d'Iéna et d'Auerstadt avaient été vigoureusement défendus, plus de 44,000 Français avaient été mis hors de combat ; les pertes étaient balancées, lorsque tout à coup une indicible terreur s'empara de la monarchie et de l'armée prussienne. C'est au pas de course que l'Empereur s'avance sur Berlin ; un mois suffit pour détruire l'œuvre du génie et de la persévérance ; l'État militaire le plus fort, le plus énergique, disparaît de la carte de l'Europe.

Il y a ici une série de causes qu'il est important de développer pour l'intelligence des événements ; car il se manifeste moins de caprices qu'on ne croit dans la destinée. Les Prussiens, en entrant en campagne, avaient entraîné avec eux l'armée saxonne qui comptait encore après Iéna un effectif de 18,000 hommes. Les Saxons, troupes excellentes, avaient prêté leur concours militaire avec un remarquable dévouement ; leurs rangs s'étaient pressés autour de l'étendard d'Allemagne. Napoléon savait bien la large trouée que ferait dans les rangs de l'armée prussienne l'absence des Saxons, et toute sa pensée fut de séparer le vieil électeur de la cause de Frédéric-Guillaume, défection première qui pouvait en entraîner d'autres encore. A son bivouac d'Iéna, l'Empereur fit venir après la bataille les officiers saxons que le sort de la guerre avait mis dans ses mains, leur déclarant : « qu'il n'en voulait point à leur digne et brave électeur, que la contrainte avait mis seule dans la nécessité de se joindre aux Prussiens ; Napoléon voulait faire pour lui ce qu'il avait déjà accompli pour l'électeur de Bavière. Les Saxons étaient libres ; une grande destinée serait ainsi réservée à leur patrie : elle pouvait s'affranchir de la Prusse, et Frédéric-Auguste marcher à l'égal des anciens électeurs de Brandebourg, roi pour roi, car ils étaient anciennement électeur pour électeur. » Un officier saxon fut chargé de porter ces paroles à son souverain [1].

La tactique de l'Empereur était habile, il brisait les rangs de l'armée prussienne en la privant de tels auxiliaires. Les Bavarois avaient compromis la campagne de la coalition en abandonnant Mack dans Ulm ; les Saxons perdaient la cause prussienne en défectionnant en pleine guerre ; triste exemple qui retombera sur la tête de Napoléon dans la malheureuse campagne de 1813 : ces habitudes de désertions dans les armées allemandes se retrouvèrent aux jours de fatalité. Aussitôt des négociations furent ouvertes avec Frédéric-Auguste, le prince vénérable qui régnait sur la Saxe ; Napoléon lui proposait le titre de roi, comme il l'avait fait à l'égard de la Bavière et du Wurtemberg, et avec ce titre, son adhésion à la Confédération du Rhin. En suivant cette négociation, il obtenait deux résultats : les contingents saxons passeraient dans ses armées, comme chef et protecteur de la confédération ; les meilleures troupes quittaient immédiatement le camp prussien, laissant une large trouée dans les rangs. Il résultait de ces défections un but certain pour la campagne, la délivrance du territoire saxon depuis Leipsick jusqu'à Iéna, Weimar et Dresde. En Bavière, Napoléon avait excité les antipathies des deux nations autrichienne et bavaroise pour les séparer violemment ; il exploitait en Saxe

---

[1] Weimar le 15 octobre au soir. « 6,000 Saxons et plus de 300 officiers ont été faits prisonniers. L'Empereur a fait réunir les officiers, et leur a dit qu'il voyait avec peine que leur armée lui faisait la guerre ; qu'il n'avait pris les armes que pour assurer l'indépendance de la nation saxonne, et s'opposer à ce qu'elle fût incorporée à la monarchie prussienne ; que son intention était de les renvoyer tous chez eux, s'ils donnaient leur parole de ne jamais servir contre la France ; que leur souverain, dont il reconnaissait les qualités, avait été d'une extrême faiblesse, en cédant ainsi aux menaces des Prussiens, et en les laissant entrer sur son territoire ; mais qu'il fallait que tout cela finît, que les Prussiens restassent en Prusse, et qu'ils ne se mêlassent en rien des affaires de l'Allemagne ; que les Saxons devaient se trouver

les mêmes passions entre deux gouvernements et deux peuples qui éprouvaient l'un pour l'autre une indicible méfiance. Par le fait, on peut s'imaginer quel doit être l'état de démoralisation d'une armée en retraite qui se trouve privée de 18,000 hommes d'auxiliaires qui passent dans les rangs ennemis; ainsi furent les Prussiens après Iéna. Qui ne sent combien la défection des troupes auxiliaires peut affaiblir une armée déjà démoralisée par une défaite toute récente?

Telle est la destinée des monarchies militaires; elles ne se maintiennent que par la victoire et l'opinion qu'elles ont de leur armée. Frédéric avait constitué la Prusse dans des conditions exclusivement guerrières; il y avait peu d'institutions civiles; la nation campait sur le territoire; pour elle la guerre était un besoin, le succès une condition de vie; il n'y avait pas d'autres forces, d'autre puissance que l'armée; or, ce corps de soldat une fois battu, cette organisation brisée, que devait-il rester à une nation privée de puissance vitale? des magistrats secondaires, une population démoralisée et abattue. Il suffisait de souffler pour faire disparaître l'œuvre fondée avec tant de persévérance par le roi dont la vieille épée était suspendue à Potsdam. Ajoutez cet enthousiasme éteint par la défaite, cet élan militaire brisé par la plus cruelle déception, l'orgueil abattu,

---

réunis dans la Confédération du Rhin sous la protection de la France, protection qui n'était pas nouvelle, puisque deux cents ans avant, sans la France, ils eussent été envahis par l'Autriche, ou par la Prusse; que l'Empereur n'avait pris les armes que lorsque la Prusse avait envahi la Saxe; qu'il fallait mettre un terme à ses violences; que le continent avait besoin de repos, et, que malgré les intrigues et les basses passions qui agitent plusieurs cours, il fallait que ce repos existât, dût-il en coûter la chute de quelques trônes.

« Effectivement, tous les prisonniers saxons ont été renvoyés chez eux, avec la proclamation de l'Empereur aux Saxons, et des assurances qu'on n'en voulait point à leur nation. »

Déclaration signée par les officiers saxons.

« Nous soussignés, général, colonels,

le deuil de paraître en vaincu devant ceux qu'on s'était représentés naguère agenouillés devant une vieille gloire [1].

Que de tristesse dans l'armée prussienne! Tous ses vieux généraux blessés mortellement, le duc de Brunswick atteint d'un éclat de mitraille dans les yeux en regardant fixement l'ennemi; le maréchal de Mœllendorff, vieillard, blessé dans la poitrine; Schmettau pouvant à peine atteindre Weimar, où il expire; l'armée prussienne sans chefs, sans direction, divisée en petits corps; le roi, le désespoir au cœur; la reine, fière et orgueilleuse, ayant excité la campagne par une généreuse détermination, puis obligée de fuir, la mort au cœur, le visage inondé de larmes; le prince Louis de Prusse, mort; le prince Henri, blessé dangereusement! N'y avait-il pas dans ce spectacle de quoi porter le découragement parmi cette génération belliqueuse qui avait arboré l'étendard de l'indépendance allemande à Berlin? Enfin, il faut le dire, l'immense activité des généraux de Napoléon, l'admirable précision des manœuvres qui les faisaient trouver partout en nombre, porta le désordre le plus infini dans les rangs de cette armée. Le grand art de l'Empereur était moins de gagner une bataille que d'en exploiter les résultats avec une infatigable puissance; quand il avait devant lui l'ennemi, il le poursuivait à outrance, il ne lui laissait aucun repos,

---

lieutenants-colonels, majors, capitaines et officiers saxons, jurons sur notre parole d'honneur de ne point porter les armes contre S. M. l'Empereur des Français, roi d'Italie, et ses alliés; et nous prenons le même engagement et faisons le même serment au nom de tous les bas-officiers et soldats qui ont été faits prisonniers avec nous, et dont l'état est ci-joint, même si nous en recevions l'ordre formel de notre souverain, l'électeur de Saxe. »

Iéna, le 16 octobre 1806.

(Suit la signature du baron de Niesemeuschel, lieutenant-général saxon, et celles de 120 officiers saxons de tout grade.)

[1] A ce moment Napoléon, indiquant les causes qui avaient amené la guerre il dicta les paroles suivantes :

il le harcelait. Il devinait d'avance le résultat de toute opération militaire; et quand une armée était accablée, c'était par des marches savantes, une terrible poursuite, qu'il l'empêchait de se relever de sa terreur; la cavalerie de Murat était pour cela d'un précieux secours; continuellement à la poursuite de l'ennemi, on voyait de tous côtés des panaches flottants, par toutes les routes cette cavalerie arrivait pour cerner et briser les bataillons éperdus. Que faire quand à chaque point un corps était atteint, refoulé, comme les flots que la tempête secoue avec violence?

Maître d'Iéna, de Gotha, de Weimar, les premières opérations de l'Empereur eurent pour objet de délivrer la Saxe des Prussiens, comme il avait délivré la Bavière des Autrichiens après Ulm. Les sept corps d'armée qui brillaient autour de lui manœuvrèrent dans cet objet. Les dispositions étaient si bien prises, l'activité si grande, que les Prussiens tombaient régiment par régiment dans les bivouacs français. Alors le système des capitulations commença, exemple si contagieux en campagne; lorsque le découragement vient, ce qu'il faut redouter, ce sont les défections par masses, comme cela s'était vu en Autriche. Les Prussiens s'étaient moqués de la facilité avec laquelle les Allemands du midi s'étaient rendus par milliers; la fortune leur faisait subir les mêmes échecs; il ne faut jamais se rire de ces entraînements que la fatalité jette

« Voici les renseignements qu'on a pu recueillir sur les motifs de cette étrange prise d'armes :

« Le général Schmettau (mort prisonnier à Weimar) fit un mémoire écrit avec beaucoup de force, et dans lequel il établissait que l'armée prussienne devait se regarder comme déshonorée, qu'elle était cependant en état de battre les Français, et qu'il fallait faire la guerre. Les généraux Rüchel (tué), et Blücher (qui ne s'est sauvé que par un subterfuge et en abusant de la bonne foi française), souscrivirent ce mémoire, qui était rédigé en forme de pétition au roi. Le prince Louis-Ferdinand de Prusse (tué) l'appuya de toutes sortes de sarcasmes. L'incendie gagna toutes les têtes. Le duc de Brunswick (blessé très

même dans les âmes fortes; il est pour tous des instants de faiblesse. Chaque jour voyait des actes de désespoir; lorsque ces temps arrivent, il faut plaindre les peuples, au lieu de les blâmer impitoyablement. Il est des intervalles d'abattement pour les plus mâles caractères; qui aurait l'orgueil de se dire toujours fort? Quand l'Empereur était encore à Iéna, Murat se précipitait sur Erfurth et Weimar, séjour délicieux, jardin de science, d'études douces et poétiques. Les Prussiens s'engagèrent à quitter les cités de la Saxe, conservant par capitulation armes et bagages, sous la condition expresse qu'ils se retireraient sur le territoire de leur monarchie. A Erfurth, l'on trouva de grands approvisionnements et des magasins considérables. Le 16 octobre, Napoléon était à Weimar; l'armée opérait son mouvement avec régularité; les maréchaux Soult, Bernadotte, Augereau, Ney, Davoust, harcelaient tous les corps ennemis, qui se rendaient bataillon par bataillon, régiment par régiment. Les Prussiens n'avaient plus d'ordre, plus d'esprit de corps, aucun point de ralliement; ils vaguaient pour ainsi dire épars, privés de chef; la cavalerie les ramassait à la course comme le gibier dans la forêt. Les paysans, partout si nationaux en Prusse, accablaient les officiers d'injures de se conduire ainsi en lâches ou en fous; la démoralisation était au cœur de l'armée.

grièvement), homme connu pour être sans volonté et sans caractère, fut enrôlé dans la faction de la guerre. Enfin, le mémoire ainsi appuyé, on le présenta au roi. La reine se chargea de disposer l'esprit de ce prince, et de lui faire connaître ce qu'on pensait de lui. Elle lui rapporta qu'on disait qu'il n'était pas brave, et que, s'il ne faisait pas la guerre, c'est qu'il n'osait pas se mettre à la tête de l'armée. Le roi, réellement aussi brave qu'aucun prince de Prusse, se laissa entraîner sans cesser de conserver l'opinion intime qu'il faisait une grande faute.

« Il faut signaler les hommes qui n'ont pas partagé les illusions des partisans de la guerre. Ce sont le respectable feld-maréchal de Mœllendorff et le général Kalkreuth. »

Enfin un ordre du roi Frédéric-Guillaume fixa le point de ralliement sur Magdebourg en se groupant sous les ordres du prince Eugène de Wurtemberg, le seul général qui conservât, dans cette déroute inouïe, un corps de réserve suffisamment organisé pour servir de centre à une opération de retraite; le roi de Prusse lui écrivit de sa main pour lui confier la direction du mouvement militaire dans les malheurs de sa monarchie. Tout se fit confusément, les régiments n'avaient plus de drapeaux. Napoléon, fier de si grands résultats, avait établi son quartier-général à Weimar, et c'est là qu'il tint sa première cour plénière et suzeraine. Il vit accourir les petits princes de l'Allemagne du nord, ses vassaux, qui venaient lui rendre hommage; il traitait bien les uns, il refusait de recevoir les autres; la paisible cour de Weimar devint bruyante, et l'Empereur s'y montra dans tout son faste. Pour quelques princes il fut implacable; c'est chose triste à dire qu'une âme puissante comme la sienne prit plaisir à abaisser cette armée prussienne que le grand Frédéric avait formée pour la guerre; ne craignait-il pas la loi inflexible du retour que prodigue la destinée? ne voyait il pas ces coups du sort qui viennent à temps pour briser les monarchies? Lui aussi fondait un établissement militaire sur les mêmes bases que la monarchie du grand Frédéric, et il voyait ce qu'était devenue cette œuvre, emportée par les lois d'une génération nouvelle. Pourquoi blessa-t-il l'orgueil de la nation allemande? pourquoi laisser échapper ces tristes paroles : « qu'il réduirait la noblesse à ce point qu'elle irait mendier son pain? » Vainqueur orgueilleux, n'avait-il aucune pitié pour ceux qu'il avait jetés sur la poussière? Comme un dieu impitoyable, n'avait-il que la foudre, et jamais ce rayon de bonté que la Providence répand dans sa majesté souveraine?

Le vieux duc de Brunswick mourait presque sur le champ de bataille ; à soixante-onze ans, il avait l'honneur d'avoir reçu une mitraille à la face, et Napoléon le faisait insulter dans ses bulletins [1]. Mieux que personne l'Empereur savait bien que le fameux manifeste n'était pas l'œuvre du duc de Brunswick, mais bien l'écrit déclamatoire d'un réfugié ; il n'ignorait pas que lui aussi avait plus d'une fois insulté les peuples et lancé des menaces pour assurer le succès d'une campagne. Savait-il le sort que lui réservait la destinée? atteindrait-il cette belle vieillesse militaire ? aurait-il, lui l'Empereur, le bonheur de mourir à la face de l'ennemi, comme le duc de Brunswick, d'un magnifique coup de mitraille? Il eût été beau à Napoléon de se montrer généreux, de ne point insulter aux cheveux blancs ensanglantés. Que resta-t-il de cela ? une haine puissante, invétérée, au sein de la nation allemande; haine qui plus tard éclata si formidablement ; lui-même l'Empereur, en d'autres temps, eut aussi à subir des outrages. Napoléon méprisa trop les Prussiens, et plus tard les Prussiens insultèrent à son malheur.

Les généraux de l'Empereur rendirent plus de justice aux efforts de l'armée ennemie; Murat surtout gagna l'affection populaire par ses manières chevaleresques, et il

---

[1] « Le duc de Brunswick (il était alors blessé à mort au visage) a envoyé son maréchal du palais à l'Empereur. Cet officier était chargé d'une lettre par laquelle le duc recommandait ses États à S. M.

« L'Empereur lui a dit : « Si je faisais démolir la ville de Brunswick, et si je n'y laissais pas pierre sur pierre, que dirait votre prince? La loi du talion ne me permet-elle pas de faire à Brunswick ce qu'il voulait faire dans ma capitale? Annoncer le projet de démolir des villes, cela peut être insensé; mais vouloir ôter l'honneur à toute une armée de braves gens, me proposer de quitter l'Allemagne par journées d'étapes à la seule sommation de l'armée prussienne, voilà ce que la postérité aura peine à croire. Le duc de Brunswick n'eût jamais dû se permettre un tel outrage ; lorsqu'on a blanchi sous les armes, on doit

voulut qu'au convoi du général Schmettau des colonels français portassent le drap funèbre pour rendre un dernier hommage au courage malheureux, au compagnon du grand Frédéric. Napoléon fut dur pour le duc de Brunswick; il le proscrivit par des paroles cruelles, ne l'appelant que le général Brunswick dans sa cour plénière de Weimar; il lui enleva la couronne ducale comme il la brisa au front du prince de Hesse, qui s'en souvint en traînant sa vengeance sur tous les champs de bataille de l'Europe. L'imagination ambitieuse de Napoléon, remaniant déjà l'Allemagne, songeait au royaume de Westphalie, qu'il destinait à son frère Jérôme; Jérôme, alors jeune général improvisé, conduisait aux batailles de Prusse un corps d'armée sous la tutelle du général Vandamme.

La grande opération de stratégie restait confiée au maréchal Bernadotte, qui attaquait vigoureusement la réserve du prince Eugène de Wurtemberg avec les divisions Dupont et Rivaud; ces belles troupes débouchèrent par Halle, où les Prussiens s'étaient concentrés; la défense fut vigoureuse, et le pont de Halle franchi; les Prussiens se déployèrent pour la dernière fois avec ordre et courage; mais qui pouvait résister à l'intrépidité de ces divisions d'Italie et d'Allemagne? Après des efforts répétés, l'armée ennemie se mit précipitamment en retraite; des

respecter l'honneur militaire; et ce n'est pas, d'ailleurs, dans les plaines de Champagne que ce général a pu acquérir le droit de traiter les drapeaux français avec un tel mépris. Une pareille sommation ne déshonorera que le militaire qui l'a pu faire. Ce n'est pas au roi de Prusse que restera ce déshonneur; c'est au général à qui, dans ces circonstances difficiles, il avait remis le soin des affaires, c'est enfin le duc de Brunswick que la France et la Prusse peuvent accuser seul de la guerre. La frénésie dont ce vieux général a donné l'exemple a autorisé une jeunesse turbulente, et entraîné le roi contre sa propre pensée et son intime conviction. Toutefois, monsieur, dites aux habitants du pays de Brunswick qu'ils trouveront dans les Français des ennemis généreux, que je désire adoucir à leur égard les rigueurs de la guerre, et que le mal que pourrait occasionner le passage des troupes serait contre mon

charges de cavalerie furent repoussées, on ne put entamer le prince de Wurtemberg dans son mouvement rétrograde sur Magdebourg, qu'allait bientôt bloquer le maréchal Soult. L'ordre de l'Empereur était précis : poursuivre les Prussiens sans leur laisser un moment de repos pour se reconnaître; et cet ordre fut si bien exécuté, que le prince de Hohenlohe, demandant un armistice pour enterrer ses morts, ne put l'obtenir : « On trouve toujours le temps pour cela », dit Napoléon. Leipsick devint le point central des opérations du maréchal Davoust; Bernadotte était à Halle, Lannes à Dessau, et l'on se préparait à un mouvement vers Torgau et Wittemberg.

En avant! toujours en avant! tel fut le cri des colonnes. Ainsi se développait la belle campagne de Napoléon. Le roi Frédéric-Guillaume et la reine Louise de Prusse s'étaient retirés du combat, le cœur plein de désespoir; sur la route de Weimar, Napoléon avait reçu une lettre pressante du roi qui demandait en suppliant une suspension d'armes et la paix. Telles n'étaient pas les habitudes de l'Empereur; quand il avait un succès, il n'était pas porté à faire des concessions; la victoire le caressait, il ne cédait à nul cette noble maîtresse; il répondit à peine au roi de Prusse, et continua de développer son mouvement militaire sur Berlin. Un an à pareil jour il avait salué les hautes tours de Vienne; il

---

gré. Dites au *général Brunswick* qu'il sera traité avec tous les égards dus à un officier prussien, mais que je ne puis reconnaître, dans un général prussien, un souverain. S'il arrive que la maison de Brunswick perde la souveraineté de ses ancêtres, elle ne pourra s'en prendre qu'à l'auteur de deux guerres, qui dans l'une voulut saper jusque dans ses fondements la grande capitale, qui dans l'autre prétendit déshonorer 200,000 braves qu'on parviendrait peut-être à vaincre, mais qu'on ne surprendra jamais hors du chemin de l'honneur et de la gloire. Beaucoup de sang a été versé en peu de jours, de grands désastres pèsent sur la monarchie prussienne. Qu'il est digne de blâme cet homme qui d'un mot pouvait les prévenir, si, comme Nestor, élevant la parole au milieu des conseils, il avait dit :

« Jeunesse inconsidérée, taisez-vous; femmes, retournez à vos fuseaux, et ren-

mettait son orgueil à signer ses décrets de Potsdam, sur la petite table qui avait servi à Frédéric-le-Grand.

Les Prussiens coupés, harassés, avaient cherché à se reformer à l'abri des places fortes et des positions militaires que la prévoyance de Frédéric avait jetées dans sa monarchie en les hérissant de canons; quelques corps restaient intacts; le prince Eugène de Wurtemberg avait courageusement résisté à Bernadotte, la retraite de ses réserves s'était faite en ordre. Blücher avec 6,000 hommes avait échappé par ruse à la poursuite des Français; le général Kalkreuth, capacité remarquable, cherchait à gagner la rive droite de l'Elbe, pour se réunir au prince Eugène de Wurtemberg, afin de couvrir Berlin s'il était possible en se retirant par Potsdam; le prince de Hohenlohe gagnait la Haute-Prusse dans le Mecklembourg, et le duc de Saxe-Weimar opérait vers la droite pour chercher un point d'appui. Ces troupes étaient encore considérables, sans compter 15,000 hommes du général Lestocq jetés sur l'extrême frontière prussienne, et destinés à former un corps auxiliaire pour l'armée russe s'avançant vers la Vieille-Prusse et la Pologne. Mais telle avait été la puissance de Napoléon, l'activité de ses manœuvres, que toutes ces troupes étaient séparées, morcelées. L'armée française ressemblait à un torrent qui envahit des terres en les

---

trez dans l'intérieur de vos ménages; et vous, sire, croyez-en le compagnon du plus illustre de vos prédécesseurs; puisque l'empereur Napoléon ne veut pas la guerre, ne le placez pas entre la guerre et le déshonneur; ne vous engagez pas dans une lutte dangereuse avec une armée qui s'honore de quinze ans de travaux glorieux, et que la victoire a accoutumée à tout soumettre. » Au lieu de tenir ce langage qui convenait si bien à la prudence de son âge et à l'expérience de sa longue carrière, il a été le premier à crier aux armes. Il a méconnu jusqu'aux liens du sang, en armant un fils contre son père; il a menacé de planter ses drapeaux sur le palais de Stuttgard, et, accompagnant ces démarches d'imprécations contre la France, il s'est déclaré l'auteur de ce manifeste insensé qu'il avait désavoué pendant quatorze ans, quoiqu'il n'osât pas nier de l'avoir revêtu de sa signature. »

séparant morceau par morceau ; elle opérait comme une batterie à mitraille qui aurait brisé des masses d'infanterie, à ce point d'empêcher la jonction des unes et des autres ; la route de Weimar à Berlin, par Halle, Dessau, Witemberg et Potsdam était entièrement balayée d'ennemis, et Napoléon se hâta de marcher en conquérant sur la capitale de la Prusse, la ville de Frédéric-le-Grand.

Dix jours à peine après la bataille d'Auerstadt et d'Iéna, le maréchal Lannes occupait Potsdam. Lorsqu'il entra dans Berlin, le deuil fut public ; les femmes pleuraient amèrement, et déroulant leurs blonds cheveux, elles les coupaient pour témoigner les douleurs de la patrie. Les généraux les plus dévoués à Napoléon rendent témoignage de ce patriotisme ; il fut noble et beau à la manière allemande ; sous les froids dehors on sentait profondément les plaies et l'humiliation de la patrie. Napoléon lui-même arriva le soir à Potsdam[1] et visita le palais de Sans-Souci avec un sentiment d'orgueil indicible[2] ; sa vie militaire s'était résumée dans une étude des campagnes de Frédéric ; jeune officier, il avait puisé là les premiers éléments de l'art stratégique, dont il avait fait une si belle et si forte application ; Frédéric avait fondé une monarchie guerrière, lui préparait un immense empire. Tout ce qui avait fondé une œuvre vaste, extraordinaire,

---

[1] Voyez les mémoires de M. le général Savary.

[2] Potsdam, 25 octobre 1806.

« L'Empereur est arrivé hier à Potsdam, et est descendu au palais.

« Dans la soirée il est allé visiter le nouveau palais de Sans-Souci et toutes les positions qui environnent Potsdam. Il a trouvé la situation et la distribution du château de Sans-Souci agréables. Il est resté quelque temps dans la chambre du grand Frédéric, qui se trouve tendue et meublée telle qu'elle l'était à sa mort. Le prince Ferdinand, frère du grand Frédéric, est demeuré à Berlin. On a trouvé dans l'arsenal de Berlin cinq cents pièces de canon, plusieurs centaines de milliers de poudre et plusieurs milliers de fusils. »

Berlin, le 28 octobre 1806.

« L'Empereur a fait, hier 27, une entrée

était l'objet de l'admiration de l'Empereur. En passant à Rosbach, il avait brisé la borne, en forme de colonne, qui s'élevait modestement à 4 pieds sur le champ de victoire ; il y vit une insulte pour la France, un souvenir de défaite qu'il fallait sacrifier à l'orgueil du soldat.

A Sans-Souci Napoléon toucha comme des reliques quelques-uns des livres annotés par Frédéric-le-Grand ; il n'était point dans les habitudes de l'Empereur d'admirer les rois philosophes ; dans ce monarque il ne voyait que le soldat, l'homme de guerre qui avait inventé la tactique de battre l'ennemi avec des forces inférieures en nombre. Il s'assit dans le vieux fauteuil de cuir à Sans-Souci, dans cette modeste chambre où le roi avait réuni tout ce que le xviii° siècle avait de philosophes hardis et de novateurs anti-chrétiens, niant Dieu et blasphémant contre le Christ, trop peuple pour les encyclopédistes. Frédéric s'était servi des philosophes comme d'instruments à ses desseins ; monarque tout nouveau, il avait voulu changer les formes diplomatiques de l'Europe, jeter le monde dans des idées inconnues et le remanier par le protestantisme ; de là ces petites caresses à la philosophie, qui lui donnait l'appui du parti encyclopédiste, alors maître de l'opinion en France. Tel fut Frédéric ; Napoléon n'estimait point ce caractère de roi, mais il faisait un cas particulier de la

---

solennelle à Berlin. Il était environné du prince de Neufchâtel, des maréchaux Davoust et Augereau, de son grand-maréchal du palais, de son grand-écuyer et de ses aides-de-camp. Le maréchal Lefebvre ouvrait la marche à la tête de la garde impériale à pied ; les cuirassiers de la division Nansouty étaient en bataille sur le chemin. L'Empereur marchait entre les grenadiers et les chasseurs à cheval de sa garde. Il est descendu au palais à trois heures après midi ; il y a été reçu par le grand-maréchal du palais Duroc. Une foule immense était accourue sur son passage.

« L'avenue de Charlottenbourg à Berlin est très belle ; l'entrée par cette porte est magnifique. La journée était superbe. Tout le corps de la ville, présenté par le général Hullin, commandant de la place, est venu à la porte offrir les clefs de la ville à l'Empereur. »

science militaire d'un prince qui avait remué l'Allemagne et créé une armée manœuvrière. D'autres réflexions plus tristes vinrent-elles à son esprit? Aperçut-il ce que pouvaient produire des institutions militaires dans les mains d'un homme de génie et ce qu'elles devenaient en dégénérant après lui? Plus d'une pensée mélancolique dut agiter son cerveau de feu en contemplant les causes de cette décadence rapide d'une forte monarchie; si lui, Napoléon, fondait un empire, son édifice tomberait-il aussi subitement sous la faiblesse de ses successeurs? Quel avenir lui était réservé? Le sceptre se briserait-il dans les mains d'un petit-fils, et une campagne suffirait-elle pour anéantir son œuvre? Quel sujet de fatale pensée pour une tête exaltée et méditative comme celle de Napoléon!

Cependant l'orgueil dominait cette âme altière; la larme ne restait qu'une minute à son œil fier et sec; bientôt il secoua ces méditations importunes pour songer à ses succès prodigieux [1]. L'armée prussienne alors brisée, éparpillée, courait éperdue au centre de la monarchie; toujours en butte aux sarcasmes de la population allemande, les officiers, presque tous cadets de race, soutenaient à peine le regard de la bourgeoisie qui les accusait d'avoir trahi le drapeau de la vieille Prusse. Peu de généraux restèrent à la hauteur de leurs devoirs; les maréchaux Bernadotte, Soult, Davoust, Lannes, Murat, les poursuivaient avec une vigueur inouïe, employant la

---

[1] C'est de Postdam que Napoléon s'adresse encore à ses soldats :

« Soldats ! vous avez justifié mon attente et répondu dignement à la confiance du peuple français. Vous avez supporté les privations et les fatigues avec autant de courage que vous avez montré d'intrépidité et de sang-froid au milieu des combats. Vous êtes les dignes défenseurs de l'honneur de ma couronne et de la gloire du grand peuple; tant que vous serez animés de cet esprit, rien ne pourra vous résister. La cavalerie a rivalisé avec l'artillerie et l'infanterie : je ne sais désormais à quelle arme je dois donner la préférence... Vous êtes tous de bons soldats. Voici les résultats de nos travaux :

« Une des premières puissances militaires

ruse, l'audace, l'activité surtout qui distingue les Français victorieux. A l'aide de quelques paroles de paix et d'amnistie, ils amenèrent la capitulation de plusieurs villes, telles que Magdebourg, Spandau, Stettin, Custrin; la terreur était partout; le prince de Hohenlohe mit bas les armes par un traité à la façon du général Mack; après Auerstadt et Iéna il était presque entendu qu'on devait se rendre; il n'y avait plus ni chef ni ordres; c'était une grande déroute.

Ces capitulations si inconcevables, dues sans doute à la bravoure impétueuse des Français, à cette audace qui ne calcule rien et à la terreur panique répandue au milieu de l'armée prussienne, étaient encore favorisées par les bruits que l'on faisait circuler d'un prochain traité avec le roi Frédéric-Guillaume; il est incontestable aussi que de l'argent fut donné; on vit des choses inouïes : à Magdebourg, une garnison de 22 mille hommes dans la place la plus formidable de l'Europe se rendit à 15 mille Français; les généraux, les officiers, stipulèrent leur solde qui leur fut payée par le trésor de Napoléon; comme les Autrichiens, les officiers prussiens n'étaient point riches; tous avaient des arriérés de solde, on les leur acquittait; conduits par des chefs qui ne demandaient que le repos, les Prussiens n'étaient pas réduits à la condition de prisonniers de guerre; lorsqu'un corps se rendait, les généraux français avaient ordre de le

---

de l'Europe, qui osa naguère nous proposer une honteuse capitulation, est anéantie. Les forêts, les défilés de la Franconie, la Saale, l'Elbe, que nos pères n'eussent pas traversés en sept ans, nous les avons traversés en sept jours, et livré dans l'intervalle quatre combats et une grande bataille. Nous avons précédé à Potsdam, à Berlin, la renommée de nos victoires. Nous avons fait 60,000 prisonniers, pris soixante-cinq drapeaux, parmi lesquels ceux des gardes du roi de Prusse, six cents pièces de canon, trois forteresses, plus de vingt généraux. Cependant, près de la moitié de vous regrettent de n'avoir pas encore tiré un coup de fusil. Toutes les provinces de la monarchie prussienne jusqu'à l'Oder sont en notre pouvoir.

dissoudre et de renvoyer les hommes et les officiers dans leurs foyers ; sorte de dislocation régulière d'une armée, naguère si formidable ; par ce moyen les recrues retournaient dans leurs villages, et les officiers dans leurs châteaux. Le projet de Napoléon était de réduire la monarchie prussienne à n'être plus qu'une province allemande, un électorat au niveau de la Bavière, de la Saxe et du Wurtemberg. Il abîmait cruellement l'armée de Frédéric, comme plus tard le temps dévorerait la sienne : l'ordre du monde est une grande destruction !

Au milieu de cet abaissement militaire des Prussiens, il y eut cependant quelques intrépides exceptions : si Magdebourg se rendait avec sa garnison de 22,000 hommes, si des officiers recevaient de l'argent de France dont ils étaient avides ; Blücher, avec 6,000 hommes déterminés, usant de ruse, de force et de courage, en vrai partisan, tel que la poésie nous les a reproduits, traversait des pays entiers pour se réunir au corps de réserve du duc de Saxe-Weimar, et poursuivi par les trois maréchaux Bernadotte, Soult et Davoust, Blücher se retirait jusqu'aux extrémités nord de la monarchie prussienne. Ce fut une véritable campagne de partisans que celle de Blücher et du prince de Saxe-Weimar, origine et mobile de ce soulèvement qui plus tard menaça la domination française en Allemagne ; lorsque l'armée prussienne était anéantie, les peuples se réveillèrent, et cet esprit fut plus dangereux pour Napoléon que les troupes régulières. Trois hommes furent, à cette époque, véritables représentants du peuple

« Cependant, tandis que nous marchons au-devant des Russes, de nouvelles armées, formées dans l'intérieur de l'Empire, viennent prendre notre place pour garder nos conquêtes. Mon peuple tout entier s'est levé, indigné de la honteuse capitulation que les ministres prussiens, dans leur délire, nous ont proposée. Nos routes et nos villes frontières sont remplies de conscrits qui brûlent de marcher sur vos traces. Nous ne serons plus désormais les jouets d'une paix traîtresse, et nous ne poserons plus

fier et indigné en Prusse : Blücher, Schill et le duc de Brunswick-OEls. Blücher n'était point un général de distinction, mais un chef d'une grande intrépidité; marchant au pas de course, sans s'arrêter aux obstacles, il faisait une retraite avec non moins de vigueur qu'une pointe impétueuse. Il fuyait tour à tour et se retrouvait partout; vieux d'âge déjà, il avait conservé néanmoins cette force de corps qui se développe chez les hommes d'énergie et redouble avec le péril.

Ferdinand de Schill avait le grade de capitaine; né en Silésie, d'une famille noble et originaire de Hongrie, il fit ses études au collège de Breslau, où dominait déjà cet esprit des étudiants de l'Allemagne, si fiers, si excentriques, depuis le Charles Moor, dont le portrait se voyait dans la salle d'étude (Moor changea les habitudes de toute la jeunesse allemande). Depuis cette époque, la génération des écoles avait pris les mœurs belliqueuses : les reins serrés d'une ceinture de cuir, on rêvait des entreprises périlleuses dans les forêts de la Thuringe ou de la Bohême, au bruit retentissant de la mousqueterie. La destinée de Moor remuait les imaginations, et l'idée de se faire chef de partisans était commune dans les universités. Schill fut présent à la bataille d'Iéna comme officier dans les dragons de la reine; profondément épris de sa souveraine, dont la Prusse était ivre, il se comporta à Iéna comme un vaillant soldat, et tomba grièvement blessé pour ne plus se relever que comme chef de bande, à l'uniforme noir, aux idées exaltées; il se-

---

les armes que nous n'ayons obligé les Anglais, ces éternels ennemis de notre nation, à renoncer au projet de troubler le continent, et à la tyrannie des mers.

« Soldats, je ne puis mieux vous exprimer les sentiments que j'ai pour vous qu'en vous disant que je vous porte dans mon cœur l'amour que vous me montrez tous les jours.

« De notre camp impérial à Potsdam, le 26 octobre 1806. »   Napoléon.

conda l'expédition de Blücher dans la Poméranie suédoise.

La destinée du duc de Brunswick-OEls fut plus curieuse et plus dramatique encore ; il était le quatrième fils de ce duc de Brunswick frappé sur le champ de bataille d'Auerstadt. Presque enfant, il avait servi comme capitaine dans un régiment prussien; colonel lors de la paix de Bâle, il se précipita dans la débauche comme une âme désabusée. Quand on a éprouvé un grand déboire, on se jette avec frénésie dans tous les plaisirs afin de s'oublier soi-même; souvent on médite de puissantes destinées dans l'ivresse du monde; on contrefait le licencieux, le libertin; comme Brutus, on se donne pour fou; les étudiants de Halle comparèrent ce prince de OEls au *Faust* de Gœthe, séducteur effréné de la divine Marguerite, portant partout la débauche, les licences et les enivrements. Quand la guerre éclata entre la Prusse et la France, le jeune duc de Brunswick se sépara des courtisanes couronnées de fleurs; il dit adieu à ces rendez-vous d'étudiants, où le punch s'élevait en flammes bleues dans de vastes chaudières d'argent, comme le dit l'historien de sa vie, pour se lever fier et glorieux de la patrie allemande. A Auerstadt, Guillaume-Frédéric, duc d'OEls (c'est ainsi qu'il se nommait), vit mourir son père repoussé impitoyablement par Napoléon, et il jura de le venger. Parmi les notes de M. de Hardemberg se trouve une curieuse circonstance pour la vie du duc de Brunswick-OEls [1]; c'est que dans la nuit où, la main étendue sur le corps de son père, il jura de le venger, ses cheveux et sa barbe blanchirent; dramatique sujet des ballades nationales. Le duc de Brunswick-OEls alla joindre Blücher et la petite armée du duc de

---

[1] J'ai eu des renseignements précieux sur le duc de Brunswick-OEls, qui joua un si grand rôle en Allemagne ; je suivrai cette vie extraordinaire.

Saxe-Weimar, les seuls généraux qui soutinrent l'honneur de la Prusse, avec Kalkreuth, qui se retira vers Dantzick pour en défendre le siége, fait d'armes remarquablement conduit et aussi remarquablement soutenu. Depuis, Frédéric, duc d'OEls, commanda les hussards de la Mort, aux effrayants symboles, si redoutés pendant les guerres de délivrance.

Le duc de Saxe-Weimar et les débris du corps de Blücher continuaient d'opérer vers le nord de la Prusse. Poursuivis par des forces supérieures, cernés et coupés tour à tour, ils se défendirent partout avec vigueur; acculés sur Lubeck, ils opposèrent une vigoureuse défense. Napoléon avait ordonné qu'on brisât cette armée, et qu'on lui imposât une dure capitulation. Lubeck serait anéantie, qu'importe? La bataille s'engage donc dans les rues avec le plus vif acharnement. Qui n'a lu les tristes récits sur la prise de Lubeck par les Français, les lamentables histoires où l'on raconte le pillage et les horreurs d'une lugubre semaine? Pendant deux ans les jeunes vierges de Lubeck en portèrent le deuil; elles avaient vu égorger leurs pères, leurs parents inoffensifs; elles-mêmes furent victimes de toutes les brutalités des soldats victorieux. On se battait dans les rues, on enleva poste à poste; les Français déployèrent un brillant courage, c'était leur noble côté; mais la victoire ne put se contenir; comme la résistance avait été vigoureuse, le succès fut implacable; des excès inouïs marquèrent cette occupation de Lubeck. La ville libre et anséatique déplore encore ces fatales journées dans un patriotique anniversaire, jour néfaste où l'enfant et le vieillard furent immolés sans pitié. Le corps de Blücher, de 6,000 hommes[1], mit bas les armes, et lui-

---
[1] Les bulletins de Napoléon l'élevèrent plus haut.

même fut fait prisonnier. Dès lors, cette armée prussienne du nord ne fut plus qu'un composé de partisans dispersés dans tous les coins de l'Allemagne, et toujours poursuivis par des corps français. Le patriote Schill fit des coups de main incroyables; il enleva le général Victor dans une course vagabonde, et, pour le rendre, il exigea qu'on l'échangeât contre Blücher, son ami et son propre général. Ainsi, quand l'armée régulière disparaissait en Allemagne, l'esprit militaire se réveillait dans les partisans; c'est que la guerre devenait nationale.

A Berlin, l'empereur Napoléon suivait les opérations de guerre et d'administration; considérant la Prusse déjà comme ses propres états; il l'organisait par départements; tous ses actes semblaient révéler une occupation permanente, ou, pour parler plus exactement, une réunion définitive au vaste empire; la facilité que Napoléon avait trouvée à briser les États de la vieille Europe devait lui faire croire à quelque chose d'infini qui se révélait en lui. L'année précédente, en l'espace d'un mois il avait humilié la puissance autrichienne et daté ses décrets de Vienne et de Schœnbrünn; dans un espace de temps moins long la Prusse était conquise; il était paisiblement à Berlin, et Sans-Souci était son palais; il dépendait de lui de détruire cette royauté abaissée. Quel obstacle pourrait s'opposer au développement de son ambition? Quel État pourrait lui résister? Les Césars, les Romains, Alexandre, Charlemagne, toutes ces grandes images revinrent à sa pensée, et comment faire entendre des paroles de modération à une telle âme? Cela n'était pas possible; à Berlin, il traite la Prusse de la hauteur de sa souveraineté; un simple décret lui impose cent millions de contributions; il la divise en quatre départements avec l'administration d'une province de France[1]. M. Daru, l'exact, le rigoureux commissaire, est chargé de l'organisation: on désigne des intendants pour administrer les cercles; le général Clarke, nommé gouverneur de la Prusse, y exerce sa puissance souveraine. Homme d'un caractère inflexible, il poursuit avec fermeté tout ce qui s'oppose aux volontés du maître.

A Berlin, Napoléon se montre comme un souverain dans ses états; sa police lui indique quelles sont les familles ennemies, il les proscrit; la *Gazette de Berlin*, rédigée par Muhler, parle de Napoléon comme du successeur de Frédéric. Un décret pourra dire: « La maison de Brandebourg a cessé de régner, » comme un autre décret l'a dit de la maison de Bourbon à Naples. Avec son habileté ordinaire, l'Empereur a bientôt distingué ses amis et ses ennemis. Quand un partisan de Frédéric lui est désigné, il lui tend des piéges et le fait poursuivre; il accueille avec bienveillance tout ce qui peut relever sa puissance morale à Berlin; il distingue parmi les princes allemands ceux qui sont pour lui, et ceux qui, par leur caractère, peuvent être un obstacle au développement de son autorité. Ainsi le prince de Hesse ne peut parvenir jusqu'à lui; il le dépouille et le repousse; il l'appelle le général de Hesse, comme il a nommé le général Brunswick. Le prince de Hatzfeld, ami personnel du roi Frédéric-

---

[1] Le décret suivant, rendu le 3 novembre par S. M. l'Empereur, vient d'être publié:

« Les Etats de S. M. le roi de Prusse, conquis par l'armée française, sont divisés en quatre départements, savoir: 1º le département de Berlin; 2º le département de Custrin; 3º le département de Stettin, et 4º le département de Magdebourg.

« L'administration générale des quatre départements est confiée, sous l'autorité de l'intendant général de l'armée, M. Daru, à M. Estève, administrateur-général des finances et des domaines, et à un receveur-général des contributions, M. Labouillerie.

« Sont nommés commissaires impériaux pour les chefs-lieux des départements, MM. Bignon, pour le département de Berlin; Sabatier, pour le département de Custrin; Laigle, pour le département de Stettin; et Chaalons, pour le département de Magdebourg. »

LE PRINCE DE HATZFELD (29 OCTOBRE 1806). 281

Guillaume, était resté à Berlin ; c'était au temps où l'on parlait d'armistice, de paix, et Napoléon faisait surveiller avec la plus vive attention toute la noblesse ; il avait besoin de frapper un exemple pour la contenir : il saisit l'occasion d'une lettre interceptée du prince de Hatzfeld au roi Frédéric-Guillaume, pour effrayer tous ces nobles Prussiens qui correspondaient avec leur souverain. Le prince de Hatzfeld avait mis à la poste sa lettre au roi ; elle décrivait l'entrée des Français à Berlin, la triste impression du peuple, les pleurs qu'avaient versés les femmes si patriotiques ; les Français mêmes s'étaient aperçus de ces visages baignés de larmes ; le prince de Hatzfeld décrivait indicativement les corps de cavalerie, infanterie, qui étaient entrés à Berlin sous les ordres de Napoléon, et la position de ces corps dans la capitale.

C'était là une simple correspondance respectueuse, un hommage du sujet au roi, un gage de fidélité. Napoléon détestait le prince de Hatzfeld, l'un des plus patriotiques enfants de la vieille Prusse ; et quand sa lettre fut interceptée, il dicta à Berthier un de ces ordres impératifs qui, quelques mois auparavant, avaient préparé l'exécution du libraire Palm : il ordonnait au maréchal Davoust « de former une commission militaire composée de sept colonels, présidée par lui, afin de juger le prince de Hatzfeld, convaincu d'espionnage et de trahison. » Le jugement devait être rendu et exécuté avant six heures du soir[1]. Remarquez bien ces mots : *convaincu* et *exécuté* ; convaincu avant d'être jugé ; exécuté, comme si Napoléon dictait le jugement d'avance, et sa colère ne demandait pas de

---

[1] « Notre cousin le maréchal Davoust nommera une commission militaire composée de sept colonels de son corps d'armée, dont il sera le président, afin de juger, *comme convaincu de trahison et d'espionnage*, le prince de Hatzfeld.
« Le jugement sera *rendu et exécuté avant six heures du soir.* »   Napoléon.

retard. Il y eut cela de noble dans les officiers qui entouraient cet esprit absolu, qu'ils hésitèrent tous à se prêter à un tel acte de violence souveraine[1]. M. de Hatzfeld était-il réellement coupable? il avait fait pour son roi ce que la fidélité d'eux tous, officiers d'honneur, aurait accompli envers Napoléon. Depuis quand la correspondance du sujet au souverain serait-elle un crime? Quel engagement avait pris le prince de Hatzfeld, Prussien, envers Napoléon? Quel était ce mode nouveau d'ouvrir les lettres? et si le prince de Hatzfeld avait cru commettre un crime, aurait-il écrit par la poste régulière? M. de Hatzfeld appartenait aux grandes familles de Berlin; il avait connu Duroc, Rapp, et ce fut par leur intermédiaire bienveillant que madame de Hatzfeld put obtenir la grâce de son mari. On entoura de dramatique la scène de la lettre brûlée; une copie en reste, et certes elle n'offre rien que le témoignage de fidélité envers un prince malheureux, et c'est ce que Napoléon punissait.

Le pardon vint par l'admirable et noble dévouement de Duroc et de Rapp, qui dirent à l'Empereur la triste impression de cet événement parmi les notables de Berlin. On fondait de grandes espérances sur cet acte de clémence destiné à retentir en Prusse. On voulait effacer la mauvaise impression causée par l'affaire de Palm; cruelle exécution qui montrait assez comment l'Empereur agissait dans sa politique. Puis Napoléon était naturelle-

[1] « Caulaincourt et Duroc quittèrent l'appartement. Napoléon, resté seul avec Berthier, lui dit de s'asseoir pour écrire l'ordre en vertu duquel M. de Hatzfeld devait être traduit devant une commission militaire. Le major-général essaya quelques représentations. « Votre Majesté ne peut pas faire fusiller un homme qui appartient aux premières familles de Berlin, pour aussi peu de chose; la supposition est impossible, vous ne le voulez pas. » L'Empereur s'emporta davantage; le prince de Neufchâtel insista; Napoléon perdit patience; Berthier sortit. » (Mémoires du général Rapp.)

ORGANISATION DE LA PRUSSE (NOVEMBRE 1806). 285

ment porté à pardonner aux gentilshommes; il avait fait fusiller Palm, parce que ce n'était qu'un simple libraire; il gracia le prince de Hatzfeld, par le motif qui lui avait fait accorder la grâce au marquis de Rivière et au prince de Polignac, tandis que les têtes des paysans et de Georges tombaient sur la place publique. Le prince de Hatzfeld se montra pénétré de reconnaissance pour Duroc et Rapp[1]; mais, gardant sa fidélité au roi de Prusse, il conserva dignement son honneur; sa lettre même indique qu'il se posait avec la fierté d'un homme innocent.

Tandis que Napoléon organisait la Prusse comme son propre empire, avec un certain esprit de durée, les propositions d'une suspension d'armes et d'un traité lui étaient adressées par le roi Frédéric-Guillaume à des conditions humiliées. La tactique de l'Empereur était toujours d'accepter des armistices qui le mettaient en possession sans coup férir des places fortes et des positions militaires de nature à rendre meilleure sa situation de campagne. Une suspension d'armes ne l'engageait pas; seulement elle lui donnait des places de sûreté[2] et le mettait dans le

---

[1] Voici ce que le prince de Hatzfeld écrivait à Rapp; ce n'est pas la lettre d'un homme coupable :

« Mon général, au milieu des sentiments de toute espèce que j'ai éprouvés dans la journée d'hier, les marques de votre sensibilité, de votre intérêt, n'ont pas échappé à ma reconnaissance; mais hier au soir j'appartenais tout entier au bonheur de ma famille, et je ne puis m'acquitter qu'aujourd'hui envers vous.

« Croyez au reste, mon général, qu'il est des moments dans la vie dont le souvenir est ineffaçable; et si la profonde reconnaissance, l'estime d'un homme de bien peuvent être de quelque prix à vos yeux, vous devez être récompensé de l'intérêt que vous m'avez montré.

« Agréez l'assurance de ma haute considération et de tous les sentiments qui m'attachent à votre souvenir.

« J'ai l'honneur d'être, mon général, votre très humble et très obéissant serviteur. »

Le prince de Hatzfeld.
Berlin, le 30 octobre 1806.

[2] Napoléon dictait les paroles suivantes sur la situation des affaires :

Dessau, le 22 octobre 1806.

« Le marquis de Lucchesini s'est présenté aux avant-postes avec une lettre du roi de Prusse. L'Empereur a envoyé de son palais le grand-maréchal Duroc, pour conférer avec lui.

« Magdebourg est bloqué. Le général de division Legrand, dans sa marche sur Magdebourg, a fait quelques prisonniers; le maréchal Soult a ses postes autour de la

cas de commencer une campagne plus vigoureuse, avec de meilleurs points d'appui, si l'ennemi n'acceptait pas les conditions de paix honteuse qu'il dictait lui-même. Ainsi avait agi Napoléon à l'égard de l'Autriche : l'armistice qui suivit la bataille d'Austerlitz, si désavantageux pour les Autrichiens, avait amené le traité de Presbourg, et ce traité la ruine de la monarchie. Napoléon voulait suivre les mêmes conditions avec la Prusse, et lorsque le marquis de Lucchesini et le général Rastrow arrivèrent au camp impérial avec des propositions d'une suspension d'armes, Napoléon exigea, avant de commencer une négociation, qu'on lui livrât toutes les places fortes de la monarchie [1] qui restaient au pouvoir des Prussiens.

Lorsque de rapides conquêtes eurent brisé les corps de Blücher et du duc de Saxe-Weimar, l'empereur Napoléon se montra plus exigeant encore : l'esprit des négociations reste vague, incertain ; on voit que l'Empereur a des desseins pour retarder indéfiniment la restitution des conquêtes ; il pose les bases d'un traité sur les clauses

ville. Le grand-duc de Berg y a envoyé son chef d'état-major, le général Belliard. Ce général y a vu le prince de Hohenlohe. Le langage des officiers prussiens était bien changé. Ils demandent la paix à grands cris. « Que veut votre Empereur? nous disent-ils. Nous poursuivra-t-il toujours l'épée dans les reins? Nous n'avons pas un moment de repos depuis la bataille. » Ces messieurs étaient sans doute accoutumés aux manœuvres de la guerre de sept ans. Ils voulaient demander trois jours pour enterrer les morts. « Songez aux vivants, a répondu l'Empereur, et laissez-nous le soin d'enterrer les morts ; il n'y a pas besoin de trêve pour cela. »

[1] Il faut voir quel soin prennent les plénipotentiaires pour justifier la nécessité imposée à la Prusse de faire de grands sacrifices.

Note de MM. Duroc et de Talleyrand aux plénipotentiaires prussiens.

« Une loi antérieure à toutes les lois écrites, le salut commun, et qui, gravée la première dans l'esprit de tous les souverains, le dégage (Napoléon) des promesses précédemment faites, l'oblige à user de rigueur pour abaisser la puissance d'un prince qui dans l'espace de quelques mois s'unit d'intention aux desseins hostiles des ennemis de la France, et les réalisa de son propre mouvement, les armes à la main... Les armées françaises sont lassées de vaincre ; mais elles ne veulent plus laisser aux peuples subjugués assez de force pour contraindre la France à reprendre les armes. L'Empereur n'a jusqu'ici recueilli de sa générosité que des fruits amers d'ingratitude et de perfidie. Après avoir pénétré les causes des mouvements qui agitent le nord de

les plus équivoques ; il fait au roi de Prusse la condition d'amener la Russie à respecter l'indépendance de la Moldavie et de la Valachie, comme si le roi de Prusse pouvait s'engager sur ce point ; il impose, comme seconde condition, la restitution par l'Angleterre des colonies à la France et à la Hollande, comme si la Prusse encore pouvait s'engager pour l'Angleterre. Ces propositions cachaient donc dans l'esprit de l'Empereur la volonté d'une possession indéfinie des États conquis en Prusse : on les a pris, on les garde ; tant pis pour la maison de Brandebourg si elle s'est jetée dans une guerre malheureuse ; il faut lui donner une leçon de laquelle elle ne se relèvera plus ; il faut morceler cet État, et imprimer ainsi une nouvelle crainte à l'Autriche. A un Empereur nouveau, il faut des dynasties nouvelles ; il commence à dire : « que dans dix ans sa famille sera la plus ancienne de toutes celles qui régneront en Europe ; » mot imprudent et qui fut retenu par les cabinets. Il remanie le droit

l'Europe, il s'occupe des moyens de les détruire. Des agents anglais sèment la discorde avec l'or que la domination des mers leur fournit ; ils trafiquent du sang des nations et tiennent à leur solde l'avarice et l'ambition des gouvernants. La haine implacable de Pitt entretient l'incendie éteint à Austerlitz dans le sang de l'élite des armées russes. Par eux, dans l'esprit de l'empereur Alexandre, prévalut, sur la considération de son propre intérêt, la détermination de ne point ratifier un traité conclu. Les séditieuses instigations promotrices des calamités actuelles de la Prusse ne sont venues que d'eux ; car à peine les desseins hostiles du Czar et les préparatifs de guerre sur la Sprée eurent été connus, que Lauderdale montra une exigence si insolente, qu'il fallut rompre des négociations qui, sans ces circonstances, auraient pacifié l'Europe. C'est un but vers lequel l'empereur Napoléon, rassasié de gloire, ne cesse de tourner ses vues pour l'intérêt général ; il compte y parvenir en réglant le sort futur de la monarchie prussienne, conformément à la modération que mettra l'Angleterre à restituer à ses ennemis une partie de ses conquêtes. »

« Ne perdez pas, disait le général Duroc au marquis de Lucchesini, en plaintes, en prières, en représentations qui seraient vaines, un temps précieux et fugitif pour vous assurer une paix nécessaire. De nouveaux succès pourraient rendre l'Empereur beaucoup plus exigeant et toute négociation plus difficile. Ce traité l'arrêterait sur les bords de l'Elbe ; tremblez qu'il ne franchisse ce fleuve ! Conservez ce que vous possédez encore ; ne jouez pas au hasard d'une lutte inégale et probablement funeste. »

public, il remue tous les territoires, dépasse toutes les conquêtes du dernier siècle ; il lui faut maintenant des souverainetés qui se rattachent à lui seul.

Le roi de Prusse a jugé la portée définitive de ces propositions ; il était disposé à traiter avec l'Empereur, il le désirait vivement; mais depuis il comprend que c'est la fin de sa monarchie que Napoléon lui impose, et la maison de Brandèbourg ne tombera pas sans se défendre. Frédéric-Guillaume de toute son armée n'a plus que 25,000 soldats ; que fera-t-il ? si Napoléon le repousse avec une inflexible hauteur, un traité d'alliance l'unit à la Russie ; des masses nouvelles s'avancent sur la Vistule ; Alexandre les conduit; les Russes comptent pour leurs généraux Raminski, le prince Bagration, Bennigsen ; ils veulent s'essayer encore contre la fortune de Napoléon. Frédéric-Guillaume se jette donc dans les bras de la Russie, et une nouvelle campagne va commencer vigoureuse et sanglante.

CHAPITRE XI.

PARIS PENDANT L'ABSENCE DE L'EMPEREUR.

Le gouvernement. — L'opinion publique. — Les intérêts. — La Bourse. — Jugement sur la campagne. — Besoin de la paix. — Fouché et M. de Talleyrand. — Députation du sénat à Berlin. — Communication intime avec Napoléon pour la paix. — Réponse hautaine de Napoléon. — Décret de Berlin pour le blocus continental. — Craintes du commerce. — Décadence de la marine. — Nouvelles de Naples, — d'Allemagne. — Guerre contre les peuples. — Levée d'une nouvelle conscription. — Organisation des gardes nationales. — Opposition à la guerre. — Esprit d'oppression et de conquête. — Paris dans l'hiver de 1806.

Septembre à Décembre 1806.

La France ne doutait jamais des miracles de son Empereur; quand Napoléon quittait Paris pour se placer à la tête de ses armées, on attendait avec impatience les bulletins rédigés au bivouac; tous annonçaient d'immenses succès. C'était coutume pour la patrie, il n'y avait pas d'intervalle entre le départ et le triomphe; les bulletins d'Austerlitz avaient préparé les esprits aux étonnantes nouvelles qui arrivaient si rapidement des champs de bataille de la Prusse; rien ne paraissait impossible à l'homme supérieur qui disposait de si braves troupes; pour la France, la victoire était comme un coup de théâtre : Marengo, Austerlitz, Iéna, étaient jetés dans un moule gigantesque; le drame se déployait dans les mêmes proportions : Napoléon partait, un mois après tout était fini, les ennemis tombaient brisés sous cette main puissante qui de la pointe de sa *bonne Joyeuse* commandait à la victoire.

En l'absence de Napoléon, le gouvernement fut confié à l'archi-chancelier Cambacérès; Joseph Napoléon, le grand-électeur, à qui la direction des affaires avait été donnée lors de la campagne d'Austerlitz, alors élevé à la royauté de Naples, gouvernait un pays à peine pacifié; il n'y avait aucun prince de la famille Bonaparte à Paris; Louis était en Hollande, Jérôme à l'armée; l'impératrice Joséphine même, parcourant les bords du Rhin, plaçait à Mayence le siége de sa cour[1]. L'archi-chancelier, revêtu d'une souveraine puissance et des pleins pouvoirs du gouvernement, présidait le Sénat, le conseil d'État, et comme d'habitude Cambacérès prenait avec une gravité remarquable toutes ses positions, il se croyait prince au même titre que Napoléon se disait souverain. Tel était alors le prestige attaché à la puissance militaire de l'Empereur, que Paris obéissait par la seule impulsion du gouvernement; presque toute la garnison avait marché en poste sur le Rhin ou dans la Prusse; cette immense cité n'avait plus comme surveillance que quelques dépôts des régiments de la garde, et deux ou trois bataillons de troupes sédentaires, les vétérans et les invalides; tout se gouvernait dans cette allure habituelle qu'un pouvoir fort imprime à toutes les parties de l'ordre social. Lorsque la puissance morale de l'autorité est bien établie, la présence du soldat n'est plus qu'un auxiliaire inutile; c'est quand un pouvoir est faible qu'il lui faut un grand déploiement de troupes, car on n'a plus confiance en lui.

[1] On lui fit de grandes fêtes à Francfort, elle fut accueillie en souveraine.

L'archi-chancelier Cambacérès, chargé surtout de la partie politique du gouvernement et de la correspondance générale, dirigeait le conseil des ministres et l'administration du pays; la plupart des grandes affaires étaient envoyées au quartier-général; des courriers partaient tous les jours avec des portefeuilles que l'Empereur avait à examiner et à signer. Les ministres à département venaient travailler avec l'archi-chancelier, excepté Fouché qui, se donnant une mission d'examen et de contrôle directs, envoyait ses rapports à l'Empereur. Si Cambacérès abdiquait tout esprit de critique pour ne plus faire qu'admirer, il n'en était pas de même de Fouché, qui jugeait et appréciait tout avec discernement; pour lui, l'Empereur n'était pas tellement éblouissant qu'il ne pénétrât, avec son intelligence habituelle, les mobiles de sa grandeur et de sa décadence; pour le ministre, Napoléon n'était ni un Dieu, ni un mystère; il savait les causes qui le faisaient vivre et les causes qui le feraient tomber; Fouché, souriant quelquefois à la lecture des bulletins, les commentait avec ce caractère épigrammatique qui dominait ses paroles. Le ministre avait des nouvelles particulières du quartier-général; sa correspondance l'informait avec exactitude de ce qu'il y avait de réel, d'exagéré ou de faux dans les documents dictés par l'Empereur sur le champ de bataille; le grand magicien avait un art merveilleux pour les bulletins, une belle et habile manière d'annoncer et de grandir le succès. Au fond il y avait des assertions inouïes, en style dramatique et théâtral, et Fouché remarquait en plaisantant que sur l'armée prussienne, qui en commençant la campagne s'élevait, d'après l'aveu des bulletins, à 150,000 hommes effectifs, on avait fait déjà 185,000 prisonniers: c'était là une de ces étourderies impardonnables que la puissance seule se permettait dans ses caprices et dans ses moqueries jetées à la crédulité publique.

Toutefois, à travers l'encens prodigué aux beaux faits d'armes et à la gloire de l'armée française, il y avait un sentiment profond, un besoin irrésistiblement senti d'une paix générale. On pouvait voir aisément, par l'aspect de la société, qu'il y avait déjà fatigue de la guerre; après la victoire d'Austerlitz on croyait sincèrement à la signature de la paix définitive; le traité conclu par M. d'Oubrill au nom de la Russie avec la France, la convention arrêtée avec le comte de Haugwitz au nom de la Prusse faisaient espérer une paix au moins actuelle et acquise; le ministère de M. Fox, les négociations à Paris des lords Yarmouth et Lauderdale laissaient également croire au renouvellement des stipulations d'Amiens : les ports ouverts à la grande navigation, l'industrie éprouverait son développement naturel, la prospérité publique reviendrait à Paris et dans les villes intérieures, accablées sous le poids des impôts et des privations commerciales. Hélas! ces espérances étaient alors déçues; il y avait beaucoup de gloire pour l'armée et la patrie, mais peu de prospérité à l'intérieur; si l'on pouvait être fier de ce que faisait l'armée, le peuple était sans travail, la bourgeoisie inquiétée, les transactions d'argent anéanties. Sous ces impressions vives et profondes, un parti considérable pour la paix s'était formé à Paris, même dans les corps politiques; le Sénat, le Corps législatif, le Tribunat, tout ce qui était encore l'expression des sentiments publics partageait cette nécessité impérieuse de la paix générale. Si dans les assemblées publiques on ne parlait que de la gloire et des miracles opérés par le génie de l'Empereur, dans des conversations plus intimes on s'inquiétait de la tournure que prenaient les opérations de la guerre.

L'Empereur avait vaincu à Austerlitz, et cela n'avait rien accompli! maintenant il venait d'achever un beau fait d'armes; la bataille d'Auerstadt et d'Iéna brisait la monarchie de Frédéric; il datait ses décrets de Berlin, et cela ne finissait rien encore! indépendamment des sacrifices énormes que la guerre imposait, ces implacables hostilités mettaient toujours en question et en péril l'ordre de choses fondé par le 18 brumaire. L'Empereur était victorieux, mais il pouvait éprouver des revers; des systèmes stables ne se fondent pas par la guerre et les conquêtes; la paix seule les consolide; cette opinion était générale, surtout dans le Sénat[1], le ministre de la police la favorisait particulièrement. Comme M. de Talleyrand, Fouché, partisan de la paix, voulait enlever à Napoléon l'empreinte de Tamerlan et de Charles XII, pour lui substituer le caractère plus magnifique de fondateur d'une dynastie et d'organisateur intelligent d'un vaste empire. La correspondance de M. de Talleyrand et celle de Fouché, les deux hommes véritablement politiques du temps, sont toutes deux à la paix; ils désirent l'établissement d'un système européen vaste et pondéré qui maintienne l'édifice pendant une longue durée; or, pour faire entrer ces idées dans la pensée de l'Empereur, il fallait des efforts prodigieux; on voulait arrêter la foudre dans les mains du dieu qui se plaisait à la lancer; on voulait comprimer le torrent qui versait ses nappes écumeuses du haut des Alpes.

Le Sénat, cependant, crut devoir faire une démarche officielle auprès de l'Empereur, et comme une députa-

---

[1] La députation du Sénat se composait de MM. François de Neufchâteau, d'Aremberg et Colchen.

tion fut envoyée à Berlin pour le féliciter sur ses victoires et le remercier des drapeaux qu'il avait destinés à sa bonne ville, on prit ce prétexte pour supplier le magnanime Empereur de suspendre le cours de ses victoires, et de donner à l'Europe une paix généreuse qui pût rassurer tous les intérêts. Napoléon, alors au milieu de ses triomphes, rêvait ses immenses projets; sa brûlante intelligence embrassait l'avenir indéfini de ce qu'il appelait son système; il ne se comprenait pas, lui, comme *empereur de la paix;* toujours inquiet devant l'opinion publique, il voulait la tenir incessamment en haleine, la pousser, la dominer par l'éblouissant spectacle de ses victoires. Napoléon ne s'expliquait pas un souverain aux Tuileries, passant une vie paisible au milieu de ses sujets. Pour faire pardonner le pouvoir en France il faut éblouir les masses; telle était sa pensée habituelle. Il accueillit donc fort mal les députés du Sénat; il les traita tous avec cette brusquerie d'expression qu'il employait toujours lorsqu'il voulait abattre les ennemis de ses idées; il déclara aux sénateurs : « qu'il y avait presque félonie dans cette prétention de venir se placer entre la pensée du souverain et les besoins du peuple; seul il comprenait ce qu'il fallait à la France, le Sénat devait se convaincre que nul n'empêcherait la réalisation de la grande destinée qu'il réservait à la nation; » et il leur tourna brusquement le dos. La démarche des sénateurs ne produisit donc aucun effet, et bientôt Napoléon développa son système de diplomatie dans des proportions effrayantes [1].

---

[1] L'Empereur fit transmettre par les sénateurs les drapeaux enlevés aux Prussiens :
« Les députés du Sénat s'étant retirés, ont été accompagnés à leur demeure par 340 grenadiers de la garde impériale, qui portaient les trois cent quarante drapeaux et étendards. »

A cette époque, dans son implacable orgueil, il refusait de traiter avec la Prusse vaincue et humiliée. Il avait d'abord désiré l'armistice, afin de s'assurer les places fortes; quand il fallut traiter définitivement, il fit des conditions tellement dures, tellement inflexibles, que la Prusse ne pouvait les accepter sans abdiquer complétement le sceptre de la maison de Brandebourg; et, pour témoigner encore qu'il ne concevait d'autre système que la soumission absolue, on se rappelle que Bonaparte, divisant la Prusse en départements, nomma des préfets, comme s'il était résolu d'en finir avec la monarchie de Frédéric. Enfin, par une déclaration diplomatique étrange dans son texte comme dans sa pensée, l'Empereur, je le répète, prononça solennellement comme un oracle : « qu'il ne traiterait jamais de la paix, avant que la Russie eût complétement évacué la Moldavie et la Valachie, et que l'Angleterre eût restitué les colonies à la France et à la Hollande [1]. »

Cette déclaration personnelle à l'Empereur, dictée par lui à M. de Talleyrand, éloignait à tout jamais la conclusion de la paix; elle commandait des campagnes indéfinies, car la Russie était assez forte pour soutenir l'indépendance de ses armements et la puissance de ses volontés, avec un personnel militaire de 600,000 hommes, et un territoire couvert par une population de 50,000,000 d'âmes. Le second acte qui indiqua la tendance implacable de Napoléon et la guerre qu'il déclarait même au commerce, fut le décret de Berlin prononçant

---

[1] Des nominations civiles furent faites pour l'administration de la Prusse :

« M. de Chaillou, auditeur au conseil d'État, est nommé intendant de Glogau en Silésie. D'autres auditeurs sont chargés chacun d'une branche de l'administration en chef des revenus de la Prusse : M. Dupont Delporte, des sels, mines et usines; M. Campan, des postes; M. Lafond, de la loterie; M. Perregaux, du timbre; M. Taboureau, de la contribution foncière; et M. d'Houdetot, des accises. »

le blocus des îles britanniques[1]; il y avait de la puérilité folle, inexplicable, dans un acte qui déclarait bloquée une si vaste étendue de côtes, lorsque pas un vaisseau ne pouvait sortir des ports de France sans être aussitôt pris et capturé par la marine anglaise; on secouait les principes du droit des gens, pour proclamer une absurdité. L'Empereur interdisait tout commerce, toute correspondance entre l'Angleterre et la France; tout Anglais trouvé sur le continent était prisonnier de guerre, toutes marchandises de l'Angleterre étaient déclarées de bonne prise; enfin, aucun navire ne pouvait toucher au rivage de la Grande-Bretagne ou de ses colonies sans être aussitôt déclaré ennemi; les corsaires ou les bâtiments de l'État pouvaient courir sur ces vaisseaux qu'on déclarait dénationalisés.

Ce n'était plus ici de la guerre, mais quelque chose d'étrange, d'inouï, en dehors des principes habituellement appliqués. Les motifs écrits pour expliquer ce décret, le rapport du ministre, respiraient encore plus la fureur

---

[1] Voici le texte curieux et si colère du décret de Berlin; jamais la victoire n'avait si profondément aveuglé Napoléon :

En notre camp impérial de Berlin, le 21 novembre 1806.

« Napoléon, empereur des Français et roi d'Italie, considérant :

« 1° Que l'Angleterre n'admet point le droit des gens suivi universellement par tous les peuples policés;

« 2° Qu'elle répute ennemi tout individu appartenant à l'état ennemi, et fait, en conséquence, prisonniers de guerre, non seulement les équipages des vaisseaux armés en guerre, mais encore les équipages des vaisseaux de commerce et des navires marchands, et même les facteurs de commerce et les négociants qui voyagent pour les affaires de leur négoce;

« 3° Qu'elle étend aux bâtiments et marchandises de commerce et aux propriétés des particuliers le droit de conquête, qui ne peut s'appliquer qu'à ce qui appartient à l'état ennemi;

« 4° Qu'elle étend aux villes et ports de commerce non fortifiés, aux havres et aux embouchures de rivières, le droit de blocus, qui d'après la raison et l'usage des peuples policés n'est applicable qu'aux places fortes;

« 5° Qu'elle déclare bloquées des places devant lesquelles elle n'a pas même un seul bâtiment de guerre, quoiqu'une place ne soit bloquée que quand elle est tellement investie qu'on ne puisse tenter de s'en approcher sans un danger imminent.

« 6° Qu'elle déclare même en état de blocus des lieux que toutes ses forces réunies seraient incapables de bloquer, des côtes entières et tout un empire ;

que les dispositions en elles-mêmes ; Napoléon jetait anathème à la Grande-Bretagne ; insultant à son droit public, il semblait la mettre en dehors des nations, elle pourtant qui était le centre du commerce du monde ; il sortait de toutes les bornes diplomatiques par l'expression colère. N'était-ce point ici une faute considérable, immense ? Comment désormais espérer la paix après de tels manifestes ? Ils irritaient la nation britannique ; on ne faisait pas seulement la guerre au gouvernement, mais aux intérêts et à l'industrie. L'Empereur mettait contre lui le commerce du monde, folie du vainqueur orgueilleux, du conquérant contrarié, et Fouché l'aperçut avec une certaine sagacité ; en recevant le décret de Berlin, ce ministre dit à quelques-uns de ses amis : « L'Empereur ne fait plus seulement la guerre aux rois, il n'en a pas assez ; il la fait encore aux peuples et aux intérêts ; et cela lui portera malheur. »

Si M. de Talleyrand consentit à faire précéder le décret de Berlin d'un exposé de principes, il n'en partageait pas

« 7º Que cet abus monstrueux du droit de blocus n'a d'autre but que d'empêcher les communications entre les peuples, et d'élever le commerce et l'industrie de l'Angleterre sur la ruine de l'industrie du continent ;

« 8º Que tel étant le but évident de l'Angleterre, quiconque fait sur le continent le commerce de marchandises anglaises, favorise par là ses desseins et s'en rend complice ;

« 9º Que cette conduite de l'Angleterre, digne en tout des premiers âges de la barbarie, a profité à cette puissance au détriment de toutes les autres ;

« 10º Qu'il est de droit naturel d'opposer à l'ennemi les armes dont il se sert, et de le combattre de la manière qu'il combat, lorsqu'il méconnaît toutes les idées de justice et tous les sentiments libéraux, résultat de la civilisation parmi les hommes ;

« Nous avons résolu d'appliquer à l'Angleterre les usages qu'elle a consacrés dans sa législation maritime ;

« Les dispositions du présent décret seront constamment considérées comme principe fondamental de l'empire, jusqu'à ce que l'Angleterre ait reconnu que le droit de la guerre est un et le même sur terre que sur mer ; qu'il ne peut s'étendre ni aux propriétés privées, quelles qu'elles soient, ni à la personne des individus étrangers à la profession des armes, et que le droit de blocus doit être restreint aux places fortes réellement investies par des forces suffisantes.

« Nous avons en conséquence décrété et décrétons ce qui suit :

« Art. 1er. Les Îles Britanniques sont déclarées en état de blocus.

« Art. 2. Tout commerce et toute cor-

moins les opinions de Fouché sur les dangers de cette politique qui se fermait toutes les voies de la paix. M. de Talleyrand, toujours partisan du système anglais, voyait avec douleur les voies dans lesquelles on s'engageait; où voulait-on en venir? comment espérer encore un arrangement? n'était-ce pas rendre la guerre interminable?

En vertu du décret de Berlin, un système de pillage et de confiscation s'étendit sur tout le continent; sous prétexte de chercher des marchandises anglaises, on se saisissait de la fortune des commerçants, on brisait les portes des magasins; on s'emparait à la poste des lettres de change, on ne permettait plus les libres relations; les douanes devenaient une police inquiète, vexatoire; on trouvait partout des oppositions, le développement de toute industrie était empêché. Les villes anséatiques, Altona, Hambourg; les cités commerciales, telles que Leipsick, Amsterdam, subissaient la plus forte crise que l'industrie pût éprouver, et cette inquisition s'étendit sur tout le littoral de l'Océan et de la Méditerranée.

respondance avec les Iles Britanniques sont interdits. En conséquence, les lettres ou paquets adressés ou en Angleterre ou à un Anglais, ou écrits en langue anglaise, n'auront pas cours aux postes, et seront saisis.

« Art. 3. Tout individu de l'Angleterre, de quelque état ou condition qu'il soit, qui sera trouvé dans les pays occupés par nos troupes ou par celles de nos alliés, sera fait prisonnier de guerre.

« Art. 4. Tout magasin, toute marchandise, toute propriété, de quelque nature qu'elle puisse être, appartenant à un sujet de l'Angleterre, ou provenant de ses fabriques ou de ses colonies, est déclarée de bonne prise.

« Art. 5. Le commerce des marchandises anglaises est défendu, et toute marchandise appartenant à l'Angleterre, ou provenant de ses fabriques et de ses colonies, est déclarée de bonne prise.

« Art. 6. La moitié du produit de la confiscation des marchandises et propriétés anglaises déclarées de bonne prise par les articles précédents, sera employée à indemniser les négociants des pertes qu'ils ont éprouvées par la prise des bâtiments de commerce qui ont été enlevés par les croisières anglaises.

« Art. 7. Aucun bâtiment venant directement de l'Angleterre ou des colonies anglaises, ou y ayant été depuis la publication du présent décret, ne sera reçu dans aucun port.

« Art. 8. Tout bâtiment qui, au moyen d'une fausse déclaration, contreviendra à la disposition ci-dessus, sera saisi, et le navire et la cargaison seront confisqués comme s'ils étaient propriété anglaise.

LE DÉCRET DE BERLIN (24 NOVEMBRE 1806).

Le décret de Berlin était un acte de fureur irréfléchie, le résultat et la cause du despotisme le plus violent; rien de semblable n'avait paru depuis le maximum du Comité de salut public; ces deux idées étaient corrélatives dans le système commercial de la Révolution française; le maximum, c'était la violence dans la fixation du prix des denrées; le décret de Berlin, c'était la violence pour comprimer la liberté d'échanger les produits de la terre; l'un disait aux producteurs: « vous ne pouvez vendre au-delà du taux légal; » l'autre disait aux commerçants : « vous ne pouvez plus rien échanger; vous souffrez? qu'importe, je vous lie les bras [1]. »

Lorsque ces actes furent communiqués au Sénat conservateur à la suite de l'exposé de principes par M. de Talleyrand, ils produisirent une impression fâcheuse; les orateurs eurent beau les justifier, le coup était porté; le commerce en vit toutes les conséquences, et un gémissement profond partit des places maritimes, pour annoncer la ruine de toutes les transactions. Les orateurs du conseil d'État déclamaient beaucoup de so-

---

« Art. 9. Notre tribunal des prises de Paris est chargé du jugement définitif de toutes les contestations qui pourront survenir dans notre Empire ou dans les pays occupés par l'armée française, relativement à l'exécution du présent décret. Notre tribunal des prises à Milan sera chargé du jugement définitif desdites contestations qui pourront survenir dans l'étendue de notre royaume d'Italie.

« Art. 10. Communication du présent décret sera donnée, par notre ministre des relations extérieures, aux rois d'Espagne, de Naples, de Hollande et d'Étrurie, et à nos autres alliés dont les sujets sont victimes, comme les nôtres, de l'injustice et de la barbarie de la législation maritime anglaise.

« Art. 11. Nos ministres des relations extérieures, de la guerre, de la marine, des finances, de la police, et nos directeurs-généraux des postes, sont chargés, chacun en ce qui le concerne, de l'exécution du présent décret. »

Signé, Napoléon.

[1] Le décret de Berlin fut immédiatement exécuté. Voici ce qu'on lisait dans les journaux allemands:

« D'après un ordre supérieur, toutes les marchandises anglaises qui se trouvent à Leipsick, quels que soient leurs propriétaires, doivent être transférées à Mayence. » (*Francfort*, 7 décembre 1806.)

M. de Bourrienne agissait très cavalièrement à Hambourg, ville libre pourtant :

Art. 1. Toutes les marchandises anglaises

phismes, mais qui pouvait ignorer la vérité? La guerre prenait un aspect d'éternité armée; la paix, qu'on avait espérée comme le prix de tant de sacrifices, était retardée indéfiniment; Napoléon se jetait de plus en plus dans les voies hostiles et en dehors pour ainsi dire de la civilisation du monde.

Ce qui inquiéta plus vivement encore l'opinion publique, ce furent deux ordres émanés de l'Empereur, et jetés de Berlin avec la rapidité d'un coup de tonnerre; l'un pour demander la levée de la conscription de 1807, la génération qui avait à peine atteint dix-neuf ans; l'autre pour l'organisation générale et la mise en activité de la garde nationale, non point pour la conservation paisible de la cité et de l'ordre, mais pour la défense des places fortes, et même, au besoin, pour la préservation des frontières sur la ligne si étendue de Hambourg, de la Dalmatie, jusqu'à Bayonne; cette mobilisation de gardes nationales indiquait suffisamment la tendance exclusivement militaire du système de Napoléon : la guerre c'est son élément, la conquête son but, il voulait moins une nation agricole et commerçante qu'un peuple campé sur le territoire; il appelait des masses d'hommes sous la tente; et le système de la conscription, appliqué sur

qui se trouvent dans la ville, dans le port et sur le territoire d'Hambourg, n'importe à qui elles appartiennent, seront confisquées.

Art. 2. Tout Anglais ou sujet anglais qui se trouve dans la ville, dans le port et sur ledit territoire, est prisonnier de guerre.

Art. 3. Toute propriété mobilière ou non mobilière qui appartient à des Anglais ou à des sujets anglais dans la ville de Hambourg, son port ou son territoire, sera confisquée.

Art. 4. Tout vaisseau venant d'Angleterre, ou qui y aura relâché, ne pourra entrer dans ledit port, ni approcher de ladite ville.

Art. 5. Tout vaisseau qui, au moyen d'une fausse déclaration, tenterait de sortir dudit port et de ladite ville pour se rendre en Angleterre, sera confisqué.

Art. 6. Aucun courrier anglais ni malle de lettres anglaise ne pourra entrer dans la ville, dans le port et sur le territoire de Hambourg, ni même y passer.

Le soussigné a l'honneur de renouveler au Sénat les assurances de sa haute considération.

Signé Bourrienne.

une si vaste échelle, commençait à dessécher tous les éléments de la prospérité publique ; les corps politiques, dévoués dans leur témoignage officiel, voyaient avec inquiétude cet amour infatigable de la guerre [1], et les bulletins de Napoléon sur ses plus glorieuses victoires étaient suivis avec un œil inquiet par la génération craintive des mères, par les sœurs et les amantes : lorsque l'encens s'élevait pendant le *Te Deum* de la victoire, les pleurs domestiques faisaient contraste avec ces chants et ces illuminations des monuments publics ; pour les âmes affligées, ces lampions des coupoles étaient comme des lampes funèbres sur le tombeau d'un fils ; on ne se faisait pas illusion, on savait que les bulletins de Napoléon ne disaient jamais que la moitié de la vérité ; les pertes étaient soigneusement dissimulées, les échecs dérobés avec une habileté de phrases pompeuses ; les morts, à demi dévorés par les oiseaux de proie, ne se levaient plus debout du champ de bataille.

Pour les observateurs mêmes la guerre semblait prendre un caractère particulier d'acharnement ; ce n'était plus seulement les armées qu'on avait à combattre, mais

---

[1] C'est à ce moment que fut communiqué au Sénat le message de guerre implacable qu'on va lire.

Message de S. M. l'Empereur au Sénat.

« Sénateurs, nous voulons, dans les circonstances où se trouvent les affaires générales de l'Europe, faire connaître à vous et à la nation les principes que nous avons adoptés comme règle de notre politique.

« Notre extrême modération, après chacune des trois premières guerres, a été la cause de celle qui leur a succédé. C'est ainsi que nous avons eu à lutter contre une quatrième coalition neuf mois après que la troisième avait été dissoute, neuf mois après ces victoires éclatantes que nous avait accordées la Providence, et qui devaient assurer un long repos au continent.

« Mais un grand nombre de cabinets de l'Europe est plus tôt ou plus tard influencé par l'Angleterre, et sans une solide paix avec cette puissance notre peuple ne saurait jouir des bienfaits qui sont le premier but de nos travaux, l'unique objet de notre vie. Aussi, malgré notre situation triomphante, nous n'avons été arrêté, dans nos dernières négociations avec l'Angleterre, ni par l'arrogance de son langage, ni par les sacrifices qu'elle a voulu nous imposer. L'île de Malte, à laquelle s'attachait pour ainsi dire l'honneur de cette guerre, et qui, retenue par l'Angleterre au mépris des traités, en était la première cause, nous

les peuples ; à Naples, par exemple, le plus grand obstacle qu'avait trouvé l'établissement de Joseph Napoléon, c'était le peuple, les montagnards fidèles, les lazzaroni; et ce Fra-Diavolo qualifié de brigand par les bulletins, fusillé impitoyablement, n'était qu'un fier et fidèle montagnard, dévoué à la reine Caroline, comme plus tard nous verrons les guérillas d'Espagne se lever au cri de l'indépendance ; aussi l'armée française avait-elle éprouvé des échecs réels à la face du peuple. Dans le Tyrol, le même esprit de résistance se manifestait, les populations étaient en armes contre la Bavière et ses agents; en Allemagne, Schill, le duc de Brunswick-OEls, soulevaient les masses au nom de la liberté germanique, en rappelant les souvenirs glorieux d'Arminius. Cette circonstance changeait l'esprit et la direction de la guerre; on pouvait vaincre les armées, mais les populations jamais ; on se créait des difficultés inouïes pour l'avenir, on préparait des causes de chute pour Napoléon; les peuples pourraient-ils subir longtemps ce système de conquête qui les donnait comme des troupeaux tantôt à un prince, tantôt à un autre, sans tenir compte des nationalités, des affections et de la patrie? on divisait incessamment les terri-

l'avions cédée ; nous avions consenti à ce qu'à la possession de Ceylan et de l'empire du Mysoure, l'Angleterre joignît celle du cap de Bonne-Espérance.

« Mais tous nos efforts ont dû échouer, lorsque les conseils de nos ennemis ont cessé d'être animés de la noble ambition de concilier le bien du monde avec la prospérité présente de leur patrie, avec une prospérité durable; et aucune prospérité ne peut être durable pour l'Angleterre, lorsqu'elle sera fondée sur une politique exagérée et injuste, qui dépouillerait soixante millions d'habitants, ses voisins, riches et braves, de tout commerce et de toute navigation.

« Immédiatement après la mort du principal ministre de l'Angleterre, il nous fut facile de nous apercevoir que la continuation des négociations n'avait plus d'autre objet que de couvrir les trames de cette quatrième coalition étouffée dès sa naissance.

« Dans cette nouvelle position, nous avons pris pour principes invariables de notre conduite de ne point évacuer ni Berlin, ni Varsovie, ni les provinces que la force des armes a fait tomber en nos mains, avant que la paix générale soit conclue, que les colonies espagnoles, hollandaises et françaises soient rendues, que les fondements de la puissance ottomane soient raffermis, et l'indépendance absolue de ce

toires; les bords du Rhin et de l'Elbe, la Westphalie étaient morcelés, et tout cela par un caprice de traité et une exigence de vainqueur. Est-ce que tôt ou tard ces têtes abaissées ne devaient pas se réveiller? Dans la marche du monde tout se manifeste par action et par réaction; Napoléon avait fait trop peu de cas des masses; elles se levèrent contre lui en 1815; les peuples veulent qu'on respecte leur nationalité; on ne les méprise pas en vain.

Paris était fort triste pendant la campagne de Prusse et l'hiver de 1806; l'Empereur absent de sa capitale, les fêtes se trouvaient suspendues; l'impératrice Joséphine, comme on l'a dit, toujours à Mayence, visitait les bords du Rhin; la mère de l'Empereur avait des habitudes d'économie trop resserrées pour donner l'éclat et la magnificence aux pompes et aux fêtes de Paris; sa maison était une retraite bourgeoise où l'on s'ennuyait par la monotonie des habitudes et le vide de la conversation et des manières. Les sœurs de Napoléon avaient plus d'intimité que de faste; comme les parvenues, elles ne songeaient qu'à elles-mêmes; recevant une fois par semaine, tout occupées de leurs toilettes, de leurs

---

vaste empire, premier intérêt de notre peuple, irrévocablement consacrée.

« Nous avons mis les îles Britanniques en état de blocus, et nous avons ordonné contre elles des dispositions qui répugnaient à notre cœur. Il nous en a coûté de faire dépendre les intérêts des particuliers de la querelle des rois, et de revenir, après tant d'années de civilisation, aux principes qui caractérisent la barbarie des premiers âges des nations; mais nous avons été contraint, pour le bien de nos peuples et de nos alliés, à opposer à l'ennemi commun les mêmes armes dont il se servait contre nous. Ces déterminations, commandées par un juste sentiment de réciprocité, n'ont été inspirées ni par la passion ni par la haine. Ce que nous avons offert après avoir dissipé les trois coalitions qui avaient tant contribué à la gloire de nos peuples, nous l'offrons encore aujourd'hui que nos armes ont obtenu de nouveaux triomphes. Nous sommes prêts à faire la paix avec l'Angleterre, nous sommes prêts à la faire avec la Russie, avec la Prusse; mais elle ne peut être conclue que sur des bases telles qu'elle ne permette à qui que ce soit de s'arroger aucun droit de suprématie à notre égard, qu'elle rende les colonies à leur métropole, et qu'elle garantisse à notre commerce et à notre industrie la prospérité à laquelle ils doivent atteindre.

propres personnes, inquiètes de leur beauté, avides d'en jouir vite ; Pauline était malade, le climat d'Italie lui convenait ; il n'était plus de joie pour elle que la vanité, le caquetage, et quelques amours passagères qui dissipaient et tourmentaient sa vie ; tête capricieuse, corps souffrant, elle était le symbole de la douleur dans le plaisir, de la plaie sous la chair rose, et de ce sensualisme qui ne regarde rien et ne s'arrête pas même devant la mort qui sourit d'une façon étrange. Elisa, avec des passions plus graves, un goût d'arts et de lettres, s'entourait de poëtes, de gens d'esprit, qui, sous la direction de Fontanes, venaient brûler de l'encens aux pieds de cette divinité nouvelle, en rappelant que la sœur d'Auguste avait aimé Ovide ; là se réunissait tout ce que la littérature avait de plus élégant ; c'était un salon avec moins de pompe que de goût, joint à un peu de pédantisme ; madame Murat, la grande-duchesse de Berg, la jeune Carlotta Bonaparte, donnait de véritables fêtes dans son bel hôtel des Champs-Élysées ; elle y étalait beaucoup de faste, un certain tact dans le choix des convives ; elle avait des manières aisées, avec un laisser-aller de petite marquise d'éventail, toujours dans un lit

« Et si l'ensemble de ces dispositions éloigne de quelque temps encore le rétablissement de la paix générale, quelque court que soit ce retard, il paraîtra long à notre cœur. Mais nous sommes certain que nos peuples apprécieront la sagesse de nos motifs politiques, qu'ils jugeront avec nous qu'une paix partielle n'est qu'une trêve qui nous fait perdre tous nos avantages acquis, pour donner lieu à une nouvelle guerre, et qu'enfin ce n'est que dans une paix générale que la France peut trouver le bonheur.

« Nous sommes dans un de ces instants importants pour la destinée des nations, et le peuple français se montrera digne de celle qui l'attend. Le sénatus-consulte que nous avons ordonné de vous proposer, et qui mettra à notre disposition dans les premiers jours de l'année la conscription de 1807, qui, dans les circonstances ordinaires, ne devrait être levée qu'au mois de septembre, sera exécuté avec empressement par les pères comme par les enfants. Et dans quel plus beau moment pourrions-nous appeler aux armes les jeunes Français ! Ils auront à traverser, pour se rendre à leurs drapeaux, les capitales de nos ennemis et les champs de bataille illustrés par les victoires de leurs aînés. »

Napoléon.
Au Palais de Berlin, le 21 novembre 1806.

de soie rose et de maline, pour cacher sa taille et faire ressortir son teint[1].

Si Pauline aimait à étaler ses chevaliers d'honneur, à se vanter de la beauté et des grâces de M. de Forbin, Caroline faisait gloire des aides-de-camp de Murat, de Junot tout couvert d'or; et plus tard, le désespoir au cœur, Napoléon put apprendre que plus d'un secret de diplomatie arrivait aux cabinets par ses sœurs, tendres et faibles. Indépendamment de la famille impériale, les grands dignitaires avaient ordre de recevoir avec un certain faste; le salon de l'archi-chancelier était des plus curieux à observer, parce que Cambacérès prenant au sérieux sa dignité se croyait prince de race à la vingtième génération; ses réceptions avaient lieu en habit habillé, l'épée au côté, le jabot de dentelle et le claque à plumets; Cambacérès, avec perruque poudrée, habit de soie, plaques, cordons, boucles, dentelles, n'en paraissait que plus commun et plus blême; il était fort disgracieux sous cet appareil de cheval empanaché. Qui aurait reconnu là le membre du Comité de sûreté générale, l'ami de Couthon et de Robespierre? On ne traitait jamais Cambacérès qu'avec les titres de monseigneur et d'altesse, et il recevait cela avec un sang-froid et un calme remarquables; tout ce qui se présentait au salon de l'archi-chancelier, au reste fort bon homme et fort

---

[1] Voici comment ses fêtes étaient annoncées.

« Il y a eu hier au soir cercle chez S. A. I. madame la grande-duchesse de Berg : c'est le premier qu'elle ait donné dans son nouvel hôtel, rue du faubourg Saint-Honoré. C'était un des plus beaux de Paris, et les changements qu'on y a exécutés en font un palais remarquable par sa richesse et sa noble élégance.

« Plusieurs étrangers de marque, ainsi que tous les ambassadeurs et ministres qui sont à Paris, ont paru au cercle de madame la grande-duchesse. M. l'ambassadeur d'Espagne a eu l'honneur de présenter à S. A. I. M. le marquis de Crève-Cœur, son fils, et quelques autres Espagnols distingués. »

obligeant, lui devait trois saluts profonds; nul n'y était admis qu'en habit à la française, et les femmes en costume de cour.

C'était fortune pour les costumiers, les épées d'acier étaient à la hausse, les boucles hors de prix; son salon ressemblait ainsi, non point à ces belles et gracieuses assemblées de marquis sous Louis XV, mais à ces scènes de valets des *Précieuses ridicules,* où Mascarille tend son jarret et secoue son pourpoint; c'était de la comédie de Molière [1]. La tradition veut qu'on célèbre les dîners de Cambacérès, longs, lourds, mal choisis; avec un aspect homérique, ils étaient composés de mets indigestes qu'on ne comprendrait plus aujourd'hui, qu'inspirés par Brillat-Savarin, on compose de si délicieux menus. J'ai lu un de ces menus de Cambacérès; qui le croirait? on y voit inscrit l'ignoble poulet à la Marengo, et l'affreuse tête de veau en tortue, ou l'anguille à la tartare, mets grossiers et inexplicables pour des gens d'esprit; et l'on mêle à ces festins de Cambacérès, comme ordonnateur de fêtes, un nom respectable de magistrature que l'abaissement de fortune avait jeté dans la cour de l'archichancelier : je veux parler de M. d'Aigrefeuille, d'une famille honorée de parlement; c'est une des tristesses qui serrent le cœur que cette fatalité des jours de révolution, qui traîne un beau nom de famille parlementaire jusqu'à descendre au titre de maître d'hôtel d'un ancien avocat à la cour des aides.

Cambacérès était aise d'avoir derrière lui le cortége de deux gentilshommes de bonne famille, il daignait les admettre dans sa familiarité; l'archi-chancelier était bon prince; on citait de lui des mots d'une naïveté charmante;

---

[1] Le *Moniteur* annonçait aussi que S. A. S. monseigneur le prince archi-chancelier assistait à la messe tous les dimanches à sa paroisse.

ces traditions plus ou moins exactes, marquant l'esprit d'une époque, l'histoire ne doit pas les dédaigner. Un jour Cambacérès ne disait-il pas au marquis de Villevieille : « Mon cher ami, entre nous soyons familiers, point de façons, dites-moi seulement monseigneur. » Une autre fois, comme on lui reprochait de se montrer dans les galeries du Palais-Royal, avec ses décorations, ses crachats, ses dentelles et ses habits brodés, il répondit avec un inimaginable sang-froid : « Laissez faire, je connais les Français; ils aiment tant à voir leurs princes. » Ces plaisanteries étaient-elles vraies? étaient-ce des moqueries populaires? Tant il y a que Cambacérès, un peu grotesque personnage avec ses faiblesses de vanité, était néanmoins serviable, bon protecteur pour tous ceux qui s'adressaient à lui; esprit droit et capable, il pouvait conduire dans des temps calmes un gouvernement régulier, et ces puérilités ne touchaient qu'à l'écorce de l'homme. Il faut au peuple dans chaque gouvernement un personnage un peu ridicule comme pour se venger de ses douleurs, et l'archi-chancelier Cambacérès fut ce type de caricature princière. L'archi-trésorier Lebrun, arrivé à Paris de sa mission de Gênes, était un homme plus grave, et son salon se ressentait de sa personne ; autour de lui se groupaient les fonctionnaires et les administrateurs. M. Lebrun, alors un peu en disgrâce, ne s'occupait que des affaires administratives; philosophe pratique, il recevait les dignités en souriant et s'exprimait souvent sur les fortunes de l'Empire avec une liberté moqueuse qui témoignait de son esprit un peu plus avancé que celui des autres protégés de la fortune.

Un salon fort brillant fut alors celui du gouverneur de Paris, le général Junot; sa maison était somptueuse, il tenait tout des bontés de Napoléon, et Junot portait son culte jusqu'à l'idolâtrie[1]. Après la campagne d'Austerlitz il n'avait point accompagné l'Empereur en Prusse; il fallait un général sûr à Paris, et nul ne pouvait le disputer au gouverneur pour le dévouement; de lui dépendait la sûreté du pouvoir dans la capitale, et Junot, esprit un peu léger, tenait grand train de maison. Les honneurs étaient faits par une femme que nous avons tous vue triste, désenchantée, après une vie si pleine; elle n'était point jolie, sa figure avait quelque chose de mâle, on dirait presque de commun, que relevaient des yeux vifs d'origine un peu italienne; elle se disait de la maison de Comnène, comme Permon; et Louis XVIII, avec son esprit fin et souvent railleur, avait confirmé cette prétention dans un homme qu'il aimait, l'abbé de Comnène.

Au total, madame Junot n'avait pas besoin de cette généalogie antique : femme d'esprit, avec du cœur, des entrailles plus encore que de l'esprit, elle s'était jetée dans les distractions d'une jeune femme qui dépense tout, sans passé et sans avenir, insouciante comme ces têtes qui avaient foi dans la fortune de l'Empereur et jouaient tout sur un numéro de bataille. J'aime ces caractères de femmes exaltées qui sont tout âme, et lorsque l'infortune vient abaisser leur front, elles supportent les malheurs du présent, en songeant qu'elles furent bonnes, généreuses, aimantes; elles finissent en Dieu la vie qu'elles ont dépensée au milieu des passions vives, irréfléchies. Le salon du général Junot était plus militaire que civil; ce-

---

[1] Voici le décret qui nommait Junot gouverneur de Paris :
Extrait des minutes de la secrétairerie d'État.
Au palais de Saint-Cloud, le 19 juillet 1806.
« Napoléon, empereur des Français, roi d'Italie, nous avons décrété et décrétons ce qui suit :
« Le général de division Junot, grand-officier de l'Empire, colonel-général des hussards, est nommé gouverneur de Paris. »
Signé, Napoléon.

pendant, comme chef du corps municipal, il y avait une compagnie bourgeoise. Il régnait dans ce salon une manière aisée, soldatesque, un ton mystificateur qui s'emparait des ridicules avec la légèreté insolente d'une armée qui était tout dans l'État, et le savait. On mettait sans cesse M. des Chalumeaux en scène, et en vérité les salons de bonne compagnie d'aujourd'hui repousseraient comme des inconvenances ce qui se passait à la table du général Junot, et ce que sa femme nous a conté comme espièglerie du temps. Puis on jouait comme des enfants; il y avait dans cette société un caractère de jeunesse et d'insouciance qui ne va plus à notre époque épuisée et languissante; c'était de l'esprit à coups de sabre; l'armée était maîtresse du pays. Il n'y avait pas d'autre fortune que celle de l'épée; la bourgeoisie était conquise et envahie par les camps.

Partout où était Napoléon l'intérêt se reportait avec spontanéité; c'était le lieu de la scène, le grand théâtre des événements; on attendait un bulletin à Paris, comme la plus immense nouvelle. La correspondance de l'Empereur jetait la joie ou la tristesse, la confiance ou la terreur; on s'inquiétait au moindre revers, on s'exaltait aux victoires. Partout des *Te Deum* et des fêtes. La police exploitait avec un tact infini les moindres circonstances : le soir, lorsque le spectacle était animé, au milieu d'une pièce à effet, Talma s'avançait sur la scène, l'œil étincelant de bonheur, et lisait avec sa magnifique voix un bulletin ou une dépêche télégraphique arrivée comme un beau dénouement. C'était alors des trépignements, des salves enthousiastes, et le nom de l'Empereur était salué par les applaudissements d'une assemblée pleine d'ivresse; il fallait des joies bruyantes à cette société, et Napoléon absent avait besoin de montrer sans cesse qu'il était au milieu de sa capitale par l'esprit, et sur le champ de guerre par la victoire.

Le salon de Fouché avait une autre tenue que celui de l'archi-chancelier ou du gouverneur de Paris : l'un tout officiel, l'autre tout militaire. Chez Fouché c'était de la causerie politique et d'informations; ce ministre recevait les hommes d'opinions les plus diverses; on trouvait chez lui une fusion complète : des chouans et des terroristes, des émigrés et des conventionnels. On annonçait un La Rochefoucauld et un Tallien, et Fouché, en homme d'observation, aimait à faire coudoyer tout le monde par un esprit de grande raillerie politique; il n'avait pas de nobles habitudes, mais un ton facile, une manière insouciante de dire des choses qui donnaient à sa causerie un charme particulier; il pressait chaque homme de parti jusqu'à son dernier repli, pour savoir de lui tout ce qu'il pouvait en tirer; c'était sa manie de police; il savait qu'il y a chez la plupart des chefs d'opinion une certaine conviction qui leur fait révéler avec naïveté toutes leurs pensées, quand on les met sur le chapitre de leurs principes et de leur dévouement. Tel était l'esprit de Fouché, d'autant mieux en rapport avec les opinions différentes, qu'il n'avait pas de principes arrêtés; son salon était un pêle-mêle, image de sa froide et impartiale manière de juger les hommes et les choses; sa réception était le reflet de sa nature moqueuse et cynique.

Le corps diplomatique voyait peu de monde à Paris, si ce n'est le comte de Metternich qui venait d'arriver, jeune et brillant diplomate, avec la mission d'observer cette société. Le comte de Metternich n'avait que trente ans; d'une figure distinguée, avec ces manières d'aristocratie qui plaisaient aux femmes de cette cour; il portait un bel uniforme autrichien de fantaisie blanc et or, avec la plaque des ordres de son souverain à la poitrine; il se montrait avec de la poudre, qui rajeunit tant une jeune tête. Sa causerie était spirituelle; élevé auprès de son père, il avait déjà été ambassadeur à Berlin, puis désigné pour Saint-Pétersbourg et il arrivait enfin à Paris. Il fallait connaître ce monde, et avec son tact infini, le comte de Metternich avait compris la politique mystérieuse qu'il fallait suivre avec cette cour, composée de femmes indiscrètes et causeuses, la plupart médiocrement élevées. Homme comme il faut, et de plus gracieux et à la mode, il paraissait sémillant avec de somptueux équipages; ses fêtes étaient magnifiques; il dépensait l'argent à pleines mains au jeu, en chevaux; partout on ne parlait que du comte de Metternich. Ainsi au-dessus du vulgaire, se distinguant de la société soldatesque, il plut aux femmes, justes appréciatrices de tous ces mérites qu'elles regardent avec un instinct qui leur est propre. Le comte de Metternich laissa de profondes atteintes dans le cœur de plus d'une dame de l'Empire; elles en conservèrent un long souvenir. Il y avait dans le jeune ambassadeur des intrigues de cœur et des missions politiques; il ne les séparait pas, menant les affaires par le plaisir, et le plaisir au milieu des affaires; plus d'une fois il connut, par des indiscrétions de l'amour, les secrets de la politique. Ce fut l'ambassadeur le mieux informé, parce qu'il aima beaucoup et haut; il renouvela Fiesque, et sa mission avait quelque chose d'une vieille ambassade de Venise avec ses gondoles de soie rose et de riches dentelles; il sut réunir les conditions de gravité et de dissipation souvent indispensables au diplomate actif. Pour être bien informé il faut beaucoup voir le monde, et beaucoup méditer sur le monde sans se séparer de lui [1].

Ainsi étaient les salons et l'opinion publique; le gouvernement marchait par sa propre vigueur, ne trouvant d'obstacle que sur quelques points pour la levée des conscrits, et l'archi-chancelier employait toutes ses forces pour arriver au résultat d'un recrutement commandé par l'Empereur. Les préfets, les évêques même, agissaient simultanément [2]; des lois implacables poursuivaient les pères, les parents des réfractaires; les communes étaient responsables, les conseils de recrutement se montraient inflexibles, et la gendarmerie tout entière était occupée à poursuivre les conscrits. Souvent, dans les longues routes, on rencontrait des files de jeunes hommes la chaîne au cou, les fers aux pieds, comme des troupeaux, que des brigades de gendarmerie conduisaient à leurs corps. Les travaux publics étaient remplis de condamnés au boulet; les montagnes comme les côtes escarpées, les landes désertes du Morbihan, étaient envahies par des réfractaires qui ne voulaient point se livrer aux bouche-

---

[1] L'hiver de 1806 à 1807 fut très dissipé en l'absence de l'Empereur.

[2] La préoccupation administrative se résumait à presser la conscription. On faisait même intervenir les évêques comme instrument d'activité :

S. Exc. le ministre des cultes vient d'adresser la lettre suivante à MM. les archevêques et évêques de l'Empire.

« Monsieur l'évêque, les communications importantes faites au Sénat, le 2 du courant, de la part de S. M. l'Empereur et roi, attestent à son peuple, à l'Europe et à la postérité, les motifs généreux de sa conduite. Au milieu de ses triomphes, il n'aspire qu'au rétablissement de la paix générale. Il nous révèle les sacrifices qu'il s'imposait pour écarter la nouvelle guerre qui a éclaté cette année, et dans laquelle son génie s'est signalé par tant de prodiges nouveaux. Il annonce qu'il est prêt à traiter avec nos ennemis, mais sur des bases qui puissent faire renaître la confiance des nations, garantir leur indépendance, et les défendre contre les entreprises et les violations d'un gouvernement dont l'affreuse politique est le fléau de l'univers.

« Pour atteindre ce but, il appelle autour de ses aigles triomphantes l'heureuse jeunesse destinée à vaincre sous ses ordres. Il vous appartient, monsieur l'évêque, de présenter aux hommes confiés à votre sollicitude pastorale les raisons imposantes d'une mesure qui devance seulement de quelques mois la marche ordinaire de la conscription, et dont les résultats infailli-

ries de la gloire ; on levait l'impôt d'une manière non moins pesante ; villes et campagnes étaient entourées d'un réseau d'employés, douaniers, garnisaires, commis des droits-réunis, qui se précipitaient comme une nuée d'oiseaux de proie sur le pauvre paysan. La conscription excessive privait la terre de bras vigoureux ; l'impôt, des ressources de la grande et petite culture ; voilà pourquoi un cri de paix se faisait partout entendre en France ; mais c'était en vain, l'Empereur le repoussait.

Le gouvernement cherchait à dissiper les préoccupations, et un des spectacles qui à cette époque tinrent l'attention éveillée, ce fut la convocation du grand sanhédrin à Paris ; idée qui appartient encore à Napoléon. Tout ce qui était oriental allait à son esprit ; il prétendait réveiller de son suaire cette nation que l'histoire semble avoir marquée d'un caractère indélébile. Il voulait amener successivement les Israélites à une fusion complète avec le corps social ; tentative impuissante, car la loi de Moïse s'y oppose. Dans l'hiver de cette année le

bles seront le bonheur de la France et le repos du monde. Il vous appartient de manifester les dispositions paternelles et bienfaisantes de l'Empereur, et d'appuyer de toute l'autorité de la religion les devoirs sacrés qui lient si étroitement les sujets à leur prince et à leur patrie. Il vous appartient enfin d'inspirer par vos instructions ces sentiments nobles et élevés qui sont la source de toutes les vertus militaires et civiles, et qui constituent le vrai courage, ce dévouement généreux des âmes fortes.

« Dites aux jeunes braves : Le Dieu de nos pères conduit nos bataillons ; il a béni les vastes et magnanimes projets de l'auguste monarque qui a relevé ses autels. Nos armées comptent autant de héros que de soldats. Les drapeaux sous lesquels vous allez vaincre sont les drapeaux de la paix.

Vous ne partez que pour la conquérir. Les espérances publiques ne seront plus trompées par des trêves perfides. L'Empereur veut que vous rapportiez dans vos cités et dans vos familles une paix solide et durable. C'est alors qu'il pourra réaliser tous les grands biens qu'il a résolu dans son cœur d'accomplir aux jours de son repos. Sachons tous, par notre zèle, par notre dévouement, par notre amour, nous montrer dignes des hautes destinées auxquelles la Providence nous a appelés, en nous donnant un souverain devant qui la terre se tait, et qui dans les combats est toujours précédé de l'ange de la victoire.

« Recevez, monsieur l'évêque, les assurances de ma considération distinguée. »

Paris, 5 décembre 1806.

Signé, Portalis.

grand sanhédrin commença ses séances; on vit là les rabbins de toutes les portions de l'Empire : les juifs de Bordeaux, si éclairés par le contact de l'Espagne et du Portugal; la race hollandaise, si riche; la race allemande, plus sordide et plus abaissée, proscrite par le peuple; on vit tous les docteurs de la loi se grouper comme dans une grande synagogue. Trois maîtres des requêtes, MM. Portalis, Molé et Pasquier, furent chargés de suivre les séances du grand sanhédrin, et ils y apportèrent un zèle attentif; il s'agissait de faire décider les questions qui se rattachaient à l'état civil des juifs et à leur sociabilité, afin de les mettre en rapport avec les lois du pays et le code. Comment entendaient-ils la polygamie? quel sens donnaient-ils à l'usure et à l'obéissance au souverain [1]? Ces réunions sollennelles de rabbins aux vêtements noirs, à la face judaïque, tels que Léonard de Vinci, ou Raphaël, ou Rubens, ont su les reproduire dans les belles peintures de Rome ou de Florence, se tinrent dans un vaste local, en présence d'une multitude avide de les contempler. Ils délibéraient là comme les scribes et les pharisiens docteurs de la loi dans les synagogues; la curiosité publique fut vivement excitée à Paris, on ne parlait que du grand sanhédrin.

[1] Voici quelle fut la déclaration du grand sanhédrin juif : « Après un intervalle de quinze siècles, soixante-onze docteurs de la loi et notables d'Israël s'étant constitués en grand sanhédrin, afin de trouver en eux le moyen et la force des ordonnances religieuses et conformes aux principes de leurs lois, et qui servent d'exemple à tous les israélites, ils déclarent que leur loi contient des dispositions religieuses et des dispositions politiques; que les premières sont absolues; mais que les dernières, destinées à régir le peuple d'Israël dans la Palestine, ne sauraient être applicables depuis qu'il ne forme plus un corps de nation. La polygamie, permise par la loi de Moïse, n'étant qu'une simple faculté et hors d'usage en Occident, est interdite. L'acte civil du mariage doit précéder l'acte religieux. Nulle répudiation ou divorce ne peut avoir lieu que suivant les formes voulues par les lois civiles. Les mariages entre israélites et chrétiens sont valables. La loi de Moïse oblige de regarder comme frères les individus des nations qui reconnaissent un Dieu créateur. Tous les israélites doivent

Napoléon se proposait un autre dessein : les juifs n'avaient-ils pas été ses plus utiles instruments pour répandre la corruption militaire et diplomatique en Allemagne? en ce moment il entrait en Pologne, et la Pologne comptait 5,000,000 d'israélites; il avait besoin que l'influence du sanhédrin se fît sentir à Posen et à Varsovie; il voulait avoir des auxiliaires sur la Vistule. Les juifs étaient les banquiers de toute l'Allemagne, les émissaires les plus secrets; en Pologne, maîtres des villages tout entiers, ils formaient le peuple; on pouvait les employer à toutes les négociations secrètes, à toutes les trahisons; Napoléon s'occupait moins de les moraliser que de les employer. Comme Vespasien, il s'inquiétait moins du sort de Jérusalem que des légions romaines au milieu des cités de la Judée!

exercer, comme devoir essentiellement religieux et inhérent à leur croyance, la pratique habituelle et constante, envers tous les hommes reconnaissant un Dieu créateur, des actes de justice et de charité prescrits par les livres saints. Tout israélite, traité par les lois comme citoyen, doit obéir aux lois de la patrie et se conformer, dans toutes les transactions, aux dispositions du code civil qui y est en usage. Appelé au service militaire, il est dispensé, pendant la durée de ce service, de toutes les observances religieuses qui ne peuvent se concilier avec lui. Les israélites doivent, de préférence, exercer les professions mécaniques et libérales, et acquérir des propriétés foncières, comme autant de moyens de s'attacher à leur patrie et d'y trouver la considération générale. La loi de Moïse n'autorisant pas l'usure, et n'admettant que l'intérêt légitime dans le prêt entre israélites et non israélites, quiconque transgresse cette loi viole un devoir religieux et pèche notoirement contre la volonté divine.»

CHAPITRE XII.

LES RUSSES, LA POLOGNE, NAPOLÉON A VARSOVIE.

Alexandre après Austerlitz.—Levées d'hommes.—Organisation de l'armée russe. — Son personnel. — Bennigsen, Bagration, Galitzin, Saken, le vieux Kamenski. — La Pologne. — Sa situation. — Esprit de ses habitants. — Tristesse et découragement de l'armée française. — Aspect du climat. — Napoléon à Posen. — Encouragements donnés aux troupes. — Gratifications. — Idée pour relever l'armée. — Varsovie. — Séjour de l'Empereur. — La cour. — Le travail. — M. Maret. — M. de Talleyrand. — L'Autriche. — Le baron de Vincent. — Désespoir de quelques-uns des corps. — Désordres. — Insubordination. — La faim. — Ney. — Bernadotte. — Marche des russes. — Pulstuck et Golymin.

Novembre et Décembre 1806.

Les Russes n'avaient pas considéré la bataille d'Austerlitz comme un de ces combats décisifs qui imposent la paix aux nations énergiques. Alexandre avait refusé de voir l'Empereur victorieux à son bivouac; les rapports militaires des généraux du Czar et de Kutusoff attribuaient la retraite de l'armée russe à l'abandon des troupes autrichiennes, à la faiblesse de François II. Le Czar, en déclarant qu'il se trouvait dégagé de tout engagement envers le roi des Romains depuis la paix de Presbourg, annonçait à son peuple que la guerre était nationale. L'armée russe s'était considérablement renforcée depuis une année; les corps s'étaient recrutés dans toutes les provinces de l'empire. Alexandre avait ordonné une levée de 400,000 hommes ; afin de commencer une vigoureuse campagne, et si M. d'Oubrill était envoyé à Paris, c'est qu'on voulait se donner le temps de développer les immenses ressources de l'Empire [1]. La domination des Français en Allemagne ne pouvait être tolérée par la Russie; à plusieurs reprises elle s'en était expliquée; toutes les mesures étaient prises à Saint-Pétersbourg et à Moscou pour réveiller les vieilles sympathies du peuple russe ; le général Kutusoff avait publié son bulletin de la bataille d'Austerlitz, célébrant la belle contenance des troupes sous ses ordres. Ce bulletin lu dans toutes les églises, des ukases furent adressés à la noblesse, pour accélérer le recrutement d'une armée considérable. On maudit Napoléon dans les cathédrales russes en face des images de saint Serge. « Bonaparte, y disait-on, après s'être emparé de la couronne de France, après avoir, à force ouverte, par fourberies, par artifices, étendu son pouvoir sur des contrées qu'il dévaste, menace la Russie, que le ciel protége. C'est à nous d'empêcher que ce destructeur de la paix, de la foi et du bonheur des peuples, ne séduise les chrétiens orthodoxes. Il a foulé aux pieds tout principe et toute vérité ; il a prêché en Egypte le Koran de Mahomet, proclamé son mépris pour les

---

[1] A Saint-Pétersbourg, une publication officielle annonçait la rupture de toute négociation avec la France ; la voici :

Pétersbourg, 26 août 1806.

« Le conseiller d'État d'Oubrill, envoyé dans les premiers jours du mois, 3 mai, à Paris, pour le soulagement des prisonniers russes, reçut en même temps des instructions pour le cas où une occasion se présenterait d'opérer des rapprochements entre la France et la Russie; il revint avec une diligence extraordinaire, portant un traité de paix qu'il avait conclu à cet effet, le 20 juillet, avec le général Clarke, plénipotentiaire du gouvernement français.

« Autant un tel événement eût été agréable pour l'empereur, si cette convention avait été conforme à la dignité de S. M., à ses engagements avec ses alliés, à la sûreté de ses sujets et au repos général de l'Europe, autant il a été désagréable pour elle de voir qu'elle ne répondit en aucune manière à ses vues utiles et bienveillantes.

« Il a plu à S. M. de soumettre cet acte de pacification à son conseil, convoqué expressément à cet effet. Ce traité ayant été

ministres de la sainte Église de Jésus-Christ, convoqué en France des synagogues juives. Vous aimez vos semblables, fuyez le persécuteur des chrétiens; vous désirez être sauvés, opposez des obstacles insurmontables à l'exécution de ses desseins. Il ose s'élever contre Dieu et contre la Russie; prouvez que vous êtes les défenseurs du Très-Haut et de votre patrie. Chassez le monstre; punissez sa barbarie contre tant d'innocents, dont la voix crie et s'élève vers le ciel. Dieu entendra la prière de ses fidèles; il vous couvrira de son pouvoir, il vous environnera de sa grâce, et vos exploits seront célébrés par l'Église et par la patrie; des couronnes immortelles ou un séjour d'éternelle félicité vous attendent [1]. »

Tous les cadres de l'armée russe furent remplis. L'empereur Alexandre publia un manifeste politique, non point dans le langage brillant et fier qu'employait Napoléon lorsqu'il commençait une guerre; la parole du Czar avait quelque chose de grave, de religieux, bien en harmonie avec l'esprit d'une nation essentiellement dévouée à son foyer et à ses institutions; la guerre fut comme un devoir de conscience; chacun dut y porter le contingent de ses forces. Le but de la Russie était de seconder l'ar-

---

comparé avec les instructions de M. d'Oubrill, il en résulte que celui-ci a non seulement dévié des ordres qu'on lui avait donnés, mais qu'il a agi même contre la lettre et l'esprit de la mission dont il était chargé.

« Le conseil impérial, inspiré par un sentiment commun pour l'honneur de la patrie, et suivant les principes connus de S. M. I., a déclaré unanimement que cet acte ne pouvait pas obtenir la ratification suprême; S. M. a donc ordonné de faire connaître cette décision au gouvernement français, ainsi que la disposition où elle est de reprendre les négociations de paix sur d'autres bases. »

[1] Un ukase de l'empereur de Russie expliquait en termes modérés sa politique depuis l'origine de ses différends avec la France :

« Au commencement de cette année le gouvernement français annonçait des dispositions pacifiques : nous donnâmes ordre sur-le-champ d'entrer en négociation avec lui. Les premières ouvertures étaient d'établir une paix compatible avec la dignité et la sûreté de notre Empire, l'intérêt de nos alliés, et qui rendît la tranquillité générale à l'Europe. A notre grand regret, les conditions de paix négociées avec la France ne convenaient ni à la dignité de

mée prussienne, comme elle s'était engagée dans la campagne de 1805 pour appuyer l'armée autrichienne; et, par une fatale circonstance, les retards furent les mêmes : les autrichiens de François II étaient déjà démoralisés lorsque les Russes vinrent en Moravie, et il n'y avait plus d'armée prussienne, lorsque les premiers corps de Bennigsen passèrent le Niémen pour prendre position en Pologne. Ces retards étaient la cause permanente des échecs de toutes les coalitions; rien n'arrivait à temps : tandis que Napoléon courait avec d'immenses moyens, déployant l'activité française et son bouillant courage d'avant-garde, les Russes se remuaient pesamment avec une méthode et un ordre trop régulier pour répondre à toutes les improvisations glorieuses de Napoléon dans une campagne.

La guerre déclarée nationale, l'empire russe se trouva menacé par son centre en Pologne, et au midi dans les provinces de Moldavie et de Valachie. Dès le début de la campagne, Napoléon avait envoyé auprès de Sélim III le général Horace Sébastiani, militaire distingué, vif, spirituel comme un Corse, avec des instructions très étendues pour exciter le Divan à prendre les armes contre la

notre Empire, ni aux intérêts de nos alliés, et nous dûmes leur refuser notre sanction.

« Pour prouver cependant l'immutabilité de nos principes, toujours dirigés, au milieu de tant d'événements, vers le même but, nous avons aussi exposé les bases d'après lesquelles nous étions prêt d'entrer de nouveau en négociation avec le gouvernement français. Ces bases sont si modérées, qu'elles ne peuvent être mises de côté sans que la sûreté générale en soit compromise; et elles sont d'ailleurs tellement liées à l'intérêt général de toutes les puissances, que leur adoption ne peut que produire une paix des plus durables. Le rétablisse-

ment de la paix ou la continuation de la guerre doit donc être la suite de ces mesures. Nous désirons la paix, mais nous la voulons durable et à l'avantage réciproque de tous, rejetant toutes conventions de paix plus ou moins avantageuses qui ne s'allieraient point avec l'honneur du nom russe, la sûreté de notre patrie, la sainteté de nos alliances et la tranquillité générale de l'Europe : c'est pour y parvenir que nous sommes forcé de réunir toutes les forces de notre Empire.

« Nous sommes convaincu que la divine Providence, qui protége et soutient la vérité, protégera avec toute la force de son

Russie. Tout était réfléchi et médité dans la pensée de l'Empereur, et lorsque, dans son message au Sénat, il disait que la paix ne serait pas faite que les Russes n'eussent évacué la Moldavie et la Valachie, c'est qu'alors il voulait parler aux sentiments et à l'ambition de Sélim III, afin de le pousser, au moment de sa campagne contre la Pologne, à une guerre contre les Russes. Le sultan était porté vers Napoléon par des causes intimes : d'abord l'entraînement qui, dans les imaginations orientales, se jette vers tous les hommes de génie, de fatalité et de fabuleuses opérations militaires ; et puis les conquêtes de Napoléon ne l'auraient-elles fait considérer dans l'esprit de Sélim que comme un nouveau Charles XII, il eût encore trouvé là un mobile pour se prononcer contre le successeur de Catherine II !

Les Russes d'ailleurs cherchaient à soulever les populations grecques et les Monténégrins, race de la vieille Albanie, redoutables à la Porte. Le général Michelson occupait, par les ordres d'Alexandre, une partie de la Moldavie et de la Valachie ; dès lors Sélim n'eut pas de peine à écouter favorablement les propositions du général Sébastiani, qui déployait toutes les ruses de l'esprit italien, comme Napoléon, pour entraîner le Sultan à une

---

bras la justice de notre cause. Nous sommes convaincu que nos fidèles sujets, animés dans tous les temps d'amour pour la patrie, toujours guidés par l'honneur et la bravoure, entourés de grands exemples de zèle patriotique, réuniront leurs forces aux nôtres, lorsque la sûreté de l'Empire, la voix de la gloire et nos ordres réclameront leurs services pour le bien public. Avec une ferme confiance dans l'aide de Dieu et le zèle de nos fidèles sujets, nous avons jugé nécessaire de les prévenir probablement, par la présente, de nos desseins, pour leur donner par là une nouvelle preuve que dans aucune de nos entreprises, ni l'agrandissement de notre territoire, ni une gloire frivole ou des victoires passagères, ne sont l'objet de nos vues, mais que nous désirons et travaillons à l'affermissement de la sûreté générale, au maintien de nos traités d'alliance, et à soutenir la dignité de notre couronne.

« Donné à Saint-Pétersbourg, le 31 août 1806 (11 septembre), de notre règne le sixième. »

déclaration de guerre solennelle contre la Russie. Le général Sébastiani, fastueux et brillant, plaisait par ses formes orientales : le Divan leva l'étendard de la guerre sacrée, et les Turcs coururent aux frontières comme pour seconder la campagne de Napoléon. Sélim se montra si favorable à la France, que l'ambassadeur anglais quitta immédiatement Constantinople [1].

La Russie, ainsi menacée par ses deux grandes portes orientale et occidentale, ne recula pas ; le général Michelson prit le commandement de l'armée qui se formait sur le Danube contre les Turcs, tandis que le corps auxiliaire marchant au secours des Prussiens était mis sous les ordres du vieux général Kamenski, à qui l'ancienneté donnait la direction de la campagne. Mais, dans la réalité, Kamenski n'était que le porteur des paroles d'Alexandre, l'homme d'une vieille confiance ; l'armée russe comptait alors des généraux plus capables et plus actifs : il faut placer parmi eux Bennigsen, cette tête fière et forte, qui prit une part si active à la fatale nuit du palais de Mikaëloff ; l'armée russe avait confiance en Bennigsen, caractère d'activité et d'énergie, jusqu'à la bravade ; il y avait dans cet officier la promptitude d'un hussard, la force presque

---

[1] Au sujet de l'ambassade anglaise la Porte fit publier la notification suivante : *La Sublime Porte a fait remettre aux ministres des puissances étrangères la note suivante sur le départ du ministre d'Angleterre :*

« Quoique les rapports sincères qui ont existé sans cesse entre la Sublime Porte et la cour d'Angleterre n'aient pu donner lieu à aucun refroidissement entre elles ; quoique la Sublime Porte, justement offensée des étranges propositions que l'envoyé d'Angleterre a faites il y a quelques jours dans une conférence, se soit contentée d'y répondre qu'elle était actuellement en guerre avec la Russie et en paix avec l'Angleterre ; au moment où l'on se flattait encore qu'après de plus mûres réflexions, l'envoyé anglais se désisterait de prétentions aussi contraires à la dignité des nations et à l'honneur des puissances, cet envoyé les a renouvelées au contraire dans une note qu'il a déclaré vouloir remettre, en conséquence de la conférence, à laquelle il demandait une réponse écrite ; ensuite, sans annoncer son départ et sans qu'on en sût la cause, il s'est

sauvage des vieux Moscovites, quoiqu'il fût Allemand d'origine et bien élevé; Bennigsen était partisan des coups d'audace capables de dérouter Napoléon, habitué aux manœuvres lentes des Prussiens et à la tactique méthodique de l'armée autrichienne.

A côté de Bennigsen, je citerai le prince Bagration, un des généraux les plus remarquables de l'armée russe, celui-là même qui avait mérité l'estime des hommes tels que Lannes, Ney, Soult, dans la campagne d'Austerlitz. Le prince Bagration était admirable à la tête des grenadiers, muraille d'airain devant laquelle s'étaient brisées les baïonnettes mêmes des soldats d'élite d'Oudinot; il commandait et payait tout à la fois de sa personne dans un jour de bataille. Buxhowden était aussi un général de premier ordre; on l'avait vu constamment manœuvrer avec habileté à la bataille d'Austerlitz, où il protégea la retraite en Moravie. Buxhowden avait ordre de se réunir au général prussien Lestocq du côté de Dantzick et de Thorn, pour empêcher le siége que déjà méditaient les Français. Puis on voyait parmi les généraux les Galitzin, si considérables en Russie; Saken, officier de mérite dans de plus récentes campagnes, et qui devait voir un jour son état-major sur la place Vendôme. Ces troupes étaient bonnes, les officiers

---

embarqué subitement avec ses gens et une partie des négociants de sa nation, sur une frégate anglaise qui était au port, et qui partit à minuit en coupant ses câbles. Ce n'est que dans un billet qu'il a laissé pour être remis après son départ à la Sublime Porte, qu'il a déclaré, comme principale cause de son mécontentement, le refus d'un passeport pour un courrier qu'il voulait envoyer aux Dardanelles. Comme il n'a point reçu à cet égard de réponse négative, ce refus ne pouvait être le motif de son départ; et tout le monde sait que ni lui ni les autres sujets anglais n'ont à se plaindre de la moindre chose qui aurait pu compromettre leur sûreté.

« Quoiqu'une telle conduite eût suffisamment autorisé la Sublime Porte à agir d'une manière conforme à la provocation de l'envoyé anglais, elle n'a cependant pas voulu se départir des principes d'équité dont elle est constamment animée, et, dans la ferme persuasion que la cour d'Angleterre est, de son côté, incapable de se conduire d'une

instruits; cette nuée de cosaques qui s'éparpillaient autour des camps ennemis, donnait à l'armée russe des avantages considérables. Chaque jour des officiers étaient enlevés; les cosaques, se précipitant dans les intervalles des corps, s'emparaient des ordonnances et des dépêches, de manière à informer les généraux russes des moindres mouvements de l'armée française; plus d'une fois cette activité tumultueuse et sauvage des cosaques dérouta la pensée militaire de Napoléon.

Deux plans de campagne avaient été présentés au Czar Alexandre; l'un consistait à se retirer incessamment devant l'empereur Napoléon, afin de l'entraîner jusque dans les grandes solitudes de la Russie, où, privé de toute communication, il serait bientôt abîmé par les levées en masse de toute la vieille nationalité slave; plan de prudence qui fut réalisé depuis en 1812. S'il avait des avantages, il avait aussi de graves inconvénients, et surtout un caractère d'abandon et de désespoir qui ne convenait point encore aux Russes. Napoléon avait envahi la Prusse, le roi Frédéric-Guillaume n'avait plus que ses provinces du nord, Dantzick, Kœnigsberg qui servaient de point central à ses opérations; fallait-il le livrer à sa mauvaise fortune? fallait-il laisser l'Empereur des Français maître de la Prusse, appuyé sur des places fortes, et pouvant se

---

manière contraire aux règles de la justice, elle a remis à la garde de M. Hübch, chargé d'affaires danois, et procureur dudit ministère britannique, tous les effets et meubles appartenant à ce dernier; en outre, Sa Hautesse, en accordant sa bienfaisante protection aux familles et aux individus anglais qui sont restés dans ce pays, a donné des ordres précis pour qu'ils fussent en sûreté dans tout l'empire Ottoman; elle a aussi ordonné aux préposés de la régence de faire respecter les vaisseaux et propriétés des sujets anglais, et de les laisser dans l'état actuel jusqu'à nouvel ordre. La Sublime Porte a fait rédiger la présente note officielle, comme une nouvelle preuve de la modération et de la justice qui ont toujours dirigé sa conduite, et l'a fait remettre à tous les ministres des puissances amies, pour qu'ils la communiquent à leurs cours respectives.

« Fait le 25 du mois de Zylkade, l'an de l'hégire 1221 (4 février 1807). »

porter à son gré sur la Pologne? Et la Pologne dans cet abandon ne pourrait-elle pas se séparer violemment de la Russie et proclamer son indépendance[1]? Le second plan de campagne se rattachait à la jonction de l'armée russe avec les débris des Prussiens sur la Vistule ; on viendrait au-devant des Français, pour les chercher en bataille rangée ; n'aurait-on pas toujours le temps de recourir au système qui entraînerait l'armée de Napoléon dans les vastes plaines entre le Niémen et la Moscovie? Il fallait d'abord appuyer les débris des Prussiens, défendre le territoire menacé, si les Français arrivaient jusqu'aux frontières. C'est en conséquence de cette disposition que le corps de Buxhowden avait pris position dans la Vieille-Prusse, tandis que Bennigsen opérait sur la Vistule et Varsovie pour soutenir cette position, la clef de la Pologne.

Pendant ce temps Napoléon, toujours à Berlin, organisait de sa main vigoureuse l'administration prussienne ; seul, méditatif, il savait tous les périls qu'il avait à redouter dans une nouvelle guerre, et il faut attribuer à la présence redoutable des Russes sur la Vistule les nouvelles levées de conscrits qu'il avait demandées au Sénat dans l'hiver de cette année. La Prusse était conquise ; mais à la face de cette population allemande, se trouvait la Pologne dont l'histoire retentissante était mêlée à

---

[1] Le Czar en partant pour l'armée adressait un autre ukase aux Moscovites.

« Nous, par la grâce de Dieu, Alexandre Ier, etc., faisons part à tous nos sujets :

« Par notre manifeste du 30 août (11 septembre) nous avons donné connaissance de la situation des choses entre nous et le gouvernement français.

« Dans une position aussi peu amicale, la Prusse formait seule encore un rempart entre nous et les Français qui s'étaient établis dans les différentes parties de l'Allemagne.

« Mais bientôt le feu de la guerre ayant éclaté de nouveau, et s'étant répandu dans les États prussiens, par suite de différentes affaires malheureuses, nos propres frontières se trouvent aujourd'hui menacées par l'ennemi.

« Si l'honneur nous a guidés en tirant

toutes les grandes affaires diplomatiques du dernier siècle. Lorsque Napoléon quitta Paris pour la campagne de Prusse, il avait pressenti que ses armes, pour être victorieuses, auraient besoin de plus d'un auxiliaire ; les puissances qui avaient pris part au partage de la Pologne étaient la Russie, la Prusse et l'Autriche, les adversaires de sa politique. C'était se donner une immense force que de réveiller la Pologne en protégeant l'énergie nationale de ce peuple si brave, si ardent, contre les oppresseurs de la patrie ; une insurrection polonaise préparerait une diversion heureuse au moment où une campagne allait s'ouvrir ; la Pologne avait quelque chose de chevaleresque ; sa loyauté militaire devait plaire à l'armée française : on avait si souvent présenté ces deux nations comme le type de la fraternité dans la vieille politique des États !

La Pologne se composait de deux classes véritablement patriotes : les nobles et le clergé (le catholicisme et le blason). En dehors de cela, il n'y avait plus que du bas peuple et des juifs, des paysans serfs ou une bourgeoisie abâtardie et soumise aux riches ; la véritable nation, c'était la noblesse ; et voilà pourquoi la Pologne, si brillante, se divisa, se morcela comme dans le moyen âge dont elle avait gardé l'empreinte. Napoléon avait-il le dessein de relever la Pologne de ses ruines ? rien ne

l'épée pour la défense de nos alliés, à combien plus forte raison ne devons-nous pas lever le glaive pour la conservation de notre propre existence ?

« Nous avons de bonne heure pris toutes les mesures nécessaires pour être en état d'aller au-devant des ennemis, même avant qu'ils aient pu s'approcher de nos frontières.

« Après avoir donné à notre armée l'ordre de passer les frontières, nous en avons confié le commandement à notre maréchal comte Kamenski.

« Nous sommes persuadé que tous nos fidèles sujets se joindront à nous dans les prières qu'ils adresseront à celui qui dirige les empires et les succès des guerres ; espérons que le Seigneur prendra sous son égide notre propre cause, et que sa puissance ainsi que sa bénédiction accompa-

21.

porte à le croire; le caractère polonais était antipathique à celui de l'Empereur; il n'aimait pas les peuples à révoltes et les nations turbulentes. Tout ce système de royautés électives, d'assemblées presque républicaines sur un champ de manœuvres, tout cela n'allait pas à ses idées, à ses habitudes, à son dogme d'obéissance passive. Peut-être Murat, Bernadotte, ou quelques-uns des compagnons de fortune de Napoléon avaient-ils la pensée de relever l'indépendance du royaume de Pologne pour le placer ensuite sous leur sceptre; jamais Napoléon n'eût embarrassé ses négociations et ses desseins avec la Prusse, l'Autriche ou la Russie, par l'idée généreuse de reconstruire les Polonais comme peuple indépendant. L'Empereur avait peu de ces idées enthousiastes et romanesques qui font battre le cœur pour l'idéalisme politique; lui, n'aimait dans ses projets que des résultats d'utilité éminemment pratique et réalisables. Que les Polonais fussent corps de nation, cela ne lui importait guère; il ne faisait pas de chevalerie en faveur des peuples; s'il aimait la force, c'était pour son pouvoir; les croisades pour les idées n'entraient pas dans son dessein; il pouvait se servir des Polonais dans ses projets de conquête et de leur glorieuse noblesse pour l'accompagner à la guerre, la faire lever tout entière à cheval, mais il ne prenait aucun engagement envers ce peuple brave et justement

---

gneront les colones russes armées contre l'ennemi commun de l'Europe.

« Nous sommes également convaincu que les départements frontières s'empresseront, dans les circonstances actuelles, à nous donner de nouvelles preuves de leur attachement, et que, sans se laisser ébranler ni par la crainte ni par les illusions frivoles, ils poursuivront tranquillement leur carrière sous un gouvernement paternel et doux, et sous la protection des lois.

« Enfin, nous ne doutons pas que tous les fils de la patrie, se confiant dans la puissance divine, sur la valeur de nos troupes et sur l'expérience constatée de leur général, se prêteront volontiers aux sacrifices que pourront exiger la sûreté de l'empire et l'amour de la patrie »

Alexandre.

fier de lui-même ; pour lui les Polonais ne furent jamais que des auxiliaires formant des régiments d'élite, dont la bravoure servait la gloire de l'Empereur, et rien au-delà ; il employait leur sang ; la patrie viendrait ensuite si Dieu le permettait.

La campagne de Prusse n'était pas encore commencée que Napoléon, invoquant les souvenirs de la Pologne, préparait une insurrection qui pouvait lui être si utile dans cette campagne. La police à ses ordres inventa une proclamation de Kosciusko aux braves enfants de la Pologne[1] ; Kosciusko avait joué un si grand rôle dans l'insurrection de 1795, son nom était retentissant en Pologne, et pouvait réveiller l'enthousiasme de ces populations. Dans la vérité, Kosciusko n'avait fait aucune démarche, il vivait paisible, recevant une pension de la Russie à laquelle il avait juré fidélité, et il y tenait scrupuleusement[2]. Tous les moyens étaient bons à l'Empereur pour arriver à son dessein d'insurrection et créer un sorte de Vendée polonaise, laquelle pourrait se placer sur les derrières de l'armée russe et de l'armée prussienne opérant sur l'Elbe. Après Iéna, et quand l'Empereur se trouvait encore à Berlin pour méditer sur sa campagne, il fit venir de l'Italie et de tous les points où ils servaient

---

[1] Napoléon faisait publier de Paris, sous la date du 1er novembre, une prétendue lettre de Kosciusko à ses compatriotes : Kosciusko la désavoua hautement ; il voulait une république polonaise sans la soumettre à Napoléon ; c'était l'ami de M. de La Fayette. Voici au reste la proclamation inventée par la police :

« Kosciusko se rend parmi vous... Ici ce ne sont point des conquérants avides... Polonais ! la grande nation est devant vous ; Napoléon vous attend et Kosciusko vous appelle... Je m'attache à vous pour ne m'en séparer jamais. Digne du grand homme dont le bras est étendu vers nous... je contribuerai à vous relever... Les temps de la Pologne sont revenus... Nous sommes sous l'égide du monarque qui dompte les difficultés par des miracles. »

[2] « Le noble Kosciusko, fidèle au serment qu'il avait prêté à feu l'empereur Paul, s'était refusé, dès le début de la guerre, aux sollicitations de l'Empereur des Français, et avait méprisé les offres brillantes comme les menaces de ses agents. »

(Note de M. de Hardenberg.)

militairement, les officiers polonais, afin qu'ils pussent l'aider dans l'œuvre d'une insurrection de la patrie; elle lui était nécessaire alors, et il fixa pour lieu de rendez-vous aux Polonais, Posen, la première station désignée pour sa campagne contre les Russes.

Le principal instrument qu'employa Napoléon fut le général Dabrowsky, qui avait servi dans les guerres de la Révolution et qui vint le rejoindre à Berlin; il lui adjoignit Joseph Wibinsky, un des représentants inconnus des villes libres à la diète de 1791; Napoléon, sans leur dire aucun de ses desseins réels sur la Pologne, leur demanda de s'adresser à leurs compatriotes pour être secondé dans la campagne qui allait s'ouvrir sur leur territoire. Dabrowsky consentit à tout et fit une proclamation déclamatoire aux Polonais pour grandir et glorifier l'Empereur [1]. Napoléon ne prenait aucun engagement formel, le général disait : « Que l'Empereur s'avançait avec 300,000 hommes; les Polonais devaient bien mériter de sa magnanimité pour attirer sur eux sa protection auguste. A Posen, on jugerait si les Polonais étaient une nation digne de l'être. » Dabrowsky les invitait donc à accourir vers Napoléon

---

[1] Voici le texte de cette proclamation fastueuse :
Jean-Henri Dabrowsky, général de division, décoré du Grand-Aigle de la Légion d'honneur, commandeur de l'ordre royal de la couronne de fer;
Joseph Wibinsky, représentant des villes libres à la diète de 1791;
« Polonais, Napoléon-le-Grand, l'invincible, entre en Pologne avec une armée de 300,000 hommes. Sans vouloir approfondir les mystères de ses vues, tâchons de mériter sa magnanimité.
« Je verrai, nous a-t-il dit, je verrai si vous méritez d'être une nation. Je m'en vais à Posen; c'est là que mes premières idées se formeront sur votre compte.

« Polonais! il dépend donc de vous d'exister et d'avoir une patrie, votre vengeur, votre créateur est là.
« Accourez de tous côtés au-devant de lui, comme accourent les enfants éplorés à l'apparition de leur père. Apportez-lui vos cœurs, vos bras. Agissez, et prouvez-lui que vous êtes prêts à verser votre sang pour recouvrer votre patrie. Il sait que vous êtes désarmés, il vous fournira des armes.
« Et vous, Polonais, forcés par nos oppresseurs de combattre pour eux et contre votre propre intérêt, venez! Ralliez-vous sous les drapeaux de notre patrie.
« Bientôt Kosciusko, appelé par Napoléon-le-Grand, vous parlera par ses ordres. En

comme des enfants vers leur père, et on verrait alors la Pologne renaître à son ancienne splendeur ; des miracles se feraient sous l'égide du grand Napoléon.

A Posen, l'Empereur réunit en effet beaucoup de Polonais autour de lui; les caressant par l'amour-propre, il leur fit espérer la patrie, et les engagea à combattre vigoureusement. Le but principal était la guerre ; après on verrait bien de les constituer en nation, s'ils le méritaient; l'Empereur, alors très préoccupé de l'état moral des on armée, pouvait être inquiet de son avenir; il avait vaincu les Prussiens avec une grande activité ; la victoire avait couronné ses aigles, l'armée se fortifiait chaque jour, tous ces faits étaient incontestables; on venait de signer à Posen un traité définitif avec la Saxe ; le roi entrait dans la Confédération du Rhin, et promettait son contingent de valeureux soldats [1]; mais un sentiment d'inquiétude et de fatigue se manifestait dans les rangs; on marchait en plein mois de décembre sous un ciel sans soleil ; la gelée n'était pas venue, les chemins étaient affreux, couverts de boue, la pluie presque toujours battante ; on quittait le beau pays

attendant recevez ce gage de sa haute protection. Souvenez-vous que la proclamation par laquelle on vous appela pour former des légions en Italie ne vous a pas trahis ; ce sont ces légions qui, méritant les suffrages de l'invincible héros de l'Europe, lui ont donné le premier indice de l'esprit et du caractère polonais. »

Fait au quartier impérial de Berlin, ce 3 novembre 1806.

     Dabrowsky, Wibinsky.

[1] *Traité de paix signé à Posen le 11 décembre 1806, entre la France et la Saxe.*

Art. 1. A compter de la signature du présent traité, il y aura paix et amitié parfaite entre S. M. l'Empereur des Français, roi d'Italie, et la Confédération du Rhin, d'une part ; et S. A. S. l'électeur de Saxe.

Art. 2. S. A. S. E. accède au traité de confédération et d'alliance conclu à Paris, le 12 juillet de la présente année, et par son accession elle entre dans toutes les obligations de l'alliance de la même manière que si elle eût été partie principale contractante audit traité.

Art. 3. S. A. S. E. prendra le titre de roi, et siégera dans le collège et au rang des rois, suivant l'ordre de son introduction.

Art. 4. Il ne pourra, sans le consentement préalable de la Confédération du Rhin, dans aucun cas et pour quelque cause que ce soit, donner passage par le royaume de Saxe à aucune troupe, à aucun corps ou

d'Allemagne pour se concentrer dans les marais de la Pologne ; l'artillerie s'embourbait, la pluie tombait par torrents au milieu de ces longues colonnes défilant mornes et silencieuses sur les routes défoncées ; l'eau fouettait depuis un mois le visage basané des grenadiers : le manque de vivres, cette langue qu'on ne comprenait pas, ces villages à l'aspect triste, tout cela serrait les cœurs. Le soldat même de la vieille garde murmurait, et c'est de cette campagne de Pologne qu'est venu le mot traditionnel de *grognard* donné aux vieux prétoriens qui servaient Napoléon depuis dix ans, et mouraient pour lui avec fierté. Ceux-là avaient le privilége de dire leurs plaintes en termes énergiques, et Napoléon se gardait bien de punir ces vieilles moustaches au milieu des privations de la campagne. Souvent on le voyait à la tête des colonnes en marche, la pluie dégouttant sur son chapeau déformé, mangeant du pain noir comme eux, couchant au bivouac comme eux ; ses soldats lui disaient des mots d'une dure franchise : Quel pays ! quel ciel ! quelle terre ! ou allait-on ?

La tristesse assombrissait le visage de ces vieux sol-

---

détachement de troupes d'aucune puissance étrangère à ladite confédération.

Art. 5. Les lois et actes qui déterminent le droit réciproque des divers cultes établis en Allemagne, ayant été abolis par l'effet de la dissolution de l'ancien corps germanique, et n'étant pas d'ailleurs compatibles avec les principes sur lesquels la confédération a été formée, l'exercice du culte catholique sera, dans la totalité du royaume de Saxe, pleinement assimilé à l'exercice du culte luthérien, et les sujets des deux religions, jouiront, sans restriction, des mêmes droits civils et politiques, S. M. l'Empereur et Roi faisant une condition particulière de cet objet.

Art. 6. S. M. l'Empereur des Français, roi d'Italie, s'engage à faire céder à S. M. le roi de Saxe, par le futur traité de paix avec la Prusse, le Kotbusser-Creiss, ou cercle de Kotbus.

Art. 7. S. M. le roi de Saxe cède au prince qui sera désigné par S. M. l'Empereur des Français, roi d'Italie, et dans la partie de la Thuringe située entre les principautés d'Eichsfeld et d'Erfurth, un territoire égal en rapport et en population à celui du cercle de Kotbus ; lequel territoire servant à lier lesdites principautés, sera possédé par ledit prince en toute propriété et souveraineté. Les limites de ce territoire seront fixées par des commissaires respectivement nommés à cet effet, immédiatement après l'échange des ratifications.

dats ; arrivé à Posen, Napoléon dut relever le moral de l'armée, et à cette œuvre il s'y entendait grandement. Il fit annoncer dans une de ses proclamations à la manière antique : « que bientôt on trouverait les Russes pour les combattre et les vaincre. » Quand l'Empereur voyait le soldat bien démoralisé, il lui promettait la victoire, et ce moyen, toujours efficace, ramenait une ardeur puissante et vigoureuse dans l'âme de ces glorieux enfants qui couraient à la conquête sous les yeux de leur Empereur [1]. Des gratifications extraordinaires furent distribuées comme encouragement ; les maréchaux reçurent jusqu'à 10,000 fr. par mois, et jusqu'aux sous-lieutenants tous obtinrent double paie. Enfin, par un décret impérial, le souvenir de la grande armée dut être perpétué jusqu'à la postérité la plus reculée.

Voici quel fut le gigantesque projet de Napoléon, rêvé dans une de ses nuits de la tente. Sur une des grandes places de Paris, on élèverait un temple à la gloire ; après Austerlitz, une colonne triomphale avait été décrétée à la manière des Romains ; après la campagne de Prusse, ce fut un temple dédié au souvenir de tant de braves qui se dévouaient à la patrie et à la fortune de leur souverain.

Art. 8. Le contingent du royaume de Saxe, pour le cas de guerre, sera de 20,000 hommes, de toutes armes, présents sous les armes.

Art. 9. Pour la présente campagne, et vu les événements qui ont eu lieu, le contingent du royaume de Saxe sera de 1500 hommes de cavalerie, 4,200 hommes d'infanterie, 300 hommes d'artillerie et douze pièces de canon.

Art. 10. Toute contribution cessera du moment de la signature du présent traité.

Art. 11. Le présent traité sera ratifié, et les ratifications en seront échangées à Dresde, dans le délai de huit jours.

Fait à Posen, le 11 du mois de décembre de l'année 1806.

Signé, le comte Charles de Bosse.
Michel Duroc.

[1] *Proclamation.*
Au quartier-général impérial, à Posen, le 2 décembre 1806.

« Soldats, il y a aujourd'hui un an, à cette heure même, que vous étiez sur le champ mémorable d'Austerlitz. Les bataillons russes épouvantés fuyaient en déroute, ou, enveloppés, rendaient les armes à leurs vainqueurs. Le lendemain, ils firent entendre des paroles de paix ; mais elles étaient trompeuses. A peine échappés

Ce temple aurait son portique, ses colonnades de marbre, comme le Parthénon d'Athènes; dans son enceinte, seraient représentés tous les beaux faits d'armes de fiers et braves soldats. Des statues, œuvres des grands maîtres, en marbre blanc, devaient être consacrées à chaque maréchal chef de corps; les généraux seraient représentés sur des bas-reliefs de grandeur naturelle à la tête de leurs divisions, les colonels à la face de leurs régiments, et les noms des officiers et des soldats devraient être inscrits en lettres d'or sur des tables de marbre noir et blanc. Cette idée si grandiose serait-elle exécutée? Le temps, ce maître implacable, permettrait-il de réaliser une pensée d'art si mâle, si romaine? Comme toutes les œuvres trop grandes, peu se finissaient; conçus sur un trop vaste plan, l'Empereur n'avait ni le loisir ni les forces nécessaires pour exécuter ces immenses projets, décrétés comme la foudre pour relever l'enthousiasme du bivouac le lendemain d'une bataille [1].

Depuis l'apparition des Russes les opérations mili-

---

par l'effet d'une générosité peut-être condamnable, aux désastres de la troisième coalition, ils en ont ourdi une quatrième. Mais l'allié sur la tactique duquel ils fondaient leur principal espérance n'est déjà plus. Ses places fortes, ses capitales, ses magasins, ses arsenaux, deux cent quatre-vingts drapeaux, sept cents pièces de bataille, cinq grandes places de guerre sont en notre pouvoir. L'Oder, la Wartha, les déserts de la Pologne, les mauvais temps de la saison n'ont pu vous arrêter un moment. Vous avez tout bravé, tout surmonté; tout a fui à votre approche.

« C'est en vain que les Russes ont voulu défendre la capitale de cette ancienne et illustre Pologne; l'aigle française plane sur la Vistule. Le brave et infortuné Polonais, en vous voyant, croit revoir les légions de Sobieski de retour de leur mémorable expédition.

« Soldats, nous ne déposerons point les armes que la paix générale n'ait affermi et assuré la puissance de nos alliés, n'ait restitué à notre commerce sa liberté et ses colonies. Nous avons conquis sur l'Elbe et l'Oder, Pondichery, nos établissements des Indes, le cap de Bonne-Espérance et les colonies espagnoles. Qui donnerait le droit de faire espérer aux Russes de balancer les destins? Qui leur donnerait le droit de renverser de si justes desseins? Eux et nous ne sommes-nous pas les soldats d'Austerlitz? »
Signé, Napoléon.

[1] *Ordre du jour.*
De notre camp impérial de Posen, le 2 décembre 1806.

« Napoléon, Empereur des Français et

taires prirent un caractère plus opiniâtre ; on avançait avec précaution, les flancs de l'armée étaient entourés de nuées de cosaques qui s'emparaient des officiers et des dépêches. L'Empereur faisait insulter dans ses bulletins ce qu'il appelait une méprisable cavalerie ; cela pouvait être vrai, et pourtant, cavaliers hardis, tumultueux, les cosaques faisaient beaucoup de mal à l'armée ; ils chargeaient en poussant des *houra!* On n'était point encore habitué à ces coups de lances, dirigés d'une main de fer ; les cosaques s'emparaient des convois, de l'artillerie, des munitions ; l'aide-de-camp comte Philippe de Ségur, lui-même, fut enlevé par un pluck de cette cavalerie active et légère ; les expressions méprisantes de l'Empereur indiquent souvent toute la colère qu'il éprouva à l'aspect de ces Tartares, à la figure étrange, qui se déployaient en campagne ; les cosaques étaient dangereux surtout, parce qu'ils n'avaient pas les mêmes besoins que les soldats réguliers ; ils couchaient dans la

---

Roi d'Italie, avons décrété et décrétons ce qui suit :

Art. 1. Il sera établi sur l'emplacement de la Madelaine de notre bonne ville de Paris, aux frais du trésor de notre couronne, un monument dédié à la grande armée, portant sur le frontispice : *L'Empereur Napoléon aux soldats de la grande armée.*

Art. 2. Dans l'intérieur du monument seront inscrits, sur des tables de marbre, les noms de tous les hommes par corps d'armée et par régiments qui ont assisté aux batailles d'Ulm, d'Austerlitz et d'Iéna ; et sur des tables d'or massif, les noms de tous ceux qui sont morts sur les champs de bataille. Sur des tables d'argent sera gravée la récapitulation, par département, des soldats que chaque département a fournis à la grande armée.

Art. 3. Autour de la salle seront sculptés des bas-reliefs où seront représentés les colonels de chacun des régiments de la grande armée, avec leurs noms. Ces bas-reliefs seront faits de manière que les colonels soient groupés autour de leurs généraux de division et de brigade par corps d'armée. Les statues en marbre des maréchaux qui ont commandé des corps, ou qui ont fait partie de la grande armée, seront placées dans l'intérieur de la salle.

Art. 4. Les armures, statues, monuments de toute espèce enlevés par la grande armée dans les deux campagnes ; les drapeaux, étendards et timbales conquis par la grande armée, avec les noms des régiments ennemis auxquels ils appartenaient, seront déposés dans l'intérieur du monument.

Art. 5. Tous les ans, aux anniversaires des batailles d'Austerlitz et d'Iéna, le monument sera illuminé et il sera donné un

boue, sur la terre gelée, aux pieds de leur cheval, avec le même charme qu'un soldat dans un lit de garnison ; pour eux la nourriture la plus simple est suffisante, un peu de maïs broyé et détrempé dans de l'eau, voilà leur vie ; c'était l'Arabe du Nord.

L'Empereur pressa le mouvement en avant, et après quelques échanges de balles et de boulets, il porta son quartier-général à Varsovie. Le cri de l'armée était alors le repos ; le découragement était venu ; les vivres manquaient, les vents violents brisaient les tentes et rendaient le terrain impraticable ; une boue noire couvrait toutes les routes, l'artillerie mettait une journée pour faire une lieue, les caissons et les pièces restaient embourbés, la faim brisait les entrailles du soldat ; triste spectacle que ces plaines de Pologne, ces bords de la Vistule s'étendant comme une nappe de sable noir, fatal linceul jeté partout sur la terre ; à quelques lieues on ne voyait que boue ; l'armée comptait presque un cinquième de malades ; Murat était au lit avec la

concert, précédé d'un discours sur les vertus nécessaires au soldat, et d'un éloge de ceux qui périrent sur le champ de bataille dans ces journées mémorables. Un mois avant, un concours sera ouvert pour recevoir la meilleure pièce de musique analogue aux circonstances. Une médaille d'or de cent cinquante doubles napoléons sera donnée aux auteurs de chacune de ces pièces qui auront remporté le prix. Dans les discours et odes il est expressément défendu de faire aucune mention de l'Empereur.

Art. 6. Notre ministre de l'intérieur ouvrira sans délai un concours d'architecture pour choisir le meilleur projet pour l'exécution de ce monument. Une des conditions du prospectus sera de conserver la partie du bâtiment de la Madelaine, qui existe aujourd'hui, et que la dépense ne dépasse pas 3,000,000. Une commission de la classe des beaux-arts de notre Institut sera chargée de faire un rapport à notre ministre de l'intérieur, avant le mois de mars 1807, sur les projets soumis au concours. Les travaux commenceront le 1er mai et devront être achevés avant l'an 1809. Notre ministre de l'intérieur sera chargé de tous les détails relatifs à la construction du monument, et le directeur-général de nos musées, de tous les détails des bas-reliefs, statues et tableaux.

Art. 7. Il sera acheté 100,000 francs de rente en inscriptions sur le grand-livre, pour servir à la dotation du monument, et à son entretien annuel.

Art. 8. Une fois le monument construit, le grand conseil de la Légion d'honneur sera spécialement chargé de sa garde, de sa conservation et de tout ce qui est relatif au concours annuel.

Signé, Napoléon.

fièvre; l'officier était pâle, les yeux caves, le regard sinistre; les quartiers-d'hiver étaient donc indispensables, et Napoléon résolut de fixer sa cour à Varsovie, pour reprendre au printemps le mouvement d'une belle campagne.

Cette cour plénière fit dès lors contraste avec la misère de l'armée et la privation des camps; l'Empereur portait tout avec lui, jusqu'à sa vaisselle plate; installé dans le palais des vieux rois de Pologne à Varsovie, il se montra, comme à Saint-Cloud, avec son faste et sa grandeur impériale[1]. La nation polonaise, enthousiaste des Français, espérait sa nationalité dans un remaniement général de l'Europe. Les hautes classes de Varsovie accueillaient partout les officiers-généraux: il règne dans ces salons un ton parfait, une science qui s'étend jusqu'aux femmes; l'éducation est infiniment soignée, les manières choisies; la présence de brillants officiers anima tous ces salons un peu déserts depuis le triste partage; Napoléon recevait chaque soir; deux fois par semaine il donnait des concerts avec la

---

[1] L'empereur Napoléon se fit complimenter à Varsovie par la noblesse polonaise en termes enthousiastes.
Discours prononcé, en latin, par S. Exc. le comte Radzimiesky, palatin de Guesne, chevalier des ordres de Pologne, présenté à S. M. avec les sénateurs de la Grande-Pologne.

« Très auguste, sérénissime et invincible Empereur!

« Sire, l'univers entier connaît vos exploits et vos triomphes.

« L'Occident a vu le premier développement de votre génie.

« Le Midi fut la récompense de vos travaux.

« L'Orient, par vous, est devenu un objet d'admiration.

« Le Nord sera le terme de vos glorieuses victoires.

« La nation polonaise, qui est comprise dans ses limites, vous salue, par mon organe, vous honore et vous révère comme son libérateur.

« Avec bien plus de raison que les anciens Romains le disaient de leurs empereurs, nous et notre postérité nous serons fondés à dire:

« Le grand empereur Napoléon Ier a paru sur la surface de la terre, a vu, et a vaincu l'univers. »

« La nation polonaise présente devant V. M., gémissant encore sous le joug des nations germaniques, prie humblement et implore, par la voix d'un de ses sénateurs, le très auguste, le sérénissime empereur Napoléon, notre très gracieux seigneur, qu'il daigne faire renaître la Pologne de ses cendres. »

même magnificence qu'à Paris; on parla beaucoup alors (car il y avait des courtisans pour toutes choses) d'une passion née dans le cœur de l'homme qui n'avait d'autre amour que la gloire; celle-ci fut assez publique pour provoquer tous les petits parlages du palais et les révélations de valets de chambre; l'Empereur eut une favorite, comme Louis XV, il vécut avec elle; le valet de chambre Constant les servait tous deux à leur lever dans sa propre chambre à coucher, et ce scandale d'affaiblissement et de torpeur morale, Napoléon le donna pendant tout son séjour à Varsovie[1]. Il correspondait soigneusement avec Joséphine, il régnait dans ses lettres une certaine confiance et un abandon; il voulait peut-être se faire pardonner; tout fut public et les complaisants ne manquèrent pas. Il résulta de cette situation une mollesse dans les idées de l'Empereur; à Varsovie il n'est plus le même; le repos lui devient nécessaire; il manifeste un découragement dont les Russes surent profiter un peu plus tard à Prussich-Eylau, surprise sanglante après le séjour de Varsovie, la Capoue du nouvel Annibal.

D'après les ordres de l'Empereur, le travail gouverne-

---

[1] Le témoignage du valet de chambre Constant indique la situation affaiblie de l'Empereur amoureux et la complaisance de plus d'un courtisan.

« A Varsovie, où S. M. passa tout le mois de janvier 1807, elle habitait le grand palais. La noblesse polonaise, empressée à lui faire la cour, lui donnait des fêtes magnifiques, des bals très brillants, auxquels assistait tout ce que Varsovie renfermait à cette époque de riche et de distingué. Dans une de ces réunions, l'Empereur remarqua une jeune Polonaise, madame V......, âgée de 22 ans, et nouvellement mariée à un vieux noble, d'humeur sévère, de mœurs extrêmement rigides, plus amoureux de ses titres que de sa femme, qu'il aimait pourtant beaucoup, mais dont, en revanche, il était plus respecté qu'aimé. L'Empereur vit cette dame avec plaisir, et se sentit entraîné vers elle au premier coup d'œil. Elle était blonde, elle avait les yeux bleus et la peau d'une blancheur éblouissante; elle n'était pas grande, mais parfaitement bien faite et d'une tournure charmante. L'Empereur s'étant approché d'elle, entama aussitôt une conversation qu'elle soutint avec beaucoup de grâce et d'esprit, laissant voir qu'elle avait reçu une brillante éducation. Une teinte légère de mélancolie répandue sur toute sa personne la rendait plus séduisante encore. S. M. crut voir en elle une femme sacrifiée, malheureuse en ménage, et l'intérêt que cette idée lui ins-

mental de Paris était régulièrement envoyé au quartier-général de Varsovie, un auditeur l'apportait dans une voiture de poste ; chaque portefeuille ministériel était déposé dans le cabinet ; le voyage de l'auditeur se faisait à trois ou quatre lieues l'heure ; que le messager fût souffrant et malade, peu importait, il n'était qu'un courrier, un cheval de poste même; les portefeuilles étaient ouverts par M. Maret, préparés en quelques heures et signés par l'Empereur qui voulait gouverner à deux cent cinquante lieues des frontières. C'est ce qui créait l'omnipotence de M. Maret; il avait des notes personnelles, des amitiés, des répugnances peu réfléchies et vulgairement appliquées ; rarement le travail des ministres à Paris sur les choix personnels ou administratifs était approuvé par l'Empereur. M. Maret n'avait pas une capacité assez éminente pour ce rôle ; l'Empereur était aise de faire autre chose que ce que lui indiquaient ses ministres à département, et il prenait M. Maret comme instrument dans ce rôle ; quelquefois on expédiait deux ou trois auditeurs par semaine, et, le travail fait, chacun d'eux était renvoyé à Paris avec la même promptitude. Les ministres

pira le rendit plus amoureux, plus passionné que jamais il ne l'avait été pour aucune femme. Elle dut s'en apercevoir.

« Le lendemain du bal, l'Empereur me parut dans une agitation inaccoutumée. Il se levait, marchait, s'asseyait et se relevait de nouveau, je croyais ne pouvoir jamais venir à bout de sa toilette ce jour-là. Aussitôt après son déjeuner il donna mission à un grand personnage que je ne nommerai pas, d'aller de sa part rendre une visite à madame V........, et lui présenter ses hommages et ses vœux. Elle refusa fièrement des propositions trop brusques peut-être, ou que peut-être aussi la coquetterie naturelle à toutes les femmes lui commandait de repousser. Le héros lui avait plu ; l'idée

d'un amant tout resplendissant de puissance et de gloire fermentait sans doute avec violence dans sa tête, mais jamais elle n'avait eu l'idée de se livrer ainsi sans combat. Le grand personnage revint tout confus et bien étonné de ne pas avoir réussi dans sa négociation. Le jour d'après, au lever de l'Empereur, je le trouvai encore préoccupé. Il ne me dit pas un mot, quoiqu'il eût assez l'habitude de me parler. Il avait écrit plusieurs fois la veille à madame V....... qui ne lui avait pas répondu. Son amour-propre était vivement piqué d'une résistance à laquelle on ne l'avait pas habitué. Enfin il écrivit tant de lettres, et si tendres, si touchantes, que madame V....... céda. Elle consentit à venir voir l'Empereur le soir entre

étaient tout étonnés de trouver des changements dans leurs portefeuilles; ils en savaient la source, et rarement ils étaient en bon rapport avec le secrétaire-d'État. Et comment voulait-on que M. de Talleyrand ou Fouché ne fussent pas plus qu'étonnés de subir des corrections de la part de M. Maret? tous deux hommes politiques, à vue sérieuse de gouvernement et de diplomatie, ils ne pouvaient subir ce joug d'une capacité très contestable; cette position leur paraissait intolérable, ils s'en plaignaient dans leur correspondance.

L'Empereur cependant manda M. de Talleyrand de Berlin à Varsovie : depuis le commencement de la campagne, le ministre des relations extérieures, partisan chaud et actif de la paix européenne, avait néanmoins subi la volonté de Napoléon, et ceux qui approchaient de sa personne pouvaient voir que M. de Talleyrand était très affecté des dernières mesures de l'Empereur; le décret de Berlin sur le blocus de l'Angleterre lui paraissait un acte inconciliable avec les éléments d'une paix nécessaire à l'Europe; les mesures irritables

dix et onze heures. Le grand personnage dont j'ai parlé reçut l'ordre d'aller la prendre en voiture dans un endroit désigné. L'Empereur, en l'attendant, se promenait à grands pas, et témoignait autant d'émotion que d'impatience ; à chaque instant il me demandait l'heure. Madame V....... arriva enfin, mais dans quel état! pâle, muette et les yeux baignés de larmes. Aussitôt qu'elle parut, je l'introduisis dans la chambre de l'Empereur; elle pouvait à peine se soutenir et s'appuyait en tremblant sur mon bras. Quand je l'eus fait entrer, je me retirai avec le personnage qui l'avait amenée. Pendant son tête-à-tête avec l'Empereur, madame V....... pleurait et sanglottait tellement, que, malgré la distance, je l'entendais de manière à me fendre le cœur. Il est probable que dans ce premier entretien l'Empereur ne put rien obtenir d'elle. Vers deux heures du matin S. M. m'appela. J'accourus et je vis sortir madame V......., le mouchoir sur les yeux et pleurant encore à chaudes larmes. Elle fut reconduite chez elle par le même personnage. Je crus bien qu'elle ne reviendrait pas.

« Deux ou trois jours après néanmoins, à peu près à la même heure que la première fois, madame V....... revint au palais; elle paraissait plus tranquille. La plus vive émotion se peignait encore sur son charmant visage; mais ses yeux au moins étaient secs et ses joues moins pâles. Elle se retira le matin d'assez bonne heure et continua ses visites jusqu'au moment du départ de l'Empereur. » (Mémoires de Constant.)

n'allaient point à ses idées; il voulait profiter de la victoire, mais sans excès. Les conditions imposées par l'Empereur à la Prusse lui paraissaient un mouvement de colère irréfléchi; il avait tout signé, tout approuvé officiellement; mais le ministre gardant son opinion personnelle, ne pouvait s'empêcher de blâmer cette politique inflexible; où conduisait-elle l'Empereur? M. de Talleyrand avait pris en dégoût, comme l'armée, la terre de Pologne; il arrivait à Varsovie par l'invitation de l'Empereur, et dans la route sa voiture s'était cassée; M. de Talleyrand resta plus de douze heures dans la boue noire et trempé de pluie, et on peut bien s'imaginer que lui, l'homme des salons et de la vie élégante, dut prendre en haine cette terre maudite du ciel. Il renouvela tous ses efforts pour amener un traité qui devait en finir avec tant de privations.

A voir même d'un peu près la situation de l'Empereur à Varsovie, elle n'offrait aucun principe de sécurité; il avait traversé la Prusse, sans doute; les vieux bataillons de Frédéric avaient fui à sa présence; mais arrivé à la Vistule, l'Empereur avait trouvé de plus fermes adversaires dans les Russes : ceux-là se battaient bien; ils opposaient une résistance tenace et remarquablement forte aux attaques des envahisseurs. Dans le centre de l'Allemagne, s'il n'existait plus d'ennemis, il se formait des partis conduits par des chefs, tels que Schill et le prince de Brunswick-OEls; en cas d'échec sur la Vistule, les populations se levant en masse contre les Français, quelle retraite serait assurée[1]? On n'était pas non plus

---

[1] On commit alors des cruautés inouïes en Allemagne. Voici un ordre du jour de Davoust :
« Les habitants du village de Wezdorff (à l'exception des femmes, des enfants et des vieillards), ont été tous punis de mort. Tous ceux qui pourraient imiter ces rebelles seront traités de la même manière.

sans inquiétude sur l'Autriche. Le traité de Presbourg n'était qu'une trêve, par cela seul qu'il restait inflexible; on avait trop exigé du cabinet de Vienne; il devait saisir la première circonstance pour reprendre les armes.

Sous prétexte de neutralité, l'Autriche avait mobilisé une armée de 50,000 hommes dans la Silésie, sur le flanc droit de Napoléon; supposez un grand revers dans l'armée française, l'Autriche lui aurait barré le passage sans tenir compte du traité de Presbourg qui l'avait trop abaissée. Le baron de Vincent était arrivé à Varsovie comme envoyé extraordinaire auprès de Napoléon et pour le complimenter. Personne n'était plus propre que lui à remplir une mission tout à la fois militaire et diplomatique; le baron de Vincent appartenait à cette armée intelligente qui suivait avec la même aptitude les opérations stratégiques et les négociations de cabinet; un moment destiné à l'ambassade de Paris, on lui préféra M. de Metternich. Comme on savait que Napoléon lui portait une estime particulière, on l'envoya sous sa tente, car là réellement se négociaient les affaires. Le baron de Vincent dut manifester quelques craintes sur la tournure des opérations qui semblaient menacer le territoire autrichien; ensuite, comme il était question de créer une Pologne indépendante, le cabinet de Vienne voulait examiner si cette

---

Mais en punissant avec la plus grande rigueur toutes les actions contraires au droit des gens et de la guerre, on promet sûreté et protection à tous les habitants paisibles. Habitants de la Saxe! laissez aux militaires le soin de terminer les différends qui pourraient subsister entre les deux nations; soyez spectateurs tranquilles des combats, et ne vous en mêlez point, puisque, d'après les principes établis chez tous les peuples civilisés, c'est un crime qui ne restera jamais impuni. »

Nauburg, le 16 octobre 1806.
       Davoust.

On pillait même les villes libres.

« Les villes anséatiques, Hambourg, Brême et Lubeck, vont être soumises à une contribution de 30 millions de francs. » (Hambourg, 30 novembre 1806.)

tentative ne s'étendrait pas à la portion de la Gallicie échue à l'Autriche dans le dernier partage. Sur ce point, le baron de Vincent était chargé de demander une explication précise : que voulait faire l'empereur Napoléon ? Allait-il reconstruire le royaume de Pologne et en enlevant une nouvelle province à la maison d'Autriche agrandir les sacrifices déjà imposés par le traité de Presbourg ? Napoléon déclara que cela était si peu son intention, « qu'il repoussait avec énergie toutes les prières et tous les vœux des seigneurs polonais; il pourrait disposer de la Pologne prussienne pour en faire un grand-duché; mais quant aux autres portions du partage, elles resteraient sous la domination de leurs possesseurs actuels. » Si cette déclaration ne rassura pas complétement le baron de Vincent, au moins put-il écrire à sa cour les dispositions stratégiques des Français et l'état moral de cette armée qu'il ne croyait pas dans une position militaire très favorable.

Au mois de décembre, l'armée française, en effet, était dans une situation morale toujours plus abattue. Ce commencement d'hiver sous un si déplorable climat l'avait frappée d'un indicible malaise; pas un seul jour de gelée, des monceaux de sable ou de boue, peu de vivres, presque pas de pain. De là mille actes d'insubordination; les corps vaguaient de droite et de gauche, et le maréchal Ney lui-même, habituellement si soumis aux volontés de l'Empereur, s'était porté en avant sans ordres, pour chercher des vivres, ou soit, comme on le dit, dans un dessein plus étendu de royauté qui semblait préoccuper plus d'un maréchal dans la Pologne. La politique de l'Empereur blessait souvent ces braves capitaines soumis à sa voix. A Naples, en Hollande, déjà deux princes de sa famille avaient été nommés rois, et Jérôme était destiné au royaume de Westphalie. Cette politique égoïste, si favorable à la famille de Napoléon, devait déplaire à tous ces glorieux maréchaux exposant chaque jour leur vie; pourquoi eux ne seraient-ils pas rois aussi? De belles couronnes restaient à tresser, pourquoi ne pas les distribuer, par un principe d'égalité, aux maréchaux qui servaient sous la tente? A Berlin, il n'y avait plus de roi; la Pologne ne demandait pas mieux que d'élire pour souverain un brillant capitaine; Murat, Bernadotte, Soult, Ney, Lannes, n'étaient-ils pas dignes de porter un sceptre? Ne valaient-ils pas un frère de l'Empereur, inconnu aux vieux bataillons, général imberbe de troisième ordre? Le manque de vivres et ces idées de royauté jetaient de l'insubordination dans l'armée. Les maréchaux allaient çà et là sans ordres, afin de remporter des avantages sur les Russes, pour mériter la couronne qu'un peuple leur donnerait tôt ou tard.

Ney surtout s'était porté à plus de vingt lieues du quartier-général, avide de dire peut-être : « A moi, Polonais, voici votre souverain. » On se battit sur le Bug, sur la Wartha, toujours avec un certain désordre; le soldat était mécontent de marcher au milieu de la Pologne déserte; l'Empereur fut forcé de venir au milieu d'eux, toujours à cheval, et ne s'épargnant ni à la boue, ni à la fatigue, ni aux dangers : aussi les soldats l'accueillaient-ils avec plaisir. Il causait avec eux; souvent ils lui disaient des choses les plus singulières; un jour qu'il faisait un temps affreux, l'un d'eux s'écria : « Il faut que vous ayez un fameux coup dans la tête, pour nous mener sans pain par des chemins comme ça. » L'Empereur répondit : « Encore quatre jours de patience, et je ne vous demande plus rien; alors vous serez cantonnés. » Et les soldats de répondre : « Allons, quatre jours encore ; eh bien ! ce n'est pas trop, mais souvenez-vous-en, parce que nous nous cantonnerons tout seuls après. »

Les Russes, parfaitement instruits de tout ce qui se passait à Varsovie, connaissaient l'abaissement et le décousu de l'armée, l'ambition des maréchaux, la pénurie de vivres ; ils s'aperçurent de tout ce qu'ils pouvaient en tirer. Tout à coup le général Bennigsen fit un mouvement rapide pour couper l'aile gauche du maréchal Ney, si compromis. Bernadotte vole à son appui et le sauve. Le général Bennigsen se retourne, et par un mouvement rapide de flanc droit, il se porte sur la route de Varsovie, où campait le corps du maréchal Lannes, soutenu d'une division du maréchal Davoust. La bataille de Pultusk s'engagea corps à corps ; elle fut très disputée, il y eut des morts par milliers ; l'artillerie joua peu ; tout se passa entre de bons soldats, à la baïonnette ; les aigles furent de part et d'autre enlevées, on chanta la victoire dans les deux camps [1] ; Pultusk fut un grand carnage.

Le même jour nouvel engagement entre les Russes, avec le corps d'Augereau, une partie de celui de Davoust et la cavalerie de Murat. Journée néfaste encore ! A Pultusk

---

[1] L'Empereur commença alors son système de tout changer en victoire dans les bulletins et de faire chanter des *Te Deum* à chaque moment. C'était un moyen de police :

« M. l'archevêque (ou évêque), les nouveaux succès que nos armées ont remportés sur les bords du Bug et de la Narew, où en cinq jours de temps elles ont mis en déroute l'armée russe, avec perte de son artillerie, de ses bagages, et d'un grand nombre de prisonniers, en l'obligeant à évacuer toutes les positions importantes où elle s'était retranchée, nous portent à désirer que notre peuple adresse des remerciements au ciel, pour qu'il continue à nous être favorable, et pour que le Dieu des armées seconde nos justes entreprises, qui ont pour but de donner enfin à nos peuples une paix stable et solide, que ne puisse troubler le génie du mal. Cette lettre n'étant pas à autre fin, nous prions Dieu, M. l'archevêque (ou évêque), qu'il vous ait en sa sainte garde. »

De notre camp impérial de Pultusk, le 31 décembre 1806. *Signé*, Napoléon.

c'était le général Bennigsen en personne ; à Golymin, c'est Buxhowden, remarquable tacticien. Il a enfoncé les carrés du vieil Augereau et les escadrons de Murat, si brillant à la tête de la cavalerie ; le combat fut aussi meurtrier ; des rangées de morts tombèrent, et l'ordre fut si admirablement gardé de part et d'autre par les mourants, qu'on aurait dit qu'ils dormaient en conservant leurs rangs, comme des ombres debout sur leur sépulcre. Triste et sanglant spectacle qui se reproduit dans cette campagne ; les corps avaient agi un peu à l'aventure comme des fourrageurs. La discipline n'était plus régulière ; on allait au hasard.

De tels combats signalaient une résistance opiniâtre ; on devait manœuvrer en face des Russes avec des précautions infinies ; infanterie, cavalerie, tous étaient dignes de croiser le fer avec les soldats de la grande armée ; on ne pouvait plus douter des forces considérables qui seraient opposées à une campagne dans la Pologne. Napoléon blâma les opérations militaires de Ney, de Lannes et de Murat ; ils s'étaient engagés imprudemment ; jusqu'ici ils avaient eu pour adversaires les Prussiens et les Autrichiens qu'ils avaient sabrés par grandes masses, et ils croyaient ainsi agir avec les Russes. Lannes, mécontent ou malade, dut se retirer ; le cinquième corps fut donné au général Savary ; on attribua la fièvre de Murat au faux engagement qui lui avait fait perdre une partie de sa cavalerie. Tous ces corps furent concentrés sous Varsovie, et les bulletins annoncèrent à Paris que Napoléon avait pris ses quartiers d'hiver. C'était la première fois dans l'histoire de la grande armée !

CHAPITRE XIII.

CAMPAGNE DE POLOGNE.

DEUXIÈME PÉRIODE.

L'hiver pour les troupes russes. — La Pologne en janvier et février 1807. — Varsovie et Capoue. — Annibal et Napoléon. — Caractère particulier de la guerre de Pologne. — Désordre. — Confusion. — Mouvement du général Bennigsen. — Bataille de Prussich-Eylau. — Triste effet produit sur l'opinion. — M. de Talleyrand à Varsovie. — Négociations. — Offre de médiation de l'Autriche. — Proposition d'un congrès à Copenhague. — Mouvement de troupes. — Conscription. — Voyages en poste. — Illusion de l'Empereur sur la Perse et la Porte. — Siége de Dantzick. — Mouvement de Bennigsen. — Bataille de Friedland. — Caractère général de cette campagne.

Janvier à Juillet 1807.

La Pologne, je l'ai dit déjà, pendant la dure saison d'hiver, offre un aspect de tristesse et de désolation ; les terres qui s'étendent de la Vistule au Niémen subissent tour-à-tour les variations d'une atmosphère de glace ou d'un dégel humide; le thermomètre descend quelquefois à vingt degrés; la terre glissante se prend alors comme un miroir poli ; tout est blanc, la terre est comme un vaste linceul de mort; çà et là quelques arbres dépouillés, des villages épars; des clochers noirs s'élancent comme les pyramides qui couvrent les tombeaux dans les cimetières. Lorsque le dégel arrive, tout devient une mer de boue ; des ouragans de neige battent le visage, des vents immenses bruissent à travers les champs, et jettent la tristesse sur tout ce vaste tableau.

Le soldat russe est habitué à ce climat, qui dure huit mois de l'année dans ces contrées froides et délaissées du soleil ; les chevaux de sa cavalerie courent sur la glace comme le chevreuil qui bondit en laissant la trace de son pied sur la neige. Son artillerie manœuvre dans les fondrières ; il passe les rivières glacées ; il est accoutumé à bivouaquer à l'abri des sapins et à dormir sur une terre fendue par les frimas. Ce qui est un obstacle pour l'étranger est pour le Russe un avantage ; les quartiers d'hiver sont la saison favorable d'une campagne ; quand les autres troupes sont enfermées dans les villes ou à l'abri de quelques tentes, lui opère ses marches et ses contre-marches comme si c'était sa température ordinaire ; ainsi que le chamois des Alpes, il se plait sur les pics de glace ; son corps est dur comme le fer, et le froid ne traverse pas sa peau durcie par les bivouacs de Sibérie, de la Finlande ou du Kamchatka.

Le soldat français au contraire devait être tristement affecté par l'aspect de cette nature morte ; s'il était né aux belles villes d'Italie, à Rome, à Gênes, à Nice, les cités aux orangers et aux citronniers, ou bien si sa première enfance s'était passée dans la Provence, le Languedoc, villes de soleil, de gaîté et de fêtes, quelle tristesse ne devait pas serrer son cœur à l'aspect de la Pologne, contrée de juifs et de châteaux dans les forêts ? En supposant même les soldats nés en Champagne, en Flandre ou en Belgique, l'aspect était également morne, car la comparaison était incessamment à leur esprit entre les tableaux que Téniers a reproduits dans les kermès de Flandre, ces villages gais, ces fêtes attrayantes, et ces malheureuses contrées où l'on trouvait épars quelques villages, asiles des juifs ou de pauvres paysans couverts de vermine. Généralement l'impression de la Vistule au Niémen fut triste et profonde, et Lannes lui-même, avec sa liberté de parole, dit, en voyant ce pays, que sa possession ne valait pas la mort d'un caporal.

La gelée rude était venue, et Napoléon restait à Varsovie au milieu des réceptions, des concerts, de toutes les fêtes et pompes d'une cour délicate; ceux qui approchaient sa personne semblaient s'apercevoir qu'un changement caractéristique s'était opéré en lui; il était devenu mou, un peu insouciant de ses troupes; il avait délaissé le bivouac pour le palais, le froid semblait l'engourdir. Ce n'était plus le général d'Austerlitz couchant le 2 décembre sous un pavillon de bois de sapin; Varsovie était-elle destinée à devenir la Capoue du nouvel Annibal? Il travaillait dans son cabinet pour les affaires civiles de son empire, et l'administration publique l'absorbait, en face des Russes, qu'il croyait aussi en pleins quartiers d'hiver; c'était déjà un changement remarquable dans Napoléon que ce besoin de s'abriter derrière les murailles! Vieillissait-il déjà? L'Empereur, avec son corps de fer, avait néanmoins gardé les souvenirs de son chaud climat d'Ajaccio et de Corte; ce froid si vif semblait lui ôter le libre usage de ses facultés; devenu

---

[1] C'est de Varsovie qu'il adressa au Sénat un message qui indiquait ses intentions indéfinies de guerre et les idées de sa politique générale :

« Nous avons ordonné à notre ministre des relations extérieures de vous communiquer les traités que nous avons faits avec le roi de Saxe et avec les différents princes souverains de cette maison.

« La nation saxonne avait perdu son indépendance le 14 octobre 1756; elle l'a recouvrée le 14 octobre 1806. Après cinquante années, la Saxe, garantie par le traité de Posen, a cessé d'être province prussienne.

« Le duc de Saxe-Weimar, sans déclaration préalable, a embrassé la cause de nos ennemis. Son sort devait servir de règle aux petits princes qui, sans être liés par des lois fondamentales, se mêlent des querelles des grandes nations; mais nous avons cédé au désir de voir notre réconciliation avec la maison de Saxe entière et sans mélange.

paresseux, il préférait le bûcher ardent, où le bois de sapin pétillait de flamme, à cette activité du champ de bataille couvert de neige.

De là résultait une sorte de confusion dans les mouvements de l'armée; chaque maréchal agissait un peu selon son caprice, les ordres étaient mal exécutés; tantôt Ney se portait en avant, et compromettait le sort de l'armée par un coup de tête; le lendemain c'était Murat qui caracolait en fou autour de la Vistule. Comme il arrive toujours lorsque la volonté du maître ne se manifeste pas, chacun allait à l'aventure; on grattait le sol pour trouver quelques pommes de terre, les chevaux mangeaient la paille des chaumières pour se nourrir. Les bords de la Vistule étaient sans végétation et les magasins vides; l'abondance n'était qu'au palais de Varsovie, où rien ne manquait à Napoléon, même les riches pelisses de l'Asie du nord, enchâssées de fourrures éclatantes. Il avait alors quitté la redingote grise traditionnelle pour se revêtir d'une polonaise de velours vert à brandebourgs d'or, toute enrichie de petit-gris de Sibérie; le soldat seul mourait de froid et de faim.

Cependant les Russes ne restaient point inactifs; pour eux, leurs quartiers d'hiver étaient la plaine, ils se complaisaient à l'aspect de cette terre gelée; ils caraco-

---

« Le prince de Saxe-Cobourg est mort : son fils se trouvant dans le camp de nos ennemis, nous avons fait mettre le séquestre sur sa principauté.

« Nous avons aussi ordonné que le rapport de notre ministre des relations extérieures sur les dangers de la Porte ottomane fût mis sous ses yeux. Témoin, dès les premiers temps de notre jeunesse, de tous les maux que produit la guerre, notre bonheur, notre gloire, notre ambition, nous les avons placés dans les conquêtes et les travaux de la paix. Mais la force des circonstances dans lesquelles nous nous trouvons mérite notre principale sollicitude. Il a fallu quinze ans de victoire pour donner à la France des équivalents de ce partage de la Pologne, qu'une seule campagne, faite en 1778, aurait empêché.

« Eh! qui pourrait calculer la durée des guerres, le nombre des campagnes qu'il faudrait faire un jour pour réparer les malheurs qui résulteraient de la perte de l'empire de Constantinople, si l'amour d'un

laient autour des quartiers d'hiver de l'Empereur. Bennigsen connaissait parfaitement la démoralisation de l'armée française à Varsovie, et, avec sa promptitude et son intrépidité de hussard, il résolut un mouvement en avant pour la surprendre. Le plan d'opération des Russes s'appuyait sur deux places du premier ordre, Kœnigsberg et Dantzick; l'Empereur, avec son instinct des grandes choses, avait vu qu'aucune opération sérieuse ne pouvait être entreprise avant qu'il n'eût en possession ces deux places de guerre, se tenant l'une à l'autre. Il avait désigné d'abord le général Victor pour suivre le siége de Dantzick; il fut pris par un parti de troupes légères prussiennes, et le maréchal Lefebvre fut chargé d'essayer le siége de Dantzick et le blocus. Avant, le siége Kœnigsberg était également menacé par un mouvement de gauche de l'armée impériale, et l'on espérait qu'au printemps ces places seraient au pouvoir des Français.

La marche de Bennigsen eut donc pour base Kœnigsberg et Dantzick; puis, s'appuyant sur ces deux points, il devait surprendre l'armée française et lui faire quitter Varsovie, où elle était absorbée dans ses quartiers d'hiver. Ce mouvement était de la plus grande hardiesse. Les Russes, pleins d'ardeur, espéraient atteindre leurs ennemis engourdis par le

lâche repos et des délices de la grande ville l'emportaient sur les conseils d'une sage prévoyance? Nous laisserions à nos neveux un long héritage de guerres et de malheurs. La tiare grecque relevée et triomphante depuis la Baltique jusqu'à la Méditerranée, on verrait de nos jours nos provinces attaquées par une nuée de barbares et de fanatiques: et si dans cette lutte trop tardive l'Europe civilisée venait à périr, notre coupable indifférence exciterait justement les plaintes de la postérité et serait un titre d'opprobre dans l'histoire.

« L'empereur de Perse, tourmenté dans l'intérieur de ses états, comme le fut pendant plus de soixante ans la Pologne, comme l'est depuis vingt ans la Turquie, par la politique du cabinet de Pétersbourg, et animé des mêmes sentiments que la Porte, a pris les mêmes résolutions, et marche en personne sur le Caucase pour défendre ses frontières.

« Mais déjà l'ambition de nos ennemis a

froid, et la campagne finirait ainsi par un désastre. Le général Bennigsen s'appuyait sur des troupes solides; les généraux Michelson et Elsen avaient détaché des corps d'élite de l'armée de Moldavie et de Valachie, vieux soldats durs au feu et à la fatigue.

Les Russes devaient tomber d'abord sur le maréchal Ney imprudemment engagé, toujours en avant comme un brave et digne chevalier; ils ne purent le couper; Bernadotte le soutint avec son éminente capacité militaire. Sans Bernadotte, Ney aurait été écrasé dans cette marche des Russes, si vive, si hardie; ces deux maréchaux opérèrent leur retraite en bon ordre, se battant partout avec intrépidité. Bernadotte, bien informé du mouvement, écrivit à l'Empereur à Varsovie; sa dépêche portait : « Toute l'armée de Bennigsen s'avance; hâtez-vous, sire, il faut l'arrêter par une bataille [1]. » L'empereur Napoléon, grand organisateur, si puissant sur un champ de bataille, se préoccupait souvent de certaines idées; ne voulant pas croire aux rapports, il écoutait mal; il jugea donc que ce n'était point l'armée russe qui s'avançait, mais quelques partisans isolés : comment supposer que dans cette rigueur de la saison des troupes, si ce n'est de Cosaques, étaient en pleine marche? De nouvelles informations ne laissèrent plus aucun doute sur la vérité des dépêches, et l'Empereur quitta Varsovie

été confondue, leur armée a été défaite à Pultusk et à Golymin, et leurs bataillons épouvantés fuient au loin à l'aspect de nos aigles.

« Dans de pareilles positions, la paix, pour être sûre pour nous, doit garantir l'indépendance entière de ces deux grands Empires. Et si, par l'injustice et l'ambition démesurées de nos ennemis, la guerre doit se continuer encore, nos peuples se montreront constamment dignes, par leur énergie, par leur amour pour notre personne, des hautes destinées qui couronneront tous nos travaux, et alors seulement une paix stable et longue fera succéder pour nos peuples, à ces jours de gloire, des jours heureux et paisibles.

« Donné en notre camp impérial de Varsovie, le 29 janvier 1807. »

Signé, Napoléon.

[1] Mémoire communiqué.

le 22 janvier par un froid de dix degrés. Tout fut en mouvement le 1er février; l'armée passa la Vistule pour se porter à la face de l'ennemi qui s'avançait plein de sécurité pour surprendre le quartier de Napoléon. La marche de l'Empereur fut admirable; le général Bennigsen s'étant trop avancé, Napoléon, à son tour, le tourna par un mouvement de flanc gauche. Les Russes surpris dans le développement de leurs colonnes, le général Bennigsen ordonna la retraite; elle se fit avec un ordre parfait, tous gardèrent leurs rangs et on ne put les entamer. Chaque jour des combats ou des engagements de cavalerie; des cuirassiers et des dragons aux prises, la latte et l'épée croisées; c'étaient des combats d'arrière-garde russe et d'avant-garde française, et ces croisements de fer durèrent jusqu'à ce que les ennemis eurent pris position à Eylau. Ici vinrent de lamentables et glorieuses funérailles.

Prussich-Eylau est un grand bourg que la nature a fortifié; il est jeté dans les bois de sapin, arbres mélancoliques qui forment comme une retraite profonde dans les déserts de neige. Un plateau domine le bourg et défend le débouché d'une vaste plaine; les Russes avaient pris là position. Tout à côté était un cimetière à l'aspect allemand, où l'on trouve des croix noires sur les pierres sépulcrales, avec des armoiries de noblesse; ce cimetière fut occupé par une portion de la garde russe, cadavres vivants qui allaient bientôt engraisser cette terre et donner une ample pâture aux tombeaux. Napoléon ne donne aucun répit; le soir, l'attaque est ordonnée, la charge retentit déjà; comme à Austerlitz, c'est le maréchal Soult qui commence à heurter les colonnes pressées; deux régiments s'élancent la baïonnette au fusil, pour enlever aux

Russes la position du plateau[1] ; une charge de cavalerie met en désordre ces braves assaillants, bientôt soutenus eux-mêmes par les escadrons du général Klein : à tout prix, il faut enlever cette position, Napoléon l'a commandé, et nul ne résiste à de tels ordres; le plateau est tourné; mais arrivée aux deux tiers de la position, la colonne d'attaque se trouve en présence des Russes massés dans le cimetière; un combat dans les ténèbres s'engage à la baïonnette, et Eylau est occupé par les Français au milieu des feux retentissants de l'artillerie.

C'est donc en pleine nuit que l'armée française se forme pour s'emparer des positions ; le corps du maréchal Augereau se place en arrière de la petite ville d'Eylau à gauche ; là se montrent les casques des dragons du général Milhaud, soutenus par les braves du général Saint-Hilaire, puis les divisions de Grouchy et de Klein ; et la garde impériale, reconnaissable à sa haute stature ; derrière se massent les cuirassiers du général d'Hautpoult à côté des grenadiers à cheval, tandis que la cavalerie légère caracolait sous les brillants uniformes de chasseurs, lanciers, hussards. Dans cette nuit si profonde et si mé-

---

[1] Napoléon sentit le mauvais effet d'opinion de la bataille d'Eylau ; indépendamment du bulletin officiel, il fit rédiger une multitude de relations particulières destinées à raffermir les esprits.

Relation de la bataille d'Eylau, par un témoin oculaire. (Traduite de l'allemand.)

« Pendant la nuit du 6 au 7 février l'armée russe avait évacué Landsberg. Elle fut poursuivie jusque vis-à-vis Eylau. Le grand-duc de Berg et le maréchal Soult, qui faisaient l'avant-garde de l'armée française, arrivèrent à deux heures après midi, et enlevèrent le beau plateau en avant d'Eylau.

« Les dispositions faites pour tourner l'arrière-garde ennemie ne devaient plus avoir lieu du moment que l'arrière-garde avait rejoint le corps d'armée. L'Empereur donna ordre qu'on restât en bataille sur le plateau d'Eylau. Mais la brigade Vivien, qui avait été dirigée pour tourner la gauche de l'arrière-garde russe, se porta sur le cimetière d'Eylau, et se trouva engagée.

« Après un combat de nuit assez meurtrier, le cimetière et l'église d'Eylau furent enlevés, la ville prise, et les rues jonchées de cadavres ennemis.

« Le maréchal Davoust avait pris position à une lieue d'Eylau, sur la route de Heilsberg : mais instruit, la nuit, que la ville était prise, il manœuvra le lendemain pour tourner l'ennemi.

« A la pointe du jour, l'armée russe pa-

morable, le maréchal Davoust fit un mouvement pour attaquer l'ennemi sur la gauche, et Ney le soutint. Quant à l'Empereur, il se tenait sur le plateau d'Eylau; les feux du bivouac éclairaient au loin; on avait jeté des masses de bois de sapin dans ces flammes pétillantes, car le froid était vif pendant les nuits de Pologne.

Le lendemain fut une journée de grande bataille. Dès que le jour parut, c'était le 8 février, les Russes se déployèrent en colonnes serrées; leurs fronts étaient hérissés d'une formidable artillerie dont les coups portaient en plein; ces masses d'hommes du Nord étaient belles à voir, grenadiers à la colossale stature, cavalerie montée sur de beaux chevaux de la Livonie, l'artillerie avec son feu terrible, partout de telles troupes devaient faire trouée. Napoléon aperçut le danger; il oppose à ces fortes colonnes les deux corps des maréchaux Soult et Augereau; il faut faire taire ce feu meurtrier; 60 pièces d'artillerie de la garde se mirent en position; le danger devait être grand, puisque l'engagement commença par la garde. Le cimetière d'Eylau devint le centre, les morts du sépulcre devaient

rut en colonnes, à une demi-portée de canon du village, hérissée de pièces d'artillerie, et occupant avec 80,000 hommes un espace qu'aurait pu occuper une armée de 30,000 hommes.

« Elle commença une effroyable canonnade sur la ville. Cette manœuvre extraordinaire parut manifester l'intention de vouloir reprendre le village. L'artillerie des corps des maréchaux Soult et Augereau et celle de la garde prirent position, et 150 bouches à feu françaises portèrent la mort au milieu des masses serrées de l'armée russe.

« L'Empereur arrivait à l'église d'Eylau au moment où les tirailleurs ennemis voulaient s'en emparer. Les dispositions qu'il ordonna rendirent nulle cette attaque de l'ennemi, qui, pour se soustraire à quelque prix que ce fût à l'effroyable mal que lui faisaient les batteries françaises, voulut se jeter sur sa droite pour enlever la ville par la position du moulin à vent, c'est-à-dire, par notre gauche. Quarante mille Français soutinrent alors le choc de toute l'armée russe. Dans une circonstance aussi critique, le général français fit les dispositions suivantes:

« Il ordonna à la division Saint-Hilaire, qui était à la droite, de se porter sur l'extrémité gauche de l'ennemi, pour réunir ses efforts à ceux du maréchal Davoust; et au corps du maréchal Augereau, de charger les tirailleurs ennemis qui venaient

bientôt donner un froid baiser à d'autres morts qui tombaient sous le feu de la mitraille ; le ciel était noir, la neige tombait si épaisse qu'on se voyait à peine à quelques pas, l'artillerie qui brisait ces ténèbres ressemblait à la foudre pendant l'orage. Des bouffées de vent glacé poussaient la neige au visage des Français et favorisaient les Russes. Le corps d'Augereau s'égara par un faux mouvement, et ces vieux régiments furent foulés sous les pieds des chevaux de la cavalerie russe. Toute la division Desjardins fut sabrée ; les braves soldats tombèrent après une défense héroïque. Telle compagnie qui se composait de cent vingt hommes, à l'appel du soir n'en comptait plus que cinq ; les autres étaient tombés et ne devaient plus répondre qu'à la trompette solennelle au jugement de Dieu, quand leur Empereur, mort aussi, les appellerait à la grande revue des glorieux fantômes, à la face de Kléber, de Ney, de Masséna, secouant le linceul du sépulcre. Augereau, le général des guerres d'Italie, reçut un coup de feu à la figure ; on l'emporta grièvement blessé du champ de bataille.

Cet échec fut aperçu par l'Empereur : il fallait porter jusqu'au pied du monticule du cimetière ; d'appuyer la gauche du général Saint-Hilaire, et de former ainsi une ligne oblique du village à la position du maréchal Davoust.

« Le commencement de ces mouvements dégagea sur-le-champ la gauche ; mais la tête de colonne du maréchal Augereau, au milieu d'une neige épaisse et d'un brouillard qui survint pendant une demi-heure, prit sa direction trop à gauche. A la première éclaircie de la neige, l'Empereur, s'apercevant de la direction qu'avaient prise les différentes colonnes, eut recours à de nouveaux moyens. Il ordonna au grand-duc de Berg de se mettre à la tête de toute la cavalerie, et au maréchal Bessières de se mettre à la tête de la garde à cheval, et de faire une charge générale.

« Elle fut exécutée avec autant d'audace que de talent. L'infanterie russe fut culbutée, la moitié de l'artillerie ennemie enlevée, et les affaires prirent, par cette manœuvre inattendue, une autre direction. L'ennemi, acculé à des bois, fut obligé de se déployer et de s'étendre.

« Une colonne de 4 à 6,000 Russes, s'étant égarée de son côté pendant l'obscurité, avait filé sur le flanc de la colonne du maréchal Augereau, et se présenta devant le cimetière pour enlever le village par ce côté. L'Empereur ordonna au général Dorsenne de se porter en avant avec un bataillon de sa garde. Ce bataillon s'avança

BATAILLE DE PRUSSICH-EYLAU (8 FÉVRIER 1807).

un de ces coups qui changent les destinées d'un combat, et Napoléon savait les improviser; il dit à Murat : « Chargez cette cavalerie. » Alors on entendit dans la plaine le pas redoublé des chevaux hennissants, à la crinière pendante; cuirassiers et carabiniers percèrent les carrés russes; mais telle était la puissance passive de ces soldats, mur d'airain, qu'après avoir fléchi devant la cavalerie, ils reformaient leurs rangs comme si la lame de damas ne les avait pas ouverts. Ces beaux cuirassiers furent ramenés vigoureusement; presque tous les généraux qui les commandaient restèrent sur le champ de bataille. Pour la première fois peut-être on vit une double charge en avant et en arrière; les cuirassiers furent obligés de rompre les rangs pour pénétrer au milieu des carrés et de les rompre pour en sortir.

Enhardis par cette belle défense, les Russes, prenant l'offensive, attaquent à leur tour le cimetière occupé par six bataillons de la vieille garde; l'Empereur s'était établi sur un cippe en forme de colonne, surmonté d'une urne funéraire, afin de voir les accidents

---

l'arme au bras; la colonne russe s'arrêta court; ce fut l'effet de la tête de Méduse.

« Il est à remarquer que les grenadiers de la garde ne voulurent jamais tirer, déclarant qu'ils ne devaient aller qu'à la baïonnette, et demandant à avancer.

« L'escadron de la garde qui se trouvait près de l'Empereur chargea ensuite cette colonne avec une indicible intrépidité; et le duc de Berg, au milieu de la plus forte mêlée du champ de bataille, ayant aperçu la fausse direction de cette colonne déjà poursuivie, détacha le général de brigade Bruyère avec deux régiments de chasseurs, qui la chargèrent en queue. De ces 4,000 peu se sauvèrent.

« Pendant ce temps, le maréchal Davoust arrivait à la hauteur du bois, vis-à-vis la ville, battant toujours l'ennemi devant lui. Il enleva le plateau qu'occupait la gauche de l'armée russe, et couronna cette position à trois heures du soir. L'ennemi attaqua trois fois et trois fois l'ennemi fut repoussé. L'armée française appuya la gauche à la ville d'Eylau, et la droite à ces bois et à ce plateau qui avaient été la position de l'ennemi pendant toute la journée, et par là se trouva maîtresse du champ de bataille. Dès lors la victoire fut décidée. L'ennemi se mit en retraite; et le duc de Berg, à la pointe du jour, poursuivit l'ennemi six lieues, sans trouver même un homme de cavalerie, et plaça ses grand'gardes à une demi-lieue de Kœnigsberg. »

« Le 26 février 1807, quelques cavaliers français ont enlevé un courrier qui por-

de la bataille; les colonnes russes se développent autour des murs, une forte division se détache, et la baïonnette au bout du fusil se dispose à pénétrer dans le cimetière; Napoléon, très agité, tire l'épée et ordonne à l'escadron de service de charger cette colonne; un fort bataillon de la vieille garde doit le soutenir. A cet aspect, la colonne russe s'arrête; le bataillon de grenadiers détaché du cimetière soutient l'escadron de service. L'issue de la mêlée allait devenir redoutable, les six bataillons de la garde s'ébranlaient déjà sous les yeux brillants de Napoléon, lorsque Murat accourut pour charger l'infanterie russe qui se déployait sous les feux de droite et de gauche.

Au soleil de midi, le succès de la bataille était compromis; l'Empereur, sa lorgnette braquée sur la droite, attendait le maréchal Davoust pour dégager l'armée d'une position si difficile; Davoust avait promis d'arriver à onze heures, mais il s'était trouvé face à face des brigades d'élite de l'armée russe qui l'avaient arrêté tout à coup; il s'était battu deux heures. Enfin on apertait des dépêches à Pétersbourg. La plupart des lettres interceptées parlent des pertes énormes et du découragement de l'armée russe; mais on remarque surtout la suivante, datée de Braunsberg, et adressée à M. Cordier de Launay, secrétaire de S. M. l'empereur de Russie, à Pétersbourg:

« Nous continuons nos succès, mon ami. Des circonstances imprévues nous ont empêchés de profiter de la victoire d'Eylau pour exécuter le beau plan que nous avions formé de pénétrer à Berlin et de couper ainsi l'armée française; mais nous marchons de nouveau vers le même but, et vous verrez, par la date de ma lettre, que les Français se flattent en vain de nous retenir derrière la Prégel. Combien notre position actuelle serait favorable pour opérer notre réunion avec l'armée anglaise, qui doit venir nous joindre par la Baltique! La saison s'y oppose; mais au printemps une flotte formidable viendra appuyer nos flancs et inquiéter ceux de l'ennemi. Nous en avons reçu depuis peu de jours une nouvelle assurance. Je n'ai pas besoin de vous dire que toutes ces victoires ont été chèrement achetées. J'ai perdu mon frère Alexis; il est mort en brave, et je m'en console; mais ce qui m'afflige davantage, c'est de voir notre armée tellement affaiblie, avant le commencement de la campagne, qu'un grand nombre de nos bataillons sont réduits à 200 hommes.

« Les Français se vantent d'avoir battu le général Essen à Ostrolenka; ils disent

BATAILLE DE PRUSSICH-EYLAU (8 FÉVRIER 1807).

eut sur la hauteur quelques aigles de régiments qui s'avançaient au pas de course, refoulant devant elles des corps entiers de grenadiers russes. Bennigsen voit ce mouvement rétrograde; la défaite d'Augereau a rendu disponible un corps russe; plein de l'enthousiasme de la victoire, Bennigsen le lance sur le maréchal Davoust. Accablé par le nombre, le maréchal se met en retraite; ses régiment sont brisés, refoulés à une lieue du champ de bataille; il est reçu par les baïonnettes du général prussien Lestocq; alors le maréchal est obligé de se concentrer sur les hauteurs qui couronnent Eylau.

Ainsi était la bataille à quatre heures, quand Ney, manœuvrant au hasard, arriva sur le champ funèbre d'Eylau; la nuit approchait, et l'on n'entendait plus que quelques coups de canon échangés de loin entre les deux armées. On était épuisé après la sanglante journée; les corps de Ney n'étaient pas capables de donner; les coups furent suspendus spontanément. On vit ainsi les armées cesser le feu par épuisement; Napoléon et Bennigsen datèrent leurs bulletins du même champ de carnage, pour constater que le succès leur était resté égal. Prussich-Eylau fut une grande tuerie, sans aucun résultat; sur un terrain serré, plus de 50,000 hommes restèrent couchés sur le champ de bataille; le succès ne

même que cette partie de notre armée ne s'est pas fait honneur; mais nous savons tous qu'elle n'est composée que de recrues. Tous les bons régiments étaient à la belle bataille d'Eylau. Cependant, je me suis bien donné de garde de communiquer votre dernière, par laquelle vous m'annoncez qu'il ne reste pas de troupes en Russie, et que désormais nous ne pouvons attendre que des recrues qui n'ont jamais vu le feu.

« Mais, malgré ces précautions, l'esprit de l'armée n'est pas bon. Au lieu de l'enthousiasme que devraient exciter nos victoires, je vois avec douleur le nombre des mécontents s'augmenter chaque jour. Nous avons contre nous un général habile et entreprenant. Nous nous attendons à une attaque générale et vigoureuse, dès que la saison le permettra. Mais, quel que soit l'événement, vous savez que votre ami remplira son devoir, et mourra à son poste s'il le faut. »

Signé, Alskoff.

fut acquis à personne; le général Bennigsen fut reçu avec vigueur, et il attaqua intrépidement. Quels hommes! quelles troupes! toute la journée on se canonna à portée de fusil, des décharges ébranlèrent le sol, et tout cela sous des masses de neige, par un froid vif de dix degrés. Il y eut peu de stratégie dans cette bataille, Napoléon n'y déploya pas sa capacité de grand manœuvrier; ce furent des attaques pressées, corps à corps, et, je le répète pour constater tout le danger de la position, l'escadron de service fut obligé de donner; Napoléon mit l'épée à la main, à la tête de ses vieux grenadiers de la garde; les boulets pleuvaient autour de lui, la mitraille sillonnait les rangs; si la colonne russe qui se portait sur le cimetière n'avait pas été arrêtée par le mouvement de la vieille garde et la charge de Murat, le sort de l'Empereur même aurait été compromis.

Le lendemain le soleil était à peine levé, rouge et nuageux, que l'Empereur visita le champ de bataille d'Eylau. Spectacle que la peinture a cherché à reproduire sous de poétiques couleurs. Il était là, Napoléon, le front rêveur, l'œil morne, sur un cheval de bataille,

---

Proclamation.

A Prussich-Eylau, le 16 février 1807.

« Soldats, nous commencions à prendre un peu de repos dans nos quartiers d'hiver, lorsque l'ennemi a attaqué le premier corps, et s'est présenté sur la Basse-Vistule. Nous avons marché à lui, nous l'avons poursuivi l'épée dans les reins pendant l'espace de quatre-vingts lieues. Il s'est réfugié sous les remparts de ses places, et a repassé la Prégel. Nous lui avons enlevé aux combats de Bergfried, de Deppen, de Hoff, à la bataille d'Eylau, soixante-cinq pièces de canon, seize drapeaux, et tué, blessé ou pris plus de 40,000 hommes. Les braves qui de notre côté sont restés sur le champ d'honneur sont morts d'une mort glorieuse : c'est la mort des vrais soldats. Leurs familles auront des droits constants à notre sollicitude et à nos bienfaits.

« Ayant ainsi déjoué tous les projets de l'ennemi, nous allons nous rapprocher de la Vistule, et rentrer dans nos cantonnements. Qui osera en troubler le repos, s'en repentira; car au-delà de la Vistule, comme au-delà du Danube, au milieu des frimas de l'hiver comme au commencement de l'automne, nous serons toujours les soldats français, et les soldats français de la grande armée. »

Napoléon.

trouvant passage à peine au travers des cadavres ; le champ était couvert de neige, rougi par de longues traces de sang sur un espace d'une lieue et demie ; par intervalles, des sapins à la feuille noire, qui s'élevaient comme des urnes funéraires ; puis des nuées de corbeaux qui s'abattaient sur ce sol couvert de cadavres, avec des croassements de joie. L'aspect de ce champ de carnage disait assez que des troupes d'élite en étaient venues aux prises ; des rangs entiers tombés sous la mitraille, étaient gisants avec la même fermeté et la même tenue que s'ils combattaient encore debout. Il y avait quelque chose de grandiose et d'affreux à l'aspect de cette plaine d'Eylau. Quels hommes, quels gladiateurs étaient tombés dans le cirque en proclamant la gloire de César ! Napoléon garda souvenir de ce spectacle ; et dans son bulletin, il reproduit en style figuré l'aspect de la plaine d'Eylau : il dit combien de cadavres étaient étendus sur la terre couverte d'obus, de boulets et de mitraille ; les canonniers tués en défendant leurs pièces, les cavaliers couchés à terre sous le poitrail de leurs chevaux, et tout cela ramassé sur un terrain resserré. Puis, par une cruelle et froide expression artistique, Napoléon ajoutait dans son bulletin : « Tout cela avait plus de relief sur un fond de neige [1] ; » il fallait être habitué à ce spectacle, porter un cœur inflexible, pour faire de l'art à l'occasion de cette sanglante bataille d'Eylau, où sept généraux furent tués à la tête de leur glorieux cortége de fières troupes. Depuis

---

[1] « Qu'on se figure sur un espace d'une lieue carrée 9 ou 10,000 cadavres, 4 ou 5,000 chevaux tués, des lignes de sacs russes, des débris de fusils et de sabres, la terre couverte de boulets, d'obus, de munitions, vingt-quatre pièces de canon auprès desquelles on voyait les cadavres des conducteurs tués au moment où ils faisaient des efforts pour les enlever ; tout cela avait plus de relief sur un fond de neige. » (Extrait du LXIVe bulletin de la grande armée.)

la bataille de Novi, aucun combat plus sanglant ne s'était livré avec un courage plus acharné et plus invincible.

Aussi la bataille d'Eylau laissa-t-elle de longues traces; elle fit dans l'armée une impression de tristesse indicible. Russes et Français reprirent d'eux-mêmes leurs quartiers d'hiver, pleins de fatigue et d'épuisement. De part et d'autre une désorganisation déplorable se montrait dans l'armée; des corps entiers avaient disparu; les quatre divisions que conduisait le maréchal Augereau ne purent pas, en se réunissant, composer une brigade; il y eut telles compagnies de voltigeurs et de grenadiers qui sur cent hommes en eurent quatre-vingt-cinq de tués; tous ces détails furent connus à Varsovie et à Paris; à Varsovie, où M. de Talleyrand continuait alors sa cour diplomatique : partisan de la paix, il fut profondément affecté de la tournure déplorable que prenait la campagne; il avait foi dans le génie de l'Empereur, mais il ne pouvait se dissimuler sa mauvaise position sur les bords de la Vistule, à quatre cents lieues de ses frontières, en face de la Russie qui pouvait très facilement se recruter; l'Autriche, mécontente du traité de Presbourg, continuait d'armer, et sous prétexte de médiation, elle se tenait en Gallicie avec trois corps de bataille, dont les cadres complets s'élevaient à 60,000 hommes. D'un autre côté, une armée anglo-suédoise était annoncée comme devant prendre part à la campagne dès le mois de mars ou d'avril, on en évaluait le chiffre à 50,000 hommes, excellentes troupes qui pouvaient exciter une insurrection générale en Prusse couverte de partisans armés et en campagne. M. de Talleyrand voyait dans la paix une solution définitive à tous ces dangers; sa correspondance avec Napoléon constate un esprit de modération qui devait souvent déplaire à l'homme qui ne comprenait d'autre voie que la soumission absolue de la part du roi de Prusse[1].

La pensée de M. de Talleyrand était celle d'un congrès, il s'entendait sur ce point avec le général baron de Vincent, envoyé par l'Autriche à Varsovie; l'ambassadeur offrait la médiation de son cabinet pour un rapprochement avec la Russie et l'Angleterre, à des conditions raisonnables; on reconstruirait la Prusse dans de justes limites; la Saxe trouverait ses indemnités pour ses frais de guerre dans la création d'un grand-duché de Varsovie aux dépens de la Prusse; et comme M. de Talleyrand était intimement persuadé qu'il n'y aurait jamais de paix solide sans le concours de l'Angleterre, il proposait d'admettre dans un congrès tenu à Copenhague des plénipotentiaires britanniques; Copenhague était un lieu mixte, un État qui avait véritablement gardé sa neutralité. Ce congrès déciderait ainsi toutes les affaires politiques, en partant d'une base de pacification générale; M. de Talleyrand croyait que si l'Angleterre voulait intervenir dans un congrès, l'empereur Napoléon se montrerait plus facile dans les concessions faites à la Prusse et à l'Autriche.

---

[1] Cependant après la bataille d'Eylau le ton de l'Empereur devient plus modéré :

Lettre de Napoléon datée d'Osterode, le 29 février, adressée à Frédéric-Guillaume et portée par le général Bertrand, en réponse à une lettre de ce monarque en date du 17 de ce mois.

« Monsieur mon frère, j'ai reçu la lettre de Votre Majesté, du 17 février, que votre aide-de-camp le colonel Kleist m'a apportée, et lui ai communiqué mes idées sur la situation actuelle de vos affaires. Je désire mettre des bornes aux malheurs de votre famille et organiser le plus promptement possible la monarchie prussienne, dont la puissance intermédiaire est nécessaire pour la tranquillité de toute l'Europe. Je désire la paix avec la Russie, et, pourvu que le gouvernement russe n'ait pas de desseins contre la Turquie, il me paraît qu'il sera facile de s'entendre. La paix avec l'Angleterre n'est pas moins nécessaire pour la tranquillité de toutes les nations, et je ne ferai point de difficulté d'envoyer un ministre à Memel, pour prendre part à un congrès entre la France, la Suède, l'Angleterre, la Russie, la Prusse et la Turquie. Mais Votre Majesté sera persuadée que, ainsi que l'expérience des temps l'a démontré, un tel congrès pourrait facilement durer plusieurs années; celui de Westphalie dura, je crois, dix-huit ans. Mais la longueur de temps qui serait nécessaire pour examiner, peser et déterminer l'in-

Cette idée, M. de Talleyrand la poursuit, quoique la bataille d'Eylau eût un peu changé les projets pacifiques du baron de Vincent et de l'Autriche; on voyait à quelle cause tenait la puissance de Napoléon! un coup de dés suffisait pour lui ôter les chances dans le jeu terrible qu'il essayait à chaque campagne. L'Empereur hasardant toujours, les cartes pouvaient tourner contre lui, et c'est ce que l'Europe n'oublia pas; la fortune, divinité capricieuse, ne s'abandonne jamais à un seul amant. A Paris, la bataille d'Eylau fit une impression plus fatale encore qu'à Varsovie; les bulletins avaient déguisé avec beaucoup de soin le véritable caractère de ce carnage; Napoléon avait poétisé le champ de bataille, son style si coloré avait donné un aspect de triomphe à ce qui n'était qu'un choc sanglant, une mêlée épouvantable : mais des lettres intimes des généraux et des officiers avaient donné une lamentable idée de ce heurtement du funèbre cimetière d'Eylau et des sombres résultats qu'il avait eus. Napoléon, forcé de revenir dans ses quartiers d'hiver, demandait à grands cris des moyens pour recru-

térêt réciproque des puissances négociatrices et l'état indéterminé et incertain qui en résulterait, ne conviendrait pas à la situation actuelle de la Prusse. Je pense, en conséquence, que Votre Majesté me fera bientôt savoir qu'elle a pris le parti le plus simple et le plus prompt, qui est en même temps celui qui répond le mieux au bien-être de vos peuples. Mais, dans tous les cas, je prie Votre Majesté d'être convaincue que je suis sincèrement disposé à renouer nos anciens rapports et que je souhaite un arrangement avec la Russie et l'Angleterre, si elles le veulent en effet. J'aurais horreur de moi-même si j'étais la cause de tant de sang répandu; mais que puis-je y faire? »

Napoléon écrivait le 19 avril 1807 à Fré-déric-Guillaume : « Il est aussi nécessaire que juste que la paix soit accordée à l'Europe, à la Porte Ottomane et à d'autres alliés de la France impliqués dans la guerre actuelle. Je ne balance pas à déclarer que la France a toujours regardé la liaison entre la Russie et l'Angleterre comme en opposition avec les principes de sa politique. On s'intéresse à elle; pourquoi refuserait-on la même chose à l'égard de la Turquie? je me flatte que Votre Majesté sera convaincue de la force des motifs qui me décident; et si elle admet que toutes les puissances belligérantes des deux côtés prennent part au prochain congrès, elle ôtera le seul obstacle qui s'oppose effectivement à l'ouverture des négociations. »

ter ses armées; un message secret au Sénat appela la levée de la conscription de 1808, c'est-à-dire de jeunes gens qui avaient dix-huit ans et demi à peine; la conscription de 1807 avait été appelée depuis six mois; tous les dépôts de corps étaient partis en poste pour rejoindre; la garnison des villes se composait de vétérans et de gardes nationaux; toutes les ressources de l'État étaient mises en réquisition pour soutenir cette armée à quatre cents lieues des frontières, et qu'on disait pourtant victorieuse[1].

L'inquiétude était extrême dans les familles en deuil, les états-majors avaient tant fait de pertes que la cour elle-même en subissait la tristesse : de brillants officiers étaient tombés sous la mitraille, des généraux restaient couchés sur le champ de bataille, et bien que Napoléon fît l'éloge d'une si glorieuse mort, les mères, les épouses, les sœurs, trouvaient cruel de voir tomber au printemps à peine de la vie, ces jeunes hommes qui auraient pu fournir une si belle carrière. Aussi le cri de paix se faisait-il entendre à Paris comme à Varsovie, l'opinion publique suppliait Napoléon de terminer ces

---

[1] Ce fut du camp d'Osterode que Napoléon demanda la levée de la conscription de 1808.

Message de S. M. I. et R. au Sénat.

« Sénateurs, nous avons ordonné qu'un projet de sénatus-consulte ayant pour objet d'appeler dès ce moment la conscription de 1808, vous soit présenté.

« Le rapport que nous a fait notre ministre de la guerre, vous donnera à connaître les avantages de toute espèce qui résulteront de cette mesure.

« Tout s'arme autour de nous. L'Angleterre vient d'ordonner une levée extraordinaire de 200,000 hommes; d'autres puissances ont recours également à des recrutements considérables. Quelque formidables, quelque nombreuses que soient nos armées, les dispositions contenues dans ce projet de sénatus-consulte nous paraissent sinon nécessaires, du moins utiles et convenables. Il faut qu'à la vue de cette triple barrière de camps qui environnera notre territoire, comme à l'aspect du triple rang de places fortes qui garantissent nos plus importantes frontières, nos ennemis ne conçoivent l'espérance d'aucun succès, se découragent, et soient ramenés enfin, par l'impuissance de nous nuire, à la justice et à la raison.

« L'empressement avec lequel nos peuples ont exécuté les sénatus-consultes du 24 septembre 1805 et du 4 décembre 1806, a vivement excité en nous le sentiment de la reconnaissance. Tout Français se montrera également digne d'un si beau nom.

« Nous avons appelé à commander et à diriger cette intéressante jeunesse, des sé-

guerres lointaines qui le portaient à cinq cents lieues de la capitale, en moissonnant la génération entière.

Pour soutenir les opérations militaires sur un plan sûr et large, Napoléon avait jugé important de s'appuyer au nord sur deux places considérables, Stralsund et Dantzick; par Stralsund on voulait maintenir la Poméranie suédoise et empêcher tout débarquement d'une armée anglo-suédoise; Gustave-Adolphe s'était vigoureusement défendu, le secours des Anglais n'arrivait pas. L'Empereur chargea les maréchaux Mortier et Brune de diriger les opérations de cette campagne; ils le firent avec une indicible vigueur, les troupes suédoises abandonnées à elles-mêmes firent retraite devant des forces supérieures. Au siége de Stralsund, on surveilla tout mouvement de l'armée anglaise dans la haute Allemagne; en même temps le vieux maréchal Lefebvre, le général républicain de Sambre-et-Meuse, dut assiéger Dantzick, investissement beau et long, à la manière de l'ancienne école, avec toutes les phases des fascines et des épaulements réguliers; on entoura la place, la tranchée

---

uateurs qui se sont distingués dans la carrière des armes, et nous désirons que vous reconnaissiez dans cette détermination la confiance sans bornes que nous mettons en vous. Ces sénateurs enseigneront aux jeunes conscrits que la discipline et la patience à supporter les fatigues et les travaux de la guerre, sont les premiers garants de la victoire. Ils leur apprendront à tout sacrifier pour la gloire du trône et le bonheur de la patrie, eux, membres d'un corps qui en est le plus ferme appui.

« Nous avons été victorieux de tous nos ennemis. En six mois, nous avons passé le Mein, la Saale, l'Elbe, l'Oder, la Vistule; nous avons conquis les places les plus formidables de l'Europe, Magdebourg, Hameln, Spandau, Stettin, Custrin, Glogau, Breslau, Schweidnitz, Brieg; nos soldats ont triom-

phé dans un grand nombre de combats et dans plusieurs grandes batailles rangées; ils ont pris plus de huit cents pièces de canon sur le champ de bataille; ils ont dirigé vers la France mille pièces de siége, quatre cents drapeaux prussiens ou russes, et plus de 200,000 prisonniers de guerre: les sables de la Prusse, les solitudes de la Pologne, les pluies de l'automne, les frimas de l'hiver, rien n'a ralenti leur ardent désir de parvenir à la paix par la victoire, et de se voir ramener sur le territoire de la patrie par des triomphes. Cependant nos armées d'Italie, de Dalmatie, de Naples, nos camps de Boulogne, de Bretagne, de Normandie, du Rhin, sont restés interdits.

« Si nous demandons aujourd'hui à nos peuples de nouveaux sacrifices pour ranger autour de nous de nouveaux moyens de

fut ouverte, comme sous Louis XIV lorsqu'on assiégeait Berg-op-Zoom ou les formidables citadelles de Flandres. Le siège de Dantzick fut un épisode aux opérations de la grande armée; le maréchal, aidé du corps du génie, toujours si remarquable, pressa les fortifications de Dantzick, défendu par le général Kalkreuth, de l'école de Frédéric. Après trois mois de siège, régulier, Dantzick se rendit, et le maréchal put en donner la bonne nouvelle à Napoléon; une récompense alors inconnue lui fut décernée au milieu des camps.

Jusqu'ici Napoléon avait fait des feudataires, mais il n'avait pas fait de nobles; il avait créé des fiefs sans donner de titres; or le premier duc fut le maréchal Lefebvre : idée politique et hardie tout à la fois : choisir pour premier duc de son empire l'homme d'une fortune si inouïe, faire duchesse la bonne et excellente femme qui avait suivi la carrière de son mari depuis les gardes françaises, cette madame Lefebvre, dont les propos naïfs égayaient les grandes dames de la cour! l'Empereur

puissance, nous n'hésitons pas à le dire, ce n'est point pour en abuser en prolongeant la guerre. Notre politique est fixe : nous avons offert la paix à l'Angleterre avant qu'elle eût fait éclater la quatrième coalition; cette même paix, nous la lui offrons encore. Le principal ministre qu'elle a employé dans ses négociations a déclaré authentiquement dans ses assemblées publiques que cette paix pouvait être pour elle honorable et avantageuse; il a ainsi mis en évidence la justice de notre cause. Nous sommes prêts à conclure avec la Russie aux mêmes conditions que son négociateur avait signées, et que les intrigues et l'influence de l'Angleterre l'ont contrainte à repousser. Nous sommes prêts à rendre à ses huit millions d'habitants conquis par nos armes, la tranquillité, et au roi de Prusse sa capitale. Mais, si tant de preuves de modération si souvent renouvelées ne peuvent rien contre les illusions que la passion suggère à l'Angleterre, si cette puissance ne peut trouver la paix que dans notre abaissement, il ne nous reste plus qu'à gémir sur les malheurs de la guerre, et à rejeter l'opprobre et le blâme sur cette nation qui alimente son monopole avec le sang du continent. Nous trouverons dans notre énergie, dans le dévouement et la puissance de nos peuples, des moyens assurés pour rendre vaines les coalitions qu'ont cimentées l'injustice et la haine, et pour les faire tourner à la confusion de leurs auteurs. Français! nous braverons tous les périls pour la gloire et pour le repos de nos enfants.

« Donné en notre camp impérial d'Osterode, le 10 mars 1807. »

Napoléon.

faisait commencer la noblesse bien peuple, afin de prouver que pour lui elle devait avoir un sens démocratique; c'était une récompense pour un service rendu, une obligation, une nouvelle dette envers la patrie. Puis il y avait dans ce choix de Lefebvre le sentiment d'une puissance absolue : prendre ce qui était si petit d'origine, en faire le premier de ses gentilshommes, comme à Constantinople le sultan fait d'un gardien de troupeau un visir ou un pacha; transformer un ancien sergent aux gardes en duc, dignité la plus élevée du vieux régime, c'était dire assez que l'Empereur avait le don créateur; il y a de la raison en toute chose, il ne faut pas croire à la folie des pouvoirs, et lorsque Caligula fit son cheval consul, il avait en lui une idée : d'abord l'exaltation de sa propre autorité, une certaine manière de constater qu'il pouvait tout, même satisfaire les caprices les plus étranges de sa volonté : « Je suis tout-puissant, je réalise l'impossible; par ma volonté un cheval est consul [1]. »

Une suspension d'armes naturelle, spontanée, avait suivi la funèbre bataille d'Eylau jusqu'à la fin du mois de mai; les deux armées étaient comme épuisées par tout ce sang répandu. L'empereur Napoléon avait fixé son quartier-général soit à Ostrolenka, soit à Finkenstein, petite ville près de Dantzick, d'où il pouvait suivre toutes

---

[1] Le texte du message qui crée le duché de Dantzick est plein de noblesse et de hauts sentiments politiques.

Message de l'Empereur.

« Sénateurs, par nos décrets du 30 mars de l'année 1806, nous avons institué des duchés pour récompenser les grands services civils et militaires qui nous ont été ou qui nous seront rendus, et pour donner de nouveaux appuis à notre trône, et environner notre couronne d'un nouvel éclat.

« C'est à nous à songer à assurer l'état et la fortune des familles qui se dévouent entièrement à notre service, et qui sacrifient constamment leurs intérêts aux nôtres. Les honneurs permanents, la fortune légitime, honorable et glorieuse que nous voulons donner à ceux qui nous rendent des services éminents, soit dans la carrière civile, soit dans la carrière militaire, contrasteront avec la fortune illégitime, cachée, honteuse, de ceux qui, dans l'exercice de leurs fonctions, ne chercheraient que leur intérêt, au lieu d'avoir en vue celui de nos peuples et le

les opérations du siége ou de l'armée. A Finkenstein l'Empereur reçut l'envoyé du Schah de Perse, ambassade somptueuse qui retentit. L'activité de Napoléon n'avait pas de bornes ; ce qu'il voulait il l'exécutait sur l'heure ; dès le commencement de la campagne contre la Russie, il avait compris toute l'importance de soulever contre les Russes le Divan et la Perse, leurs antiques ennemis, comme une diversion essentielle à son plan de campagne en Pologne. Alexandre, obligé de diviser ses forces, ne pourrait plus employer qu'une fraction de troupes sur le Niémen ; à cet effet, l'Empereur envoya des instructions précises au général Sébastiani, pour engager le Divan à commencer une guerre vigoureuse contre l'ennemi commun, Alexandre, le petit-fils de Catherine II.

Des nouvelles d'un haut intérêt venaient donner de puissantes espérances à l'Empereur à son camp de Finkenstein. Une dépêche du général Sébastiani fut conçue en ces termes : « Selim III a commencé les hostilités. » Le sultan était un de ces mahométans à demi européens qui contribuaient à tuer l'empire Ottoman, en lui enlevant l'empreinte énergique et religieuse de l'islamisme, sans lui donner la force des institutions chrétiennes. Rien n'est plus faible qu'un État dans cette transition

bien de notre service. Sans doute la conscience d'avoir fait son devoir, et les biens attachés à notre estime, suffisent pour retenir un bon Français dans la ligne de l'honneur ; mais l'ordre de notre société est ainsi constitué, qu'à des distinctions apparentes, à une grande fortune sont attachés une considération et un éclat dont nous voulons que soient environnés ceux de nos sujets grands par leurs talents, par leurs services et par leur caractère, ce premier don de l'homme.

« Celui qui nous a le plus secondé dans cette première journée de notre règne, et qui, après avoir rendu des services dans toutes les circonstances de sa carrière militaire, vient d'attacher son nom à un siége mémorable où il a déployé des talents et un brillant courage, nous a paru mériter une éclatante distinction. Nous avons aussi voulu consacrer une époque si honorable pour les armes ; et par les lettres patentes dont nous chargeons notre cousin l'archichancelier, nous avons créé notre cousin le maréchal et sénateur Lefebvre, duc de Dantzick. Que ce titre porté par ses des-

des coutumes anciennes à une civilisation nouvelle. Le traité de Jassy régularisait les rapports de la Russie et de la Porte; d'après ce traité, les deux hospodars de Moldavie et de Valachie devaient être nommés sous l'influence du Czar. Selim, par un acte hostile aux clauses du traité, destitua les deux hospodars, et l'ambassadeur de France, le général Sébastiani, parvint à désigner deux princes dévoués au système de Napoléon. La Russie, après une note impérative, donna ordre au général Michelson d'occuper militairement la Moldavie et la Valachie, et en même temps une flotte anglaise se montra aux eaux du Bosphore à côté de celle de l'amiral Siniavin.

Dans cette circonstance périlleuse pour la Porte, le général Sébastiani développa une grande énergie de caractère; des officiers d'artillerie et du génie détachés du corps de Marmont, alors dans les provinces Illyriennes, préparèrent une belle défense de Constantinople. La flotte anglaise se déploya en vain devant le château des Sept-Tours; elle mit toute voile dehors en saluant par des volées de canon les jardins embaumés du sérail. Cet appui que donnait la France à Selim, et le caractère européen du sultan, devaient hâter sa ruine; les nations ne conservent une forte destinée que tant qu'elles restent d'accord avec leurs principes; lors-

---

cendants, leur retrace les vertus de leur père, et qu'eux-mêmes ils s'en reconnaissent indignes, s'ils préféraient jamais un lâche repos et l'oisiveté de la grande ville aux périls et à la noble poussière des camps, si jamais leurs premiers sentiments cessaient d'être pour la patrie et pour nous. Qu'aucun d'eux ne termine sa carrière sans avoir versé son sang pour la gloire et l'honneur de notre belle France: que dans le nom qu'ils portent, ils ne voient jamais un privilège, mais des devoirs envers nos peuples et envers nous. A ces conditions, notre protection et celle de nos successeurs les distinguera dans tous les rangs.

« Sénateurs, nous éprouvons un sentiment de satisfaction en pensant que les premières lettres patentes qui, en conséquence de notre sénatus-consulte du 14 août 1806, doivent être inscrites sur vos registres, consacrent les services de votre préteur.

« Donné en notre camp impérial de Finkenstein, le 28 mai 1807. »

Signé, Napoléon.

qu'elles veulent emprunter des mœurs étrangères, elles se perdent. Le Turc est marqué d'une empreinte indélébile que Mahomet imprima aux peuples conquérants qu'il avait élevés si haut; les mœurs chrétiennes le gênent et l'enlacent comme l'habit européen; il lui faut les institutions, les lois, les abus, la croyance aveugle; tout ce qui faisait son énergie aux xvie, xviie siècles. La présence du général Sébastiani put bien réveiller à Constantinople un désir momentané de résister aux Anglais; on vit des batteries sur le rivage, des boulets rouges furent chauffés, les bombardiers du sérail obéirent au général Foy et aux artilleurs français; mais ce n'était là qu'un accident, et tôt ou tard la Russie et l'Angleterre dominant le Divan, Selim succomberait dans ses tentatives pour abâtardir l'esprit de l'islamisme. La révolution était prête.

A Finkenstein, l'Empereur promena l'envoyé de Perse sous les tentes, puis imitant le faste et la grandeur de Louis XIV, il lui fit voir son armée dans de somptueuses parades. Ces sortes d'hommages lui plaisaient; il causa pendant deux jours des forces merveilleuses de la Perse [1], qui pouvait mettre 80,000 cavaliers en

---

[1] On poétisa la réception de l'envoyé de Perse. Au reste les Anglais ont nié que ce fût un véritable ambassadeur; on le disait un subalterne intrigant.

« L'ambassadeur persan est arrivé le 20 avril (1807) au château de Finkenstein. Il a occupé le logement marqué pour le prince héréditaire de Bade, qui est au siège de Dantzick. Le lendemain, il a eu son audience. L'Empereur lui a fait voir vingt bataillons d'infanterie de sa garde à pied, et a fait faire différentes manœuvres dont cet ambassadeur ne pouvait avoir d'idée.

« Le 29, l'Empereur l'a fait appeler dans le jardin et a causé longtemps avec lui sur la littérature de la Perse, et sur les antiquités de ce pays. C'est un homme fort instruit : il a assuré qu'il y avait en Perse des mémoires sur la guerre des Parthes avec les Romains, qui ne sont pas connus, et même une histoire d'Alexandre, qui n'est pas conforme aux nôtres. L'interprète ayant dit à l'Empereur que cette histoire était à la bibliothèque, Sa Majesté a ordonné qu'on la fît traduire.

« Le 1er mai l'ambassadeur persan a eu l'honneur d'accompagner l'Empereur, qui a fait manœuvrer devant lui trente escadrons de sa garde à cheval avec une trentaine de pièces d'artillerie légère. Ces manœuvres ont paru fortement l'intéresser. »

campagne sur des chevaux aux housses d'or ; les contes des *Mille et une Nuits* se présentèrent à son imagination vive et colorée. L'Orient avait toujours frappé Napoléon ; il aimait le fantastique des villes aux cent portes, les pyramides de quarante siècles, le soleil des mages, les temples aux mille colonnes. En résultat, la Perse et la Turquie pouvaient faire diversion à la guerre de Pologne en attaquant le vaste empire russe sur deux points, et c'est ce qui explique les caresses que Napoléon prodigua à l'ambassadeur du Schah ; il le mena voir le siége de Dantzick ; il fit exécuter de grandes manœuvres. Le général Gardanne, de bonne naissance, officier distingué des guerres d'Italie, né sous le soleil méridional, et tout plein des projets qui animent toujours les cadets de Provence, se chargea d'une mission à Téhéran ; il y eut une légation complète envoyée en Perse ; on faisait ainsi de grands projets pour l'avenir, lorsque tout à coup la trompette se fit entendre, et le champ de bataille se rouvrit par un mouvement de l'armée russe, rapide et fortement conçu.

Le soleil du mois de juin raffermissait la terre ; on était au temps des longues journées et des nuits de six heures ; Dantzick était pris, Kœnigsberg menacé ; qui pouvait donc expliquer la torpeur de Napoléon, lui si actif, si vigilant, comment se faisait-il que la campagne ne fût pas commencée en plein été ? Dans son camp de parade de Finkenstein il se berçait dans ses projets sur l'Orient ; on disait qu'à cette époque Napoléon désirait la paix ; Prussich-Eylau l'avait vivement affecté ; la dissipation et les amours l'avaient suivi à Finkenstein. Napoléon, si ferme, si sévère sur la discipline, conduisait une femme dans les camps ; il vivait avec toute la mollesse d'un prince pacifique ; comme Louis XV, il avait une nouvelle madame de Châteauroux sous sa tente [1]. Cette guerre énergique avait laissé une profonde empreinte dans son esprit; il n'était pas à l'aise à la face des Russes, il souhaitait un congrès. Que signifiaient ces quartiers d'hiver prolongés jusqu'au commencement de juin? cela entrait-il dans les habitudes militaires de Napoléon, dans sa première manière des guerres d'Italie? Ce furent les Russes qui tout à coup débordèrent sur le champ de bataille. Le 5 juin les hostilités étaient reprises, la terre tremblait sous 80,000 assaillants, grenadiers à la haute taille, chasseurs, cuirassiers et cosaques.

Pour expliquer les événements militaires de cette courte et sanglante campagne qui commence le 5 juin et finit le 14, il est essentiel de connaître le terrain sur lequel les grandes masses vont manœuvrer: c'est dans le nord de la vieille Prusse, au-delà de Dantzick et près de Kœnigsberg, au milieu de ce terrain qui s'étend de la petite rivière de la Passarge jusqu'à l'Alle; cet espace n'est pas de vingt lieues carrées, il est couvert de petites villes allemandes de 500 à 1,000 habitants, avec un clocher, un presbytère, une fontaine: Gutstadt, la gracieuse cité verte et

---

[1] Le valet de chambre Constant est fort naïf sur les amours de Napoléon:

« Deux mois après, l'Empereur, de son quartier-général de Finkenstein, écrivit à madame V...., qui s'empressa d'accourir auprès de lui. Sa Majesté lui fit préparer un appartement qui communiquait avec le sien. Madame V.... s'y établit et ne quitta plus le palais de Finkenstein, laissant à Varsovie son vieil époux qui, blessé dans son honneur et dans ses affections, ne voulut jamais revoir la femme qui l'avait abandonné. Madame V.... demeura trois semaines avec l'Empereur, jusqu'à son départ, et retourna ensuite dans sa famille. Pendant tout ce temps elle ne cessa de témoigner à Sa Majesté la tendresse la plus vive, comme aussi la plus désintéressée. L'Empereur, de son côté, paraissait parfaitement comprendre tout ce qu'avait d'intéressant cette femme angélique, dont le caractère plein de douceur et d'abnégation m'a laissé un souvenir qui ne s'effacera jamais. Ils prenaient tous leurs repas ensemble; je les servais seul; ainsi j'étais à même de jouir de leur conversation, toujours aimable, vive, empressée de la part de l'Empereur, toujours tendre, passionnée, mélancolique de la part de madame V.... Lorsque Sa Majesté n'était point auprès d'elle, madame V.... passait tout son temps à lire, ou bien à regarder, à travers les jalousies de la chambre de l'Empereur, les parades et les évo-

blanche; Heilsberg, le grand bourg; Friedland, sur l'Alle, et le funèbre Prussich-Eylau; la Passarge couvrait le quartier-général de Napoléon. Au 6 juin, l'armée française étendait son front de bataille à près de vingt lieues; les quatre maréchaux Davoust, Ney, Soult et Bernadotte se tenaient en première ligne, déployant une force de 80,000 hommes sur un espace trop étendu. La manœuvre de Bennigsen consistait à surprendre chacun de ces corps séparément; l'Alle et la Passarge sont couvertes de grands bois de sapins noirs et profonds; à l'aide de ces ombres épaisses, Bennigsen développa un corps d'élite de 40,000 hommes, précédé d'une formidable artillerie. Le voilà en marche; il attaque Ney imprudemment avancé jusqu'à Gutstadt; deux divisions du maréchal sont abimées, et perdent leur parc d'artillerie; bientôt toute la ligne est attaquée par les Russes. A Spanden, c'est Bernadotte qui soutient la charge de douze régiments russes; son corps résiste avec fermeté. A Lomitten, Soult est lui-même vigoureusement pressé, tandis que Ney fait sa retraite sur la Passarge sous les feux redoublés de la mitraille[1]. Bernadotte l'appuie avec une

---

lutions qu'il faisait exécuter dans la cour d'honneur du château et que souvent il commandait en personne. Voilà quelle était sa vie, comme son humeur, toujours égale, toujours uniforme. Son caractère charmait l'Empereur et le lui faisait chérir tous les jours davantage. (Mémoires de Constant.)

[1] Il faut savoir qu'à ce moment tout espoir de négociation était évanoui.

Dans un traité, signé le 26 avril 1807 à Bartenstein par le baron de Budberg (pour la Russie) et le baron de Hardenberg (pour la Prusse) qui venait de remplacer le général Rastrow, les deux parties contractantes s'engageaient à continuer la guerre en vue d'une paix juste, honorable et solide; à combattre et à négocier conjointement, à ne point s'ingérer dans les affaires intérieures de la France, mais à mettre un frein à son ambition, à assurer et garantir aux différents États leurs droits et indépendance menacés par cette Confédération du Rhin, despotique dans l'intérieur, esclave au dehors, usurpatrice des contrées voisines et soumise à l'ambition de son protecteur; à dissoudre cette confédération pour en former une autre libératrice et conservatrice de l'Allemagne, sous la direction de l'Autriche et de la Prusse. Ce traité stipulait en outre que la Prusse recouvrerait les états qu'elle possédait en 1805, que l'Autriche serait invitée à accéder à ce traité et à coopérer avec les alliés, afin de rentrer dans la possession du Tyrol

grande énergie; il est blessé d'un coup de feu qui l'atteint à l'oreille.

Au milieu de l'étonnement d'une attaque si prompte et si brusque, Napoléon ordonne un mouvement de concentration pour opérer avec plus d'ordre et de méthode et réorganiser l'armée derrière la Passarge; il donne le commandement du corps de Bernadotte blessé à un des vieux compagnons de l'armée d'Italie, au général Victor, récemment pris et échangé contre Blücher. Victor est de la race des intrépides, à la manière de Lannes et d'Oudinot. Le 9 juin, l'Empereur prend à son tour l'offensive : il développe ses divisions, repasse la Passarge et marche sur Gutstadt; Murat charge impétueusement et avec succès l'infanterie ennemie; les Russes mis en déroute se concentrent à Heilsberg.

Ici nouvelle bataille presque aussi meurtrière qu'à Prussich-Eylau. Murat, toujours en tête, charge encore; mais il se fait mitrailler; la cavalerie russe s'élance, profite du désordre et brise les deux divisions de Murat. Napoléon a vu la faute. « Murat fait le fou! s'écrie-t-il; allons, Savary, rétablissez ce combat, prenez les fusiliers

et des provinces vénitiennes, et de porter ainsi ses limites jusqu'au cours du Mincio, en réoccupant la forteresse de Mantoue. Enfin, il était convenu que l'on proposerait au ministère anglais de seconder ces arrangements par des secours d'argent, d'armes, de munitions, ainsi que par le débarquement à Stralsund d'une armée britannique qui, avec l'armée suédoise, agirait sur les derrières de l'ennemi, tandis qu'il serait attaqué de front par les Russes et les Prussiens, et que les Autrichiens l'inquiéteraient sur ses flancs; ce qui délivrerait l'électorat de Hanovre, rouvrirait au commerce anglais les fleuves de l'Allemagne septentrionale et pourrait donner lieu à un accroissement de la domination britannique dans ces contrées. Des ouvertures semblables devaient être faites au roi de Suède, d'autant que le colonel suédois d'Engelbrechten avait déjà signé, dès le 20 avril, à Bartenstein, avec le baron de Hardenberg, un traité en vertu duquel un corps de douze mille hommes devait être réuni à l'armée suédoise. Quant au roi de Danemarck, l'on différait de négocier avec lui avant d'avoir délibéré en commun sur les moyens de l'obliger à s'expliquer. A l'égard des souverains d'Italie, on pensait qu'il appartenait principalement à l'Autriche et à l'Angleterre d'en décider, sous la condition toutefois que le nouveau royaume Lombard fût à perpétuité séparé de la couronne de France, et que les rois

de la garde, arrêtez le désordre. » Les fusiliers de la garde, jeune troupe nouvellement formée, brûlent de se distinguer; le général Savary les conduit; ils ouvrent un beau feu qui donne à Murat le temps de mettre un peu d'ordre dans ses rangs. Bientôt eux-mêmes sont attaqués par l'infanterie russe, et ils auraient été refoulés à leur tour, si deux divisions de Lannes et de Soult n'étaient venues à leur appui. La journée fut chaude et sanglante : à Heilsberg, le jeune M. de Ségur eut le bras brisé par un boulet ; le général des vieux de la garde, Roussel, eut la tête emportée. Ce fut encore un combat sans résultat : les Russes prirent position derrière l'Alle, et l'Empereur suspendit son mouvement pour attendre.

Qu'allait faire alors l'armée russe? Le Czar Alexandre et le roi de Prusse avaient assisté en personne à la bataille de Heilsberg; par leurs ordres Bennigsen avait mis l'Alle entre Napoléon et l'armée russe; cette armée était était donc en pleine sûreté; mais ce mouvement découvrait Kœnigsberg; l'empereur Napoléon pouvait se porter en force et s'appuyer sur cette grande place comme il il s'était appuyé sur Dantzick pour ouvrir une nouvelle

---

de Sardaigne et de Naples reçussent de convenables indemnités. Le prince d'Orange devait recouvrer ses domaines d'Allemagne et ce qui lui avait été alloué en compensation de ses pertes en Hollande. Enfin, si les alliés devenaient les arbitres des conditions de la paix, ils déclaraient d'avance qu'aucune vue d'intérêt propre ne les guiderait, qu'ils ne favoriseraient qui que ce fût aux dépens d'un autre, et que leur seul but était d'assurer l'indépendance, l'honneur, la prospérité du continent, soit par des négociations, soit par les armes. Telle avait été précédemment, telle fut alors, et telle se montra généreusement plus tard la pensée fondamentale de la politique russe.

L'ambassadeur prussien à Vienne, le comte de Finkestein, agit à Vienne dans le sens d'une nouvelle coalition. Il disait dans une note au comte de Stadion : « Les maux résultants du traité de Presbourg sont si cruels que l'Empereur doit nécessairement avoir la ferme intention de réparer et de cicatriser les plaies faites à ses États par la dernière guerre. La perte du Tyrol est d'une si grande importance que S. M. attend sans doute la première occasion pour le reprendre sur la Bavière, en réveillant la fidélité de ses belliqueux habitants si attachés à leurs anciens maîtres. Napoléon n'a que trop fourni de justes motifs pour rompre un traité qu'il a lui-même enfreint. N'a-t-il pas, sous de vains prétextes, continué à occuper indûment des territoires qu'il au-

campagne. Dans un bon système stratégique, Bennigsen devait se déployer à droite, suivre l'Alle pour se rapprocher de Kœnigsberg; ainsi le croyait Napoléon, et c'est dans ce but qu'il fit marcher toute la cavalerie de Murat, et les corps des maréchaux Soult et Davoust, dans la direction de Kœnigsberg; croyant que là se trouverait l'armée russe, il n'avait jeté que les corps d'avant-garde vers Domnau et Friedland, c'est-à-dire les grenadiers d'Oudinot, le corps de Lannes, la cavalerie de Grouchy; Mortier devait joindre au plus tôt, tandis que la réserve de Victor et la gauche se tenaient à Prussich-Eylau; l'Empereur avait fixé sa tente sur le champ funèbre; il ne put s'empêcher de remarquer dans son bulletin (encore une fois en artiste) combien l'aspect de cette campagne avait changé. Naguère Napoléon, grand coloriste, avait dit que c'était du sang sur un fond de neige; aujourd'hui c'était de beaux blés et de vastes travaux; hélas! depuis, la terre s'était bien engraissée!

Tandis que l'Empereur cherchait Bennigsen sur la route de Kœnigsberg, le général russe, passant tout à coup l'Alle, tombait sur les avant-postes français à Friedland et

---

rait dû évacuer? Ne conserve-t-il pas encore, contre tout droit, la forteresse de Braünau, poste propre à faciliter ou à empêcher le passage de l'Inn? Comment donc un sage monarque ne profiterait-il pas, pour l'intérêt de ses sujets, de l'occasion offerte par une guerre prête à éclater contre l'ennemi puissant qui l'opprime? L'honneur de sa couronne, le salut de son peuple, l'impossibilité de conserver la paix, forcent le roi de Prusse à lutter seul d'abord; mais une puissante armée russe et la générosité du gouvernement anglais la rendront, cette lutte, moins effrayante. Les divisions excitées entre les deux couronnes par la conquête de la Silésie, des différends sur les limites respectives dans les provinces polonaises, des prétentions mutuelles dans l'affaire des indemnités, n'ont plus d'objet aujourd'hui. Le renversement de la constitution germanique a détruit l'usage de se diviser en partis, soit par esprit de secte, soit par le désir de dominer. Les motifs de jalousie, les soupçons, les défiances réciproques qui existaient se sont évanouis, il leur succède un double et puissant intérêt de s'unir contre l'ambition effrénée de l'Empereur des Français et la turbulente cupidité de la Confédération du Rhin. Celle-ci, élevée sur les ruines du trône impérial, enrichie des dépouilles de l'Autriche et des alliés de la Prusse, asservie par la crainte d'une juste vengeance, au pouvoir de celui qu cherche à tout dominer, devient un

occupait la ville en s'emparant d'un régiment d'avant-garde ; des partis de cavalerie légère se répandirent dans la campagne comme un torrent et annoncèrent la présence de l'ennemi ; l'alerte fut donnée ; était-ce toute l'armée russe ? Des aides-de-camp furent envoyés à l'Empereur qui se trouvait à 8 lieues, à Prussich-Eylau ; 80,000 hommes passaient l'Alle ; ils n'avaient en face que les grenadiers d'Oudinot et trois divisions d'infanterie. Si Bennigsen avait connu la faiblesse numérique de ses adversaires, il aurait pu les écraser ; mais il avait en face une belle troupe d'élite ; elle fit des prodiges d'intelligence et de courage ; on se servit de tout pour masquer ce petit nombre ; tantôt c'était un bois qui servait de rideau à des nuées de tirailleurs, tantôt une artillerie qui labourait les colonnes russes par la mitraille. Lannes et Oudinot furent magnifiques sur ce champ de bataille depuis cinq heures jusqu'à trois heures après midi ; ils achetèrent ce résultat par des pertes énormes qui permirent à l'armée de se déployer, les corps arrivaient successivement sur le champ d'honneur : Mortier à huit heures, Dupas à neuf, Verdier à dix, et l'ennemi avait le temps d'écraser l'un après l'autre tous ces corps séparés [1].

Dans la matinée du 14, jour glorieux de la bataille de Friedland, Napoléon ne montra pas son activité accoutumée ; il demeura dans l'inaction à Prussich-Eylau sans données précises sur la direction de l'ennemi [2]. S'il fût arrivé le matin même sur l'Alle, les Russes n'auraient pas échappé à sa poursuite ; la bataille

---

instrument de destruction dans la main de Napoléon, et exige nécessairement que les deux puissances germaniques non encore soumises à son joug réunissent leurs forces et leurs conseils contre un danger prochain qui leur est commun. »

[1] Rapport des maréchaux Lannes, Mortier et Grouchy à l'Empereur. Dépôt de la guerre, tomes 27, 32 et 33 de la collection des pièces autographes pour les années 1806 et 1807.

« [2] Mais où donc est Napoléon, tandis que depuis tant d'heures on se battait ? Alors que Bennigsen offrait une occasion

n'eût pas commencé à cinq heures du soir pour ne finir qu'en pleine nuit; il n'y aurait pas eu une effroyable effusion de sang et l'on eût fait de grandes masses de prisonniers. A chaque minute le général Oudinot envoyait des aides-de-camp ; six dans la seule matinée furent expédiés à l'Empereur pour lui annoncer que 80,000 Russes se présentaient en bataille : « Dites à l'Empereur, avait-il répété, que mes petits yeux y voient bien, c'est toute l'armée de Bennigsen, et je ne pourrai tenir. » Le général Mortier fit les mêmes instances, et l'Empereur demeurait toujours incrédule; enfin Lannes, plus heureux, appela l'aide-de-camp Saint-Mars, et lui dit : « Tu crèveras ton cheval, Saint-Mars, s'il le faut; mais va dire à l'Empereur que c'est l'armée russe tout entière que nous avons sur les bras. » Saint-Mars ensanglanta à coups d'éperons les flancs de son cheval ; la distance qui le séparait d'Eylau, quartier-général de l'Empereur, fut franchie en deux heures.

Au moment où il arrivait, l'Empereur quittait Eylau au petit trot de son cheval pour se rendre sur le champ de bataille, où le canon se faisait entendre à ébranler le sol; il interrogea M. de Saint-Mars. « Que se passe-t-il? croyez-vous que les Russes soient en nombre? Quoi! vous pensez que Bennigsen a passé l'Alle, et s'est mis ainsi une rivière à dos? » L'Empereur marchait toujours au trot de son cheval. A moitié chemin, à Domnau, Napoléon trouva le premier corps sous les ordres de Victor et de Maison. « Votre corps est admi-

---

si belle, pourquoi n'était-il pas arrivé avec le reste de ses troupes ? Voilà ce que plus d'un lecteur s'est demandé; ce que répète encore aujourd'hui plus d'un officier général, avec la pensée peut-être que nos corps marchaient ce jour trop éloignés les uns des autres, tandis que l'armée russe concentrée plus tôt qu'eux tenait en main la chance d'accabler notre avant-garde. » (Nouvelle relation de la bataille de Friedland, par M. Derode, 1839.)

rable, » dit-il; et faisant appeler le général d'artillerie, il dit : « Sénarmont, combien de pièces avez-vous? — Trente-six, sire. — Eh bien! il faudra chauffer, les Russes aiment les boulets. »

En effet, elles aimaient les boulets ces troupes russes; car à mesure que Napoléon s'approchait du champ de bataille les échos répétaient mille coups d'artillerie. L'empereur prenant la main du général Dupont, lui dit : « Vous savez que je compte sur votre division, elle est pour moi comme la garde. » Alors Napoléon piqua son cheval; puis s'élançant, il se perdit au milieu des nuées de poussière qui s'élevaient autour de lui; il avait à ses côtés les généraux Victor et Maison. Quand il arriva en face de l'Alle, la mêlée était ardente, les feux de l'artillerie se croisaient; tout fut oublié, fatigues, blessures, et des cris de *vive l'Empereur* partirent des rangs; puis il fit approcher le maréchal Lannes : « Tu as été admirable depuis ce matin, Lannes, lui dit-il, te voilà un grand capitaine. » Il fit ensuite appeler Oudinot : « Général, je vous amène l'armée, elle me suit. Où est donc l'Alle? continua-t-il, en portant sa longue-vue de tous côtés. » Les accidents de terrain ne permettaient pas de l'apercevoir. Oudinot répondit : « Là, derrière l'ennemi; si je n'avais pas usé mes grenadiers, je mettrais les Russes le cul dans l'eau. » Expression pittoresque qui fit sourire Napoléon. « Combien sont-ils? dit ensuite l'Empereur; — 80,000, sire. — Ils semblent plus nombreux, répliqua-t-il, » et il s'approchait de l'ennemi pour le mieux distinguer. « Sire, ce n'est pas votre place, répéta Oudinot avec un mâle courage, j'y vais, moi; je ne veux pas que vous attrapiez leurs balles, voyez comme ils ont arrangé mon cheval. »

Quand il eut parcouru la ligne des grenadiers d'Oudinot, l'Empereur s'approcha du noble général, et lui dit : « Vous vous êtes surpassé, Oudinot; partout où vous êtes ; je n'ai à craindre que pour vous ; patience, et dans quelques heures si l'ennemi reste dans cette position, il est perdu. » Napoléon en effet, avec son magnifique coup d'œil militaire, avait aperçu la faute commise par le général Bennigsen; les Russes n'avaient pas au-delà de 80,000 hommes; ils avaient en leur présence Napoléon avec une armée d'un tiers plus considérable ; Bennigsen avait mis derrière lui la rivière, de manière à être acculé ; les Russes avaient voulu surprendre quelques corps détachés de l'armée française, et il avaient trouvé là des forces réunies et la garde en masse. Maintenant les choses étaient tellement avancées qu'il fallait offrir et donner la bataille de bonne grâce.

Napoléon achevait à peine sa reconnaissance du terrain, qu'il vit que le village de Friedland était tout le centre de la position. Ney reçut l'ordre de s'en emparer avec ses divisions : Friedland au pouvoir des Français, les Russes n'avaient plus de retraite. Les grenadiers de Ney s'y précipitèrent la baïonnette au bout du fusil [1]. Il était cinq heures de l'après-midi, le soleil était chaud et brillant comme dans une journée de juin : beau contraste avec le champ de bataille d'Eylau couvert de neige ; une bataille de printemps réjouissait l'âme ; toutes les montres furent réglées sur celle de l'Empereur. Un coup de canon donna le signal, et les roulements de l'artillerie se dirigèrent sur la gauche des Russes pour protéger l'attaque du maréchal Ney ; ces magnifiques troupes, l'arme au bras, s'a-

---

[1] Voyez le rapport manuscrit du maréchal Ney, daté de Friedland, 15 juin 1807, tome XXXIV in-folio des pièces autographes pour 1806 et 1807, classées au dépôt de la guerre, sous les soins du lieutenant-général Pelet.

vançaient vers le clocher de Friedland se détachant au bout de l'horizon et couvert jusque-là par des accidents de terrain, des tertres couverts de beaux blés ondulés par le vent. La division Marchand se développait sur la gauche de l'ennemi en masses épaisses et profondes. Tout à coup une grêle de mitraille vint l'arrêter; une batterie masquée par la rivière brise le 69e régiment, son colonel (Fririon) est frappé d'un biscaïen; une colonne de cavalerie russe, lancée dans ce désordre, fracasse les rangs pressés de baïonnettes; la cavalerie bondit au milieu des bataillons carrés; une charge des dragons de Latour-Maubourg rétablit l'ordre.

Pendant ce temps la division de Ney opérait son mouvement sur Friedland, que l'Empereur avait désigné comme la clef de la position. Parvenues sur la hauteur, ces belles troupes aperçurent l'armée russe rangée en bataille; un feu redoutable de mousqueterie s'engage, et cause des ravages affreux dans les rangs[1]. Ney fut admirable; plus de 2,000 des siens étaient tombés sur le champ de bataille, et on le voyait sur son cheval parcourant ventre à terre toute l'étendue de la ligne, encourageant les soldats le sabre à la main et lançant des mots soldatesques. Quelque hésitation se manifeste; alors Napoléon le fait soutenir par la division Dupont: elle court aux cris de *vive l'Empereur!* ces fiers régiments sont eux-mêmes ramenés en désordre par la garde impériale russe, chargeant comme à Austerlitz, avec la même intrépidité. La fumée s'élevait en vastes nuages sillonnés par les éclairs de l'artillerie. Dupont reforme ses colonnes l'épée à la main. Il voit la garde impériale russe se déployant contre les troupes de Ney qui commencent à plier.

---

[1] Mathieu Dumas, tome XIX; rapport du major prussien Both.

Jamais spectacle ne fut plus brillant et plus magnifique tout à la fois ; nulle bataille ne présenta un feu plus terrible, plus vif; la terre tremblait au loin. Le général Mouton, aide-de-camp de l'Empereur, envoyé près le général Dupont, lui dit : « Général, prenez garde, on ne résiste pas longtemps à un tel feu, les Russes en profiteront, voyez cette nuée qui vient à vous. » A peine avait-il achevé ces paroles, qu'une charge de cavalerie met le désordre dans les rangs, deux régiments perdent leurs aigles ; le général Marchand, les cheveux épars, parcourt les rangs en criant : « Arrêtez! vous fuyez! arrêtez! » La division Bisson, avec son chef à la haute stature, était aussi en pleine retraite. Alors, par un dernier effort de courage, le général Dupont fait battre la charge; ses grenadiers se reforment en opposant un mur d'airain à la garde russe; des bruits sinistres se répandent : Ney, dit-on, a péri, on l'a vu tomber; la cavalerie russe charge jusque dans les batteries; les dragons de Latour-Maubourg reprennent le champ de bataille; les régiments se forment en carrés, la mêlée est générale.

Alors on vit se déployer la belle manœuvre de la journée, le véritable trait de chevalerie. Le général d'artillerie Sénarmont s'était souvenu que Napoléon avait dit : « Les Russes aiment les boulets. » Par un vaillant coup de tête, il réunit toutes les pièces des divisions, formant deux batteries de quinze pièces chacune avec six bouches à feu en réserve, et il se place avec son formidable parc, qui roulait hardiment sur le champ de bataille, en avant à la face des colonnes ennemies. Les Russes opposèrent à ce feu redoutable quelques batteries éparses, elles furent éteintes. Ce coup de hardiesse du général Sénarmont

---

[1] *Précis des opérations du premier maréchal Victor* ; M. le maréchal Maison, corps depuis le 5 juin, aux mains de M. le alors son chef d'état-major, y a travaillé.

pouvait compromettre l'artillerie ainsi placée à cent toises au-devant de la ligne de bataille; les Russes pouvaient par une charge à fond s'emparer des batteries. Le général Victor fit soutenir le brave Sénarmont par les dragons de Lahoussaye et quelques troupes d'élite; les charges russes vinrent expirer sous les baïonnettes des grenadiers. Napoléon, un moment inquiet sur la manœuvre du général Sénarmont, en jugea bientôt l'heureux effet. « Ce sont de mauvaises têtes, laissons-les faire, s'écria-t-il en souriant. » Elle faisait merveille, cette batterie à peine à soixante toises de l'ennemi; elle brisait les rangs sous la mitraille; les colonnes russes se rompaient comme les flancs d'une montagne qui s'abaissent et s'abîment sous les déchirements convulsifs d'un tremblement de terre [1].

Un dernier effort est commandé par Ney et Dupont; le village de Friedland est en leur pouvoir! victoire! la position des Russes devient dès lors des plus critiques; le pont de Friedland est aux Français, les masses ennemies étaient décomposées après une si terrible journée; on pouvait refouler les corps de Bennigsen et de Bagration dans les eaux du fleuve: le coup d'œil de Napoléon avait aperçu le résultat de la bataille; comme à Austerlitz, il avait apprécié le terrain avec une admirable aptitude. Mais la nuit était venue, onze heures sonnaient à l'horloge de Friedland. Heureusement pour l'armée russe, elle trouva un gué pour passer l'Alle, et sa retraite put s'opérer avec quelque désordre, mais pourtant avec honneur; on ne la poursuivit pas; dans la nuit profonde il eût été imprudent de s'engager au-delà de l'Alle; l'Empereur n'avait pas sous sa main la cavalerie de

---

[1] Durant les trois heures que cette artillerie fut engagée, elle tira trois mille six cents coups de canon, dont quatre cents coups mitraille. (Victor, *Précis*.)

Murat détachée vers Kœnigsberg; on ne put ainsi profiter du résultat de la bataille.

La journée de Friedland fut belle; jusqu'à trois heures l'honneur en fut au maréchal Lannes et au général Oudinot; seuls ils soutinrent l'attaque de l'armée russe, et ce fut une faute du général Bennigsen de ne pas avoir écrasé ces divisions en marchant avec plus de promptitude et de hardiesse. Ce n'est qu'à trois heures que Napoléon arriva sur le champ de bataille; il jugea les accidents de terrain, aperçut les fautes de Bennigsen, et dès lors il put répondre que la journée serait belle. La bataille réelle ne commença qu'à cinq heures; si elle avait été donnée le matin tout était dit; l'armée russe n'aurait pu opérer sa retraite de nuit, la bataille eût été décisive. L'histoire rappellera le beau courage de Ney, cet amour du champ de bataille qui donnait à la tête de ce général une expression si belle et si grandiose; après Ney, Lannes fut aussi intrépide avec des principes d'une tactique plus sûre et plus raisonnée. A Friedland le général Victor se couvrit de gloire; compagnon des campagnes d'Italie, illustré à Marengo, il reçut sur le champ d'honneur le bâton de maréchal; belle récompense que ce bâton couvert d'aigles donné après un de ces grands combats qui décident la destinée des empires! Nul ne pouvait le disputer au nouveau maréchal pour les services rendus à la patrie; soldat à dix-huit ans, il était passé par tous les grades pour arriver à cette belle distinction. La division Dupont se couvrit de gloire en soutenant le choc de la garde russe, véritable titre d'honneur depuis Austerlitz. Oudinot aussi fut grand de courage à la tête de ses grenadiers, c'était pour lui habitude [1]; de 8,000 hom-

---

[1] Voyez le rapport du maréchal Lannes à l'Empereur, tome XXVII des pièces autographes pour 1806 et 1807, au dépôt de la guerre.

mes qu'il conduisait le matin de la bataille de Friedland, il en ramena 3,000 à peine; son cheval et ses habits étaient couverts d'éclats de biscaïens et de mitraille.

L'armée russe, quoique battue, eut sa part de gloire et de valeur; le général Bennigsen fut intrépide comme toujours, hardi comme un général de partisans : il eut l'honneur de croiser le fer trois fois avec Napoléon, à Eylau, à Heilsberg et à Friedland, et c'est un souvenir à conserver dans les archives militaires; le général Bagration fut aussi digne de lui-même, il demeura ferme sur le champ de bataille et résista jusqu'au soir à des charges de toute l'armée de Napoléon, il put également se rappeler Friedland comme une de ses belles journées. Ainsi dans les deux camps les armées étaient restées dignes d'elles-mêmes, aucune n'avait compromis sa réputation; si les Autrichiens étaient abaissés depuis Austerlitz, si les Prussiens avaient disparu comme force militaire depuis Auerstadt et Iéna, les Russes avaient au contraire grandi leur réputation de guerre dans les deux campagnes de Pologne; de là cette tendance de Napoléon et d'Alexandre à se rapprocher. Quand deux peuples ou deux gouvernements conservent l'estime d'eux-mêmes, la fierté de leur courage, la paix vient bientôt, et l'alliance est facile.

CHAPITRE XIV.

ENTREVUE ET PAIX DE TILSITT.

Situation des armées après Friedland. — Petit nombre de prisonniers. — Masses de blessés et de malades. — Esprit et ressources de l'armée française.—Renforts au camp russe.—Premiers pourparlers d'armistice. — Envoi du grand-maréchal Duroc. — Préparatifs de l'entrevue sur le Niémen. — Première conversation de Napoléon et d'Alexandre. — Choix de Tilsitt. — Neutralité de la ville. — M. de Talleyrand à Tilsitt. — Le ministre russe baron de Budberg. — Le ministre autrichien général Stutterheim. — Parti de la paix. — Parti de la guerre. — Question turque. — Question suédoise. — Espagne. — Reconnaissance des faits accomplis. — Le roi de Prusse. — La reine Louise. — Restitution des États. — Nouvelle organisation politique de l'Europe. — Traité de Tilsitt. — Esprit de ce traité.

15 Juin au 10 Juillet 1807.

La bataille de Friedland engagée et soutenue aux premières lueurs du soleil levant par Lannes et Oudinot, reprise par Napoléon à trois heures du soir, n'avait fini qu'à onze heures dans les ténèbres de la nuit sous les mille feux de l'artillerie retentissante. Le lendemain, les troupes harassées reposèrent au bivouac jusqu'au milieu de la matinée. Napoléon, le premier levé, à l'aurore, ne voulut pas qu'on interrompît ce noble sommeil des légions; les soldats avaient tant fatigué la veille! Ce n'était pas seulement la bataille qui avait exigé des efforts inouïs de persévérance et de courage, mais la plupart des troupes avaient fait huit ou dix lieues, toujours sous les armes, le sac sur le dos, et les derniers feux de l'ennemi ne s'étaient éteints qu'à minuit. Le champ de bataille était couvert de morts; les chevaux hennissaient d'une manière plaintive à côté de leurs maîtres, et les cris des blessés se mêlaient au dernier soupir des mourants. Les pertes respectives n'étaient pas moins grandes : des compagnies entières avaient disparu; des régiments étaient réduits à moins de la moitié, et une remarque que les états-majors ne manquèrent pas de faire le lendemain, c'est que la masse des prisonniers russes de Friedland se composait presque tout entière de blessés; à peine s'était-on emparé de 1,500 de ces fiers ennemis sans blessures; tout le reste était mutilé; les hôpitaux regorgeaient de malades. Certes, l'armée française après son brillant succès pouvait continuer la campagne, mais traverser le Niémen n'était point une opération militaire qui plût au soldat français; il avait pris en dégoût la Pologne, après un hiver trop désastreux; l'empereur Napoléon lui-même sentait la nécessité de finir une campagne qui le tenait hors de France depuis près d'une année. N'allait-on pas s'habituer à gouverner sans lui? c'était dangereux [1].

Cependant la reddition de Kœnigsberg vint jeter un peu plus d'assurance dans les résolutions de l'Empereur;

---

[1] Napoléon entretenait l'enthousiasme de ses soldats; il leur parlait de la campagne qu'on venait d'acomplir.

« Soldats, nous avons été attaqués dans nos cantonnements par l'armée russe. L'ennemi s'est mépris sur les causes de notre inactivité. Il s'est aperçu trop tard que notre repos était celui du lion; il se repent de l'avoir troublé.

« Dans les journées de Gutstadt, de Heilsberg, dans celle à jamais mémorable de Friedland, dans dix jours de campagne enfin, nous avons pris cent vingt pièces de canon, sept drapeaux; tué, blessé ou fait prisonniers 60,000 Russes; enlevé à l'armée ennemie tous ses magasins, ses hôpitaux, ses ambulances; la place de Kœnigsberg, les trois cents bâtiments qui étaient dans ce port, chargés de toute espèce de munitions, 160,000 fusils que l'Angleterre envoyait pour armer nos ennemis.

« Des bords de la Vistule, nous sommes

on y trouva des magasins considérables, des moyens de soigner les blessés, des munitions préparées pour l'armée. Napoléon paraissait alors s'occuper spécialement des hôpitaux; on y comptait près de 50,000 malades. Les recrues levées en France, composées de conscrits, remplaçaient à peine les vides affreux laissés par la guerre et la maladie. Le caractère qu'avaient pris les hostilités depuis la bataille d'Eylau était fatal; partout un grand carnage, au milieu d'une nuée de sang. Avec les Autrichiens et les Prussiens, on pouvait, par des coups de stratégie, faire des masses de prisonniers, finir une campagne par ces marches décisives qui mettaient dans les mains de l'Empereur la moitié d'une armée captive; mais avec les Russes, il fallait tuer, être tué, briser les rangs jusqu'au dernier homme à coups de boulet, et cela sans aucun résultat considérable. En général, les armées, quand elles ne sont point barbares, n'aiment pas à multiplier les morts; elles désirent une victoire la moins sanglante possible et la plus profitable; les boucheries font peur aux soldats même les plus aguerris.

L'armée russe, après la bataille de Friedland, avait opéré sa retraite derrière le Niémen, coupant tous les ponts afin de marcher paisiblement sur ses réserves; elle fut jointe par 15 à 20,000 hommes d'infanterie, suivis d'une multitude de troupes asiatiques, des Baskirs

---

arrivés sur ceux du Niémen avec la rapidité de l'aigle. Vous célébrâtes à Austerlitz l'anniversaire du couronnement; vous avez cette année dignement célébré celui de la bataille de Marengo, qui mit fin à la guerre de la seconde coalition. »

Napoléon.

L'Empereur n'oubliait pas non plus de rendre grâce au Dieu des batailles.

Lettre de S. M. I. et R. à MM. les archevêques et évêques.

« Monsieur l'évêque, la victoire éclatante qui vient d'être remportée par nos armes sur le champ de bataille de Friedland, qui a confondu les ennemis de notre peuple, et qui a mis en notre pouvoir la ville importante de Kœnigsberg et les magasins considérables qu'elle contenait, doit être pour nos sujets un nouveau motif d'actions de grâces envers le Dieu des armées. Cette victoire mémorable a signalé l'anniversaire de la bataille de Marengo, de

aux casques dorés, à l'arc et au carquois, comme les chevaliers des croisades dans les peintures du xiii° siècle. Ces hordes de Tartares-Mantchoux apparaissent pour la première fois ; ces auxiliaires étaient sans doute peu redoutables pour l'armée française, et les vieux grenadiers désignaient les Tartares aux traits larges et épatés, avec leurs flèches et leurs carquois, sous le nom pittoresque des *Amours*. Mais cela indiquait au moins qu'en passant le Niémen, on allait toucher à un pays inconnu, à un territoire qui s'étendait à la grande muraille de la Chine, et tout en dehors des habitudes de la civilisation; l'armée française aurait donc passé le Niémen avec répugnance, et une certaine manifestation éclatait dans les rangs pour une paix prompte et sérieuse. On avait assez de gloire. Qu'avait-on à gagner dans des pays pauvres et dépourvus de moyens d'existence?...

Les premiers pourparlers d'un armistice se firent comme spontanément entre les avant-postes de l'armée française et l'arrière-garde russe, dans Tilsitt même. Une correspondance s'établit entre Murat, le général Bennigsen et le prince Bagration. Qui fit la première démarche dans ce mutuel désir de la paix? Les versions sont ici opposées : les affaires étrangères russes constatent que ce fut Napoléon; au contraire, les récits français veulent que les premières propositions soient venues d'Alexandre [1].

ce jour où tout couvert encore de la poussière du champ de bataille, notre première pensée, notre premier soin fut pour le rétablissement de l'ordre et de la paix dans l'Église de France. Notre intention est qu'au reçu de la présente vous vous concertiez avec qui de droit, et vous reunissiez nos sujets de votre diocèse dans vos églises cathédrales et paroissiales, pour y chanter un *Te Deum* et adresser au ciel les autres prières que vous jugerez convenable d'or-

donner dans de pareilles circonstances. Cette lettre n'étant à d'autre fin, Monsieur l'évêque de... je prie Dieu qu'il vous ait en sa sainte garde.

« Écrit en notre camp impérial de Friedland, le 15 juin 1807. »

Signé, Napoléon.

[1] A la hauteur de Tilsitt, deux billets furent remis au maréchal Murat.

Monsieur le général,

« Monsieur le général commandant en

Napoléon rapporte lui-même qu'un officier russe, avec une lettre à l'adresse du général en chef de l'armée française, vint proposer un armistice, et que c'est d'après cette démarche que Duroc partit pour aller demander une conférence à Alexandre. Le récit des archives russes diffère complétement; elles disent que le grand-maréchal Duroc fit la première démarche au nom de Napoléon, par une lettre intime. Quoi qu'il en soit, le grand-maréchal fut reçu avec empressement par le prince Labanoff Rostoski, qui transmit immédiatement à l'empereur Alexandre la proposition d'une entrevue qui lui était faite par Napoléon.

Le besoin de la paix était mutuel; quand les esprits en sont là, les pourparlers arrivent tous seuls. Alexandre déclara : « qu'il recevrait avec plaisir le maréchal Duroc, » et le jour même le prince Labanoff le conduisit en présence du Czar. Ici, une conversation vague sur un désir commun de la paix fut engagée entre Duroc, officier de si bonnes manières, et l'empereur Alexandre, qui l'accueillit avec la coquetterie d'une politesse inhérente

---

chef vient de m'adresser une lettre relativement aux ordres que Son Excellence a reçus de S. M. l'Empereur, en me chargeant de vous faire part de son contenu. Je ne crois pas pouvoir mieux répondre à ses intentions, qu'en vous la faisant tenir en original. Je vous prie en même temps de me faire parvenir votre réponse et d'agréer l'assurance de la considération distinguée avec laquelle j'ai l'honneur d'être

« Votre très-humble et très-obéissant serviteur. »   *Signé,* Bagration.

Le 6 (18) juin.

Le général en chef Bennigsen, à S. E. le prince Bagration.

Mon prince,

« Après les flots de sang qui ont coulé ces jours derniers dans des combats aussi meurtriers que souvent répétés, je désirerais soulager les maux de cette guerre destructive, en proposant un armistice, avant que d'entrer dans une lutte, dans une guerre nouvelle, peut-être plus terrible encore que la première. Je vous prie, mon prince, de faire connaître aux chefs de l'armée française cette intention de ma part, dont les suites pourraient peut-être avoir des effets d'autant plus salutaires qu'il est déjà question d'un congrès général, et pourraient prévenir une effusion inutile de sang humain. Vous voudrez bien ensuite me faire parvenir les résultats de votre démarche, et me croire avec la considération la plus distinguée, mon prince, de Votre Excellence

« Le très-humble et très-obéissant serviteur. »   *Signé,* B. Bennigsen. »

à sa personne. Ils ne jetèrent aucune base; on reprit la conversation sur le pied où l'avait laissée, pour ainsi dire, le général Savary avant et après la bataille d'Austerlitz; l'empereur Alexandre se trouvait à peu près dans la même situation : en 1805, il venait au secours de l'Autriche; les Russes avaient fait leur devoir, ils se retirèrent; en 1807, ils étaient accourus au secours des Prussiens, ils avaient encore fait leur devoir, et maintenant ils repassaient le Niémen [1]. Après le vaste fleuve seulement la question devenait russe et française; elle pouvait ainsi devenir fort longue et fort grave. A Austerlitz on avait parlé d'une entrevue; Duroc la sollicitait aussi après Friedland, et dans ces circonstances Alexandre ne fit aucune difficulté de l'accepter. Duroc accomplit un second voyage au-delà du Niémen pour régler toutes les conditions de cette entrevue solennelle; les empereurs y paraîtraient sur le pied d'une parfaite égalité, de souverain à souverain. Le programme en fut fixé avec une certaine forme d'étiquette; Napoléon y tenait, et Duroc vint prévenir son souverain qu'Alexandre

---

[1] Pendant ce temps un armistice fut signé pour suspendre les hostilités dans les deux armées :

« S. M. l'Empereur des Français, etc., et S. M. l'Empereur de Russie, voulant mettre un terme à la guerre qui divise les deux nations, et conclure, en attendant, un armistice, ont nommé et muni de leurs pleins pouvoirs, savoir : d'une part, le prince de Neufchâtel, major-général de la grande armée; et de l'autre, le lieutenant-général prince Labanoff de Rostoff, chevalier des ordres de Sainte-Anne, grand-croix, etc. lesquels sont convenus des dispositions suivantes :

« Art. 1er. Il y aura armistice entre l'armée française et l'armée russe, afin de pouvoir dans cet intervalle négocier, conclure et signer une paix qui mette fin à une effusion de sang si contraire à l'humanité.

« Art. 2. Celle des deux parties contractantes qui voudra rompre l'armistice, ce que Dieu ne veuille, sera tenue de prévenir au quartier-général de l'autre armée, et ce ne sera qu'après un mois de la date des notifications que les hostilités pourront recommencer.

« Art. 3. L'armée française et l'armée prussienne concluront un armistice séparé, et à cet effet des officiers seront nommés de part et d'autre. Pendant les quatre ou cinq jours nécessaires à la conclusion dudit armistice, l'armée française ne commettra aucune hostilité contre l'armée prussienne.

était prêt à se jeter dans ses bras de frère à frère. L'Empereur ne se contint pas de joie; le but de la guerre était atteint.

Le parti de la paix se fortifiait dans le camp de Napoléon; M. de Talleyrand arrivait de Varsovie, et ses paroles étaient toutes pacifiques; assez de sang avait été versé, assez de gloire acquise; il fallait en finir avec une situation qui compromettait à l'intérieur la prospérité de l'Empire; les sacrifices de conscrits avaient épuisé la France : le ministre était trop éclairé pour ne pas savoir que rien n'était plus rapide que la conquête, torrent impétueux; mais que rien aussi n'était plus difficile que la consolidation d'un trône sur le granit des âges; il y avait une énorme différence entre le fondateur d'une dynastie et Attila ou Tamerlan. Ces considérations portaient M. de Talleyrand à désirer une paix solide et forte; alors déjà il avait conçu le projet de réaliser pour la famille Bonaparte la même puissance d'ascendant que Richelieu avait tracée pour la famille des Bourbons; les projets sur l'Espagne datent de la campa-

---

« Art. 4. Les limites de l'armée française et de l'armée russe pendant le temps de l'armistice, seront depuis le Curisch-Haff, le Thalweg du Niémen, et en remontant la rive gauche de ce fleuve jusqu'à l'embouchure de Lorasna à Schaim, et montant cette rivière jusqu'à l'embouchure du Bobra, suivant ce ruisseau par Bogari, Lipsk, Slabin, Dolistowo, Gonioudz et Wizna, jusqu'à l'embouchure du Bobra dans la Narew, et de là, remontant la rive gauche de la Narew par Tykoczin, Suras-Narew, jusqu'à la frontière de la Prusse et de la Russie; la limite dans le Frisch-Nerung sera à Nidden.

« Art. 5. S. M. l'Empereur des Français et S. M. l'Empereur de Russie nommeront, dans le plus court délai, des plénipotentiaires munis des pouvoirs nécessaires pour négocier, conclure et signer la paix entre ces deux grandes et puissantes nations.

« Art. 6. Des commissaires seront nommés de part et d'autre, à l'effet de procéder sur le champ à l'échange, grade par grade, homme par homme, des prisonniers de guerre.

« Art. 7. L'échange des ratifications du présent armistice sera fait au quartier-général de l'armée russe dans quarante-huit heures, et plus tôt si faire se peut.

« Fait à Tilsitt, le 21 juin 1807. »

Signés, Le prince de Neufchâtel, maréchal Alexandre Berthier.

Le prince Labanoff de Rostoff.

gne d'Iéna et de Friedland, et il faut bien remarquer que M. de Talleyrand eut la première idée d'une dynastie napoléonienne prenant la couronne de Naples et d'Espagne et signant *moi le roi*, dans l'Escurial ou Aranjuez. Y avait-il sincérité? ou bien M. de Talleyrand, ennuyé de la guerre de Pologne, voulait-il amener une prompte paix au nord, par l'idée d'une facile conquête au midi? Tant il y a que le ministre s'exprimait haut sur la nécessité immédiate de faire la paix, pourvu qu'on offrît de bonnes conditions; partisan le plus chaud de l'entrevue, il ne fut tranquille que lorsque les conditions en furent réglées entre Alexandre et Napoléon par l'organe et l'intermédiaire du maréchal Duroc et du général Bennigsen [1].

Tout ce qui se rattachait aux vieux souvenirs historiques, tout ce qui rappelait à Napoléon les rois de dynastie antique allait à son esprit et à son imagination enthousiaste; l'idée d'une entrevue sur un radeau au milieu du Niémen lui plut, parce qu'elle était une imitation de ces pourparlers de la Bidassoa, de ces mariages à l'île des Faisans sous Louis XIII et Louis XIV; il y avait dans cette cérémonie solennelle un respect mutuel, une égalité entre monarques qui caressait Napoléon; elle lui créait une puissance morale dans son armée et en France. M. de Talleyrand lui suggéra des idées de cérémonial, afin de flatter son amour-propre; l'Empereur régla tout avec un soin minutieux : un pavillon simple, mais élé-

---

[1] « Le prince Labanoff, qui n'avait pas de pouvoir pour traiter l'objet de la mission du maréchal Duroc, en référa à l'empereur de Russie, qui était très près et commandait son armée; il proposa au maréchal Duroc de le voir. Celui-ci répondit que si l'empereur de Russie témoignait le désir d'avoir des explications sur l'objet de sa mission ou de l'entendre de lui, il ne faisait non seulement aucune difficulté de se rendre près de lui, mais qu'il saisirait avec empressement cette occasion pour lui rendre ses hommages. Cette disposition du maréchal Duroc satisfit tant le prince Labanoff, qu'il l'eut bientôt amené chez l'empereur de Russie. Je crois bien que le maréchal

gant, fut fixé sur un radeau au milieu du Niémen ; on étudia les anciennes formules ; on construisit un salon commun, deux petites pièces d'attente ; et pour cela on employa les toiles rayées blanches et bleues qui servaient au campement de l'Empereur dans ses jours de bivouac. Au signal donné par deux coups de canon, Napoléon et Alexandre devaient quitter en même temps les rives opposées pour arriver simultanément dans le pavillon d'attente. Là on se verrait pour la première fois, et on pourrait jeter les bases générales d'un traité dans une de ces vastes conversations historiques qui remuaient le présent, le passé et l'avenir.

Par une belle journée de juin, sous les feux resplendissants du soleil, on vit se ranger en bataille sur les deux rives du Niémen aux eaux larges et noires, des masses considérables de troupes, infanterie, artillerie et cavalerie. A la belle tenue de tous ces corps, on aurait dit que la bataille de Friedland n'avait pas été donnée à dix jours à peine d'intervalle. Le canon retentit et des barques simples reçurent les deux empereurs ; Napoléon était suivi de Murat, des maréchaux Berthier et Bessières, du grand-maréchal Duroc et du grand-écuyer Caulaincourt. Les marins de la garde, troupes si agiles, si habituées à conduire sur les fleuves et les mers, dirigeaient la barque et ramaient avec vigueur. La barque d'Alexandre était conduite par de simples pêcheurs russes du fleuve du Niémen, vêtus de blanc ; il avait avec lui le grand-

---

Duroc n'avait pas commission de proposer une entrevue ; mais il avait au moins l'ordre de ne pas la refuser, si on la désirait, c'est-à-dire de se borner à répondre que cela n'avait pas été prévu lorsqu'il avait été dépêché, mais que si c'était l'intention de l'empereur Alexandre, il allait retourner en faire part à l'Empereur, et lui rapporterait sa réponse. Je le crois d'autant mieux que le maréchal Duroc est revenu à Tilsitt, et est retourné une seconde fois près de l'empereur de Russie, et que c'est à la suite de cette seconde mesure que l'on a préparé tout à Tilsitt pour cette célèbre entrevue. » (Mémoires du général Savary.)

duc Constantin, le général en chef Bennigsen, qui ne le quittait plus; chef du vieux parti russe, il n'avait cessé d'être l'homme de la nuit sanglante au palais de Mikaëloff; ensuite le prince Labanoff, le général Ouvaroff, et l'aide-de-camp général comte de Liewen, qui depuis fut appelé à de hautes fonctions diplomatiques.

Napoléon, avec sa promptitude habituelle, arriva le premier au pavillon; il aimait, même dans les petites choses, marcher à pas de géant [1]. Il se montra fort poli, fort prévenant, car il ouvrit lui-même la porte du pavillon pour tendre la main à l'empereur Alexandre; ils se saluèrent, s'embrassèrent tous deux avec une courtoisie extrême. A cette époque Napoléon avait trente-huit ans; un peu gros déjà, sa taille était épaisse, ses épaules hautes, mais avec cela une tête magnifique, le front chauve, l'œil beau et pénétrant, le nez bien fait, la bouche gracieuse, et un ensemble de médaille antique qui dut frapper d'une curiosité respectueuse l'empereur Alexandre, esprit enthousiaste, car enfin c'était une fortune bien phénoménale que celle qui entourait la grande physionomie de Napoléon. Alexandre était plus jeune que l'Empereur des Français; à l'entrevue de Tilsitt il atteignait sa vingt-neuvième année; sa physionomie était gracieuse, son front haut

---

[1] Au reste des renseignements authentiques existent sur cette entrevue.

Tilsitt, le 24 juin 1807.

« Demain les deux empereurs de France et de Russie doivent avoir une entrevue. On a à cet effet élevé au milieu du Niémen un pavillon, où les deux monarques se rendront de chaque rive.

« Peu de spectacles seront aussi intéressants. Les deux côtés du fleuve seront bordés par les deux armées, pendant que les chefs conféreront sur les moyens de rétablir l'ordre, et de donner le repos à la génération présente.

« Le grand-maréchal du palais Duroc est allé hier, à trois heures après midi, complimenter l'empereur Alexandre.

« Le maréchal comte de Kalkreuth a été présenté aujourd'hui à l'Empereur; il est resté une heure dans le cabinet de S. M.

« L'Empereur a passé ce matin la revue du corps du maréchal Lannes. Il a fait différentes promotions, a récompensé les braves, et témoigné sa satisfaction aux cuirassiers saxons. »

« Le 25 juin, à une heure après midi, l'Empereur, accompagné du grand-duc de Berg, du prince de Neufchâtel, du maréchal

et bombé, ses yeux bleus et charmants, son nez petit avec une empreinte de la race tartare modifiée par le beau sang allemand; il était élancé de taille, mince comme les Russes de nobles maisons; il s'exprimait bien, et quoique la disproportion d'âge ne fût pas considérable entre les deux empereurs, Alexandre ne cessa de témoigner une sorte de déférence filiale et des formes de respect capables de frapper vivement un esprit aussi impressionnable que celui de Napoléon.

La conversation du radeau du Niémen se tint toujours dans les généralités; aucune des questions diplomatiques ne fut traitée à fond; on se fit des compliments. Alexandre en fut prodigue, parce que, enthousiaste comme un jeune homme, il se sentait pénétré d'un rayon de cette gloire si brillante alors et de cette destinée si merveilleuse. Napoléon a dit plus tard de l'empereur Alexandre, à l'occasion de cette entrevue du Niémen : « qu'il était faux comme un Grec du Bas-Empire. » C'est là un de ces mots qu'on a prêtés à Napoléon comme d'autres encore. Je crois qu'en effet Alexandre fut habile, comme le digne petit-fils de Catherine la grande; mais à cette époque il fut éminemment sincère dans son expression ; il pouvait

---

Bessières, du grand-maréchal du palais Duroc et du grand-écuyer Caulaincourt, s'est embarqué, sur les bords du Niemen, dans un bateau préparé à cet effet ; il s'est rendu au milieu de la rivière, où le général Lariboissière, commandant l'artillerie de la garde, avait fait placer un large radeau, et élever un pavillon. A côté était un autre radeau et un pavillon pour la suite de LL. MM. Au même moment, l'empereur Alexandre est parti de la rive droite, sur un bateau avec le grand-duc Constantin, le général Bennigsen, le général Ouvaroff, le prince Labanoff, et son premier aide-de-camp le comte de Liewen.

« Les deux bateaux sont arrivés en même temps ; les deux empereurs se sont embrassés en mettant pied sur le radeau, ils sont entrés ensemble dans la salle qui avait été préparée, et y sont restés deux heures. La conférence finie, les personnes de la suite de l'Empereur ont été introduites. L'empereur Alexandre a dit des choses agréables aux militaires qui accompagnaient l'Empereur qui, de son côté, s'est entretenu longtemps avec le grand-duc Constantin et le général Bennigsen.

« La conférence finie, les deux empereurs sont montés chacun dans leur barque. On conjecture que la conférence a eu le

tirer de sa position tout ce qu'elle lui offrait d'avantages, c'était son droit et sa politique; mais jusqu'à la guerre de 1812, Alexandre ne se démentit pas : il fut l'admirateur de Napoléon, et s'exposa plus d'une fois aux violences des boyards pour conserver ses dignes et loyaux rapports. A cette époque, il faut bien distinguer les nations, des souverains ; ceux-ci voulaient rester en paix avec Napoléon ; les peuples seuls se levaient contre lui et emportaient les couronnes, dans la résistance patriotique qu'ils opposaient aux volontés du despote. Alexandre avait d'ailleurs déjà ce mysticisme qui s'agenouillait devant les superstitions glorieuses, et cette fortune de Napoléon si pleine de merveilles le jetait dans un monde d'admiration rêveuse.

Les affaires réelles ne devaient point se traiter dans cette entrevue ; on convint qu'on neutraliserait Tilsitt, partiellement occupé par des détachements des gardes française et russe ; les empereurs se verraient là avec une extrême liberté, sans faste, sans cérémonies, tandis que les ministres traiteraient les affaires générales, soumises ensuite à la sanction des Empereurs. M. de Tal-

---

résultat le plus satisfaisant. Immédiatement après, le prince Labanoff s'est rendu au quartier-général français. On est convenu que la moitié de la ville de Tilsitt serait neutralisée. On y a marqué le logement de l'empereur de Russie et de sa cour. La garde impériale russe passera le fleuve, et sera cantonnée dans la partie de la ville qui lui est destinée.

« Le grand nombre de personnes de l'une et l'autre armée, accourues sur l'autre rive pour être témoins de cette scène, rendaient le spectacle d'autant plus intéressant, que les spectateurs étaient des braves des extrémités du monde. »

Tilsitt, le 26 juin 1807.

« Aujourd'hui, à midi et demi, Sa Ma-jesté s'est rendue au pavillon du Niémen. L'empereur Alexandre et le roi de Prusse y sont arrivés au même moment. Les trois souverains sont restés ensemble dans le salon du pavillon pendant une demi-heure.

« A cinq heures et demie, l'empereur Alexandre est passé sur la rive gauche. L'Empereur Napoléon l'a reçu à la descente du bateau. Ils sont montés à cheval l'un et l'autre, ils ont parcouru la grande rue de la ville, où se trouvait rangée la garde impériale française à pied et à cheval, et sont descendus au palais de l'Empereur Napoléon. L'empereur Alexandre y a dîné avec l'Empereur, le grand-duc Constantin et le grand-duc de Berg. »

leyrand était déjà installé à Tilsitt; l'Empereur le chargea de pleins-pouvoirs pour la forme, et il dut s'aboucher avec le baron de Budberg, ministre en nom des affaires étrangères de Russie; Alexandre dirigeait personnellement son cabinet. M. de Talleyrand se posa immédiatement à Tilsitt comme l'homme de la paix ; il la désirait vivement, et il ne dépendait pas de lui qu'elle ne fût prompte et durable. Le baron de Budberg n'était pas de force à lutter avec le ministre de Napoléon; aussi restait-il sur la négative; les affaires furent conduites par l'empereur Alexandre, le prince Kourakin et le prince Labanoff.

Voici l'aspect qu'avait le séjour de Tilsitt, dans la première semaine de l'entrevue : le matin, après la toilette, on déjeûnait, puis des promenades à cheval ; à deux heures, des causeries et des affaires jusqu'à cinq ; comme les journées d'été étaient fort longues, après dîner, des revues, où se passaient des scènes pittoresques, un échange de nobles choses entre les deux Empereurs et leurs armées. Un jour Napoléon détachait sa croix pour la donner au plus brave des grenadiers de l'armée russe ; le lendemain, c'était au tour d'Alexandre, mais seulement pour la croix de troisième ordre, destinée aux soldats; il ne pouvait blesser la noblesse. On vivait en parfaite intelligence ; les deux gardes impériales russe et française changèrent d'uniforme en signe d'amitié ; un soir il y eut concert de Baskirs, un tir à l'arc, comme chez les barbares. Alexandre fut aise de montrer sa puissance asiatique; Constantin et Murat s'étaient épris l'un pour l'autre d'une loyale amitié; les généraux échangeaient des politesses exquises ; la guerre n'avait point altéré le caractère chevaleresque de ces hommes si braves qui naguère croisaient le fer à Friedland.

Ainsi était la vie extérieure à Tilsitt. Mais les affaires diplomatiques avaient une autre importance ; pour bien comprendre tout ce qui se passa dans ces conférences diplomatiques, il est essentiel de les diviser en plusieurs phases : 1° les conventions publiquement stipulées ; 2° les articles secrets ; 3° l'échange de simples pourparlers, qui se succédaient avec une si grande rapidité, dans l'imagination si vive, si orientale de Napoléon ; on discuta tout, on prévit d'immenses changements, on remua le monde des deux mains, on bouleversa l'Asie, l'Amérique. Tout fut dit à Tilsitt, par un homme à la pensée ardente comme Napoléon ; il a été puéril de prendre comme convention positive les idées qui purent être jetées dans une conversation imagée, à la manière de l'Empereur : Alexandre demeura-t-il sous le charme de cette prodigieuse conversation, ou bien, observateur attentif de tout ce qu'il voyait, abandonna-t-il le côté romanesque de sa pensée, pour s'en tenir aux concessions positives que son nouvel ami lui avait faites sur la Turquie et la Finlande ? La plus dramatique phase des négociations se rattache à la Prusse. Ici c'est une royauté renversée, le petits-fils du grand Frédéric brisé par l'orage ; une reine suppliante, mais fière encore. Ces diverses phases des conférences de Tilsitt doivent être enfin racontées en détail, pour que l'histoire sache à quoi s'en tenir sur un événement jusqu'ici étrangement défiguré. Que fut-il réellement convenu entre Alexandre et l'empereur Napoléon ? quels sont les engagements qui furent arrêtés ? quelles affaires réelles furent alors discutées, et dans quel sens ?

La première question sérieusement agitée entre les deux cours de France et de Russie, se rattacha aux intérêts et à la destinée de la Porte ottomane qui occupait très vivement l'empereur Alexandre, parce qu'elle était pour lui territoriale et historique. Dans toutes les transactions diplomatiques la Russie a toujours suivi la marche et le développement de sa force et de sa puissance politique. Depuis le commencement de la guerre de Pologne, l'empereur Napoléon s'était aussi préoccupé des destinées de la Turquie; dans ses messages au Sénat, dans ses communications diplomatiques, il parlait de la nécessité de maintenir l'empire Ottoman dans son intégralité territoriale; ses communications officielles affirment même hautement : « qu'il ne traitera jamais avec Alexandre si les Russes n'évacuent la Moldavie et la Valachie, alors occupées contre la foi des traités; » c'était là une fière et vaine menace contre le cabinet de Saint-Pétersbourg. Les dépêches du général Sébastiani, ambassadeur à Constantinople, avaient indiqué à Napoléon la résolution de Sélim de s'affranchir de toute sujétion envers la Russie et l'Angleterre; le sultan avait pris les armes, l'étendard du prophète était levé, la vigoureuse résistance de Constantinople contre une escadre anglaise avait exalté la pensée de Napoléon à ce point de croire qu'il pouvait compter sur une diversion favorable de la Porte Ottomane par le Danube.

L'Empereur connaissait mal le divan; les Turcs voyaient avec indignation des Francs établis dans les batteries des Dardanelles avec les bombardiers et les janissaires. Le sultan Sélim, dans une émeute religieuse soutenue par le muphti au nom du Coran, fut déposé et étranglé; la guerre se continuait dans les provinces de Moldavie et de Valachie, favorable aux Russes, lorsque la question se présenta aux conférences de Tilsitt. Ce fut une chose curieuse et très étrange à dire : Napoléon, qui avait soutenu si vivement la Porte ottomane et déclaré au Sénat qu'aucun traité ne serait fait avant l'évacuation de la Moldavie et de la Valachie [1], consentit par un article secret à ce que la Russie, évacuant les provinces ou les gardant provisoirement, pût en nommer les hospodars. Si le traité public stipulait l'évacuation de la Moldavie et de Valachie, par le fait, la Russie les gardait dans ses mains ou sous son influence; l'habileté d'Alexandre vint à son but : on comprend alors comment il se rapprocha de Napoléon par des conditions si avantageuses pour son cabinet. Où cherchait-il des conquêtes? quel était le vœu de son agrandissement? La Russie n'avait pas de vue alors sur l'occident de l'Europe; elle se bornait à suivre et à développer le plan de Catherine. Napoléon y prêtait la main : le Czar dut caresser son amour-propre; ses avances lui étaient largement payées.

Après la Moldavie et la Valachie, Alexandre tourna son attention sur la Finlande. Le roi de Suède, Gustave-Adolphe, chevaleresquement dévoué à la coalition, lui avait fourni des secours, des soldats, des armements, et dans un dernier traité avec la Russie il s'était engagé même à donner des armes pour soutenir Alexandre dans la grande querelle contre les Français; Gustave remplit loyalement sa promesse. Il y eut ce sentiment égoïste dans les articles secrets de Tilsitt, que ce noble roi fut sacrifié par la Russie, qui profita de ses dépouil-

---

[1] Dans une de ses conversations prétendues amicales et franches, Napoléon disait à l'empereur Alexandre : « Je ne tiens pas à cette évacuation des deux provinces (celles de Valachie et de Moldavie); qu'on la traîne en longueur. Il n'est pas possible de souffrir plus longtemps les Turcs en Europe; vous êtes le maître de les rejeter en Asie; mais je tiens à ce que Constantinople n'appartienne à aucune des puissances européennes. » (Propos officiellement rappelé par le Czar, sans avoir été officiellement démenti.)

les [1]. Le plan de Catherine reposait sur deux grandes idées qui touchaient au commerce et à la vie territoriale de la Russie : la domination de la mer Noire et la possession du golfe de Finlande. Sans ces deux débouchés la Russie ne pouvait être qu'un corps inerte, qu'une masse informe de terre sans issues. Ce plan s'était développé successivement sur la mer Noire ; Napoléon consentait à l'occupation de la Moldavie et de la Valachie ; puis il fallait développer la seconde partie de ce système, et s'assurer la Finlande en pleine et entière souveraineté. Dans les conférences de Tilsitt, Napoléon consentit à ce que la Russie s'emparât d'une double influence sur la mer du Nord et la Baltique. La politique russe arriva pleinement à ses fins ; Alexandre reconnut à Napoléon la faculté de disposer de la Poméranie suédoise ; il accepta aussi comme compensation la légitime possession de la Finlande qu'il devait conquérir sur Gustave-Adolphe et lui arracher dans une prochaine campagne. Ainsi d'une part, la mer Noire, le Danube, de l'autre la Baltique : le résultat était large pour la Russie ; elle aurait traité à moins.

Ces deux points arrêtés, Alexandre passa sans difficulté sur la reconnaissance des faits accomplis par l'avénement de Napoléon au trône. Il reconnut le titre impé-

---

[1] « C'est ici l'occasion d'examiner s'il a jamais existé des traités écrits sur les conventions secrètes de Tilsitt ; on n'en trouve pas de traces officielles.

« Il y eut évidemment des articles, ou plutôt des traités, car ceux-ci étaient au nombre de trois, que l'indiscrétion, l'infidélité ou des discussions diplomatiques ultérieures firent connaître, quoique jamais on ne les ait avoués officiellement et qu'ils n'aient pas même été déposés dans des archives publiques.

« Le premier était un traité d'alliance offensive et défensive, signé le même jour que le traité patent, et principalement destructif des articles 21 et 22 de celui-ci, en faveur de la Porte Ottomane ; d'une part, il engageait dans la guerre de la France contre l'Angleterre ou toute autre puissance européenne, la Russie, qui garantissait toutes les conquêtes faites et à faire par Napoléon, qui stipulait la fermeture de ses ports au commerce britannique, qui promettait en outre d'employer son influence pour lui

rial que Napoléon glorifiait si haut ; il le salua comme roi d'Italie, comme protecteur de la Confédération du Rhin, en lui recommandant quelques intérêts particuliers de famille en Allemagne, et le duc d'Oldenbourg particulièrement. Alexandre reconnut aussi Joseph roi de Naples, Louis roi de Hollande ; et quoique les limites d'un royaume de Westphalie ne fussent pas encore fixées, et que Jérôme ne fût pas officiellement désigné roi, Alexandre l'admit d'avance pour donner un gage d'estime à l'Empereur des Français. Ces sortes de témoignages enivraient Napoléon ; ils lui faisaient souvent oublier le but politique et territorial des guerres. Alexandre ne donnait rien que de stériles reconnaissances, tandis qu'il obtenait pour la Russie la possession réelle de la Finlande et des provinces du Danube. Les reconnaissances passent, les domaines réels se transmettent dans la possession générale des États. Que sont devenus ces rois qu'Alexandre reconnut alors ? tandis que la Russie est en possession des provinces qu'elle s'est assurées à Tilsitt.

Il est constant que dans ces conférences, Napoléon communiqua ses plans sur l'Espagne à l'empereur Alexandre ; il lui parla de ses projets sur toute la Péninsule, de la nécessité de refouler en Amérique la famille des Bourbons, en séparant les vastes Indes de la

faire fermer tous ceux de la Baltique. D'autre part il était dit : « Si, par suite des changements arrivés à Constantinople, la Porte n'acceptait pas la médiation de la France, ou si, après l'avoir acceptée, les négociations n'amenaient pas au bout de trois mois un résultat satisfaisant, la France ferait cause commune avec la Russie contre la Porte ottomane, et les hautes parties contractantes s'entendraient pour distraire de l'empire Ottoman toutes ses provinces en Europe, Constantinople et la Romélie seules exceptées. »

« Par un second traité secret, les deux puissances, se considérant déjà comme les seuls et suprêmes arbitres de l'Europe, convenaient entre elles que la Russie étendrait à son gré ses conquêtes en Europe et en Asie ; que les maisons de Bourbon et de Bragance seraient remplacées en Espagne et en Portugal par des princes de la famille de Napoléon ; que la domination temporelle du pape cesserait ; que la Russie seconderait la France dans l'attaque de Gibraltar ; que la France s'emparerait de Tunis, d'Alger et du littoral africain, qui, lors de la paix

métropole espagnole. M. de Talleyrand développa le premier ces projets de dynastie; Napoléon voulait substituer sa famille à celle des Bourbons dans le droit public européen. A tout cela, Alexandre ne fit aucune objection; il reconnut même parfaitement la possibilité de créer au midi un empire gigantesque sous le sceptre de Napoléon, et qui serait séparé de la Russie par la nation germanique, réduite alors à un État intermédiaire et de second ordre; on réveillerait le titre d'*Empereur d'occident*. Alexandre s'abandonnait aux rêveries poétiques de Napoléon, pourvu qu'on laissât s'accomplir pour la Russie ses projets sur la Perse, la Suède et la Turquie, et les trois grands débouchés : la mer Baltique, la mer Caspienne et la mer Noire. Les hommes habiles du cabinet de Saint-Pétersbourg voyaient dans les projets de Napoléon quelque chose de momentané, un poëme épique improvisé par un grand homme; tandis que la Russie allait droit à un plan très matériel et bien réfléchi; elle ne se tenait pas dans les nuages historiques ou dans la poésie d'un système; elle se servait de Napoléon pour acquérir positivement et définitivement.

Les conférences premières portèrent ainsi sur des faits définis et constants, la réalisation de la grande pensée de Catherine II; il y eut un échange de projets plus

générale, serviraient à indemniser les rois de Sicile et de Sardaigne; que Malte appartiendrait aux Français; qu'ils occuperaient l'Égypte; que la navigation de la Méditerrannée ne serait permise qu'aux navires français, russes, espagnols et italiens; que le Danemarck remettrait son armée navale à Napoléon et en serait indemnisé par l'acquisition des villes anséatiques, et que les deux puissances régleraient le nombre de vaisseaux de guerre que les neutres auraient le droit de mettre en mer. Ce traité, que l'ambition la plus extravagante pouvait seule croire réalisable, et que l'Angleterre parvint à se procurer par les soins du comte d'Antraigues, fut je le répète, plutôt un échange de propos, un brouillon d'idées sur le papier qu'une convention veritablement diplomatique; j'ai entendu dire à M. de Talleyrand, avec son ton railleur, que tout fut conclu à Tilsitt, excepté le possible. »

vastes, plus imaginaires, profondément en rapport avec le caractère de Napoléon et l'enthousiasme plus ou moins sincère d'Alexandre. Empereur comme consul, Napoléon caressait avec ivresse, ce plan de campagne dans l'Inde, que Paul Ier avait tracé avec lui dans ses actives correspondances : ce passage de 100,000 hommes à travers les pays fabuleux qu'avait salués le héros macédonien, pour tomber tout à coup sur les établissements anglais dans la presqu'île du Gange, était de nature à vivement séduire l'imagination du Czar. Napoléon livrait la Perse à la Russie, la Turquie d'Europe, s'il le fallait, pour réaliser ces *Mille et une Nuits* de sa politique ; il aimait ces images d'Orient, ces gigantesques conceptions, et ceux qui ont connu M. de Talleyrand peuvent se rappeler l'impression qu'avaient laissée dans sa tête, bien calme pourtant, les admirables causeries de Napoléon en présence d'Alexandre, ce feu qui brillait dans ses regards, et qu'il savait communiquer à ce jeune prince poli, mais souvent froid observateur, élevé dans les principes politiques de Catherine II. Napoléon cachait souvent beaucoup de dissimulation dans ses paroles chaudes ; il restait Italien ; c'était le geste de l'improvisateur, un grand poëte armé. Alexandre dérobait aussi beaucoup d'habileté dans les témoignages d'une sensibilité expressive et d'une loyauté chevaleresque. On divisa le monde en deux grands empires : l'Occident et l'Orient, les Latins et les Grecs ; Charlemagne et les successeurs de Constantin, Napoléon et Alexandre. Ces idées furent plutôt formulées dans une conversation qu'écrites dans un traité.

Enfin arriva la question réelle, territoriale et positive, celle du sort de la Prusse ; qu'allait-on décider sur un royaume absolument conquis depuis la prise de Kœnigsberg ? allait-on l'effacer de la carte d'Europe comme les duchés de Brunswick et la Hesse? Napoléon en ferait-il un lot pour l'un de ses généraux, le dépècerait-il en principautés indépendantes? Le roi Frédéric-Guillaume était arrivé à Tilsitt dès le troisième jour des conférences, sans qu'il fût mandé par Napoléon ; l'Empereur ne se souciait pas d'avoir la gêne d'un tiers dans ses transactions de souverain à souverain pour le développement de ses vastes projets. On a dit qu'Alexandre n'avait point fait appeler Frédéric-Guillaume à Tilsitt ; le fait est inexact, la lettre autographe existe [1] ; les traités entre les deux couronnes étaient trop intimes pour qu'Alexandre pût traiter séparément de son allié.

Le roi de Prusse n'avait aucun attrait dans sa personne ; froid et toujours digne, comme un roi malheureux, il ne portait en lui-même aucun de ces caractères qui entraînent les esprits vers un prince, même battu par l'infortune. Mais alors on attendait à Tilsitt une femme fière et noble, la belle reine Louise de Prusse, la nouvelle Marie-Thérèse, qui avait voulu sauver la monarchie par son dévouement et son noble feu de gloire. Il dut en coûter à cette reine de venir implorer l'homme qui l'avait si outrageusement insultée. Napoléon, vainqueur implacable, mit néanmoins une vive attention à la traiter avec une politesse d'autant plus cruelle qu'elle ne concéda rien. Voyez-vous une femme outragée s'agenouillant devant le souverain qui l'avait flétrie? Le grand-maréchal Duroc et l'officier d'ordonnance, M. de Talhouet, furent chargés d'aller au-devant de cette noble reine [2] ; Duroc l'avait vue à Berlin ; cette ma-

---

[1] J'en possède une copie.

[2] M. de Talhouet m'a dit la vive et profonde impression qu'avait faite sur son esprit l'aspect de la reine de Prusse. Quelle grâce, quelle majesté ! Je ne puis résister au désir de faire connaître l'origine de cette noble reine.

Louise-Auguste-Wilhelmine-Amélie était

jesté de la beauté et du malheur, cette double couronne rayonnant à son front, frappèrent vivement tous ceux qui accompagnaient cette ambassade de politesse.

Louise de Prusse était belle, majestueuse, l'œil doux, le regard fier, la plus caressante, la plus gracieuse expression de la bouche; ses lèvres étaient roses, ses yeux grands, bleus, expressifs, son cou un peu fort comme la race allemande. Louise de Prusse ne cessa pas un moment d'être reine; elle sollicitait l'œil humide, mais le front haut; elle s'agenouillait, mais en implorant plutôt la justice de Dieu que la munificence de l'homme. Elle trouva dans Napoléon une politesse froide et prévenante, railleuse comme le sourire du fort quand il couronne de fleurs sa victime; la reine demandait son héritage, Napoléon lui offrait des roses dans de beaux vases de porcelaine; elle implorait pour rendre à la Prusse un système politique, l'implacable Empereur lui parlait des bagatelles de modes et des chiffons de Paris. Là, Napoléon manqua peut-être un peu de dignité; il fit asseoir la reine de Prusse à ses banquets pour la montrer à tous, la traînant à son char comme la reine Zénobie des triomphes romains; il semblait dire : « La voilà, cette reine qui m'a bravé, cette femme que mes bulletins ont flétrie; je lui ai arraché son sceptre, je la fais asseoir à ma table, je suis courtois avec elle, je lui donne la main, je fais le souverain galant à la manière de Louis XIV, et je lui arrache la moitié de ses États. » Mieux valait lui

---

née le 10 mars 1776, du duc de Mecklembourg-Strelitz, et de Caroline de Hesse-Darmstadt, à Hanovre, où son père était gouverneur de l'électorat. Ayant perdu sa mère à l'âge de six ans, elle fut confiée aux soins de mademoiselle de Gélieux, réfugiée française. Les événements de la guerre la conduisirent, dans le mois de mars 1793, à Francfort, qui était alors le quartier-général du roi de Prusse, et elle parut avec une de ses sœurs à la cour de ce monarque. Le prince royal et son frère Louis en furent également frappés d'admiration, et après avoir obtenu le consentement de leur père, les deux frères furent fiancés avec les deux sœurs, le 20 avril suivant. Le

dire : « Reine, je vous dépouille et ne vous reçois pas. »

Louise de Prusse resta digne dans une position si embarrassée ; princesse fort instruite, parlant le français avec une élégance remarquable, elle employa tout le charme d'une causerie attrayante pour obtenir quelque chose du vainqueur ; tantôt elle invoquait le souvenir du grand Frédéric, qu'elle comparait à Napoléon, en plaçant sa grandeur au-dessous de celle du souverain de la France ; elle disait des mots mélancoliques ; son sourire était amer, sa grâce si triste qu'elle brisait les âmes ; elle prenait Napoléon par tous les côtés du cœur et de l'esprit ; et cette rose tant citée que le vainqueur lui offrit, et cette réponse si bien jetée : « Sire, avec Magdebourg, » et la froide réplique de l'Empereur qui parla de chiffons, tout cela fit dire au baron de Hardenberg dans un moment de dépit : « Cet homme est impitoyable envers les malheureux, et je me tromperais beaucoup s'il savait lui-même supporter le malheur avec dignité. » Enfin, pour achever l'humiliation, Napoléon fit expressément stipuler par les clauses préliminaires du traité de Tilsitt que c'était en considération de l'empereur Alexandre qu'il restituait au roi de Prusse la moitié de ses États ; c'était dire : « Je n'ai point été touché de vous, prince malheureux ; je n'ai point été touché de vous, reine infortunée qui vous sacrifiez pour la nation prussienne ; si je vous restitue quelque chose, c'est ma politique qui veut que je m'unisse à l'empereur Alexandre,

---

mariage du prince héréditaire fut célébré à Berlin, le 24 décembre de la même année. La princesse Louise avait donné deux héritiers au trône de Prusse, lorsqu'elle devint reine le 16 novembre 1797, par la mort de Frédéric-Guillaume II. Après avoir reçu le serment de leurs sujets, les nouveaux souverains firent plusieurs voyages dans leurs États ; là reine charma tous les yeux par sa beauté, et gagna tous les cœurs par ses actes multipliés de bonté et de bienfaisance. Ayant eu le malheur de perdre un de ses enfants en 1806, sa santé en fut très altérée, et pour la rétablir, elle alla aux eaux de Pyrmont. A son retour la guerre de Prusse commença.

votre protecteur; je lui cède ce que je ne vous donne pas. » On comprend que les Prussiens durent garder au cœur cet outrage fait à l'héritier du grand Frédéric, et à leur reine si populaire dans le parti national et les universités. Qu'elle dut souffrir cette reine! qu'elle dut dévorer de douleurs! Les officiers de l'Empereur qui avaient conservé des entrailles, examinaient ses traits que brisaient mille sentiments intimes ; elle changeait de couleur à tout instant; ses paroles étaient tour à tour caressantes et dépitées, elle dévorait ses larmes; elle s'agitait comme une âme qui sait sa grande mission, sauf à garder ses ressentiments aux jours de la vengeance; si la mort ne l'eût pas brisée, elle eût assisté implacable à la chute de l'Empereur, terrible talion; elle n'aurait pas eu de pitié pour qui l'avait si profondément blessée. C'est l'ombre de la reine qui agitait Blücher lorsque, vainqueur impitoyable, il s'écriait en 1815 en parlant de Bonaparte accablé par le nombre : « Si je l'attrape, je le fais pendre pour satisfaire mon armée d'étudiants patriotes. » Tous savaient alors que cette reine était morte d'un polype au cœur, noble infirmité qui dit assez la souffrance de sa vie.

Je dois pourtant dire, à la justification de l'Empereur victorieux, qu'il avait résisté à un parti puissant dans l'armée qui voulait la continuation de la guerre et le partage des conquêtes. Ce parti de jeunes officiers, conduit par Murat, avait déterminé la campagne contre la Prusse par son enthousiasme; Murat n'était pas content du lot qu'on lui avait fait du grand-duché de Berg ; il rêvait un royaume comme Joseph et Louis à Naples et en Hollande, il savait que la Westphalie était destinée à Jérôme; pourquoi, lui, n'aurait-il pas le trône de Prusse ou de Pologne? La paix contrariait ses desseins, il ne pouvait obtenir cette couronne qu'il rêvait depuis l'avénement de ses beaux-frères; il était alors surgi une manie d'être roi; le titre de grand-duc de Berg ne le satisfaisait pas; il voulait à sa toque ducale ajouter la couronne surmontée de l'escarboucle et de quelques parcelles étincelantes du beau diamant de la fortune de Napoléon, qui rayonnait à ses yeux. Cette opinion belliqueuse de Murat était bien connue; s'exprimant dans les salons avec la parole haute, il ne voulait plus entendre parler du roi de Prusse et de cette couronne en jupon; il fallait le supprimer de la carte; si bien que M. de Talleyrand s'écria haut, en sortant du salon des conférences de la paix : « Monseigneur le grand-duc de Berg, c'est vous qui nous avez fait faire la guerre, je prie V. A. I. de croire que ce n'est pas elle qui empêchera de faire la paix. » Quand M. de Talleyrand parlait ainsi, il savait bien ce qu'il disait; Napoléon, quoique fort appréciateur du courage de Murat, avait toujours blâmé cette impétuosité du champ de bataille, qui à plusieurs reprises avait compromis le sort d'une campagne pour un glorieux coup de sabre. A ce moment, le parti de la paix était considérable en France et dans l'armée; le soldat surtout avait ambition de retourner dans sa patrie; après une si longue absence, de tant de périls et de fatigues, il commençait à s'ennuyer de faire des empereurs et des rois au prix de son sang le plus pur.

Dans cette entrevue de Tilsitt, l'Autriche avait cherché à prendre place pour constater son existence et sa force diplomatique; elle trouvait dangereux de rester en dehors des transactions d'une nature si considérable. M. de Talleyrand avait retardé l'envoi des passeports au général baron de Vincent, demeuré à Varsovie : il n'était pas aise que l'Autriche intervînt dans les négociations de Tilsitt et qu'elle pût connaître les détails des transactions arrêtées. Cependant, sous prétexte de complimenter Napoléon, Alexandre et le roi de Prusse, le cabinet de Vienne avait envoyé aux conférences le général baron de Stuterheim, chargé d'observer et de pénétrer les différentes phases de la négociation qui se continuait à Tilsitt; l'Autriche, dans le conflit gigantesque terminé à Freidland, avait en vain offert sa médiation à Varsovie; et maintenant que ces deux puissances se rapprochaient, que ces deux colosses se pressaient la main, que pouvait-elle donner? quelle place pouvait-elle prendre, elle, puissance de second ordre depuis le traité de Presbourg? Le baron de Stuterheim se borna donc à observer, il ne fut admis à aucune négociation en nom personnel; seulement il put annoncer à sa cour : « que dans les transactions arrêtées à Tilsitt on ne touchait pas à la Gallicie et à cette partie de la Pologne qui était échue en partage à l'Autriche. » Toutefois le cabinet de Vienne ne se dissimula pas que, dans les transactions actuelles, l'avenir de l'Autriche était complétement menacé; si l'alliance recevait le développement naturel, l'Autriche comme la Prusse était réduite à n'être plus que le satellite d'Alexandre ou de Napoléon; il fallait tourner autour de l'un ou de l'autre de ces astres.

Enfin, deux traités furent le résultat de l'entrevue de Tilsitt; le premier fut conclu directement avec l'empereur Alexandre d'égal à égal. Par ce traité, une portion de la Prusse, par égard pour Alexandre, est restituée à Frédéric-Guillaume; on y constitue un grand-duché de Varsovie, le roi de Saxe en a la suprématie. Dantzick devient ville indépendante. Napoléon accepte la médiation de la Russie pour une paix avec l'Angleterre; Alexandre reconnaît les royautés de Naples, de Hollande et de Westphalie, dans la personne des frères de Napoléon; il s'engage publiquement à évacuer la Valachie et la Moldavie, pour satisfaire les exigences d'opinions et les promesses de l'Empereur au Sénat; un article secret l'autorise à les garder sous les hospodars nommés par elle [1].

Le second traité, directement conclu entre l'Empereur et le roi de Frédéric-Guillaume III, est dur, implacable. La Prusse renonçant à tous ses territoires entre le Rhin et l'Elbe, et à la totalité de la Pologne prussienne, ouvre des routes militaires dans ses États pour le libre passage des Saxons jusqu'au grand-duché de Varsovie; un article formel engage le roi de Prusse à fermer ses ports aux Anglais et à suivre exactement les conditions du décret de Berlin sur les marchandises britanniques. C'était là mort physique et morale de la Prusse [2]; on lui impose des contributions exorbitantes, partout des masses d'argent, des florins, des frédérics d'or, des fournitures de toute espèce. La noble reine ne put rien

---

[1] L'empereur Alexandre obtint quelques concessions personnelles et de famille en Allemagne. Voici la lettre que l'empereur de Russie écrivit au prince héréditaire de Mecklembourg, pour lui annoncer que le duc régnant allait être réintégré dans ses États :

« Mon cher frère, à la suite de l'heureux rapprochement qui vient d'avoir lieu entre l'Empereur des Français et moi, un de mes premiers soins a été de m'occuper des intérêts de votre maison. Mes vœux sont entièrement remplis, et je m'empresse de vous envoyer copie des ordres adressés aux commandants français dans le Mecklembourg. Je me réjouis d'avoir pu vous être utile, et vous donner ainsi une nouvelle preuve de l'amitié sincère que je vous ai vouée personnellement. »

Signé, Alexandre.

[2] Les pays cédés par la Prusse étaient :

1º Sur la rive droite de l'Elbe :

Le cercle de Kottbus.	33,500
— De la Prusse occidentale et du district de la Netze.	262,286
Prusse méridionale.	1,282,189
Nouvelle Prusse orientale.	904,518
A reporter.	2,482,493

obtenir; sa fierté s'en indigna; Napoléon ne l'avait pas comprise, il n'aimait autour de lui que la soumission; tout caractère noble et digne l'importunait; obéir était la première loi qu'il imposait, le monde ne devait pas avoir d'autre idée que la sienne.

En résultat, les conventions de Tilsitt furent de deux natures. Lorsqu'on consultait M. de Talleyrand, le principal acteur de ces traités, sur leur esprit, sur leur tendance, il aimait à dire : « Comme dans toutes les choses conçues par Napoléon, on trouvait du positif et des rêves : le positif pour l'empereur des Français était de se voir saluer Empereur et roi d'Italie par Alexandre, de faire admettre dans le droit public européen ses frères Joseph, Louis et Jérôme, comme rois, ainsi que le système de la Confédération du Rhin en Allemagne; puis de faire concourir Alexandre à ses desseins sur l'Espagne et le Portugal. Il y avait là, répétait M. de Talleyrand, des idés positives, un système tel qu'un homme d'État pouvait le soutenir; c'était la réalisation en grand de la pensée de Louis XIV, du pacte de famille, le mélange des idées de Henri IV et de Ri-

	Report.	2,482,493
2° Sur la rive gauche de l'Elbe :		
Le cercle de la Vieille-Marche et de la Preignitz.		112,000
Duché de Magdebourg et dépendances.		250,039
Principauté d'Halberstadt,	id.	148,232
— d'Hildesheim,	id.	130,069
— d'Eichsfeld, Erfurth, etc.		164,690
— de Meinden et Ravensberg.		159,776
— de Paderborn, Munster, Lingen, et Tecklembourg.		268,542
Comté de la Marche, abbayes d'Essen, Elten et Worden.		162,101
Principauté d'Ost-Frise.		119,803
— de Bayreuth.		238,560
	Total général,	4,236,305
Si l'on y ajoutait Anspach, Neufchâtel et Clèves, les pertes de la Prusse, depuis la fin de l'an 1805, monteraient à		4,636,305

chelieu, le but atteint par la France après une lutte de deux siècles contre l'empire de Charles-Quint et la maison d'Autriche. »

Le positif pour Alexandre, c'était d'acquérir une influence incontestée dans la Moldavie et la Valachie, et d'achever avec sûreté la conquête des dernières possessions qui donneraient à la Russie une prépondérance absolue sur la mer Noire; c'était d'obtenir le complément de son système sur la Baltique par la Finlande; enfin la Géorgie et la Perse étaient de riches proies qui pouvaient dédommager amplement la Russie des sacrifices d'amour-propre qu'elle avait faits à Tilsitt. Si Napoléon réalisait sur une vaste échelle les idées de Henri IV, de Richelieu et de Louis XIV, Alexandre accomplissait les projets immenses de Pierre Ier et de Catherine II. Il y avait là deux grands systèmes qui se tenaient la main.

Quant à la partie fantastique et rêveuse, M. de Talleyrand en faisait la part à Napoléon, il le fallait toujours. Cet esprit ardent, ce poëte armé, je le répète, ne s'arrêtait jamais sur une idée sans apercevoir un monde derrière lui; chaque projet n'était qu'un passage vers un

État des contributions de divers genres imposées aux pays conquis dans la campagne de Prusse.

	FRANCS	CENT.
Contribution extraordinaire de guerre.	311,661,982	75
Impositions ordinaires.	76,676,960	66
Saisie des caisses.	16,171,587	62
Ventes.	66,842,119	50
Cercle de Westphalie.		
Contributions de guerre.	7,065,437	63
Impositions ordinaires.	6,917,692	61
Dantzick.		
Contribution de guerre.	1,229,643	14
Intérêts des obligations.	2,446,369	16
Comté de Hanau.	2,428	58
Bayreuth.		
Contributions de guerre.	1,628	53
Pour les domaines, suivant le traité du 15 octobre.	15,000,000	00
Les fournitures pour l'armée.	2,000,000	00
A reporter.	12,665,566	00

univers inconnu, avenir mystérieux de grandeurs et de songes; cet homme remuait le passé et le présent; son cerveau était sans cesse agité par la vue gigantesque de toutes les vastes ombres du passé historique; il revenait d'Alexandre à César, de César à Tamerlan, à Gengiskan, à Mahomet; il suivait les Romains du fond des îles britanniques dans l'Égypte et la Syrie; il saluait les Croisés en Orient; pour lui le monde était un optique devant lequel s'agitaient les générations de héros, de conquérants, de législateurs.

En résultat, le traité de Tilsitt établit un système égoïste au profit de deux grandes souverainetés : la France et la Russie. Il n'y eut plus désormais de puissance intermédiaire; on sacrifia les alliances et les amitiés à la prépondérance universelle des deux seuls États qui restaient debout sur le continent. La lutte devait bientôt recommencer; car lorsqu'il ne reste plus dans le système de l'Europe que des puissances sans intermédiaire, elles se heurtent. Il faut des vallées entre les montagnes, et de l'espace entre les géants.

Report.	12,665,666	56
Poméranie suédoise, contributions de guerre.	1,728,559	97
Villes anséatiques, id. id.	3,000,000	00
Aperçu estimatif de la valeur des fournitures prises sur l'ennemi ou faites par le pays et non imputées sur les contributions.		
Subsistances.	55,953,926	44
Hôpitaux.	18,177,957	50
Habillement.	7,636,950	43
Chevaux.	6,840,920	00
Artillerie.		
3000 pièces d'arbres à 75 fr., 225,000 fr. des dépôts des dépôts des mines, 812,706 fr. 8 c.	1,037,706	08
Bois de chauffage à Berlin.	1,373,935	49
Porcelaine.	65,860	00
Métaux trouvés à la Monnaie.	16,256	00
Total général.	601,227,922	09

CHAPITRE XV.

RETOUR DE NAPOLÉON A PARIS.

ACTES DE SON GOUVERNEMENT.

Paris et l'Empereur. — Changement dans le caractère de Napoléon. — Idée de l'infini. — Adulations. — Les corps politiques. — Parallèle avec les empereurs romains. — Changement dans le ministère. — M. de Talleyrand, vice-grand-électeur. — M. de Champagny aux relations extérieures. — Berthier vice-grand-connétable. — Le général Clarke à la guerre. — M. Crétet à l'intérieur. — Le ministre de la police, Fouché. — Mort de M. Portalis. — Les cultes, simple direction. — Suppression du Tribunat. — Ouverture du Corps législatif. — Esprit monarchique. — Effigies. — Monnaies. — Formule impériale. — Mariage de Jérôme. — Institution des majorats. — Idée de noblesse. — Les ducs. — Les comtes. — Les Barons. — Blasons. — Préoccupations de Cambacérès et de M. Maret sur la noblesse. — Quolibets et moqueries. — Pamphlets étrangers. — Manières des nouveaux nobles. — La monarchie de Napoléon.

27 Juillet à Novembre 1807.

Le 27 juillet, à cinq heures du matin, les cloches des églises de Paris se firent entendre à pleine volée; le canon des Invalides salua de soixante coups le passage d'une berline qui traversait rapidement les avenues du parc de Saint-Cloud; l'étendard sous l'aigle fut arboré sur le pavillon du centre; Napoléon montait l'escalier du péristyle, salué par les acclamations des fonctionnaires du château qui l'attendaient depuis la veille. L'Empereur fit quelques saluts de tête, causa quelques instants, et rentra dans son cabinet; absent depuis huit mois, sa taille s'était un peu épaissie, son ventre avait pris de l'embonpoint; son teint, habituellement jaune et plombé, s'était encore hâlé par les feux du soleil, le vent et la poussière d'une longue campagne; sa tête, presque chauve, restait dominée par son large front; ses yeux avaient toujours cette pénétration intime qui remuait les âmes, et sa bouche avait pris dans l'habitude du commandement un caractère fortement marqué de fierté et de dédain. Quelque chose de fantastique se rattachait à cette grande personnalité; ce n'était plus seulement le conquérant qui traversait comme la foudre le champ de bataille, mais encore le pacificateur qui apportait un traité immense dans ses résultats; on voyait en lui le vainqueur d'Austerlitz, d'Iéna, de Friedland, et plus encore l'ami d'Alexandre, le Czar de toutes les Russies. Les récits avaient poétisé l'entrevue de Tilsitt; ce radeau placé sur le Niémen, ces conférences qui avaient eu le monde pour théâtre, toutes ces circonstances jetaient sur la physionomie de Napoléon un prestige inouï, et désormais cet homme allait exercer sur ses contemporains une fascination immense.

L'Empereur avec son activité accoutumée reçut le même jour ses ministres et les corps de l'État qui vinrent le complimenter; il y eut là des harangues qui épuisèrent toutes les formes abaissées de l'éloquence louangeuse; quelques-unes furent de bonne foi; la tête devant laquelle on s'agenouillait était si supérieure, elle avait produit de si grandes merveilles, qu'il n'est pas étonnant que sous l'éblouissement de cette gloire il y eût des prosternations, la face contre terre; ensuite l'adulation entre dans le cœur humain, et quelques âmes d'élite seules se placent dans l'ombre, pour ne pas être trop éblouies par les rayons de la puissance [1]. Dieu a placé une terrible réaction à côté de ces concerts d'éloges qui s'adressent à un homme pour lui faire croire à sa nature divine ; ceux qui ont été trop loués seront trop calomniés ; le Panthéon s'ouvrit pour Tibère, Néron et Domitien, et il se trouva des historiens, comme Tacite et Suétone, pour exagérer les rumeurs publiques, les jugements des contemporains contre les maîtres du monde ; à côté de la couronne d'or, la couronne d'épines.

Toutefois, ceux qui approchaient de Napoléon durent s'apercevoir alors qu'il s'opérait en lui un changement inouï dans la manière de se poser et de se juger ; aux jours de plus grande audace, l'Empereur, tout en conservant son caractère de fermeté personnelle, avait manifesté une certaine modestie ; il parlait du peuple, de ses besoins, de ses destinées ; quelque chose d'intime lui disait que tout est limité dans la puissance de l'homme. Depuis l'entrevue de Tilsitt, couronnement de la campagne de 1807, ses habitudes changent ; déjà on s'en était aperçu après Austerlitz ; il était devenu plus fier, plus hautain ; maintenant il se croit et se dit l'*infini*; son imagination n'a plus de limites ; sa parole n'est pas seulement brusque et saccadée, elle est impérative, fougueuse ; il a foi dans sa prédestination ; ses pieds touchent à peine la terre ; quand il caresse, c'est le maître qui gra-

---

[1] M. de Lacépède, président du Sénat, s'écriait : « On ne peut plus louer dignement V. M., votre gloire est trop haute ; il faudrait être placé à la distance de la postérité pour découvrir son immense élévation. Éloigné de 400 lieues de la capitale, Napoléon a seul gouverné son vaste empire, seul imprimé le mouvement à tous les ressorts de l'administration la plus étendue. »

Le premier président de la cour de cassation, M. Muraire, ajoutait : « Le seul éloge possible, le seul digne de S. M., c'est l'histoire la plus simple de son règne ; c'est le récit le plus nu de ce qu'elle a voulu et de ce qu'elle a exécuté, des causes, des moyens et des effets, des intentions et des résultats. »

tifie l'esclave, c'est le dieu qui élève un mortel. Il n'écoute plus aucune observation ; ce qu'il veut, c'est l'obéissance absolue à la manière orientale ; il a vu les pachas entourés d'eunuques et d'esclaves prosternés, et ces formes lui plaisent ; comme tous les esprits supérieurs qui ne placent pas leur force dans la foi religieuse, il ne croit qu'en lui ; l'infini, c'est sa devise.

Cependant, lorsque ces pensées superbes dominaient son âme, Napoléon éprouvait un malheur domestique qui lui montrait à quel point sont fragiles les œuvres de l'homme ; un enfant, l'espoir de sa dynastie, était né de la reine Hortense ; comme la calomnie remuait tout, cet enfant, disait-on, était de la lignée de Napoléon, son sang bouillonnait en lui, sa tête était chaude comme la sienne ; né sous le Consulat, au parc de la Malmaison, son berceau s'était orné des lauriers de Marengo ; sa mère était la propre fille de Joséphine, et l'on ne manquait pas de ces annales qui rappelaient à la manière de Suétone, les amours intimes de César et les mystères de Caprée. Napoléon-Charles, noble enfant, était l'orgueil de l'Empereur, la pensée de sa race, et lui chez qui un si rare sourire effleurait les lèvres, s'abandonnait aux jeux de cet enfant, dont il voyait avec fierté le caractère impérieux et les caprices souverains. Napoléon-Charles fut enlevé par le croup à cinq ans, et l'homme qui voulait bâtir sur l'infini put apercevoir à quoi tenait cet édifice de granit jeté sur le sable mouvant de la vie humaine. Il ordonna les pompes de Saint-Denis à ces funérailles royales [1].

---

[1] Le jeune prince était mort avant l'arrivée de Napoléon à Paris.

« S. M. l'Empereur et roi, par sa lettre du 22 juin au prince archi-chancelier, avait ordonné que le corps de S. A. I. Napoléon-Charles, prince royal de Hollande, décédé à La Haye, le 5 mai dernier, serait déposé dans une chapelle de l'église de Notre-

Et fallait-il faire un crime à Napoléon de cet orgueil de sa propre nature, lorsqu'autour de lui il voyait tant d'abaissement et de complaisance intime? Ce n'est pas au pouvoir qu'il faut reprocher la tyrannie, mais aux peuples qui la souffrent; le despotisme est comme le faisceau de toutes les lâches passions qui pour s'abriter abdiquent dans les mains d'un homme. La vieille histoire nous a laissé le souvenir de Babylone, d'Assyrie et de Perse, où les peuples jetaient aux satrapes leurs vases d'or, leurs jeunes filles et leurs parfums. L'abaissement à la cour de Napoléon fut au comble; si quelques âmes fières secouaient un joug qui les blessait profondément, la plupart des courtisans fléchirent le front; il faut le dire à la rougeur peut-être de beaucoup d'officiers qui entouraient la personne de Napoléon, ils s'abaissaient à ce point de remplir des fonctions domestiques qui n'étaient point en rapport avec la haute destinée d'une armée victorieuse. Lorsque l'Empereur leur ordonnait de prendre une batterie, d'enlever un drapeau, ils devaient obéissance; mais fallait-il se soumettre à ce point d'aller négocier l'amour d'une femme, le prix d'une prostitution? et c'est pourtant à quoi se destinèrent quelquefois des courtisans à épée, et ils l'avouent eux-mêmes sans rougir dans leurs mémoires. Napoléon ne comprenait pas l'indépendance dans le devoir, le respect qu'un homme doit à sa propre position; l'obéissance ne devait point raisonner, et il tint

---

Dame, pour y être gardé jusqu'au moment où l'église impériale de Saint-Denis, entièrement réparée, et pour ainsi dire reconstruite, permettrait de l'y transporter. En conséquence de ces ordres, que, sur l'invitation de S. A. S. Mgr le prince archichancelier de l'Empire, le ministre de l'intérieur avait transmis à M. de Caulaincourt, grand-écuyer de la couronne de Hollande, chargé de la conduite de ce précieux dépôt, le corps du prince défunt a été conduit à Saint-Leu. Hier, 7 juillet, il est parti de Saint-Leu dans une des voitures de S. M., où se trouvait un aumônier de S. M. le roi de Hollande, toujours sous la garde de M. de Caulaincourt, qui suivait dans une autre

toujours à l'écart les officiers qui conservaient la dignité d'eux-mêmes.

A peine touchait-il Saint-Cloud, que l'Empereur s'abandonna au travail avec son énergie de volonté habituelle; il préparait alors un changement dans son ministère. Depuis l'entrevue de Tilsitt, M. de Talleyrand croyait que toute la politique de l'Empereur devait se rattacher à une paix maritime; il y avait fatigue dans cet esprit; M. de Talleyrand avait fait deux campagnes, suivi le quartier-général comme un simple auditeur, et cela l'avait considérablement ennuyé; il voyait grandir l'influence de M. Maret à ce point que toutes les affaires réelles passaient par ses mains. A Tilsitt, Alexandre l'avait traité froidement; il savait que le système de M. de Talleyrand était anglais et autrichien plutôt que russe; le Czar avait connu les projets de M. de Talleyrand avant Austerlitz, projets qui donnaient la Valachie, la Moldavie et la Bosnie à l'Autriche, et cela avait perdu le ministre dans son esprit : comme gage de l'alliance entre le Czar et l'Empereur, un sacrifice paraissait indispensable, c'était le renvoi de M. de Talleyrand, et il en fut déjà question à Tilsitt. Ajoutez à cela certaines transactions financières trop publiques qui avaient accompagné les négociations allemandes sur la Confédération du Rhin; M. de Talleyrand ne se ménageait pas assez dans ces questions d'argent.

---

voiture. Le convoi était escorté par un piquet de la garde impériale à cheval; il est arrivé à deux heures et demie à la grande-porte de l'église métropolitaine, qu'occupait un détachement de la garde impériale à pied. Là s'étaient rendus S. A. S. Mgr le prince archi-chancelier de l'Empire, assisté des deux ministres de l'intérieur et des cultes, ainsi que de S. Em. le cardinal-archevêque accompagné de son clergé.

« S. Exc. le grand-écuyer de Hollande, en faisant la remise du corps, s'est adressé au prince archi-chancelier, et lui a dit : « Monseigneur, par les ordres de S. M. le roi de Hollande, je remets entre les mains de V. A. S. le corps de S. A. I. Napoléon-Charles,

Il n'est point exact que l'affaire d'Espagne soit entrée le moins du monde dans les motifs qui firent renvoyer M. de Talleyrand après Tilsitt; l'idée du pacte de famille s'adaptait aux vues et aux projets du ministre; il existe même un mémoire parfaitement écrit sur cette question, et tout porte à croire qu'il fut l'œuvre des affaires étrangères sous la pensée dominante du ministre. En récapitulant les motifs qui entraînèrent le renvoi de M. de Talleyrand, on peut indiquer : 1° le changement qui s'opéra à cette époque dans le caractère de Napoléon empereur, après Tilsitt; il ne tolérait plus la moindre observation; les hommes ne devaient plus être pensées, mais machines; ce n'était pas seulement une dictature souveraine, mais encore la toute puissance intellectuelle; or, M. de Talleyrand avait fatigué l'Empereur durant les campagnes d'Austerlitz, d'Iéna et de Friedland, par des rapports incessamment répétés sur le besoin de faire la paix avec les cabinets même vaincus. 2° M. de Talleyrand avait pour adversaire M. Maret, qui, dans sa médiocrité d'homme d'État, était blessé des allures indépendantes que prenait M. de Talleyrand à son égard; M. Maret était trop bien dans les conditions d'une abnégation personnelle envers l'Empereur pour comprendre un peu de liberté dans la pensée d'un homme politique. 3° Enfin, le système russe qui avait prévalu à Tilsitt, et les menaces violentes jetées

---

prince royal de Hollande, lequel est contenu dans cette bière. Dans ces deux boîtes de plomb, que je remets également à V. A., sont renfermés le cœur et les entrailles de ce prince. »

« S. A. S. a répondu : « Monsieur, je reçois de vos mains le dépôt précieux dont vous avez été chargé, » et se retournant vers S. Em. le cardinal-archevêque, il lui a dit :

« Par les ordres de S. M. l'Empereur et Roi, je remets entre les mains de V. Em. le corps de S. A. I. Napoléon-Charles, prince royal de Hollande, qui doit être gardé dans votre église jusqu'à sa translation dans celle de Saint-Denis. » S. Em. a répondu : « qu'elle et son chapitre veilleraient avec soin à la conservation du précieux dépôt dont S. M. voulait bien les honorer.

contre l'Angleterre par le décret de Berlin, ne pouvaient plus convenir à la situation de M. de Talleyrand. Le ministre avait toujours rêvé la paix avec la Grande-Bretagne ; c'était sa pensée de l'Assemblée législative, et il la conservait intacte.

M. de Talleyrand fut remplacé par M. de Champagny, alors au département de l'intérieur. Le nouveau ministre plaisait par les conditions tout à fait opposées au caractère de M. de Talleyrand : c'étaient des formes également polies, tous deux étaient bien nés et parfaitement élevés ; mais ce qui distinguait M. de Champagny, c'était précisément une soumission absolue, une abnégation de soi indicible ; sa politique n'était que la dictée de l'Empereur ; il n'avait pas plus de personnalité que M. Maret, seulement, avec plus de finesse dans l'esprit, une présomption moins grande, sorte de caractère qui plaisait à Napoléon.

Le ministère de la guerre fut aussi enlevé à Berthier, non point que l'Empereur ne trouvât en lui une obéissance assez complète; Berthier était un second lui-même ; compagnon fidèle, il l'avait suivi sur tous les champs de bataille depuis la République ; mais Berthier venait d'être élevé à une des grandes dignités de l'Empire : prince indépendant de Neufchâtel, comment serait-il ministre de Napoléon ? Son maître créa donc pour lui la dignité de vice-grand-connétable, comme il institua pour M. de Talleyrand celle de vice-grand-électeur, fonctions à riches traitements, consolations données à des dis-

---

[1] L'Empereur annonçait cette double nomination au Sénat :

Message de S. M. l'Empereur au Sénat.
« Sénateurs, nous avons jugé convenable de nommer à la place de vice-grand-électeur le prince de Bénévent ; c'est une marque éclatante de notre satisfaction que nous avons voulu lui donner, pour la manière distinguée dont il nous a constamment secondé dans la direction des affaires extérieures de l'Empire.

« Nous avons nommé vice-grand-conné-

grâces plus ou moins apparentes. Lorsque Napoléon enleva M. de Talleyrand des affaires étrangères, c'est qu'il le savait trop fin, trop habile, et qu'ensuite le ministre avait, dit-on, un peu oublié le respect de lui-même dans les transactions allemandes; et quand il enleva le portefeuille à Berthier, c'est qu'il le croyait sans activité jeune et féconde pour l'organisation matérielle d'une armée; il le remplaça par le général Clarke, officier d'une certaine distinction, parfaitement au courant du personnel de l'armée, dur dans la discipline, courtisan envers le pouvoir, et tellement dévoué qu'une seule parole de l'Empereur l'aurait déterminé à l'abandon de toutes ses convictions personnelles. Le général Clarke avait donné des preuves de son activité administrative dans le gouvernement de la Prusse; inflexible avec les habitants, il fit rentrer des contributions avec un zèle inouï, et cette bonne volonté, Napoléon ne l'avait point oubliée [1].

Comme le passage de M. de Champagny aux relations extérieures laissait vacant le ministère de l'intérieur, l'Empereur désigna pour ce département un conseiller d'État presque inconnu, M. Crétet, ancien membre des Cinq-Cents, et qui avait pris une part active au

table notre cousin le prince de Neufchâtel: en l'élevant à cette haute dignité, nous avons voulu reconnaître son attachement à notre personne, et les services réels qu'il nous a rendus dans toutes les circonstances, par son zèle et son talent.» Signé, Napoléon.

[1] Henri-Jacques-Guillaume Clarke était né le 17 octobre 1765, à Landrecies, d'une famille irlandaise réfugiée en France. Son père, officier subalterne, le laissa de bonne heure orphelin; il n'en fut pas moins bien élevé par son oncle, le colonel Shée, alors secrétaire des commandements du duc d'Orléans. Le 17 septembre 1781, il entra comme cadet gentilhomme à l'école militaire de Paris, et sortit, le 11 novembre 1782, sous-lieutenant au régiment de Berwick; devint, le 5 septembre 1784, cornette de hussards, avec le rang de capitaine dans le régiment colonel-général de cette arme, et fut, le 11 juillet 1790, commissionné capitaine de dragons. La même année, il donna sa démission pour passer en Angleterre comme gentilhomme d'ambassade. A son retour en France, il redemanda du service et fut nommé capitaine de première classe, et, le 5 février 1792, parvint au grade de lieutenant-colonel de cavalerie

18 brumaire. M. Crétet avait été un moment gouverneur de la Banque, puis directeur des ponts et chaussées ; maladif de corps, il était néanmoins fort actif pour tout ce qui tenait aux grands travaux, objet principal du ministère de l'intérieur d'alors, sorte de protectorat du mouvement matériel de la société. Les idées de Colbert revenaient sans cesse à la pensée de Napoléon, et il avait essayé des savants, des ingénieurs, pour en faire des ministres ; Laplace, Chaptal, tous avaient mal réussi. L'Empereur en revenait à un fonctionnaire simple instrument de ses desseins.

Quand la volonté de Napoléon appelait en quelque sorte tous les départements ministériels sous son influence personnelle, que devenait le ministre de la police, Fouché, qui avait conservé une certaine allure d'indépendance, une manière d'envisager d'un peu haut la situation politique du pays ? Avec un instinct éminent, Fouché, quoique ennemi de M. de Talleyrand, avait bien vu que le coup qui frappait l'homme d'État aux affaires étrangères l'atteindrait tôt ou tard, car Napoléon en voulait à tout ce qui pensait en dehors de lui ; le ministre avait son franc arbitre, et plus encore son franc-parler ; la police des aides-de-camp allait-elle se substituer

---

L'affaire d'Horcheim, près Landau (17 mai 1792), lui valut le grade de général de brigade, qui lui fut conféré sur le champ de bataille, et quelque temps après il exerçait à l'armée du Rhin les fonctions de chef d'état-major-général. Lorsque (12 octobre 1793) les commissaires de la Convention en vertu d'un décret le destituèrent comme noble, ses biens furent séquestrés, et il ne recouvra son grade qu'après la chute de Robespierre ; protégé alors par Carnot, il fut mis à la tête d'un bureau de topographie militaire, et devint général de division le 17 décembre 1795 ; peu après il fut envoyé à Vienne pour préparer la paix entre le cabinet impérial et la France, et fut chargé d'observer ce qui se passait à l'armée d'Italie, et principalement Bonaparte. Mais bientôt se rapprochant de Bonaparte par l'intermédiaire de M. de Bourrienne, il ne donna dans ses rapports que des éloges au général en chef de l'armée d'Italie. Après le 18 fructidor, Clarke fut destitué ; Bonaparte prit sa défense, le garda en Italie, et l'employa de diverses manières. Durant l'expédition d'Égypte, Clarke vécut dans la retraite, et ne recouvra quelques emplois que sous le Consulat.

à celle d'un ministre intelligent et fort? le sabre tiendrait-il lieu de l'habileté? la seule sauvegarde de Fouché pour son portefeuille, c'était la crainte qu'il inspirait à l'Empereur; répondant de sa personne, il l'avait complétement garantie contre les poignards et les conspirations; il lui en faisait peur, et un arrêt du ministre ordonna que nul désormais ne s'approcherait de l'Empereur, même pour lui présenter une pétition[1]. Dans un mouvement d'hésitation craintive, Napoléon n'osa pas le destituer encore, et Fouché, voulant payer sa dette au commun enthousiasme et témoigner en quelque sorte sa soumission aveugle ou son délire de courtisan, commanda au poëte Esménard un opéra tout entier à l'éloge de son maître. Ancien professeur de l'Oratoire, Fouché se souvint de Pline-le-Jeune, et indiqua le *Triomphe de Trajan* comme un beau thème lyrique. La littérature à cette époque dépendait de la police; les encouragements n'avaient pas une source plus haute. L'Empereur n'élevait pas l'esprit humain, il l'absorbait, le remuait à son profit; jamais il ne l'ennoblit. Il payait les éloges; tout l'honneur littéraire se résumait en pensions sur les fonds de la police.

Parmi les jeunes poëtes qui alors s'étaient distingués,

---

[1] Voici la notification de la police.
Paris, 22 septembre 1807.

« Plusieurs personnes croient obtenir le succès de leurs demandes en faisant des efforts indiscrets et même condamnables pour s'approcher de l'Empereur, et lui remettre des pétitions. On les a vues quelquefois chercher à s'ouvrir un passage à travers le cortége de S. M., s'annoncer par des cris et des actes qui témoignent un grand oubli des convenances. Dimanche dernier, jour où l'Empereur et l'Impératrice ont honoré de leur présence l'Opéra-Comique, le public a été scandalisé de l'action d'un jeune homme qui s'est précipité à travers les personnes de la suite de LL. MM. pour présenter un placet. Il a été arrêté pendant quelques moments; comme la violence de son procédé ne lui avait été inspirée que par un motif digne d'excuse, il a été mis en liberté. Ces imprudents pétitionnaires croient-ils qu'une audace insensée mérite plus de faveur que des pièces qui s'adressent à la justice calme et vigilante du monarque? J'ai vu souvent, et qui ne l'a pas vu comme moi? des personnes qui, après avoir obtenu un emploi important, ou, ce qui était plus heureux encore, des

on citait M. Esménard, déjà connu par son poëme de *la Navigation*, esprit d'une grande facilité, né en Provence, avec toute la chaleur du soleil méridional ; Fouché l'avait fait chef de l'un de ses bureaux ; puis il l'attacha comme rédacteur aux journaux politiques ; le ministre et le poëte tracèrent à eux deux le plan d'un opéra qu'ils consacraient à la gloire de l'Empereur. Le régicide, le vieil ami de Robespierre, le proconsul sanglant, ne craignit pas le sujet allégorique de *Trajan vainqueur des Daces* ; et comme si l'allusion n'était pas encore complète, on dut placer sur la scène presque un bulletin de la grande armée, le pardon accordé au prince de Hatzfeld. L'éloge était à bout portant, le ministre savait la réalité sur l'événement de Berlin ; le prit-il au sérieux ? Était-ce là une de ces moqueries qui, par l'exagération même, devaient être un sujet de risée pour les contemporains et la postérité ? Tant il y a que le travail de l'opéra de *Trajan* fut une véritable affaire ; il ne devait être représenté que dans le mois d'octobre, et déjà Fouché en faisait lire des fragments dans les salons de Paris, pour que cela parvînt jusqu'au pied du trône ; il payait son tribut pour se sauver d'une disgrâce.

A ce moment, comme pour compléter le remaniement ministériel, mourait M. Portalis, qui depuis le

bienfaits pour leurs parents, pour leurs amis, ne pouvaient expliquer un succès dont ils étaient eux-mêmes surpris, que par ces mots : *J'ai écrit à l'Empereur*, et leurs lettres avaient été adressées au camp de Pultusk, d'Eylau, de Friedland. Combien une touchante et juste intercession ne trouve-t-elle pas d'organes auprès du souverain qui eut jamais le plus de malheurs à réparer, et que les plus grandes entreprises n'ont pas un seul moment détourné de cette tâche ! Il n'y a jamais une lettre, ni une prière adressée à l'Empereur, qui s'égare. Toutes les requêtes sont examinées, toutes les plaintes lui parviennent. Une commission est chargée de cet objet spécial. L'exposé le plus simple, le langage le plus ingénu, celui même qui manque de correction, mais où la vérité du cœur se fait sentir, sont sûrs d'intéresser un monarque que tous les opprimés, que tous les ennemis trouvent également infatigable. Lorsque de telles ressources s'offrent au malheur, est-on pardonnable de recourir à celles dont la violence pourrait être imitée par le crime ? »

MORT DE M. PORTALIS (25 AOUT 1807).

concordat avait le titre de ministre des cultes. Esprit religieux et probe, mais sans caractère politique, il avait pris part aux deux grandes œuvres de législation, au Code civil et au concordat. S'il était un peu janséniste et sulpicien, il avait pour lui la foi chrétienne, et c'était un moyen de traiter avec le clergé, dont les opinions étaient alors alarmées par les derniers actes de l'Empereur envers Rome [1]. On savait à Paris que déjà des dissidences existaient entre Napoléon et Pie VII; et dans ce but, après la mort de M. Portalis, on se contenta d'établir une direction générale des cultes, au lieu d'un ministère; direction qui fut confiée au fils du ministre, M. Portalis, alors maître des requêtes. Bientôt les affaires de ce département prirent une activité considérable; les questions ecclésiastiques furent un embarras de gouvernement.

Ce sentiment qui repoussait toute résistance politique avait déterminé l'Empereur à une mesure qu'alors il osa accomplir. La tête et le sang ne s'abdiquent pas; né Corse, on reste Corse, et le besoin de la *vendetta* survit à tous les autres. Napoléon n'oubliait rien; il patientait souvent, mais le cœur ne pardonnait pas: le Corse, après vingt années, attend dans le creux d'un rocher, un fusil à la main, le meurtrier de son père, et il ne le manque pas. L'Empereur avait à venger une vieille dette du Consul; à son avénement, le Tribunat, s'imaginant qu'il était quelque chose après le 18 brumaire, voulut faire de l'opposition; il crut, au moyen de quelques phrases, arrêter la pensée dictatoriale du Consul; il échoua. Déjà deux mesures avaient réduit le Tribunat à une nullité politique, en lui enlevant même ce caractère de pu-

[1] M. Portalis reçut de grands honneurs à ses funérailles; le premier il fut enterré au Panthéon.

blicité et de discussion qui marquait son existence; le Tribunat ne fut plus qu'une superfétation dans la machine gouvernementale que l'Empire conservait comme un vain souvenir de la République. Après Tilsitt, il n'hésita plus à le détruire; les Tribuns, réduits à cinquante, coûtaient encore 750,000 fr. à l'État; l'Empereur prit le prétexte de la dépense et de l'inutilité, il le supprima, et il avait raison [1]. Que pouvait être une tribune à côté d'une dictature, une discussion en face de la volonté d'un chef? Quand les corps politiques ont déféré la suprême puissance, ils abdiquent leur pouvoir, et c'est logique. Le Corps législatif ne fut désormais qu'un conseil; tout se fit par commissions; tous les vestiges de souveraineté du peuple s'effaçaient, les effigies de l'Empereur prenaient le type qui distinguait les Césars et les Auguste. Jusqu'à ce jour, les monnaies portaient le titre mensonger de *République française*, Napoléon n'était ainsi que l'Empereur de la République, et ces formules plaisaient encore à quelques débris de la révolution; bientôt tout cela fut abandonné; puisqu'il y avait un Empereur, il y eut aussi un Empire. On ne parla que de son pouvoir et de sa gloire; lorsque l'encens s'élevait dans les cathédrales, le *vivat Imperator* éclatait sous les ogives; l'orgue accompagnait le *Domine salvum fac*; les évêques, les prêtres, durent présenter Napoléon comme le chef et la source de toutes les forces nationales; Dieu fut son seul maître, comme l'épée son droit.

---

[1] *Sénatus-consulte concernant l'organisation du Corps législatif, en date du 19 août 1807*.

« Article 1er. A l'avenir et à compter de la fin de la session qui va s'ouvrir, la discussion préalable des lois, qui est faite par les sections du Tribunat, le sera, pendant la durée de chaque session, par trois commissions du Corps législatif, sous le titre : — la première, de commission de législation civile et criminelle; — la deuxième, de commission d'administration intérieure; — la troisième, de commission des finances. »

Dès que l'Empereur touche Paris, on le voit s'occuper avec inquiétude de tout ce qui tient au toit domestique. Pendant son absence les rapports de police ont pris soin de l'informer des licences de la nouvelle cour ; il a su les amours de ses sœurs, le scandale public de ces jeunes femmes, nées sous le soleil du midi, qui se croyaient protégées par l'éclat de la puissance. Napoléon se proclame le pontife des mœurs de famille ; tout lui est permis, à lui, parce que, comme César, le Sénat l'a placé dans une sphère presque divine ; mais pour les pauvres Élisa, Pauline, Carlotta, il reste inflexible à toutes leurs faiblesses ; il n'ignore rien, et les saturnales des nuits sombres, et les licences des bals, et les inquiétudes, et les amours déçus ; il parle et veut être obéi ; il faut briser sur l'heure avec les plus tendres affections ; les cœurs et les sens doivent ployer sous sa main de fer.

Alors sa famille grandit : en passant à Stuttgard, Napoléon a fini le mariage de Jérôme son frère avec une princesse de Wurtemberg, chaste et sévère femme qui subit avec résignation la destinée que lui impose la loi politique ; elle obéit à son père ; sans amour d'abord pour Jérôme, dans sa fierté abaissée, elle vient s'asseoir avec répugnance à la table de la famille Bonaparte ; mais, résignée comme une jeune Allemande, elle offrit l'exemple des mœurs les plus sévères et du respect au devoir. Napoléon traita la royale fiancée avec beaucoup d'égards[1].

[1] Paris, 22 août 1807.
« S. A. I. la princesse Catherine de Wurtemberg est arrivée hier aux Tuileries, à huit heures du soir. Le prince son époux était allé à sa rencontre. Cette princesse a été reçue par l'Empereur avec beaucoup d'affection. Elle a ensuite dîné avec la famille impériale.

« Aujourd'hui à 7 heures du soir, le mariage civil sera célébré dans la galerie de Diane. S. A. S. le prince archi-chancelier de l'Empire unira les deux augustes époux, conformément à ce qui est prescrit par les lois.

« Dimanche prochain, à huit heures du soir, la bénédiction nuptiale sera donnée devant l'église aux deux époux, par S. A. E. le prince primat. Il y aura illumination dans les Tuileries, feu d'artifice et cercle à la cour. »

Très préoccupé de ces mariages de famille, il voulait ainsi lier sa race à tous les princes d'Allemagne.

Ce mélange de sang correspondait avec ses idées d'avenir et de grande fondation; lui-même déjà marchait à de plus vastes desseins; son union avec Joséphine commençait à lui peser; homme de ménage, il avait conservé jusqu'aux premiers temps de l'Empire les habitudes domestiques avec Joséphine; il se séparait difficilement d'elle, et plusieurs fois il la conduisit dans ses voyages. Après Austerlitz, l'Impératrice était venue à Munich pour assister au mariage d'Eugène de Beauharnais; pendant la campagne de Prusse, elle visita les bords du Rhin; de son quartier-général, Napoléon avait entretenu avec elle une correspondance toute bourgeoise [1]; il lui écrivait de petits billets pour annoncer les événements de la campagne; mais il ne disait pas tout lorsqu'à Varsovie il se laissait dominer par une maîtresse qui affaiblissait son âme et lui tressait de pâles couronnes avec les cyprès de Pultusk et de Prussich-Eylau; on voit déjà que Joséphine le fatigue. A son retour, il songe à se débarrasser de ce souvenir des premiers temps de fortune; il veut le secouer comme sa cape et son épée d'aventurier; plus grand que cela, une double ambition fermente; il désire tout à la fois une princesse de sang royal et un héritier; ce qu'il a fait pour sa famille, il veut l'accomplir pour lui-même, il a d'autres devoirs que ceux d'un ménage bourgeois; sa

---

[1] Voici quelques fragments de cette correspondance :

Lettre de Napoléon à Joséphine, du 16 janvier 1807.

« Ma bonne amie, j'ai reçu ta lettre du 5. Tout ce que tu me dis de la douleur me peine. Pourquoi des larmes, du chagrin ? N'as-tu donc pas de courage ? Je te verrai bientôt. Ne doute jamais de mes sentiments, et, si tu veux m'être plus chère encore, montre du caractère et de la force d'âme. Je suis humilié de penser que ma femme puisse se méfier de mes destinées. Adieu, mon amie, je t'aime, désire te voir, et veux te savoir contente et heureuse. »

destinée s'ouvre devant lui infinie; son empire, sa dynastie, voilà ce qui remue profondément désormais son âme ambitieuse.

S'il a marché droit au pouvoir au 18 brumaire, maintenant il cherche à l'organiser pour le présent et l'avenir. Que peut-il craindre après Tilsitt? Quelle fortune oserait s'opposer à la sienne? Quel parti est assez grand pour lui résister? Dès lors les idées de noblesse qu'il médite depuis si longtemps, il peut les réaliser comme complément de son organisation des fiefs. Jusqu'ici il n'a fait que des rois, quelques princes improvisés; un seul duc a été créé après la prise de Dantzick, et il a conféré cette dignité à un vieux sergent des gardes-françaises, le maréchal Lefebvre. Le voici à l'œuvre dans un sens régulier et plus complet : c'est une noblesse qu'il va faire par décrets; idée fausse et bizarre, car on ne fait pas des gentilshommes, serait-on empereur ou roi : la noblesse, pour être quelque chose, doit naître avec les rochers du sol et les conquêtes historiques. Napoléon fait des nobles comme il fait des préfets ou des lieutenants, tout cela doit venir de la même poussée; il divise sa hiérarchie en ducs, comtes, barons et chevaliers; point de marquis et de vicomtes, il croit ces titres vieux et usés, comme si la noblesse n'était pas quelque chose précisément à cause de sa vétusté; cette noblesse nouvelle est attachée à des fonctions, elle les décore; les sénateurs et les archevêques

---

L'impératrice ayant exprimé le désir de venir à l'armée, Napoléon lui repondit le 23 janvier.

« Je reçois ta lettre. Il est impossible que je permette à des femmes un voyage comme celui-ci : mauvais chemins, chemins fangeux et peu sûrs. Retourne à Paris, sois-y gaie, contente. Peut-être y serai-je aussi bientôt. J'ai ri de ce que tu me dis que tu as pris un mari pour être avec lui; je pensais, dans mon ignorance, que la femme était faite pour le mari, le mari pour la patrie, la famille et la gloire. Pardon de mon ignorance, on apprend toujours avec nos belles dames. Adieu, mon amie, crois qu'il m'en coûte de ne pas te laisser venir. Dis-toi : C'est une preuve combien je lui suis précieuse. »

sont comtes, d'autres dignitaires sont barons, tout cela tiré au cordeau comme une décoration d'Opéra¹. Puis on crée un blason, des signes héraldiques, toujours par décret ; on ne paraît plus que bariolé de toute espèce d'émaux ; le vieux blason, comme les titres, n'est plus un symbole, un héritage de famille et d'alliance ; tout naît dans la nouvelle noblesse par des signes méthodiques en dehors de toute tradition, et, pour achever le cahos, l'Empereur qui crée une noblesse, en bouleverse les titres anciens : ainsi, tel duc de l'ancien régime est comte sous le nouveau ; tel marquis est baron : le duc de Brissac, par exemple, n'est plus que comte ; les Périgord également, les Baussel n'ont plus leur marquisat ; les Mortemart, les Talhouet, les Ségur, subissent une transformation de titres. Et cette confusion est ce qu'on appelle un ordre nobiliaire !

Pour consolider cet établissement, pour lui donner une racine dans le sol, Napoléon institue plus tard les majorats, complète dérogation aux principes de 1789 et au Code civil. Tout est bouleversé ; ce code, qui prend désormais le titre de Code Napoléon, est violemment ébranlé par la volonté même de celui qui se glorifie d'en être le principal fondateur : le majorat, c'est l'aristocratie du système ; on revient aux terres privilégiées, aux titres attachés à un sol, à la condition féodale, au droit d'aînesse, à la transmission foncière, à l'exclusion des puînés, enfin à la perpétuité dans la propriété du sol¹. L'extension successive des majorats démolit pièce à pièce l'égalité des partages, la liberté de testament, le droit de tous à la succession du père commun ; innovation la plus hardie qui ait été faite dans les idées et les dispositions politi-

---

¹ Le décret sur les majorats ne parut qu'en 1808.

ques depuis l'Assemblée constituante. Napoléon détruisait le principe même du Code civil pour consolider son œuvre; il savait que rien ne se stabilise que par le sol, et il voulait à côté d'une noblesse à titres, une propriété réelle, des princes à souverainetés, des ducs à fiefs, des comtes et des barons à majorats.

Dans toutes ces créations, il se mêlait un peu de ridicule et de fausses idées; il se fit d'étranges bizarreries pour le blason; les pauvres merlettes de la croisade durent être étonnées de se trouver en compagnie des abeilles du manteau impérial; les griffons et les licornes des supports, oiseaux fabuleux de la chevalerie, durent s'agiter à l'aspect de quelques blasons de fournisseurs ou d'anciens légistes réformés; les vieux féodaux durent s'inquiéter de voir tant de mélanges dans leurs émaux; eux couverts de fer sous la rouille du temps, ne reconnurent pour véritables frères d'armes que ces braves et dignes généraux qui comme eux avaient versé leur sang pour la patrie; à ceux-là ils tendaient loyalement leurs gantelets, et la fusion fut faite, à condition pourtant que leurs fils suivraient la même profession de guerre : les Montmorency avaient eu trois connétables et vingt-deux générations mortes aux champs de guerre; si les premiers fils des Burchart de Montmorency avaient renoncé au noble maniement de l'épée, ils auraient été dépouillés comme vilains et jetés hors du fief et du titre.

Cette noblesse fut la préoccupation de M. Maret, l'homme essentiel de la hiérarchie impériale. Dans son indicible ardeur de titres, il fit dessiner les costumes, les manteaux, les blasons; il s'occupa de ces puérilités avec un bonheur d'enfant. Si l'archi-chancelier Cambacérès avait foi dans ses dignités princières, M. Maret se renfermait dans l'orgueil des nouvelles dignités;

il croyait que, tout étant changé par un coup de théâtre, la société ne devait plus avoir de souvenirs; ceux qu'on avait vus si bas, il fallait les voir bien haut; on n'entendait plus que le perpétuel vocabulaire d'*Excellence*, de *Monseigneur*, de *Comte* et d'*Altesse*[1]; c'était à ne plus en finir : il fallait saluer la couronne ducale sur la tête de tel jacobin naguère en bonnet rouge; le rédacteur de la loi des suspects était comte; tel proconsul était duc; que sais-je encore? et ce coup de théâtre, on devait l'admettre comme la vérité. Quelle importance se donnaient souvent ces parvenus! ils prenaient les talons rouges avec une indicible fierté; peu habitués aux salons, aux convenances, à la politesse facile, ils vous accueillaient du haut de leur supériorité. Hélas! les parvenus veulent souvent se faire admettre par un certain ton qui se ressent d'une vanité satisfaite. Tant il y a que cette nouvelle noblesse, si glorieuse quand elle se rattachait aux armes, si respectable quand elle venait des services, fut exposée aux sarcasmes, parce qu'elle était théâtralement à la face du public sur de grands tréteaux où elle déployait ses magnificences. Que vouliez-vous qu'on pensât de certaines femmes sorties de la classe travailleuse, ou d'artisans honnêtes, devenues si délicates, si sensibles, que le pli d'une rose les aurait blessées depuis qu'elles avaient pris blason? Vouliez-vous qu'on ne gardât pas quelques moqueries pour tel fils de bon procureur ou d'un manœuvrier, qui, devenu comte ou baron, repoussait avec dédain la pétition bourgeoise comme venant de petit lieu? Nobles du soir, tout chamarrés de croix, ils ne pouvaient plus poser leurs pieds que sur ces tapis soyeux au

---

[1] Rien n'est plus curieux à lire que le petit livre des formules à la cour impériale.

milieu des tentures et des astragales. Ils portaient leur tête comme un saint-sacrement, ainsi que le disait si spirituellement de Saint-Just le malheureux Camille Desmoulins.

Si la France ne pouvait exprimer ses sensations railleuses, parce que la presse n'était point libre; en Angleterre, la cour de Napoléon était devenue un objet de moqueries capables d'inquiéter plus d'une fois ces fortunes nouvelles. Quand le silence est partout imposé, la caricature prend une extension et une popularité indicibles; la calomnie même est admise comme une vérité. Il se fit donc en Angleterre des pamphlets d'une nature odieuse sur la cour de Napoléon, sur les personnages qui la composaient; l'aristocratie de l'Europe, si fatalement poursuivie par les victoires de l'Empereur, se vengeait par l'esprit sur l'aristocratie nouvelle. On ne peut lire sans rougir ce que le *Times,* le *Morning Post* et les journaux *tories* d'Angleterre imprimaient sur les sœurs de l'Empereur, ses courtisans, et sur la vie même de celui qui venait d'accomplir de si grandes choses. Lorsque tout s'abaissait devant cette magnifique intelligence, lorsque tant de gloire était acquise par ses armées, les journaux anglais discutaient l'origine de chaque nouveau dignitaire, la conduite qu'il avait tenue dans la Révolution; ils arrachaient les plaques et les décorations brillant sur la poitrine, pour montrer la vie primitive de chacun; et quand les dignitaires faisaient les aristocrates ou les nobles fiers et hautains, les pamphlétaires anglais se hâtaient de rappeler les antécédents de tous ces gentilshommes de nouvelle souche[1],

---

[1] Alors commença le fameux pamphlet de Goldsmith, *le Cabinet de Saint-Cloud*. Il eut un prodigieux succès.

l'alliage à côté de l'or. Cela devait bien flétrir des joies, et contenir un peu l'arrogance.

Ces pamphlets étaient proscrits en France. Si on les saisissait sur toutes les frontières, ils avaient cours néanmoins dans les capitales de l'Europe; on les lisait à Saint-Pétersbourg, à Vienne, à Berlin, comme une compensation aux hommages qu'on était obligé de rendre à tant de fortunes inouïes. Lorsqu'un ambassadeur français arrivait dans une grande capitale, presque toujours l'Angleterre se hâtait d'envoyer un petit pamphlet pour le déprécier aux yeux de l'aristocratie; les journalistes s'empressaient de dire quel était son père, son éducation, ses mœurs, son état antérieur; et ces notices auraient-elles été des calomnies, des faussetés indignes, qu'elles produisaient encore leur effet sur la haute société; elles faisaient fermer toutes les portes à l'ambassadeur, excitaient des préventions contre lui, à ce point que souvent les affaires en elles-mêmes étaient sacrifiées : on le verra lors de l'ambassade du général Savary à Saint-Pétersbourg [1]. Quand la basse calomnie se rattachait à Napoléon, elle ressemblait à ces voix isolées qui, se plaçant au milieu de la foule pressée autour du char triomphateur, jetaient quelques injures sur le consul montant au Capitole.

Cependant la préoccupation de l'Empereur était toujours les affaires. A peine arrivé au palais de Saint-Cloud, il avait présidé le conseil d'État avec cette supériorité qu'on lui savait; ses opinions étaient devenues plus tenaces, plus fixes; l'Empereur entendait les observations avec plus d'impatience, et quand il avait une pensée politique, il y tenait, ne laissant la libre dis-

---

[1] Le général Savary en fait l'aveu.

cussion que pour les projets d'organisation administrative. Le conseil d'État n'était pour lui qu'un corps destiné aux détails du gouvernement; la véritable politique était dans sa tête; il n'associait personne à ses desseins; les hommes n'étaient que des instruments, et, dans son immense égoïsme, il moissonnait les intelligences et les lumières à son profit. Il assistait régulièrement aux séances du conseil d'État pendant trois ou quatre heures sans se fatiguer; un jour, il tenait un conseil de subsistance; le lendemain, il s'occupait de travaux publics, délibérant sur tout avec la même rectitude d'esprit. Il avait ordonné de grands travaux, à la Madeleine, à l'Entrepôt, au canal de l'Ourcq; son exercice consistait à les visiter à cheval, et il encourageait les travailleurs par sa présence. C'est à ce moment qu'il se montra plus souvent au peuple; les craintes d'un attentat s'éloignaient de son esprit; les murmures s'apaisaient; l'enthousiasme était trop général pour qu'un coup de révolution pût être tenté contre lui. Quand une tête est populaire, rarement la pensée d'un assassinat vient au cœur.

Napoléon voulut de sa personne ouvrir le Corps législatif, la seule institution qui restât debout avec un caractère d'élection. Il ne communiquait au Sénat que par messages; quand il avait de vastes projets, il adressait un acte impérial aux sénateurs, les pères conscrits de la patrie. Le Sénat était la solennelle retraite qu'il accordait aux services éminents [1]; il augmentait le nombre

---

[1] La forme de message de Napoléon au Sénat était brève et antique :

« Sénateurs, conformément à l'art. 57 de l'acte des constitutions de l'Empire en date du 28 floréal an XII, nous avons nommé membres du Sénat :

« MM. Klein, général de division; Beaumont, général de division; et Béguinot, général de division.

« Nous désirons que l'armée voie dans ces choix l'intention où nous sommes de distinguer constamment ses services.

« MM. Fabre (de l'Aude), président d Tribunat; et Curée, membre du Tribunat.

des sénateurs, un à un, avec une précaution dans les choix qui seule peut constituer un corps aristocratique; il parlait au Sénat un langage ferme et d'une gravité remarquable; sa phrase était toujours mâle et romaine; on aurait dit que sa vie entière s'était passée dans les études de l'antiquité; il s'exprimait avec un ton impérieux devant le Corps législatif, et dans cette circonstance où tant de gloire rayonnait à son front, l'Empereur put dire les puissantes choses réalisées par son règne et les espérances de son avenir[1]. Il racontait ses triomphes : la paix en était le résultat; s'il avait pardonné à la maison de Brandebourg, c'était à cause de la sincère amitié que lui avait inspirée le puissant empereur du Nord. Un prince français allait régner sur l'Elbe; la Saxe et le duché de Varsovie recouvraient leur indépendance. L'Angleterre devait renoncer à son influence malfaisante sur le continent; le système fédératif s'accomplissait dans une vue de bonheur pour le peuple. L'Empereur désirait la paix maritime, mais il ne voulait point l'ache-

---

« Nous désirons que les membres du Tribunat trouvent dans ces nominations un témoignage de notre satisfaction pour la manière dont ils ont concouru, avec notre conseil d'État, à établir les grandes bases de la législation civile.

« M. l'archevêque de Turin.

« Nous saisissons avec plaisir cette occasion de témoigner notre satisfaction au clergé de notre Empire, et particulièrement à celui de nos départements au-delà des Alpes.

« M. Dupont, maire de Paris.

« Notre bonne ville de Paris verra dans le choix d'un de ses maires le désir que nous avons de lui donner constamment des preuves de notre affection. »

Signé, Napoléon.

[1] *Discours de Napoléon au Corps législatif.*

« Messieurs les députés des départements au Corps législatif, messieurs les tribuns et les membres de mon conseil d'État:

« Depuis votre dernière session, de nouvelles guerres, de nouveaux triomphes, de nouveaux traités de paix ont changé la face de l'Europe politique.

« Si la maison de Brandebourg, qui la première conjura contre notre indépendance, règne encore, elle le doit à la sincère amitié que m'a inspirée le puissant empereur du Nord.

« Un prince français régnera sur l'Elbe; il saura concilier les intérêts de ses nouveaux sujets avec ses premiers et ses plus sacrés devoirs.

« La maison de Saxe a recouvré, après 50 ans, l'indépendance qu'elle avait perdue.

« Les peuples du duché de Varsovie, de la ville de Dantzick, ont recouvré patrie et leurs droits.

ter par des sacrifices déshonorants ; il était content et fier de son peuple, le bon et le grand peuple. Enfin, l'Empereur annonçait la création des titres nobiliaires, et au moment où il rétablissait la féodalité, il disait, par un mensonge politique, que « toutes ces institutions étaient dirigées contre la féodalité. »

Dans l'enthousiasme des esprits, Napoléon pouvait tout oser ; une belle époque de victoires et de conquêtes venait de se réaliser aux yeux du peuple ébloui ; la nation croyait à la paix sur le continent pacifié ; l'Angleterre ne devait-elle pas réfléchir sur les résultats d'une guerre indéfinie ? Il serait beau de voir Napoléon appliquer alors son génie à la prospérité publique et aux travaux intérieurs. Supposez cette intelligence magnifique se préoccupant des ressources nationales : que n'aurait-il pas produit ? les montagnes se seraient abaissées ; la Meuse, le Rhin, le Rhône, la Gironde et la Loire n'auraient plus fait qu'une vaste nappe d'eau, unie par une canalisation féconde ; les

« Toutes les nations se réjouissent d'un commun accord de voir l'influence malfaisante que l'Angleterre exerçait sur le continent détruite sans retour.

« La France est unie aux peuples de l'Allemagne par les lois de la Confédération du Rhin ; à ceux des Espagnes, de la Hollande, de la Suisse et des Italies, par les lois de notre système fédératif. Nos nouveaux rapports avec la Russie sont cimentés par l'estime réciproque de ces deux grandes nations.

« Dans tout ce que j'ai fait, j'ai eu uniquement en vue le bonheur de mes peuples, plus cher à mes yeux que ma propre gloire.

« Je désire la paix maritime. Aucun ressentiment n'influera jamais sur mes déterminations ; je n'en saurais avoir contre une nation, jouet et victime des partis qui la déchirent, et trompée sur la situation de ses affaires, comme sur celle de ses voisins.

« Mais quelle que soit l'issue que les dé-

crets de la Providence aient assignée à la guerre maritime, mes peuples me trouveront toujours le même, et je trouverai toujours mes peuples dignes de moi.

« Français, votre conduite dans ces derniers temps, où votre Empereur était éloigné de plus de 500 lieues, a augmenté mon estime et l'opinion que j'avais conçue de votre caractère. Je me suis senti fier d'être le premier parmi vous. Si, pendant ces dix mois d'absence et de périls, j'ai été présent à votre pensée, les marques d'amour que vous m'avez données ont excité constamment mes plus vives émotions. Toutes mes sollicitudes, tout ce qui pouvait avoir rapport même à la conservation de ma personne, ne me touchaient que par l'intérêt que vous y portiez et par l'importance dont elles pouvaient être pour vos futures destinées. Vous êtes un bon et grand peuple ! »

routes auraient rassemblé toutes les fractions de l'Empire, le commerce se serait agrandi, les monuments auraient illustré son règne. C'est un malheur pour l'avancement des générations que le vaste esprit de l'Empereur ne se soit pas emparé des éléments immenses qui vont dominer la civilisation nouvelle : la vapeur, les chemins de fer, le gaz; c'était alors que sa protection eût été féconde et que le monde se serait renouvelé.

Mais la paix était importune à cette existence agitée; il avait besoin du champ de bataille pour respirer, comme les vieux marins de l'Océan ne peuvent vivre qu'aux vents de la tempête. Ainsi la vie entière est faite pour une œuvre; bonne ou mauvaise, il faut l'accomplir. Les anciens appelaient fatalité cette nécessité terrible qui s'empare de l'homme et domine toutes les phases de son existence.

FIN DU SIXIÈME VOLUME.

ADDITIONS ET ERRATA.

1°.

Il est bon d'ajouter, en ce qui touche l'indifférence qu'on mit sous l'Empire à l'application de la vapeur, que Fulton vint à Paris pour offrir cette découverte; elle fut repoussée par le conseil de la marine, comme peu applicable ou au moins inutile ; on m'assure que la délibération existe encore.

2°.

Ce fut à Paris que M. de Châteaubriand reçut la nouvelle de la mort du duc d'Enghien, et c'est à Paris qu'il donna sa démission.

3°.

Le système anglais de M. de Talleyrand lui vint de la société de Mirabeau, de Mounier, de Lally-Tollendal. Quand il partit pour Londres avec M. de Chauvelin, M. de Talleyrand reçut une double instruction de Louis XVI et du comité de l'Assemblée législative c'est une circonstance qu'il ne faut pas oublier dans la vie si longue et si complète de cet homme d'État.

TABLE
DES CHAPITRES
DU SIXIÈME VOLUME.

Pages.

CHAPITRE I. — MARCHE DE L'ESPRIT HUMAIN. — La grande littérature. — M. de Châteaubriand. — Départ pour Jérusalem. — Madame de Staël. — Voyage à Rome. — Idée de *Corinne*. — M. de Fontanes. — M. de Bonald. — *Le Divorce au* XVIIIe *siècle*. — M. Portalis. — *Éloge du président Séguier*. — M. Molé. — *Essais de morale et de politique*. — Delille. — *L'Imagination*. — Chénier. — *Épître à Voltaire*. — M. Raynouard. — *Les Templiers*. — M. Daunou. — M. Ginguené. — M. Tissot. — Les Moralistes. — M. de Sénancourt. — M. Droz. — Les Romanciers. — Madame de Genlis. — Madame Cottin. — Les Vaudevillistes. — M. Picard. — M. Duval. — M. Étienne. — Les Acteurs. — Talma. — Lafont. — Mesdemoiselles Georges, Duchesnois, Mars et Bourgoing. — (1805-1806.)   1

CHAPITRE II. — LES SCIENCES ET LES BEAUX-ARTS. — Application de la vapeur. — Théorie de la lumière. — Le gaz. — Le magnétisme. — Galvanisme. — La pile de Volta. — La chimie appliquée aux arts. — Les sucres. — La teinture. — Les sciences mathématiques. — Botanique. — Sciences historiques. — L'érudition. — La numismatique. — Histoire. — La chronique. — Publication des monuments. — Les beaux-arts. — Le musée Napoléon. — Transport des objets d'art de Rome. — Dépouillement de la villa Borghèse. — La peinture. — La statuaire.

— Les écoles. — David. — Gros. — Girodet. — Gérard. — Les salons. — La musique. — Les grands maîtres. — L'Opéra. — L'art de la danse. — Les modes. — (1805-1806.) 28

CHAPITRE III. — ÉCONOMIE POLITIQUE, COMMERCE ET AGRICULTURE. — Napoléon et les faiseurs de théories. — Les Économistes. — L'école d'Adam Smith. — M. Say. — Système prohibitif. — Idée de liberté anglaise. — Idée pratique. — État du commerce. — Colonies. — Navigation. — Canaux. — Roulages. — Agriculture. — Méthode nouvelle. — La grande culture. — La division des propriétés. — Les céréales. — Les pâturages. — Question des approvisionnements. — Impôts indirects. — Les droits-réunis. — Les douanes. — Les forêts. — La loterie. — Direction générale des postes. — L'enregistrement. — Fausse idée de Napoléon sur les finances. — (1805-1806.) 50

CHAPITRE IV. — RETOUR DE NAPOLÉON A PARIS, ACTES ET PROGRÈS ARISTOCRATIQUES DU GOUVERNEMENT. — Les corps politiques. — Vote du Sénat, du Tribunat. — Érection d'un monument public. — Changement dans le caractère de Napoléon. — Aristocratie. — Idée des grands fiefs. — Premier projet de noblesse. — Fiefs de Dalmatie, d'Istrie, de Plaisance, de Parme, de Massa et de Carrara. — Statuts sur la famille impériale. — Sépulture des Empereurs. — Églises Saint-Denis et Sainte-Geneviève. — Fondation de l'université. — Actes de gouvernement. — Code de procédure. — Préparation du Code de commerce. — La Banque. — Disgrâce de M. Barbé-Marbois. — Les deux sociétés. — La République et le royalisme. — Ralliement des vieilles familles. — Mariages et alliances. — Les exils du faubourg Saint-Germain. — (Janvier à mai 1806.) 73

CHAPITRE V. — L'EUROPE APRÈS LA BATAILLE D'AUSTERLITZ. — L'Angleterre. — Ouverture du parlement. — Mort de M. Pitt. — Ministère de coalition Grenville et Fox. — Esprit du nouveau cabinet. — Rapports avec la Prusse. — Situation du cabinet de Berlin. — Question du Hanovre. — MM. de Hardenberg et de Haugwitz. — Les deux systèmes. — La Russie. — L'empereur Alexandre. — Occupation des Bouches du Cattaro. — Les Monténégrins. — L'Autriche après la paix de Presbourg. — Sa justification. — Le cabinet du comte de Stadion. — Développement de la carrière diplomatique du comte de Metternich. — Attitude de l'Autriche. — La royauté de Naples. — Ferdinand et la reine

TABLE DES CHAPITRES. 443
Pages.

Caroline. — Expédition contre Naples. — La Porte ottomane et Napoléon. — (Janvier à juin 1806.) 97

CHAPITRE VI. — SYSTÈME FÉDÉRATIF ET FÉODAL DE L'EMPIRE FRANÇAIS. — Création des grands fiefs. — Les duchés de Dalmatie, — d'Istrie, — de Frioul, — de Cadore, — de Bellune, — de Conégliano, — de Trévise, — de Feltre, — de Bassano, — de Vicence, — de Padoue, — de Rovigo, — de Massa et Carrara, — de Parme et Plaisance. — Principautés de Neufchâtel, — de Guastalla, — de Bénévent, — de Ponte-Corvo. — Royautés de Naples et de Hollande. — Le cardinal Fesch, coadjuteur du prince primat. — Création de la Confédération du Rhin. — Premier projet d'un royaume de Westphalie. — Idée générale du système fédératif de Napoléon. — (Mars à août 1806.) 128

CHAPITRE VII. — NÉGOCIATIONS DIPLOMATIQUES AVANT LA GUERRE CONTRE LA PRUSSE. — Idée anglaise de M. de Talleyrand. — Désir de la paix. — Prétexte pour l'amener. — Correspondance de M. Fox et de M. de Talleyrand. — Situation respective de la Prusse, de l'Angleterre et de la France. — Question du Hanovre. — Retraite de M. de Hardenberg. — Calomnies de Napoléon. — Triomphe du comte de Haugwitz. — Rapprochement avec la France. — Guerre de la Grande-Bretagne contre la Prusse. — Lord Yarmouth à Paris. — Ouverture des négociations. — Bases d'un traité. — La France et la Russie. — Arrivée de M. d'Oubrill. — Traité séparé. — Mission de lord Lauderdale. — Rupture et demande de passeports. — Traité secret sur les îles Baléares communiqué à l'Espagne. — Armements et levées d'hommes. — Le prince de la Paix. — (Février à septembre 1806.) 156

CHAPITRE VIII. — LA PRUSSE ET LA FRANCE. — ESPRIT DES DEUX ARMÉES. — Armements de la Prusse. — La tactique du grand Frédéric. — Débris de son école. — Le duc de Brunswick. — Le maréchal de Mœllendorff. — Kalkreuth. — Blücher. — Les princes Louis et Henri. — La reine Louise de Prusse. — Discipline de l'armée prussienne. — Situation des esprits en Allemagne. — La Saxe. — La Hesse. — Les villes d'université. — Occupation française. — Despotisme de Berthier. — Exécution du libraire Palm. — Composition de l'armée française. — Le général Knobelsdorff à Paris. — Notes à Napoléon. — Départ pour l'armée. — *Ultimatum* de la Prusse. — (Août à octobre 1806.) 194

TABLE DES CHAPITRES.

CHAPITRE IX. — CAMPAGNE DE PRUSSE. — PREMIÈRE PÉRIODE. — Plan de campagne des Prussiens. — Force de leur armée. — Leur infériorité numérique. — Les Saxons. — Les Hessois. — Infanterie. — Cavalerie. — Incertitude des premiers mouvements. — Hardiesse. — Désordre. — Opérations de l'Empereur. — Changement de front. — Engagement d'avant-garde à Schleitz et à Saafeld. — Situation des armées française et prussienne. — Bataille d'Auerstadt. — Le maréchal Davoust. — Le maréchal Bernadotte. — Mémoire explicatif. — Bataille d'Iéna. — Résultat de la journée. — Le bulletin réel des deux batailles. — (Octobre 1806.) 227

CHAPITRE X. — GUERRE DE PRUSSE. — SECONDE PÉRIODE. — Causes qui rendent décisives les batailles d'Auerstadt et d'Iéna. — Défection des Saxons. — Démoralisation des Prussiens. — La monarchie militaire. — Activité des généraux français. — Offres de la Saxe. — Projet d'alliance intime. — Marche sur Berlin. — Napoléon et les généraux prussiens. — Visite à Potsdam. — Le tombeau de Frédéric. — Parallèle. — Gouvernement de Berlin. — La reine. — La noblesse. — Les princes allemands. — La vérité sur la grâce du prince d'Hatzfeld. — Capitulations des places fortes. — Les derniers généraux prussiens. — Proposition de paix. — La Prusse entièrement occupée. — (Octobre et novembre 1806.) 259

CHAPITRE XI. — PARIS PENDANT L'ABSENCE DE L'EMPEREUR. — Le gouvernement. — L'opinion publique. — Les intérêts. — La Bourse. — Jugement sur la campagne. — Besoin de la paix. — Fouché et M. de Talleyrand. — Députation du Sénat à Berlin. — Communication intime avec Napoléon pour la paix. — Réponse hautaine de Napoléon. — Décret de Berlin pour le blocus continental. — Craintes du commerce. — Décadence de la marine. — Nouvelles de Naples, d'Allemagne. — Guerre contre les peuples. — Levée d'une nouvelle conscription. — Organisation des gardes nationales. — Opposition à la guerre. — Esprit d'oppression et de conquête. — Paris dans l'hiver de 1806. — (Septembre à décembre 1806.) 287

CHAPITRE XII. — LES RUSSES, LA POLOGNE, NAPOLÉON A VARSOVIE. — Alexandre après Austerlitz. — Levées d'hommes. — Organisation de l'armée russe. — Son personnel. — Bennigsen, Bagration, Galitzin, Saken, le vieux Kamenski. — La Pologne. — Sa situa-

TABLE DES CHAPITRES.

tion. — Esprit de ses habitants. — Tristesse et découragement de l'armée française. — Aspect du climat. — Napoléon à Posen, — Encouragements donnés aux troupes. — Gratifications. — Idée pour relever l'armée. — Varsovie. —Séjour de l'Empereur. — La cour. — Le travail. — M. Maret. — M. de Talleyrand. —L'Autriche. —Le baron de Vincent. —Désespoir de quelques-uns des corps. — Désordres. — Insubordination. —La faim. — Ney. — Bernadotte. — Marche des Russes. — Pulstuck et Golymin. — (Novembre et décembre 1806.) 314

CHAPITRE XIII. — CAMPAGNE DE POLOGNE. —DEUXIÈME PÉRIODE. — L'hiver pour les troupes russes. — La Pologne en janvier et février 1807. — Varsovie et Capoue. — Annibal et Napoléon. — Caractère particulier de la guerre de Pologne. — Désordre. — Confusion. — Mouvement du général Bennigsen. — Bataille de Prussich-Eylau. — Triste effet produit sur l'opinion. — M. de Talleyrand à Varsovie. — Négociations. — Offre de médiation de l'Autriche. — Proposition d'un congrès à Copenhague. — Mouvement de troupes. —Conscription. —Voyages en poste. — Illusion de l'Empereur sur la Perse et la Porte. — Siége de Dantzick. —Mouvement de Bennigsen. — Bataille de Friedland. — Caractère général de cette campagne. — (janvier à Juillet 1807.) 343

CHAPITRE XIV. — ENTREVUE ET PAIX DE TILSITT. — Situation des armées après Friedland. — Petit nombre de prisonniers. — Masses de blessés et de malades. — Esprit et ressources de l'armée française. — Renforts au camp russe. — Premiers pourparlers d'armistice. — Envoi du grand-maréchal Duroc. — Préparatifs de l'entrevue sur le Niémen. — Première conversation de Napoléon et d'Alexandre. — Choix de Tilsitt. — Neutralité de la ville. — M. de Talleyrand à Tilsitt. — Le ministre russe baron de Budberg. — Le ministre autrichien général Stutterheim. — Parti de la paix. — Parti de la guerre. — Question turque. — Question suédoise. — Espagne. — Reconnaissance des faits accomplis. — Le roi de Prusse. — La reine Louise. — Restitution des États. — Nouvelle organisation politique de l'Europe. — Traité de Tilsitt. — Esprit de ce traité. — (10 juin au 15 juillet 1807.) 383

CHAPITRE XV. — RETOUR DE NAPOLÉON A PARIS. — ACTES DE SON GOUVERNEMENT. — Paris et l'Empereur. — Changement dans le caractère de Napoléon. — Idée de l'infini. — Adulations. — Les corps politiques. — Parallèle avec les empereurs romains. — Changement dans le ministère. — M. de Talleyrand vice-grand-électeur. — M. de Champagny aux relations extérieures. — Berthier vice-grand-connétable. — Le général Clarke à la guerre. — M. Créfet à l'intérieur. — Le ministre de la police, Fouché. — Mort de M. Portalis. — Les cultes, simple direction. — Suppression du Tribunat. — Ouverture du Corps législatif. — Esprit monarchique. — Effigies. — Monnaies. — Formule impériale. Mariage de Jérôme. — Institution des majorats. — Idée de noblesse. — Les ducs. — Les comtes. — Les barons. — Blasons. — Préoccupations de Cambacérès et de M. Maret sur la noblesse. — Quolibets et moqueries. — Pamphlets étrangers. — Manières des nobles. — La monarchie de Napoléon. — (27 juillet à novembre 1807.) 413

FIN DE LA TABLE DES CHAPITRES.

www.ingramcontent.com/pod-product-compliance
Lightning Source LLC
Chambersburg PA
CBHW060928230426
43665CB00015B/1879